山西抗日根据地文化传播研究——理论卷

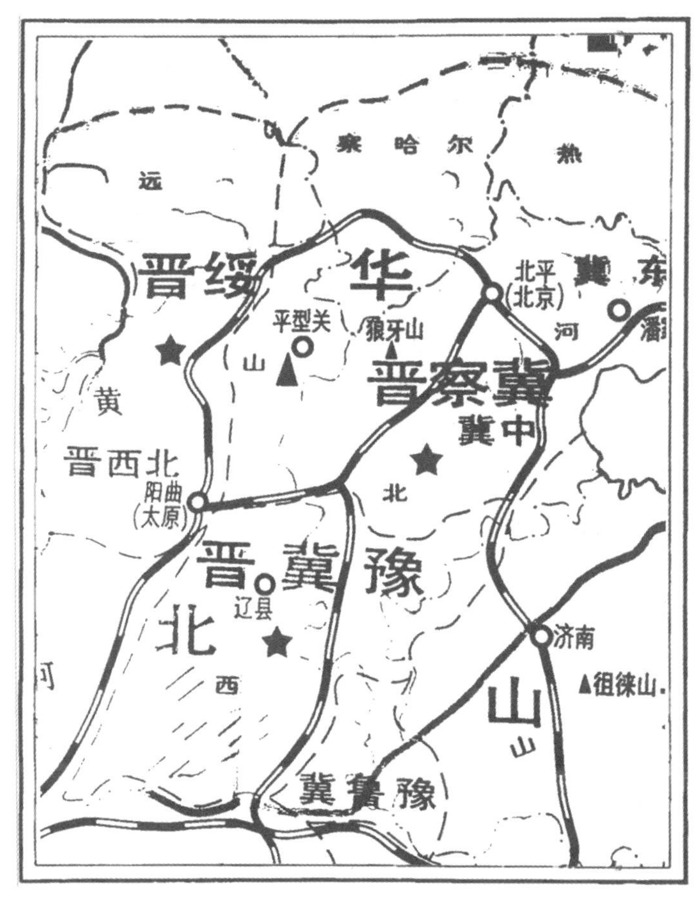

主编 张汉静

白薇 葛振国 著

山西出版传媒集团 山西人民出版社

图书在版编目（C I P）数据

山西抗日根据地文化传播研究. 理论卷 / 张汉静主编；白薇，葛振国著. -- 太原：山西人民出版社，2023.9

ISBN 978-7-203-12556-3

Ⅰ. ①山… Ⅱ. ①张… ②白… ③葛… Ⅲ. ①农村革命根据地—文化传播—文化史—研究—山西 Ⅳ. ①K269.5

中国国家版本馆CIP数据核字（2023）第048528号

山西抗日根据地文化传播研究. 理论卷

主　　编：张汉静
著　　者：白　薇　葛振国
责任编辑：靳建国　张慧兵
复　　审：吕绘元
终　　审：李　颖
装帧设计：张慧兵

出 版 者：山西出版传媒集团·山西人民出版社
地　　址：太原市建设南路21号
邮　　编：030012
发行营销：0351-4922220　4955996　4956039　4922127（传真）
天猫官网：http://sxrmcbs.tmall.com　电话：0351-4922159
E-mail：sxskcb@163.com　发行部
sxskcb@126.com　总编室
网　　址：www.sxskcb.com

经 销 者：山西出版传媒集团·山西人民出版社
承 印 厂：山西基因包装印刷科技股份有限公司

开　　本：720mm × 1020mm　1/16
印　　张：21.5
字　　数：340千字
版　　次：2023年9月　第1版
印　　次：2023年9月　第1次印刷
书　　号：ISBN　978-7-203-12556-3
定　　价：80.00 元

如有印装质量问题请与本社联系调换

总　序

山西地处黄土高原，有“表里山河”之称，具有俯瞰中华之形势的独特地理优势。东出太行可以直下黄淮海平原而经略中原，西向可凭借吕梁山脉和背后的黄河成为拱卫西北之屏障，由北向南排列的山川和盆地则是层层抗击北方军事力量南下的阻击阵地。因此，山西自先秦时代起就是兵家必争之地，有“得山西者得天下”之称。不可替代的战略地位使得山西每每在民族危亡而奋力抗争之际，总会担当起救亡图存的历史重任。

晚清以来，1840 年—1860 年两次鸦片战争、1883 年—1885 年的中法战争、1894 年中日甲午战争、1900 年八国联军入侵……无不以割地赔款、丧权辱国为结果。再加上政治上的腐朽、经济上的衰败、产业上的不济导致的社会无序、国力羸弱、人心涣散，不但为外敌的入侵大开方便之门，更使得中华民族在面对列强的侵略和压迫时，逐步丧失了坚决斗争的意志和敢于胜利的信心。而 1931 年面对日本军国主义的入侵，中华民族历时 14 年艰苦卓绝的斗争取得的抗日战争的完全胜利，则是对这种颓废局面的一次成功扭转。这其中，在自 1937 年 7 月开始至 1945 年 8 月结束的八年全面抗战中，中国共产党及其领导的武装力量依托山西建立的抗日根据地，进行的军事、文化、社会等方面的斗争实践所取得的丰厚成果，再一次印证了山西这片热土对于中华民族生死存亡的独特价值。

一、山西抗日根据地的创建及其历史地位

自 1931 年九一八事变以来，日本军国主义蚕食鲸吞、步步紧逼，使得中日两国的民族矛盾迅速上升为当时中国社会的主要矛盾。在日本军国

主义的强大压力下，中华民族面临空前严重的危机。面对侵华日军铁蹄的步步紧逼，全国各地不断掀起抗日救亡运动，在各阶层人民强烈要求停止内战、一致抗日的呼声中，中国共产党作为最具政治组织力的先进政党，坚持全面抗战路线，率先提出武装抗日和建立抗日民族统一战线的主张，积极促成了以第二次国共合作为基础的抗日民族统一战线。1937 年 7 月卢沟桥事变爆发，在国民政府全面退却的形势下，中国共产党领导的八路军却以战略进攻的态势东渡黄河，进入山西，创建了中国第一个抗日根据地。在此后全面抗战的八年中，以山西抗日根据地为主体的山西战场始终是中国共产党领导的敌后抗日斗争工作的重中之重，不但对稳定华北抗战形势起着决定性的作用，更使得山西战场成了“全国抗战的桥头堡”、世界反法西斯战争的重要战场。

农村包围城市、武装夺取政权、创立革命根据地的道路是中国共产党人在长期的革命斗争中，历经血与火的洗礼及失败与成功的过程，所逐步形成的取得革命胜利的宝贵经验。1937 年 8 月 22 日，中国共产党在陕北洛川召开了中央政治局扩大会议，通过了《中共中央关于目前形势与党的任务的决定》和《中国共产党抗日救国十大纲领》，确立了全面抗战的路线，决定将党的工作重心转移到战区和敌后，军事工作的重点为开辟敌后战场、建立敌后抗日根据地、进行独立自主的游击战争。同时，中革军委决定将红军改编为国民革命军第八路军，以原红一、二、四方面军为基础，整编为八路军第 115 师、第 120 师、第 129 师三大主力。洛川会议后，八路军三大主力根据中革军委和八路军总部关于建立抗日根据地、独立坚持华北抗战的指示精神，奉命东渡黄河进入山西，开始了晋察冀、晋绥、晋冀豫三大抗日根据地的创建和发展工作。

八路军 115 师在晋东北地区创立晋察冀抗日根据地。包括晋北、冀西、冀中、察南的五十余县，是中国共产党创建的第一个敌后抗日根据地。该师下辖两个旅、一个独立团以及其他配属部队约 1.55 万人。1937 年 9 月 25 日，115 师设伏于山西省忻州市繁峙县横涧乡平型关地区，进行了全国抗战中第一次对敌歼灭战，歼灭日军第5师团（板垣师团）第21旅团一部1000余人，击毁敌汽车百余辆，缴获大量辎重物资，取得八路军出师以来打的第一个大胜仗，沉重打击了侵华日军的嚣张气焰，提高了八路军的声威，有力地粉碎了日军所谓三个月灭亡中国的梦呓，极大地鼓舞了全国人民抗战胜利的信心。平型关战役后，115师分散转入日军翼侧及其后方开展游击战争，其中一部南下阳泉、寿阳地区作战；一部于五台山地区开展游击战争，创建晋察冀抗日根据地，并成立边区政府。1937年11月7日，晋察冀军区成立。1938年春，115师一部进入北平西山一带，开辟平西根据地；4月，建立冀中根据地；6月，建立冀东根据地。这些根据地的开辟大大拓展了晋察冀根据地的范围，成为华北敌后抗战的坚强堡垒。

八路军120师在晋西北地区创建晋绥抗日根据地。该师下辖两个旅、一个教导团以及其他配属部队约1.4万人。1937年9月下旬，120师一部随师部进入宁武、岢岚、五寨等县交界的管涔山创建抗日根据地；另一部进入五台、平山地区开展敌后游击战，创建抗日根据地。到1938年12月，120师一部进入绥远阴山山脉中段的大青山地区，依托大青山相继开辟了绥中、绥南、绥西抗日根据地。这些抗日根据地逐步连成一片，构成了晋绥抗日根据地。晋绥抗日根据地位于黄河晋陕峡谷以东，包括山西西北部和绥远东南部广大地区，是拱卫陕甘宁边区和党中央的重要屏障，有效地完成了党中央赋予的防止日军西渡黄河侵扰陕甘宁边区的战略任务，不但确保了中共中央的安全以及与各敌后根据地的交通与联系，同时在必要时还给予了陕甘宁边区物资供应和经济支撑。

八路军129师在太岳和太行山区创建晋冀豫抗日根据地。129师下辖两个旅以及其他配属部队约1.3万人。1937年10月，八路军129师主力开赴晋东南的太行和太岳山区，依托太行山创建晋冀豫抗日根据地。晋冀豫抗日根据地是中共中央北方局和八路军总部机关所在地。抗战期间，晋冀豫抗日根据地共歼灭日伪军42万余人，为夺取整个抗日战争的最终胜利发挥了重大作用。

由于地理上的优势，山西在三大抗日根据地相继创建后形成了东北、西北、西南、东南四个方向均有根据地的抗战局面，使得侵入山西的日军实际上陷入了被四面包围的不利态势，形成了全国抗战总体不利条件下的局部有利。这样，日军以占领的中心城市和交通要道为重点向外扩张，中国共产党领导的抗日武装则以根据地为出发点，用独立自主的山地游击战方式，向日军控制的中心城市和交通要道进行挤压，构成了山西十四年抗战的基本格局。纵观整个抗日战争，中国共产党领导的山西抗日根据地的地位极其重要。它的创建是在全面抗战战略防御阶段中的战略进攻；它的巩固成为抗日战争战略相持阶段坚实的战略支撑；它的壮大更使其成为抗日战争战略反攻阶段中的战略出发点。总之，从战争的全局来看，中国共产党领导的山西抗日根据地对抗日战争的完全胜利做出了不可替代的重要贡献。

在全面抗战中，山西抗日根据地始终是中国共产党领导的敌后抗日斗争的重要组成部分。山西抗日根据地不仅是中国共产党领导下的军事、政治、经济组织，它还形成了完整而又有相对独立性的地方政权，为中国共产党领导的军事建设、政治建设、经济建设和文化建设提供了丰富的实践场所和内容，成了中国共产党领导的新民主主义革命斗争的试验田和战略支撑点。山西抗日根据地的建设不仅是中国共产党领导的军事力量、政治力量和新型文化力量不断输入的过程，同时也是山西抗日根据地以其丰富的历史文化传统和斗争经验不断丰富中国共产党的革命理论的互动过程。中国共产党在山西抗日根据地形成的社会工作经验和教训，不仅是中国共产党领导的抗日战争取得胜利的根本保障，而且为解放战争最终夺取全国胜利以及新中国的建设，在干部队伍培养、社会治理、文化建设等方面提供了坚实、可靠的社会经验和人才保障。因此，中国共产党领导山西抗日根据地建设的工作方式、方法以及所取得的成效尤其值得重视。

二、山西抗日根据地的文化传播及重要影响

面对侵华日军的疯狂入侵，军事斗争无疑是山西抗日根据地赖以存在的根本。但是，单纯的军事斗争观点历来都是毛泽东同志批判的对象。在中国共产党人的世界中，军事、政治、文化从来就是一个辩证的统一体，文化建设作为宣传、动员人民群众的重要手段，与军事斗争具有同等的重要性。

1. 文化建设是山西抗日根据地的灵魂

早在1929年毛泽东同志就认为“中国共产党人的军队是执行政治任务的武装集团”，即“负责打仗消灭敌人军事力量，还要负担宣传群众、组织群众、武装群众、帮助群众建立革命政权以至于建立共产党的组织……”，而“扩大政治影响争取广大群众……是红军第一个重大工作”。1938年，毛泽东在中共六届六中全会上的政治报告《论新阶段》中指出：“在一切为着战争的原则下，一切文化教育事业均应使之适合战争的需要。”1940年1月，毛泽东在《新民主主义论》中指出：“革命文化，在革命前是革命的思想准备；在革命中是革命总路线中的一条必要和重要的战线。”1942年5月，毛泽东同志《在延安文艺座谈会上的讲话》一文中进一步指出：“在我们为中国人民解放的斗争中，有各种的战线，其中也可以说有文武两个战线，这就是文化战线和军事战线。我们要战胜敌人，首先要依靠手里拿枪的军队。但是仅仅有这种军队是不够的，我们还要有文化的军队，这是团结自己、战胜敌人必不可少的一支军队。‘五四’以来，这支文化军队就在中国形成，帮助了中国革命……”因此，中国共产党领导山西抗日根据地的建设与发展也绝不仅仅是单纯的军事斗争问题，宣传教育群众、组织动员群众等文化建设方面的工作与军事斗争工作具有同样重要的意义。文化建设为山西抗日根据地的存在和发展提供了更深层次的社会支撑，在某种程度上，文化建设是山西抗日根据地的灵魂。

没有文化上的根本转变，就不会有真正意义上的社会形态的转变。

在中国共产党的军事斗争和文化建设并重的指导原则下，山西抗日根据地的社会文化形态和政治形态在抗战中出现了重大转向。社会文化形态方面由地方军阀、地主阶级为主体的传统思想文化，转向了以无产阶级为主体的新兴的新民主主义的思想文化；社会政治形态由军阀割据与专制，转向了人民民主专政下人民当家作主的民主和自由。可以说，中国共产党的文化建设使得山西抗日根据地的社会风貌和人文气息出现了脱胎换骨的变化，进而使得山西抗日根据地以一种全新的姿态昂首伫立在了中华民族命运转变的历史潮头。从抗战中山西抗日根据地社会形态方面出现的重大转向来看，中国共产党的文化建设工作居功至伟，它将一个“白色的山西”转变成一个“红色的山西”，淋漓尽致地传播与弘扬了抗战精神，有效地把各地民众发动起来。中国共产党在山西抗日根据地形成的工作内容、工作方法和培养的干部队伍，不仅使得山西抗日根据地的发展得以巩固，而且对周边其他省份起到了辐射带动作用，为抗日战争的最后胜利以及解放战争和新中国的建设积累了丰富的社会实践经验。

2. 文化建设的必要路径是文化传播

中国共产党山西抗日根据地的文化建设是服务于中国共产党的政治主张和军事目的的。在八路军北上抗日之前，山西广大人民群众对中国共产党及其主张普遍缺乏正确的认识。毛泽东同志认为“战争的伟力之最深厚的根源存在于民众之中”，抗日根据地得以存在和发展必须要有广泛和坚实的群众基础。对此，1937 年八路军三大主力进入山西开辟敌后战场并建立抗日根据地的同时，必须面对如何开展群众工作的问题，即要面对如何融入人民群众之中获得理解和支持，如何使中国共产党的抗日主张有效地获得抗日根据地人民群众的认可，如何进一步地动员人民群众支持中国共产党的主张并积极投身抗战及根据地社会建设等方面的问题。

文化传播是一个社会或者群体的文化向其他社会或者群体辐射传播的过程，通常是从文化高地流向文化低地。山西自古就是文化大省，具有丰厚的历史文化传统，文化上的封闭性和保守性也尤为显著。这就使得其在面对外来异质文化时，有着很强的“免疫”能力。这种特点同样体现在作为山西传统文化基因承载者的山西广大人民群众的思想上。从这个意义上讲，群众工作就是新的文化如何同旧的文化衔接的工作。山西抗日根据地的文化建设问题，就是广大人民群众思想的建设问题，同样也是中国共产党的文化思想对山西广大人民群众有效传播的问题。

中国共产党领导的文化工作者早在南方中央苏区的时候，就结合当地的文化形成了具有自身特点的文化传播内容和方式、方法。他们的思维方式、语言语调、穿着服饰、行为做派等，对于相对封闭的山西抗日根据地的广大人民群众而言具有很强的异质性，既有陌生感，又具新鲜感。抗战全面爆发后，随着各地爱国文化人士的加入，中国共产党领导下的文化传播工作的异质性对于山西抗日根据地的广大人民群众而言尤其明显。山西抗日根据地的民众作为传播的对象，在长期面对中国共产党的文化传播时必然会有深层次的交流和互动，会存在排斥、包容、吸收、改造等各个方面的问题。这些问题的出现起始于异质文化对山西的传播，解决于文化传播的整个过程。这个过程不但充分考验着中国共产党人的理想、信念和智慧，而且为古老的山西大地注入了全新的文化基因。在这个文化传播的过程中，我们还会发现，山西自身的文化不但没消亡，反而借助中国共产党的文化平台走向了全国、走向了世界，进行了更为广泛的传播。

3. 文化传播服务于文化软实力和文化主导权的构建

文化软实力的概念是由美国人约瑟夫·奈提出的。软实力不是以有形的力量去压迫对方，它是从包括意识形态、道德准则、社会制度、生活方式、文化吸引力、政治价值观吸引力及塑造规则和决定议题的能力等方面以无形的力量入手，依靠自身的“吸引力”来诱导对方妥协和跟随。文化主导权的提出者是西方马克思主义的著名理论家、意大利共产党的早期建设者和领导人之一安东尼奥·葛兰西。文化主导权指的是统治者从意识形态及文化领域入手，使被统治者心甘情愿而非强迫性地认可和接受统治阶级的意识形态和世界观、价值观，以及文化、道德、习俗等，并被支配和同化。

文化传播、文化软实力和文化主导权三个概念是相互贯通、互为依托的。文化软实力并不是一个孤立的概念，它是建立在文化比较的基础之上的。在缺少不同国家、地区以及社会群体之间文化的交流、对比或者碰撞的情况下，单独谈软实力是没有意义的。同时，软实力不是一个静止的概念，而是一个动态的概念。软实力的实现必须通过社会文化的流动和接触，也就是文化传播来实现。这其中文化传播是基础和手段，是软实力得以实现的工具和现实途径。同时，文化软实力给予了文化传播内生动力和必要支持。文化主导权是对社会文化和主流意识形态的把控。所以，文化主导权的外在表现就是主流意识形态在面对其他意识形态的文化传播时，能够以自身的文化软实力来有效地维护和掌控社会文化的根基。这样看来，文化主导权不但根植于文化软实力，而且是文化软实力的终极体现，是文化软实力和文化传播的服务对象。文化传播和文化软实力构建的最终目的就是对于文化主导权的掌控。

对于山西抗日根据地的共产党人来说，如何使广大人民群众自觉地在思想意识、道德规范、社会制度、生活习惯、精神文化、行为方式等方面同封建、保守的社会文化相脱离，接受中国共产党的主张，并积极投身于反抗侵略和封建压迫的斗争中，就是中国共产党人在山西抗日根据地一切文化建设工作所要达到的目的。在这个转变过程中，中国共产党人并没有以暴力和强迫的手段来裹挟山西抗日根据地的广大人民群众，而是以自身的文化软实力通过文化传播的方式，逐步构建起全新的社会文化形态，比较全面地达成了中国共产党人的军事和政治工作目标，并牢牢地掌握了社会文化的主导权。正如当时的文艺工作者所说：“我们的文艺反映抗战中民众的英勇光辉的斗争，来鼓舞最大的民族战斗热情，来争取胜利；我们要建设新民主主义社会，我们的文艺通过所刻画的各阶级人物的典型和他们的相互联系，来指示新民主主义的具体道路。”所以，当我们回望山西抗日根据地的文化建设时，会发现中国共产党的文化传播的过程同时也是中国共产党文化软实力和文化主导权的构建过程。

对中国共产党建党以来的革命历程和建设经验进行总结可以发现，中国共产党人在文化建设方面有三个特点：首先，文化软实力的建设始终是中国共产党克敌制胜的优良传统。文化软实力的建设与斗争方面的工作始终是中国共产党人工作的重点。在中国共产党革命斗争的历史进程中，“敌强我弱”从来都是硬实力方面的比较，但从文化软实力和社会文化的主导权方面来说，中国共产党从来都是占据优势地位的。其次，中国共产党文化软实力的建设是通过文化传播的途径来实现的，其最终的社会效果就是在文化软实力方面占据强势地位，并牢牢地掌握着社会文化的主导权。最后，社会文化主导权的获得是中国共产党取得全面胜利的重要保障，也是中国共产党人的革命斗争区别于其他武装力量的根本特点。

三、山西抗日根据地文化传播研究的理念及基本遵循

中国共产党山西抗日根据地文化建设工作取得的丰厚成果，使得整个抗战期间中国共产党在同山西地区的国民党势力和日伪势力对抗时，能够在文化软实力的较量中始终占据优势地位，进而牢牢地掌握着社会文化的主导权。这种局面主要是通过中国共产党的文艺队伍在文化理论、新闻、文学、教育、音乐、戏剧、美术、影像等社会文化生活的若干方面，将中国共产党人的军事和政治方针、政策，以及文化思想等方面的主张，结合山西抗日根据地自身的特点，以新文化、新气象的面貌，广泛地向山西抗日根据地的社会大众进行传播而取得的。这些方面的文化传播工作，是中国共产党在抗战时期软实力建设工作的具体呈现，是中国共产党在军队发展和政权建设方面争取民众，进而夺取社会和文化主导权的成功典范。毕竟，在抗日战争之前山西的广大地区还是一片“新文化的沙漠”，大众传播和文化建设甚少或者几乎没有，周而复在《晋察冀行》中有过这

样的描述："虽然过去报纸和农民不相干，但现在……读报正成为他们生活的一部分。"中国共产党在山西抗日根据地的文化传播活动造就了近代山西黄土高原的第一个"新文化的高峰"。《山西抗日根据地文化传播研究》的理念，就是要运用历史唯物主义的分析方法，真实地反映历史，深入探讨中国共产党人在文化传播、文化软实力建设和文化主导权的构建等方面的经验和教训。对此，我们在研究和撰写的过程中要基本遵循以下五个"突出"：

第一，突出党性。在《山西抗日根据地文化传播研究》的整个写作过程中，我们时时刻刻都能感受到中国共产党领导下的山西抗日根据地在创立、建设和发展的各个阶段中，中国共产党人在坚定的信念下所展现出来的不可动摇的党性光芒。这种光芒不但体现在山西抗日根据地军事斗争方面，更体现在中国共产党的文艺队伍在文化理论、新闻、文学、教育、音乐、戏剧、美术、影像等若干领域广泛地向社会大众进行了生动的传播。我们在丛书的写作中，就是要以鲜活的历史史实来展现中国共产党人在决定中华民族命运的关键时刻的历史担当，并把这种坚定的党性贯彻于写作的始终。

第二，突出人民性。中国共产党的党性和人民性是一个辩证的统一体。毛泽东同志认为"人民，只有人民，才是创造世界历史的动力"，这是中国共产党人唯物史观的基本原则。自建党始，中国共产党人的初心和使命，就是为中国人民谋幸福，为中华民族谋复兴。中国共产党的文化建设归根结底是来自于人民、服务于人民的。同时，人民性也正是中国共产党文化软实力建设和文化主导权构建的核心。对于中国共产党而言，脱离开人民性的文化传播是无本之木，只有以人民群众的根本利益作为中国共产党所有工作的出发点和落脚点，充分调动人民的积极性和主动性，这样的文化软实力和文化主导权的建设，才是真正建立在全体人民的立场上的，才真正具有牢不可破的坚实性。山西抗日根据地的文化传播无论是传播的内容、对象、渠道，还是方式和方法，都是围绕山西抗日根据地的人民这一中心展开的，反映着根据地人民群众的文化、思想和情感，代表着人民群众的利益、诉求和愿望。将这种内在的人民性在山西抗日根据地文化生活的若干主要方面进行展现，也是编写本套丛书的重要目的。

第三，突出逻辑性。在《山西抗日根据地文化传播研究》的写作中，我们发现单纯的历史史实的堆砌并不能有效地突出“文化传播的历史”这个主旨及内涵。对此，我们需要从文化的基本概念入手来了解文化的特点和属性问题，从文化的流动性来理解文化传播的内生性，从文化的接触、交流和碰撞中来观察文化传播过程中产生的文化话语权或者主导权的问题，进而发现这其中斗争各方文化软实力的建设与博弈。在这样的逻辑线索下，可以充分理解山西抗日根据地的文化传播在文化理论、新闻、文学、教育、音乐、戏剧、美术、影像等各领域所涉及的内容对中国共产党革命文化传播的重要性。因此，本套丛书的卷与卷之间、卷与整体之间都有着相同的主线和内在的逻辑关系，其宗旨都是全面地反映中国共产党领导的山西抗日根据地，在文化领域中开展革命斗争的巨大作用和重要意义。

第四，突出当代性。山西抗日根据地是中国共产党领导下的完整而又有相对独立性的地方政权。中国共产党在山西抗日根据地的工作，为新中国成立后中国共产党全面执政提供了丰富而鲜活的社会经验及人才队伍，进而使这两个历史时期的文化传播事业的许多方面都表现出很强的一致性。历史经验证明，中国共产党人在山西抗日根据地所体现出的思想、方法和经验，已经成为中国特色社会主义思想理论体系及工作方法、经验的历史源泉之一。

山西抗日根据地时期文化传播事业的成功经验以及其中所包含的政治智慧，今天依然不乏启示意义和借鉴作用。鉴往知来，历史总是系于当下的需求，从这个意义上讲，一切历史都是当代史，即使在文化传播事业飞速发展、习近平新时代中国特色社会主义的宏伟蓝图徐徐展开、中华民族伟大复兴胜利在望的今天，回顾这段历史依然不乏当下意义。

第五，突出融合性。“山西抗日根据地文化传播研究”拥有一个集多学科专家学者于一体的研究团队，也是一个多学科交流融合的学术平台。作为多个平行的学科，他们各自都有着自己的学科框架和研究重点。山西抗日根据地文化传播研究就是将历史、传播和各自的专业学科相融合，以历史为线索，从传播学角度去检视山西抗日根据地中国共产党文化事业的传播主体、传播方式、传播途径、传播效果等问题，这项研究是具有开创性的，也是有意义的。为了在写作中突破学科壁垒，使学科有机融合，我们多次和历史学、传播学的专家学者反复研讨，破解难题，形成共识，填补学术空白，力求为文化传播史的学术前沿开拓出一片新的天地。

四、山西抗日根据地文化传播研究的主要内容

中国共产党人在山西抗日根据地进行的文化传播并不仅仅局限于某些单独和孤立的方面，而是在全社会的层面，分层次、成系统、全方位地展开的，是一套完整的社会体系的构建，具体体现在文化理论、新闻、文学、教育、音乐、戏剧、美术、影像等社会文化生活的若干主要方面。这些方面的工作既相互联系，又相互区别，在共同完成中国共产党赋予的社会和政治任务的同时，牢牢地掌握了社会文化的主导权。《山西抗日根据地文化传播研究》丛书的撰写也正是沿着如下的路径而展开。

抗战文化理论既是早期马克思主义中国化理论（毛泽东思想）的重要组成部分，又是山西抗日根据地文化宣传工作的理论基础和方法论指导。抗战文化理论来自山西抗日根据地文化宣传实践对理论指导的需求，是中国共产党苏区时期“理论武装群众”工作传统的继承、创新和发展。深入研究抗战文化理论的形成、实践和发展，揭示其所蕴含的精神价值、理论价值、实践价值，不仅有利于对山西抗日根据地文化传播理解的深化，更有利于理解中国共产党对民族精神和时代精神进行塑造的价值和对实践的指导。

山西抗日根据地新闻传播是中国共产党人最重要的文化传播手段之一。在中国共产党的领导下，山西抗日根据地新闻传播事业从无到有，由

小到大，克服重重困难，编辑创办了大量的报纸、杂志，宣传党的方针政策，指导根据地建设，更新了旧的思想文化，在舆论阵地上同日军和国民党顽固派展开斗争，创造了很多办报史上的传奇，并在中国共产党的新闻传播史上留下了光辉的印记。

抗战中的中国文学肩负着唤醒国民起来抗争的历史重任。山西抗日根据地的文学工作者是中国共产党文化软实力的重要建设者，他们走出了象牙塔，离开了书斋，进入山西抗日根据地军民的具体社会实践与抗敌斗争中，使得抗战文学获得了全新的、取之不尽的源泉，构建出抗战文学传播的方向，为根据地政权的巩固和发展发挥了重要作用。山西抗日根据地的文学创作与传播，有效地完成了中国共产党赋予的夺取文化主导权的历史任务。

抗战时期，山西抗日根据地民众的文化水平普遍很低，在中国共产党的领导下，根据地人民因时因地制宜，利用各种人力和资源，克服恶劣条件下的重重困难，基本建立了以革命干部的教育为重心、青少年儿童的学校教育为主体、人民群众的社会教育为基础的特殊教育体系。他们运用各种灵活的教育方法，开展冬学运动，开设民众学校、大众补习学校、农民夜校、识字班、读报组等各种民众教育场所，在扫盲和提高民众文化水平的同时，唤醒了民众的民族与革命意识。

音乐最适合用来唤醒人们的灵魂。山西抗日根据地涌现出了大量的抗战音乐工作者和歌咏团体，他们在歌咏活动中通过团体演出、口头教唱、民歌改编、刊物印刷等各类文艺宣传形式，在山西抗日根据地形成了军民团结起来共同奏响抗日救国主旋律的生动社会文化景观，创造并构筑了山西抗日根据地音乐传播的时代记忆和民族精神史诗，更为新中国的音乐创作和传播提供了丰富的社会实践经验。

从舞台走向田野的革命戏剧活动在中国共产党政治思想的传播中占有重要地位。山西抗日根据地的革命戏剧工作者先后组织了上千个各类剧团（社），创作出大量贴近民众、贴近战斗和生活的戏剧作品，在戏剧的指导思想、剧本创作、剧团管理、人员培训、组织宣传等方面积累了全新经验，完成了自我提升，在宣传政策、统一思想、团结群众等方面做出了不可估量的贡献，也为新中国戏剧事业的发展提供了丰厚的社会历史经验。

美术图像是视觉传播的载体，同样也是中国共产党人领导山西抗日根据地对敌斗争的有效武器。在山西抗日根据地，党的美术工作者以游击战争的需要为出发点，以现实性和革命性为抓手，用能让民众读懂、看懂的传统民间美术语言形式，创造出新的美术范式和美术图像传播方式，有效地鼓舞了民众斗志，揭露了日本侵略者的恶行，坚定了根据地军民必胜的信心。山西抗日根据地的美术活动所孕育出的根据地美术范式和传播形式，时至今日仍然具有重要的影响和价值。

影像是艺术表达和日常生活中应用最广泛的传播符号。在大众传播中，它特殊的符号性和其自身所传达意义的无限可能性创造出了一个又一个“视觉神奇”。山西抗日根据地的影像真实而形象地宣传了中国共产党的方针政策，记录了中国共产党领导的八路军在山西抗日前线浴血奋战的英雄事迹，反映了山西抗日根据地军民团结、支援前线的艰苦岁月，揭露了日本侵略者在山西犯下的种种罪行。

丛书中的每一卷都是《山西抗日根据地文化传播研究》的重要组成部分，但各卷又自成体系，独立成书。

五、研究山西抗日根据地文化传播的作用及现实意义

2014 年 10 月 15 日，中共中央总书记、国家主席、中央军委主席习近平同志在北京主持召开文艺工作座谈会并发表重要讲话。习近平总书记指出，文艺事业是党和人民的重要事业，文艺战线是党和人民的重要战线。习近平总书记还指出：“每到重大历史关头，文化都能感国运之变化、立时代之潮头、发时代之先声。”2015 年 9 月 3 日，在庆祝伟大的抗日战争胜利 70 周年的庆典中，习近平总书记进一步指出：“中国人民抗日

战争和世界反法西斯战争，是正义和邪恶、光明和黑暗、进步和反动的大决战。”这场战争“彻底打败了日本军国主义侵略者，捍卫了中华民族5000多年发展的文明成果”，“开辟了中华民族伟大复兴的光明前景，开启了古老中国凤凰涅槃、浴火重生的新征程”。中国共产党在山西抗日根据地的文化传播工作，正是在国运变化之际担当起了立时代潮头、发时代先声的历史重任。文化是民族生存和发展的重要力量，中国共产党山西抗日根据地的文化传播、文化软实力和文化主导权的构建历程，赋予了中华民族强大的精神文化力量，为中华民族的发展注入了全新的文化基因，同时也为新时代的文化传播、文化软实力和文化主导权的构建提供了丰富、可靠的历史参照。

当今世界正经历百年未有之大变局，中华民族正处于实现伟大复兴的关键时期。1840年以来，中华民族从来没有像今天这样靠近世界舞台的中央，从来没有像今天这样接近实现民族复兴的伟大目标。面对外部挑战与机遇并存的纷繁局势，习近平总书记指出：“古往今来，中华民族之所以在世界有地位、有影响，不是靠穷兵黩武，不是靠对外扩张，而是靠中华文化的强大感召力和吸引力。我们的先人早就认识到‘远人不服，则修文德以来之’的道理。”为此，我们必须继续推动社会主义文化的繁荣兴盛，继续牢牢地掌握意识形态的工作领导权，培育和践行社会主义核心价值观，坚定文化自信，建设社会主义文化强国。我们必须从建设社会主义文化强国的高度，继续做好新时代的文化传播工作，为国家文化软实力的“行于中、发于外”提供助力，将文化主导权牢牢地掌握在中华民族自己手中。

学术研究无止境，山西抗日根据地文化传播研究是一次全新的学术探索。虽然有关抗日战争和山西抗日根据地的研究成果颇多，包括政治、经济、军事、社会、教育、文艺等方面，但从传播学的角度，以文化传播的概念和范畴为主线对山西抗日根据地进行研究的成果还非常有限。而山西抗日根据地文化传播研究所要呈现的山西抗日根据地的中国共产党革命文化传播的历史，就是在传播学的概念和范畴去探讨作为新兴文化源头的中国共产党，是如何通过文化的辐射和传播对山西抗日根据地的创立、建设、发展的过程及全民抗战产生积极作用的，这就使得本书具有了不同于传统视角的重要学术价值。当然，对于这样一个具有挑战性、前沿性的学术创新研究，一是需要作者具有宽厚的多学科的知识背景和较高的理论素养，二是需要大量翔实的历史资料和相应扎实的实地考察。对此，我们在写作中最大限度地、尽可能全面地去搜集历史资料，力图用更高、更新的视角去回望历史，尽可能客观地再现这段辉煌的传播历程，完成我们这代人对那段难忘的岁月应负的历史使命。希望通过我们的努力，能对中国抗战史的研究起到补充和深化作用，能够进一步推动和完善对山西抗日根据地的研究。我们这个团队以年轻教授和博士为主体，大都是初次接触这样的重大学术创新课题，再加上思想水平、历史功底、认知能力和文字表述能力有限，在历史资料的搜集和挖掘上还存在缺失和遗漏，在历史资料整体性的把握上还显得稚嫩和不足，故疏漏与谬误在所难免，我们真诚地欢迎专家和学者批评指正。

山西传媒学院文创中心
张汉静
2020 年 6 月

目录

第一章　山西抗日根据地文化理论形成的时代背景

第一节　“五四”以来中国共产党新文化政策的形成

一、“五四”以来中华民族新文化的特征

十月革命一声炮响，为中国送来了马克思列宁主义。俄国十月革命的胜利，是人类历史上一个划时代的事件，极大地改变了20世纪世界历史的进程。它唤醒了西方的无产阶级，也唤醒了东方被压迫的民族。在十月革命的影响下，西方无产阶级争取社会主义的斗争与东方殖民地、半殖民地人民争取民族解放的斗争此起彼伏，欧洲、亚洲的工人运动日益高涨。世界上出现社会主义制度和资本主义制度相斗争、社会主义国家和资本主义国家相对立的新局面。

俄国十月革命的成功，极大地鼓舞了中国人民和中国的先进分子。正在苦苦探求救国救民真理，对西方文明和资本主义制度感到绝望又茫然失措的中国先进分子，感受到世界潮流的深刻变化，开始把无产阶级的世界观作为观察国家命运的工具，并在实践中得出“走俄国人的路”[①]的结论。中国先进知识分子主导下的新文化运动也逐步转变成对马克思主义的宣传运动。新文化运动的代表陈独秀、李大钊等由新文化运动前期对传统文化进行批判、用“文学革命”号召民众转向用马克思主义积极引领工人运动，倡导无产阶级的民主观。

① 毛泽东．论人民民主专政，毛泽东选集（第4卷）[M]．北京：人民出版社，1991：1471．

陈独秀在1920年底发表的《谈政治》主张以“政治的、法律的强权”和“阶级”战争打破资产阶级旧政权，深刻阐明了无产阶级革命与无产阶级专政这一马克思主义的基本内涵。[①] 李大钊在《新青年》上发表的《庶民的胜利》和《布尔什维主义的胜利》给新文化运动进一步提出了新的方向，这就是社会主义的方向、劳动主义的方向、布尔什维主义的方向、马克思主义的方向、群众运动的方向和世界联邦的方向，指出“试看将来的环球，必将是赤旗的世界”[②]。1919年5月，李大钊在《新青年》马克思主义专号上连续两期发表了《我的马克思主义观》，第一次全面系统地介绍了马克思主义，对马克思主义在中国的传播起到了重要的作用。在新文化运动中，马克思主义的思想方向逐渐成为主流。

“五四”是新文化运动的转变点，在“五四”以前，新文化运动是在资产阶级的领导下，“五四”以后，“则一般地在工人阶级的领导之下了。后者与前者的性质，虽同为民主主义的，但后者为彻底的民主主义，即新民主主义”。在“五四”之后的新文化运动中，大资产阶级文化人的作用非常薄弱，大革命失败后，大资产阶级对于新文化运动完全采取仇视与压迫的态度，到处以半殖民地半封建的文化对抗新文化。工人阶级与小资产阶级的文化人与知识分子，成了新文化运动中的决定力量，工人阶级的文化人与知识分子则在其中起着先锋与指导的作用，但仍有些富有正义感的，忠实于科学、忠实于真理的上层文化人，常常是新文化的同情者，并且仍能给新文化以某些宝贵的贡献。[③] 中国新文化运动与其他国家相比，有其自身的特点：“中华民族新文化运动发展的迅速，是任何国家的新文化运动所不及的，但正因为它迅速，所以它不免带有肤浅、早熟和走马观花的弱点。也正是因为这些弱点，所以中国新文化运动，不可能在一次运动中完成，而必须经过多次运动。每一次的新文化运动都有很多新的发展，

---

① 任建树．陈独秀著作选编［M］．上海：上海人民出版社，2009：129．

② 李大钊全集（第2卷）［M］．石家庄：河北教育出版社，1999：108．

③ 张闻天．抗战以来中华民族的新文化运动与今后任务，载于中央党史研究室张闻天选集传记组编，张闻天文集（第3卷）［M］．北京：中共党史出版社，2012：35．

运动的影响也更加深入与扩大。新文化运动是在斗争中前进着、发展着，将更加有力地在思想上准备革命的最后胜利。每次新文化运动之后的革命的实践，都进一步发展与丰富了新文化的内容，纠正了其中的错误与缺点，淘汰了其中的不良成分，使新文化更加能把握到中国的实际，使它在争取革命胜利的过程中起到更大的作用。”①

二、五四运动后知识分子与工农相结合思想的新认识

李大钊认为，要实现民主主义必须依托和依靠农民大众，因为他们才是中国民主主义的主要力量与希望，他说，“中国是一个农国，大多数的劳工阶级就是那些农民。他们若是不解放，就是我们国民全体不解放；他们的苦痛，就是我们国民全体的苦痛；他们的愚暗，就是我们国民全体的愚暗；他们生活的利病，就是我们政治全体的利病。”②只有农民有了真正的民主，中国民主政治才有真正实现的可能性。他号召知识青年到农村去，去接近和了解农民群众，去宣传、发动、组织与依靠农民群众进行革命斗争，为中国革命运动指明了新的方向。

五四运动后，工人阶级登上了历史舞台，马克思主义与工人运动相结合使工人运动获得了发展的良好基础。李大钊在很多文章中阐述了马克思主义与工人运动、知识分子与工农相结合的道路。1920 年 3 月，李大钊在北大发起了马克思学说研究会，研究探讨和宣传马克思主义。1920 至 1921 年期间他写了《由经济上解释中国近代思想变动的原因》《唯物史观在现代史学上的价值》《唯物史观在现代社会学上的价值》《社会主义与社会运动》《中国的社会主义与世界的资本主义》等文章，大力传播马克思主义基本理论，对无产阶级取得文化领导权产生了重要作用。他特别对农民群众在革命中的地位进行阐述，认为农民群众是中国革命的主力，在革命运动中占有重要一席，但由于农民的知识匮乏，长期受到

① 张闻天．抗战以来中华民族的新文化运动与今后任务，载于中央党史研究室张闻天选集传记组编，张闻天文集（第 3 卷）[M]．北京：中共党史出版社，2012：35—36．

② 李大钊．青年与农村，载于中国社会科学院现代史研究室编著，“一大”前后：中国共产党第一次全国代表大会前后资料选编 [M]．北京：人民出版社，1985：146—150．

封建思想的影响，要通过长期的思想教育，开阔农民的思想眼界，充分激发农民的潜力，最大限度地发挥其革命主力军作用。要加强对农民群众的思想引导和教育，组织农民学习马克思主义，号召革命青年、知识分子、乡村小学教师深入农民中宣传革命道理，让农民充分认识到革命的必要性。由于农民文化水平和思想还停留在封建社会，处在文化的底层，李大钊提出改造农民的思想，提高农民的思想文化水平，引导他们主动地参与到革命斗争中。

三、国民革命时期中国共产党的文化宣传

五四运动后，随着马克思主义的广泛传播，一批激进的民主主义者及先进的知识分子迅速走向马克思主义的科学社会主义道路。1920 年，中国共产党的早期组织开始建立起来，他们纷纷创办刊物，宣传马克思主义政党的建党学说、科学社会主义和阶级斗争学说，成为我国最早的一批无产阶级刊物。1921 年 7 月中国共产党成立后，十分重视理论宣传及创办新闻报刊。党在一大的决议中，对宣传工作做了专门的规定："一切书籍、日报、标语和传单的出版工作，均应受中央执行委员会或临时中央执行委员会的监督。""每个地方均有权出版地方通报、日报、周刊、传单和通告。""不论中央或地方出版的一切出版物，其出版领导工作均应受到党员的领导。""任何出版物，无论是中央的或地方的，都不得刊登违背党的原则、政策和决议的文章。"[①]

由于条件所限，建党初期的宣传工作进行得十分艰难："我们为工人阶级出版的宣传刊物，大部分篇幅不多。我们经常鼓励工人自己写简讯，并全部刊登在我们的刊物上或一般的报刊上。我们最初出版的是《劳动者》（注：应为《劳动音》）周刊，但出到第六期以后，就被政府查禁了。遭到这次迫害以后，我们的刊物改名为《仁声》，但在第三期以后，由于缺乏经费，只得停刊。我们还出版了一些小册子，如《工人的胜利》

① 中央档案馆编．中国共产党第一个纲领，中共中央文件选集（第 1 册）[M]. 北京：中共中央党校出版社，1989：6—7，译自中共驻共产国际代表团的俄文稿．

和《五一节》，这些出版物传播得相当广泛。”“我们曾试图在知识分子阶层中扩大我们的宣传工作，可是现在印刷所受到监视，因此，不能刊印我们的出版物。我们翻译了一些小册子，如《俄国革命和阶级斗争》和《共产党纲领》等，但我们的译文尚未印出。我们只散发了上海印的《共产党宣言》和《经济学谈话》。”[①]党在成立后的一年中，还未能公开创办政治机关报，直到 1922 年 7 月党的二大之后，《向导》周刊才创办。

《向导》周刊创刊后，集中力量系统宣传党的二大制定的民主革命纲领，首次提出“打倒帝国主义”“打倒封建军阀”和“国民革命”的口号，用马列主义有关帝国主义的基本理论，分析帝国主义的侵略本质，揭露帝国主义侵略中国和扶持军阀的种种罪行，深刻说明帝国主义的侵略是造成中国贫穷落后、战乱不止的重要根源，深刻分析帝国主义与封建军阀等反动势力相互依存的关系，指出反帝反封建军阀的一致性。但后期的《向导》“由于受到右倾机会主义的严重影响，虽然还是无产阶级的报刊，但革命性战斗性已大不如从前”[②]。

中国共产党成立后，从 1921 年下半年到 1923 年初，在上海、北京、长沙、武汉、广州创办了一批工人报刊，对工人运动进行指导，对工人运动的兴起和发展起了很大的推动作用。其中最著名的是《劳动周刊》。该刊用生动具体的事实，揭露资本家剥削工人的本质，证明资本家对工人压迫的残酷，启发工人的觉悟，及时报道各地罢工和建立工会的消息，指导工人运动，发行量最多时达到 5000 多份，受到工人的广泛欢迎。

1924 年国民党第一次全国代表大会在广州召开，确认了共产党员以个人身份加入国民党的原则，标志着以国共合作为核心的各革命阶级的统一战线的正式建立，促进了中国革命高潮的到来。这一时期，中国共产党帮助创办的革命报刊和进步报刊在五卅运动和北伐战争中有了新的发

---

① 中央档案馆编．北京共产主义组织的报告，中共中央文件选集（第 1 册）[M]．北京：中共中央党校出版社，1989：17—18，译自中共驻共产国际代表团的俄文稿．

② 郑淑芬．从自觉到自信——新民主主义革命时期中国共产党夺取文化领导权的历史考察 [M]．北京：人民日报出版社，2014：41．

展。瞿秋白主编的《热血日报》是中国共产党历史上第一个日报，突出宣传中国共产党指导五卅运动的政治主张与策略，报道上海及各地“三罢”斗争及反帝反军阀的消息，副刊《呼声》则紧密配合新闻和社论刊载了尖锐的文艺作品、短评及杂文。《热血日报》出版后，产生了很大的社会影响，10 期以后发行量达到 3 万份。五卅运动后，共产党的力量迅速壮大，各地党的区委机关报刊也相继诞生。如赵世炎主编的北京区委机关报《政治生活》、萧楚女主编的河南区委机关报《中州评论》、章太雷主编的广州区委机关报《人民周刊》等，形成了一个党报网络，大大加强了各地党和群众的联系。五卅运动后，随着农民运动的兴起，中国共产党主办的农民报刊也纷纷出现，最著名的是 1926 年在广州创刊的《中国农民》月刊。该刊名义上为中国国民党中央执行委员会农民部出版，实际上为中国共产党主办，李大钊、毛泽东、林伯渠、彭湃、阮啸仙等都是主要撰稿人，毛泽东的《中国农民中各阶级的分析及其对于革命的态度》《中国社会各阶级的分析》、李大钊的《土地革命与农民》、彭湃的《海丰农民运动报告》等文章，均发表在《中国农民》上，成为研究农民运动理论和有关农民运动报告的最重要刊物。随着北伐的深入，各地农民协会创办的刊物也应运而生。

国共合作实现以后，由中国共产党直接主持、用国民党名义出版的报刊也纷纷创办起来，最著名的是广州 1925 年出版的《政治周报》。毛泽东为《政治周报》的创办做出了重要贡献。他不仅撰写了发刊词《〈政治周报〉发刊理由》，还以“润”为笔名发表了 7 篇杂文，揭露了广东军阀、政客和国民党右派的反革命宣传。在他主编的前 4 期中，他共撰写发表了 21 篇政论、杂文或新闻报道文章。

由于国共合作之初中国共产党对领导权的认识模糊，随着资产阶级力量的增长和革命的深入，资产阶级发起了对领导权的争夺，“中山舰事件”“整理党务案”就是在这种情况下发生的。正如党的四大《宣传工作中的决议案》所指出的，“过去推重了资产阶级的力量，忘记了自已的阶级宣传，结果遂发生了右倾的乖离错误”[①]。1927 年 4 月 12 日，蒋介石发动了震惊中外的四一二反革命政变，轰轰烈烈的大革命失败了，国共两党第一次合作破裂了。

四、土地革命时期中国共产党对文化领导权的争夺

四一二反革命政变后，蒋介石以“清党”为名大肆屠杀共产党员和进步人士，实行独裁统治，厉行文化专制，宣传变质了的“三民主义”。加紧文化思想方面的统治，制定了“反对无产阶级文艺，建设三民主义文艺，取缔一切违反三民主义的文艺”的文艺政策，反对和抵制共产党的文艺运动。攻击无产阶级革命文学，拟定《宣传品审查条例》，对“宣传共产主义及阶级斗争”“挑拨分化本党者，统统视为反动宣传品。一律严加惩处”。[②]大力推行文化白色恐怖。

面对国民党的文化专制统治，我党早期领导人瞿秋白提出了构建无产阶级文化领导权的思想。瞿秋白曾两度担任中国共产党最高领导人，是中国共产党提出并构建无产阶级文化领导权思想的第一人。1931 年他被共产国际米夫操纵的中共六届四中全会排挤出中央政治局后，自觉投身到无产阶级文化革命运动中。他不仅结合中国革命的具体实际提出文化领导权思想，而且和鲁迅、茅盾、冯雪峰等左翼成员一起，致力于文化领导权的争夺。他大声疾呼：“中国的新的文化生活——几万万群众的文化生活固然要在残酷的政治经济斗争中开展出去，才能够开辟自己的道路；可是，文化战线上的斗争应当现在就在群众中开展出去，准备着锻炼自己的力量，反对着进攻着地主资产阶级等等反动文艺的影响；这种文化战线上的斗争，正是总的政治斗争的一部分。”[③]在这一伟大斗争中，党的任务就是“在文化战线上，动员广大民众来参加无产阶级领导下的工农苏维埃革命”[④]。而现阶段文化革命的任务就是“反对一切封建残余的文化上的束缚，

---

① 解放军政治学院．中共党史参考（第 3 册）［M］.199.

② 余信红．论土地革命战争时期中国共产党对文化战线的领导 [D]. 北京：中共中央党校，1996.

③ 瞿秋白．瞿秋白文集（第 2 集）［M］. 北京：人民文学出版社，1959：882.

④ 瞿秋白．瞿秋白文集（政治理论篇）第 7 卷［M］. 北京：人民出版社，1991：530.

肃清封建残余对于群众的意识上的影响，打倒一切帝国主义和买办阶级的奴才思想”[①]。提出文化革命的领导权的斗争，是无产阶级的重要任务。“一切革命的文化团体，必须为着文化运动的无产阶级领导权而斗争。”[②]

瞿秋白从文化运动的无产阶级领导权进一步提出了文艺大众化思想，认为文艺大众化才能使人民享有属于自己的大众文艺，从而使广大群众意识到无产阶级文化革命是他们自己的革命。他在《普洛大众文艺的现实问题》一文中对“文艺作品用什么话写”“写什么东西”“为着什么而写”“怎么样去写”“要干些什么”等五大问题展开论述，提出“我们要写的是体裁朴素的东西——和口头文学离得很近的作品”[③]。“普洛作家要写工人、民众和一切题材，都要从无产阶级观点去反映现实的人生、社会关系、社会斗争。”[④]还号召开展“街头文学运动”，文艺创作要进行“自我批评”，要创造无产阶级自己的知识分子等，认为知识分子要摒弃脱离群众的心态，积极主动地融入群众生活中。这些思想，在当时起到了非常积极的作用。

宣传工作在党的文化建设中一直占有重要地位。党的一大决议里就有对宣传工作的专门论述，大革命时期 1925 年的《宣传问题决议案》中也提出“必须使我们的党变成真正群众政党的组织，才能巩固我们对于工人阶级斗争的指导地位”。“要实行这种重大的职任，我们的党应当作群众中的鼓动和宣传。每一个党员不论他在什么地方，都应当宣传我们党的主义及口号。我们的鼓动应当使群众了解，要使极落后的工人苦力都能懂得，才能有力。所以应当用极通俗的言语文字。可是不但言语文字要接近群众，鼓动的内容也要接近群众。群众中的鼓动，第一是要具体，根据于工农群众眼前的事实。因此共产主义者便应当不但指导和训练群众，而且要能考察群众的言论，知道他们的需要，在口头上文字上的宣

① 瞿秋白．瞿秋白文集（政治理论篇）第 7 卷［M］. 北京：人民出版社，1991：533.
② 瞿秋白．瞿秋白文集（政治理论篇）第 7 卷［M］. 北京：人民出版社，1991：231.
③ 瞿秋白．瞿秋白文集（文学篇）第 7 卷［M］. 北京：人民出版社，1991：471.
④ 瞿秋白．瞿秋白文集（文学篇）第 7 卷［M］. 北京：人民出版社，1991：476.

传表现他们的心理。”[①]1931 年《中央关于苏区宣传鼓动工作提纲》里要求苏区内“各中央局必须有健全的宣传部，宣传部应该有计划地，经常地做宣传鼓动工作，领导各级党部建立这工作，并经常给以检阅与帮助。在宣传部下面必须经常地召集宣传会议，各种文化工作人员会议，决定在某一时期内所应该做的宣传鼓动工作。在各苏区中央分局所在地必须创办一种党的与苏维埃的机关报。党报是党的党纲，是党的政策的直接宣传者，苏维埃的机关报，是苏维埃政策的宣传者，前者必须比较更多地登载党内消息，后者则必须登载苏维埃的消息。前者是本党同志和比较接近于党的分子的读物，后者是在苏维埃政府下广泛的工农群众的读物。所以编辑时，也必须特别通俗。不论是党的或苏维埃的机关报，必须抓住一定时期党的与苏维埃的中心策略与中心工作宣传与鼓动。在党的与苏维埃的机关报下面，必须有很多的工农通讯员与读报小组，经常地教育他们，组织他们，召集工农通讯员会议，读报群众代表会议，从他们中间提拔创办报纸与编辑报纸的干部。报纸不论是党的还是苏维埃的都要通俗，并与群众生活有密切的联系。报纸必须有很多的发行部或发行员，大规模地散发到群众中去。它们必须是反映出群众的生活、斗争，领导与组织群众的刊物。必须用种种方法在各乡村各城市创办当地的小报，尤其应该重视各工厂与各乡村壁报的编辑工作。各地的党部，应该教育工农群众自己来编辑画报、小报与壁报，自己来印刷与散发。中央机关报必须同他们发生密切的关系，从他们中间抽出工农通讯员与编辑员。中央机关报在一定期间，可以召集壁报编辑者会议等类的会议，来教育与训练他们。必须编辑各种最通俗的小册子，做反帝、拥护苏联、土地革命、八小时劳动日的宣传与鼓动。同时必须很快地对于某一时候所发生的紧急问题，加以解释或鼓动，做成小册子大批地散发出去。在各苏区必须建立出版部，专司印刷与发行的工作。在各苏区中央分局所在地，必须设立一个以上的党校，培养党，苏维埃与

① 中央档案馆编．宣传问题决议案（1925 年），中共中央文件选集（第 1 册）[M]．北京：中共中央党校出版社，1989：478—481．

职工会的中等干部。红军兵士不但是战斗员而且是宣传鼓动员。凡红军所到的地方，必须对当地群众做充分的宣传，向他们解释什么是帝国主义，为什么要斗争等，同时必组织他们，经过他们来消灭当地的民团与地主。一切纪念节在苏区都应该是广大的宣传鼓动的日子。比如‘三八’‘五一’、列宁纪念日等。”[①]

毛泽东在土地革命时期提出的宣传教育思想是毛泽东文化思想的重要组成部分。毛泽东认为，宣传工作的任务就是“扩大政治影响，争取广大群众”。土地革命时期，毛泽东提出了许多宣传方法，第一种是传统的宣传方法，如采取发传单、布告，做宣言、壁报、政治简报、画报以及传唱革命歌谣和化装宣传、口头宣传和群众大会宣传等形式。第二种是“实际宣传”，也就是通过规范红军的行为来营造良好的风气，在人民群众中树立良好的形象，从而获得群众的支持。他说，“上门板、捆禾草、扫地、谈话和气、买卖公平、借东西照常还、赔偿损失，这些都是红军宣传的一种”[②]。毛泽东不仅对于青年、城市贫民、游民、妇女等不同的阶级群体提出不同的宣传要求，更重视对敌军的宣传工作。他在《古田会议决议》中，提出了对敌宣传的具体措施，要求不仅要讲究策略，还要注重方式方法，宣传文字要简短，要让他们顷刻间能看完，不仅要想方设法让敌人看到听到宣传内容，还要“入眼入耳”“入脑入心”。第三种是通过优待俘虏和医治敌人的伤兵感化敌人，[③]“对于俘虏的兵士的工作，不能限于发给旅费，护送回家就算了事。必须在他们中间，做很大的宣传鼓动工作，使他们也积极起来为苏维埃与红军工作。主要的要做到使他们回到他们的旧部中去，做瓦解敌人军队的工作，或使士兵拖枪到红军中来”[④]。

---

① 中央档案馆编．中央苏区关于宣传鼓动工作决议，中共中央文件选集（第 7 卷）[M]．北京：中共中央党校出版社，1989：211—216．

② 毛泽东．毛泽东文集（第 1 卷）[M]．北京：人民出版社，1993：98．

③ 中央档案馆编．中国共产党红军第四军第九次代表大会决议案，中共中央文件选集（第 5 册）[M]．北京：中共中央党校出版社，1989：818—823．

④ 中央档案馆编．中央苏区关于宣传鼓动工作决议，中共中央文件选集（第 7 卷）[M]．北京：中共中央党校出版社，1989：215．

土地革命时期，开展教育工作也是中国共产党夺取文化领导权的重要法宝。中央苏区建立之后，苏区文化教育成为“战争动员一个不可少的力量，提高广大群众的政治文化水平，吸引广大群众积极参加一切战争动员工作，这是目前文化教育建设的战斗任务”①。苏区的文化工作加强了马列主义理论教育。湘鄂赣省工农兵苏维埃第一次代表大会通过的文化决议案指出：“在苏区进行文化工作，就是要尽量灌输马克思列宁主义，及一切无产阶级革命的教育和理论。”②《中央关于苏区宣传鼓动工作决议》中指出：“苏区内的教育文化工作，必须要有彻底的转变，必须编辑成年人及少年儿童的识字课本，绝对禁止以三民主义为苏区内学校的教科书。小学校内贫农雇农及工人子弟，完全免费，富裕的中农则必须酌量征收学费。必须立刻开始贫民识字运动。这里可以利用苏区所有同情于革命，或至少是不反革命的智（知）识分子，做通俗教育的工作，但必须在党与苏维埃的监督与领导之下。党、苏维埃及职工会等各种机关内必须完全废除过去秀才式的八股文章，呈请文章以及命令公文的滥调，一律采用简单明了的白话文章。苏维埃人民教育委员会必须定出教育文化的工作计划，利用群众力量来执行这种计划。必须消灭那些富农分子包办苏区文化教育工作的非常的现象。”③毛泽东认为，要经常进行党内思想政治理论的讨论，及时纠正各种错误思想，要求各地编辑马克思列宁主义内容进入学校和社会的教材，还要开展各种形式的办学。当时，苏区的教育分为干部教育、成人教育、职业教育和义务教育。毛泽东还创造了一套科学的教授法，即“十大教授法”。包括：“启发式（废止注入式）、由近及远式、由浅入深、说话通俗化（新名词要解释）、说话要明白、说话要有趣味、以姿势助说话、后次复习前次的概念、要提纲、干部班要用讨论式。”④

此外，土地革命时期在中央苏区编排上演红色戏剧，创作传唱红色

---

① 文化教育工作在查田运动中的任务，苏区教育资料选编［M］. 南昌：江西人民出版社，1981：12.

② 湘鄂赣革命根据地文献资料（第 2 辑）［M］. 北京：人民出版社，1986：12.

③ 中央档案馆编 . 中央苏区关于宣传鼓动工作决议，中共中央文件选集（第 7 卷）［M］. 北京：中共中央党校出版社，1989：217.

④ 毛泽东文集（第 1 卷）［M］. 北京：人民出版社，1993：104.

歌谣也成为中国共产党建立文化宣传阵地、广泛发动民众的有力武器。红色戏剧最早是“化装宣传”，古田会议通过的《红军工作宣传问题》对这一形式予以充分肯定：“化装宣传是一种最有效最具体的宣传方法。”[①]化装宣传后来随着人物、台词的增加形成了活报剧和话剧的形式，1931年以后红色戏剧的发展在苏区形成了高潮。从苏联回国辗转到闽西苏区的李伯钊、从苏联回国的戏剧家沙可夫等，创作改编了一大批红色戏剧，后来都奔赴山西抗日根据地，担任文艺团体负责人。苏区建立了中央红军学校，有了文艺活动中心。党中央领导高度重视红色戏剧工作，创建了一批专业剧团和戏剧学校，彭湃、聂荣臻、罗荣桓、方志敏等领导同志都亲自参演过红色戏剧，大大推动了红色戏剧的传播。红色歌谣的蓬勃发展也是苏区革命文艺的一大特色。这些歌谣利用当地山歌、小调来表达革命内容，深受军民喜爱。不少歌谣如《送郎当红军》《八月桂花遍地开》《十送红军》等成为传唱几十年的经典。红色歌谣来源于民间，根植于百姓生活，歌词积极向上，曲调朗朗上口，抒发了人民群众对革命的支持，对党的拥护，成为中国共产党文化宣传的重要组成部分。

总之，从五四运动到国民革命时期、土地革命时期，中国共产党通过一系列理论和实践的探索，在艰苦军事斗争的同时，建立了无产阶级文化统一战线，带领工农群众不断进行革命文化建设与传播，也积累了很多经验，为抗日战争以后继续开展根据地文化理论的建设与传播奠定了坚实的基础。

第二节　抗日战争初期文化统一战线的形成和确立

一、全面抗战爆发前的中国共产党的政策策略

随着抗日运动新高潮的到来，中国共产党面临着从土地革命战争向

① 中央档案馆编．中国共产党红军第四军第九次代表大会决议案，中共中央文件选集（第5册）[M]．北京：中共中央党校出版社，1989：819．

民族革命战争转变的新形势。1935 年 12 月 17 日至 25 日，中共中央在陕西安定县（今子长）瓦窑堡召开政治局会议，着重讨论全国政治形势和党的策略路线、军事战略，确立了建立抗日民族统一战线的新策略。会议通过了《中央关于军事战略问题的决议》。决议指出："当前政治形势的基本特点是日本帝国主义正准备并吞全中国，把全中国从各帝国主义的半殖民地，变为日本的殖民地。"在这种形势下，一切不愿当亡国奴、不愿当汉奸的中国人的唯一出路，就是"向着日本帝国主义及其走狗汉奸卖国贼展开神圣的民族战争"。决议认为，民族革命的新高潮推醒了工人阶级和农民中的落后阶层；广大的小资产阶级群众和知识分子已转入革命；一部分民族资产阶级，许多乡村富农和小地主，甚至一部分军阀也有对革命采取同情中立的态度以至有参加的可能。因此，民族革命战线是扩大了。党应当采取各种适当的方法和方式，去争取这些力量到反日战线来。决议还指出，最广泛的抗日民族统一战线不仅应当是下层的，而且应当是包括上层的。决议认为，在统一战线内部，既要团结一切抗日力量，又要坚决不动摇地同一切动摇、妥协、投降和叛变的行为做斗争。决议强调要更深刻了解革命领导权的问题，指出，"党的领导权的取得，单靠在工人阶级中的活动是不够的(这是要紧的)，共产党员必须在农村中、兵士中、贫民中、小资产阶级和智（知）识分子中，以至一切革命同盟者中，进行自己的活动，为这些群众的切身利益而斗争，使他们相信共产党不但是工人阶级的利益的代表者，而且也是中国最大多数人民利益的代表者，是全民族的代表者"。瓦窑堡会议"所提出的关于建立抗日民族统一战线的理论和策略，既说明在抗日前提下，有必要和可能与民族资产阶级以至地主买办阶级中的一部分力量重新建立统一战线，也着重说明无产阶级在统一战线中能够和必须掌握领导权"[①]。会议结束后的 12 月 27 日，毛泽东作了《论反对日本帝国主义的策略的报告》。在报告中，毛泽东根

① 中共中央党史研究室．中国共产党历史（第 1 卷）(1921—1949) 上册[M]. 北京：中共党史出版社，2012：420.

据九一八事变以来民族资产阶级的许多代表人物政治态度的变化，论证了工人阶级和民族资产阶级联合的可能性和重要性。为了结成广泛的抗日民族统一战线，决议和报告还批评了党内长期存在的“左”倾关门主义，指出关门主义的由来在于不会把马克思主义、列宁主义运用到中国的特殊的具体的环境中去，强调党不能空谈抽象的共产主义原则，而必须大胆地运用统一战线策略，去组织和团聚千千万万民众和一切可能的革命友军，才能取得中国革命的领导权。同时及时提醒全党吸取历史上发生的实行统一战线政策时右倾错误的教训，特别指出，“在目前的抗日民族统一战线中，共产党和红军不但要充当发起人，而且应当成为坚强的台柱子，从而使日本帝国主义者和蒋介石所使用的拆台政策，不能达到最后的目的”[①]。

二、全面抗战爆发后文化战线面临的危机

七七卢沟桥事变发生后，中国共产党在第二天向全国发表了号召抗战的宣言，号召：“全中国人民、政府和军队团结起来，筑成民族统一战线的坚固的长城，抵抗日军的侵略！国共两党亲密合作抵抗日军的新进攻！驱逐日军出中国！”[②]毛泽东在7月23日写的《反对日本进攻的方针、办法和前途》一文中，提出实行全国军队的总动员，全国人民的总动员，“开放爱国运动，释放政治犯”“承认爱国团体的合法地位，扩大爱国团体的组织于工农学商各界”，实现真正的团结，“根本改革过去的教育方针和教育制度”，废弃不合理的制度，“新闻报纸、出版事业、电影、戏剧、文艺，一切使合于国防的利益。禁止汉奸宣传”[③]。

随着军事进攻的步步推进，日本对中国的文化侵略也变本加厉。为了达到“奴化”中国人的目的，日本军队不仅用武力毁灭与强占中国的文

① 毛泽东．论反对日本帝国主义的策略的报告，毛泽东选集（第2卷）[M]．北京：人民出版社，1991：142—169．

② 中央档案馆编．中国共产党为日军进攻卢沟桥通电，中共中央文件选集（第11卷）[M]．北京：中共中央党校出版社，1991：274—275．

③ 毛泽东．反对日本进攻的方针、办法和前途，毛泽东选集（第2卷）[M]．北京：人民出版社，1991：346—348．

化机关与学校，焚毁与取缔中国革命的图书、文献、报章、杂志，屠杀与监视爱国的文化人与青年知识分子，还在占领区“建立奴化教育的统制机关与制度，散布许多思想意识上的毒素，配合了它的军事与政治的进攻，达到其文化侵略和奴化中国人的目的”①。

在中日民族矛盾上升为中国社会的主要矛盾，全国的政治形势处在大变动的前夜，迫切需要党的政策路线有一个重大的转变。中央要求，用各种类型的救亡协会来建立广泛的统一战线，加强抗日救亡宣传和党的领导，“统一战线的民（名）义可依照各地方的情形来决定，如救亡协会或援助抗战委员会等。各地党应即派出适当人员出面，向当地党政军学警商各界接洽，组织这类团体。如此种统一的组织一时不能得到多数同意，可先推动各界组织各自的救亡团体。”“对国民党每一抗战的步骤，应采取欢迎与赞助的态度，坚决反对挑拨离间的阴谋。共产党员应实际上成为各地救亡运动与救亡组织之发起人、宣传者与组织者，以诚恳坦白谦逊之态度与努力的工作，取得信仰及这类团体中的领导位置。对各界中之纠纷，共产党员应以调停人之资格，出任和解。”总的目的就是“为求得迅速组织统一战线，扩大救亡运动，执行坚决抗战保卫国土的总方针”②。

三、文化统一战线理论的形成

中国共产党建立文化统一战线的理论，早在20世纪30年代就产生了。时任临时中央常委的张闻天针对当时文艺战线上某些同志在文艺大众化和文艺自由讨论中存在的失误，认为民族矛盾上升的客观趋势向党领导的文艺战线提出的一个首要任务就是团结广大文艺界爱国人士结成广泛的统一战线。在“左”倾路线的统治下，我们党的一些从事文化工作的同志看不到这一形势变化，仍然存在着严重的“左”的倾向。张闻天在署名

① 张闻天．抗战以来中华民族的新文化运动与今后的任务（1940年1月5日），载于张闻天文集编撰小组编，张闻天文集（第3卷）[M]．北京：中共党史出版社，2012：35—36.

② 中共中央书记处．中央关于组织抗日统一战线扩大救亡运动给各地党部的指示（1937.7.15），载于中央档案馆编，中共中央文件选集（第11卷）[M]．北京：中共中央党校出版社，1991：289—290.

为“哥特”的《文艺战线上的关门主义》中尖锐指出，“中国左翼文艺运动，所以到今天没有发展的原因，是由于我们在文化运动中一些做领导工作同志的右倾消极和‘左’倾空谈”。他批评一些做领导工作的同志“一天到晚讲着文艺的大众化”，“我们还没有看到在这一方面的真正努力。通俗的白话小报、工农通讯、壁报、报告文学等大众文艺活动简直还没有开始”。“但这种右倾消极还不是最大的危险”，使左翼文艺运动始终停留在狭窄的秘密范围内的最大障碍物，却是“左”的关门主义。这种关门主义有三种表现，“第一，表现在对‘第三种人’与‘第三种文学’的否认，认为文学只能是资产阶级或无产阶级的，一切不是无产阶级的文学，一定是资产阶级的文学”，“这显然是非常错误的极‘左’的观点，因为在中国社会中除了资产阶级和无产阶级的文学之外”，还存在着“可以不是无产阶级的，而同时又是反对地主资产阶级的革命的小资产阶级的文学”，这种文学“是目前在中国革命文学中最占优势的一种，排斥这种文学，骂倒这些文学家说他们是资产阶级的走狗，这实际就是抛弃文艺界的革命统一战线，使幼稚到万分的无产阶级文学处于孤立，削弱了同真正拥护地主资产阶级的反动文学做坚决斗争的力量”。“我们的任务是在正确估计那些小资产阶级文学作家的革命方面，给以鼓励与赞扬，使小资产阶级文学中的革命性发展起来，同时指出这种文学所存在着的一切弱点，使他们在我们的具体指示之下走向革命的斗争。”只有这样，才能实现无产阶级对于小资产阶级的领导，实现广泛的革命的统一战线。关门主义的第二种表现，则是认为“文艺只是某一阶级‘煽动的工具’‘政治的留声机’的思想，凡是不愿做无产阶级煽动家的文学家，就只能去做资产阶级的走狗，这种观点，显然把文学的范围大大缩小了，显然大大束缚了文学家的‘自由’”。对于这类文学家，不能简单地“指出在帝国主义国民党的反动文化政策之下，不能有文艺的创造的自由，指出在有阶级的社会中间决没有超阶级的自由，而且还要去领导这些革命小资产阶级的文学家”，“了解我们所指示的正确道路，而走到我们的道路上来”。他还清醒地认识到，“在有阶级的社会中间，文艺作品都有阶级性，但绝不是每一文艺作品都是这一阶级利益的宣传鼓动的作品，只是因为他描写了某一时代真实的社会现象。无产阶级文艺批评家的任务，正是在以马克思主义的武器，去批评所有的文艺作品，正确地指出这些作品的阶级性与他们的艺术价值（或无价值），而不是把一切这些作品因为他们不是无产阶级的作品，就一概抛到垃圾堆里去，去痛骂这些作品的作家为资产阶级的走狗。我们左翼文坛上所需要的，是真正的马克思主义文艺批评家，不是资产阶级的自由主义者，但同时也不是疯狂的宗教的信徒。领导革命的文艺家走到马克思主义道路上，需要的，正是坚定的马克思主义立场。在文艺界中革命统一战线的执行，比在工人运动中，要求我们有更多的细心、忍耐、解释，甚至‘谦恭’与‘礼貌’，因为这里，我们的对象不是工人，而是小资产阶级的知识分子之群，而且是小资产阶级中最敏感之群。”“我们的任务在教育他们，领导他们，而不是把他们从我们这里推出去。”[①]

四、毛泽东关于文化统一战线的思想

中国共产党在积极促成抗日民族统一战线、做好抗战准备的同时，还为系统总结党的历史经验，努力加强自身建设特别是党的思想理论建设，做了大量工作。毛泽东大力进行理论研究工作，着重从思想路线的高度总结党的历史经验。他在 1936 年底至 1937 年夏，先后写出《中国革命战争的战略问题》和《矛盾论》《实践论》等重要论著，以中国无产阶级领导的农民战争战略思想，丰富和发展了马克思主义的军事科学，科学地论述了无产阶级的世界观和方法论，丰富和发展了马克思主义哲学。正确解决了抗日民族统一战线的政治路线问题，也为中国共产党开辟的抗日根据地发展壮大，牢牢掌握政治主动权，奠定了思想上、政治上和组织上的坚实基础。

对于文化战线的统一战线，毛泽东很早就注意到了。中国文艺协会在丁玲、成仿吾等 34 人倡议下于 1936 年 11 月 22 日在陕西保安县（今志

① 张闻天文集编撰小组编．张闻天文集（一）［M］. 北京：中共党史出版社，2012：216—218.

丹县）成立，协会名称就是毛泽东提议的。组织这个协会是为了在抗日民族统一战线目标下，共同推进新的文艺工作。毛泽东在成立大会上讲话指出中国文艺协会的光荣任务是“发扬苏维埃的工农大众文艺，发扬民族革命战争的抗日文艺”①。毛泽东要求无论是亭子间里来的人，还是山顶上来的人（注：亭子间里来的人指从上海等地来陕甘宁边区的文化人，山顶上的人是指井冈山等革命老根据地的文化人），为了“共同抗日，在艺术界也需要统一战线”②，都应该去除以前的自大主义，文化艺术界“组织起十年来的文化成果，训练起万千的文化干部，送到全国各战线上去工作”，强调“统一战线同时是艺术的指导方向”③。毛泽东认为，艺术家是一切爱国者的统一战线，但艺术上要有马克思主义政治立场，艺术上每一派都有自己的阶级立场，我们是站在无产阶级劳苦大众方面的，在“统一战线原则之下，我们不能丧失自己的立场，就是鲁迅先生的方向。艺术作品有内容，要符合时代的要求，大众的要求。要注重营养，也就是要有好的内容，要适合时代的要求”④。要求鲁迅艺术学院“要造就有远大理想、丰富的生活经验、良好的艺术技巧的一派艺术工作者”，“不应当简单记述社会生活，还要有新中国的远大理想，不但要抗日，还要在抗战过程中为新的民主共和国而努力，不但要为民主共和国，还要有实现社会主义以至共产主义的理想”⑤。“艺术家还要有丰富的生活经验和良好的艺术技巧”，而“到群众中，不但可以丰富自己的生活经验，而且可以提高自己的艺术技巧”，要“下一番苦功夫去学习和掌握艺术技巧”⑥。

① 中共中央文献研究室编．毛泽东文艺论集［M］．北京：中央文献出版社，2002：3—4.

② 毛泽东．在鲁迅艺术学院成立大会上的讲话，载于中共中央文献研究室编，毛泽东文艺论集［M］．北京：中央文献出版社，2002：15.

③ 毛泽东．在鲁迅艺术学院成立大会上的讲话，载于中共中央文献研究室编，毛泽东文艺论集［M］．北京：中央文献出版社，2002：15.

④ 毛泽东．在鲁迅艺术学院成立大会上的讲话，载于中共中央文献研究室编，毛泽东文艺论集［M］．北京：中央文献出版社，2002：16.

⑤ 毛泽东．在鲁迅艺术学院成立大会上的讲话，载于中共中央文献研究室编，毛泽东文艺论集［M］．北京：中央文献出版社，2002：17.

⑥ 毛泽东．在鲁迅艺术学院成立大会上的讲话，载于中共中央文献研究室编，毛泽东文艺论集［M］．北京：中央文献出版社，2002：18.

五、山西抗日民族统一战线的建立

瓦窑堡会议后，中共中央进一步加强对统一战线的领导，在积极促进全国人民抗日救亡运动开展的同时，尽可能地向国民党上层和军队宣传党的抗日主张。在山西，1936 年 8 月，薄一波被党组织营救出狱后，按照中共中央北方局刘少奇的意见，到达山西太原，积极做争取阎锡山抗日的工作，并于 10 月加派杨献珍等同志赴山西，成立了山西公开工作委员会，到太原专做公开合法的工作，随后山西公开工委接办原山西牺牲救国同盟会（简称牺盟会），同阎锡山建立了特殊形式的抗日统一战线关系。中国共产党利用这一合法形式，发展大量青年知识分子和群众入会，山西抗日救亡运动很快活跃起来。牺盟会于 1936 年 9 月正式发起成立，由阎锡山任会长，梁化之任总干事，薄一波任常务秘书，主持日常事务。随着战争不断发展，牺盟会实际上掌握了山西大部分地区的领导权。

第二战区民族革命战争战地动员委员会（简称战地总会）是山西国共合作抗日民族统一战线的重要团体，由各党派、机关、团体及驻军代表共同组成，1937 年 9 月在太原成立。周恩来等出席大会并做了报告，续范亭任主任委员，杨集贤为副主任委员。战地总会的主要目的就是在广大敌占区建立我党领导下的、拥有武装的、半政权性质的革命组织。既是战争动员机关，团结群众、争取群众参加抗战的机关，也是游击战争的准备机关、组织机关和领导机关。战地总会的三大任务是：一是组织民众，武装民众；二是减租减息，合理负担，改善人民生活；三是实行民主政治，扶植抗日言论出版，集会结社自由。这就使抗日宣传和一些集会出版演出合法化，起到了很大的唤起民众的作用。

山西新军是由牺盟会和战地总会共同组建的。1937 年 8 月 1 日，牺盟会建立山西新军的第一支部队——山西青年抗敌决死队。此后，薄一波经阎锡山同意，又迅速成立了 4 个决死纵队和一个工人武装自卫队，战地总会在晋西、晋西北组织了 10 多支游击队，经过几次扩充、扩编，形成了拥有 9 个师、旅，约 50 个团，近 7 万人的山西新军，成为中国共产党在统一战线背景下在山西组建的抗日武装力量。

六、统一战线下的山西文化状况和理论探讨与实践

薄一波接手牺盟会后，严格遵循北方局和刘少奇关于要争取民族革命实际领导权的指示精神，对牺盟会的领导机构进行了改组，成立了新的工作班子，调整了部分顽固分子，保留了进步分子，充实了革命力量，从而“在牺盟会这个‘旧瓶子’里就装上了‘新酒’”[①]。薄一波采用不断开辟新的工作阵地、尽可能多地引进共产党员和团结左派，争取中间派和打击右派的方式，真正取得了统一战线的领导权，把“牺盟会”改造成共产党领导下的特殊形式统一战线的组织和抗日救亡群众团体。七七事变前，牺盟会训练村政协助员，广泛进行宣传鼓动工作，尽量把亡国灭种、沦为殖民地的可怕前景告诉民众，唤起民众爱国热情。训练的村政协助员，名义上是协助村长办理村政，实际上是做抗日救亡宣传工作。训练的临时村政协助员，主要是太原中等以上学校的进步学生，农村中充满革命朝气的小学教员，流亡或隐蔽在乡间的共产党员，抗日爱国青年。临时村政协助员经过训练后下乡工作，积极进行抗日救亡宣传活动。几千年来被压抑着的民气觉醒了，这些以前不问世事，只知道纳粮的农村民众，经过村政协助员的下乡工作宣讲，提出了“消除社会不公”、要组织起来，打倒日本帝国主义。3 个月的工作，给从来没有经过大革命时期群众运动洗礼的山西农村抗日救亡“尽了一个开辟荒原的任务”[②]，为以后的宣传发动工作奠定了良好基础。

此外，牺盟会还举办国民兵军官教导团。教导团的军事干部由阎锡山委派，但政治工作则由党组织完成，工作人员也由党组织选派。在军事训练中，教导团强调政治化和主义化的要求。政治化就是用牺盟会民族革命的抗敌救亡统一战线的精神贯穿全部训练，让每个学员都具有抗日民族意识，主义化则运用了阎锡山提出的“消除社会不平，建设民主共和国的新中国”的进步性质的口号，并赋予新的内涵。为了加强党的领导，

① 中国共产党山西历史第一卷（1924—1949）上册［M］. 北京：中共党史出版社，2012：235.
② 薄一波 . 牺牲救国同盟会简史［M］. 北京：中共中央党校出版社，1990：83.

教导团建立了自上而下的政治系统。团设政治部，营与连均设政治辅导员。在课程设置方面除了阎锡山提出的“按劳分配”外，其余的中国抗战基本问题、中日力量对比、民运工作、中日战争研究等都是宣传党的主张的。一些旧军官中的进步分子经过团结争取教育后来成为党和人民的优秀军事干部，有的还加入了中国共产党。

从接办改组牺盟会到抗日战争爆发，在北方局和刘少奇的正确领导下，以薄一波、杨献珍、董天知等 5 位同志组成的专门进行上层统一战线工作的中共山西公开工作委员会，坚持党中央正确路线，高举抗日民族统一战线光辉旗帜，充分利用牺盟会的官办团体“合法”地位，紧紧围绕准备抗战这一主题，发动了广大群众，做了大量成效显著的工作，培养造就了规模宏大的干部队伍，也吸引了大量有抱负的知识分子参与其中，迅速团聚了名为阎锡山，实为共产党领导的强大抗日救亡力量。

这一时期，牺盟会、战地总会和山西新军在山西各地、各部队建立了文艺宣传组织，创办报刊，开展大规模的抗日文艺活动，极大地推动了抗战初期的文艺繁荣。在戏剧运动方面有牺盟会吕梁剧社，战地总会战地宣传团，第二战区抗战协会歌剧队、话剧队，山西新军决死队前线剧社，工人自卫旅的工卫剧社等众多戏剧团体。它们除了在部队演出，也深入山西各地进行公演，起到了动员群众、打击敌人的作用，大大鼓舞了抗日斗志，促进了戏剧运动的蓬勃发展。

戏剧方面，1936 年，太原新生剧院、太原民众教育馆公余剧团响应戏剧界“国防戏剧”口号，在山西发动了声援傅作义部绥远抗战行动的募捐及动员宣传活动，并组织慰问团直抵前线进行了慰问。[①] 绥远抗战慰问演出后，组织召开了太原文化界座谈会，对太原文艺救亡运动的开展进行了研讨，明确了以“国防戏剧”为武器唤醒大众这一思路，提出“国防戏剧不要局限于小剧场演出，而应走向社会，走到街头广场演唱救亡歌

① 亦文、齐荣晋．山西革命根据地文艺运动史稿［M］．太原：山西人民出版社，1989：29.

曲”，发挥更广泛的民众动员作用。[①]1936 年夏，晋城在牺盟总会的协助下，掀起了农村救亡运动的热潮，获泽中学在教师孟新恒的组织下，到县城及周边村庄演出了《流亡曲》《放下你的鞭子》等。经过救亡戏剧的宣传，晋城建立了牺盟会组织，会员迅速发展到两万多人，一大批知识青年还参加了山西青年抗敌决死队。1936 年 12 月应省牺盟会邀请，晋剧名角丁果仙和上党梆子票友社——宫友社在太原中华电影院为绥东抗日将士（傅作义部）义演。[②]

新闻报刊方面，1937 年初，牺盟总会在太原创办了《牺牲救国》周刊，为铅印报纸，面向全省公开发行。同年 10 月太原沦陷前夕停刊。此外，牺盟会各中心区和各分会还在各地创办了报刊：太原中心区的《太原战旗》、长治中心区的《黄河日报》、夏县中心区的《中条战报》、临县中心区的《临县战号》、洪赵中心区的《大众抗日报》。翼城县牺盟分会先后创办过《抗日新文字拼音报》《老百姓报》《河山战报》《突击》等 4 种报刊。战地总会在《山西党员通讯》报上创办了《总动员副刊》，三日一期，宣传抗日民族战争的方针政策，到太原沦陷前，共出版 7 期。太原沦陷后，战地总会移驻离石，于 1937 年 12 月在离石创办油印日报《战地通讯》，通过电台收听、抄录国内外重大新闻，同时报道晋西北战况。战地总会还面向普通老百姓出版了两个通俗报纸：《老百姓周报》《战动画报》，宣传国内外大事和战时常识。山西新军也以各部队为单位创办了不同的报刊，以宣传抗日救国主张。决死一纵队办了《新军日报》，决死二纵队办了《长城》，决死三纵队办了《铁军报》，决死四纵队办了《前线报》，山西工人武装自卫队创办了《战地快报》，暂编第一师创办了《萌芽》。[③]

文学方面，1936 年 9 月，鲁迅先生逝世后，中共中央发表告全国同胞书和全世界人士书，指出“鲁迅先生在无论如何艰苦的环境中，永远与

① 亦文、齐荣晋．山西革命根据地文艺运动史稿［M］．太原：山西人民出版社，1989：31．
② 中国戏曲志编辑委员会．中国戏曲志山西卷［M］．北京：文化艺术出版社，1990．
③ 王醒．山西新闻史［M］．太原：山西人民出版社，2001：51—53．

人民大众一起与人民的敌人作战，他永远站在前进的一边，永远站在革命的一边。他唤起了无数的人们走上革命的大道，他扶助着青年们，使他们成为像他一样的革命战士，他在中国革命运动中立下了超人一等的功绩”，“号召全国民众，尤其是文学界，一致起来继续鲁迅先生光荣的事业，继承鲁迅先生的遗志，为中华民族的解放而奋斗，为中国大众的解放而奋斗，为世界和平而奋斗”[①]。设立鲁迅文学奖金基金10万元。山西各报刊发表了大量纪念文章，表达了山西青年对鲁迅的敬仰。在当时阎锡山统治下的死气沉沉的山西，为了唤起、团结民众，推进太原的民族文艺运动和新文化运动，太原的进步文艺青年田景福、卢梦、亚马、樊希骞、杨蕉圃、赵秋心，以及学者杜任之等，经过艰苦努力，发起召开了太原市文学青年追悼鲁迅大会；10月21日，在《山西党讯》上刊登了“追悼鲁迅先生逝世专刊征稿启事”；10月25日，在太原举行了有200人参加的追悼大会。会后，《山西党讯》的《最后一页》专栏，连续11天出刊了7期《追悼鲁迅先生专刊》，发表了30多篇文章，以激昂的文字，呼唤青年学习鲁迅，沿着鲁迅的方向前进。[②]

总之，全面抗战爆发前，牺盟会、战地总会和山西新军的报刊在党组织的领导下，为组织动员群众积极投身民族解放战争，加强军政军民关系发挥了重大作用，也为以后建立抗日根据地起到了舆论准备的奠基作用。

第三节　全面抗战后山西根据地的建立及文化建设的迫切性

一、山西抗日根据地的建立

瓦窑堡会议以后，党中央确立了中央红军渡河东征山西，开辟抗日

① 中央档案馆编．中国共产党中央委员会中华苏维埃人民共和国中央政府为追悼鲁迅先生告全国同胞和全世界人士书，中共中央文件选集（第11卷）［M］．北京：中共中央党校出版社，1991：103—104．

② 傅如一，崔洪勋主编．山西文学史［M］．太原：北岳文艺出版社，1993：376．

通道等战略方针。1936 年 2 月 20 日，由红 1 军团、红 25 军团、红 28 军和黄河游击师组成的中国工农红军抗日先锋军约 1.3 万人，在毛泽东、彭德怀指挥下，突破黄河防线，直插吕梁山区，初战即攻占石楼、孝义、中阳、隰县交界具有战略意义的地区。东征 75 天，足迹踏遍山西 53 个县，20 多个县建立了苏维埃政权和农会，8000 多名青年参加了红军，把抗日的火种播向三晋大地。东征虽然暂时未能实现创建山西革命根据地、直接对日作战的目标，但也达到了“打了胜仗，唤起了民众，扩大了红军，筹集了财物”[①] 的目的。东征过程横扫大半个山西，发动了群众，宣传了中国共产党的抗日主张，取得的战果和由此产生的影响，为中国共产党在山西开辟抗日根据地奠定了基础。党中央运用军事和政治的手段，以强大的政治优势加紧对阎锡山的统一战线工作，经过多方面卓有成效的工作，终于在 1936 年秋促成了阎锡山与我党的“合作关系”，实现了山西抗日民族统一战线的局面。在党中央关怀和北方局的直接领导下，我党掌握了山西抗日民族统一战线的具体组织形式——牺盟会的实际领导权。通过牺盟会“合法”组织，先后创办了一系列抗日救国的团体，为我党培养和造就了数量可观的干部队伍，从阎锡山监狱中营救了被关押的共产党员和进步人士，形成了山西工作的骨干力量。开展了轰轰烈烈的抗日救国群众运动，形成了一股强大的革命力量。

七七事变爆发后，整个华北战局发展极其迅猛，一方面是日军的疯狂进攻和步步深入，一方面是国民党军队的节节败退和丧师失地。山西已经成为抗日的前线，毛泽东针对日军的强大攻势和国民党在华北正规战争的溃败局势，对敌、我、友三方情形和战争发展趋向进行了科学的分析，认定：挽救华北危机、扭转华北战局的根本力量，唯有中国共产党及其领导的人民武装八路军，并且必须坚持山西阵地，首先开展山西抗日游击战争，创造山西的战略支点，才能达到支持和发展华北抗日战争的根本目的。于是，毛泽东当机立断做出新的战略部署，指示华北党和八路军

① 巨文辉．毛泽东与红军东征，红军东征（下册）[M]．北京：中共党史出版社，1997：664．

首先在山西实行战略展开，命令八路军相机挺进并占据晋东北、晋西北、晋东南、晋西南等敌之侧翼及后方的战略要地，广泛发动群众，组织人民武装，开展全省游击战争，建立敌后根据地，造成“使敌虽深入山西，还处在我们游击战争的四面包围中”的局面。1937 年 8 月 22 日，中共中央政治局在陕北洛川县马家村召开扩大会议，提出今后军事工作的主要任务是：开辟敌后战场；建立敌后抗日根据地；进行独立自主的游击战争，党的工作重心放在战区和敌后；把红军改编为国民革命军第八路军（1937 年 9 月 11 日，国民政府军事委员会按全国陆海空战斗序列将八路军改称为国民革命军第十八集团军）。洛川会议以后，八路军三大主力 115 师、120 师、129 师根据中共中央军委和八路军总部关于建立抗日根据地、独立坚持华北抗战的指示精神，奉命东渡黄河进入山西，开始了晋察冀、晋绥、晋冀鲁豫三大抗日革命根据地的创建和发展工作。

晋东北地区的晋察冀抗日根据地是中国共产党创建的第一个敌后抗日根据地，包括晋北、冀西、冀中、察南的 50 余个县。这一地区的战略重要性：“第一是它处于几个主要的交通线之间，而威胁平绥、平汉、同蒲、正太四大铁路线，在这里开展游击战争，可以直接使敌人的交通线感到极大威胁与困难，而遭受重大打击。第二，在于它是在太行山、五台山和恒山联互交错的蜿蜒曲折的山地区域中，到处可以居高临下，攻击敌人，且各山脉之间易于联络，随时可以威胁保定、北平等各大城市……恰恰有利于我们的作战，而不利于敌人的机械化部队。”但也有其不利因素：“山地难于居住，河沟太多，道路过少，山不厚而长，使回旋的范围狭小，人口稀疏，土地贫瘠；另一方面，靠近铁路，敌军运输迅速，时间不易计算，随时有受敌人侵袭的可能，警戒工作比较困难。”[①]

但“为了更好地完成我们大规模开展游击战争，配合主力军坚持华北抗战的任务，必须集中力量把游击区扩大巩固起来，使它成为一个强大

① 晋察冀根据地是怎样创造起来的 [J]. 八路军军政杂志（创刊号），1939：65.

的根据地，这样才能保存自己和发展自己，去和敌人战斗”[①]。日军占领平津之后，意欲把山西作为华北的首战目标，根本意图就在于夺取山西，将山西变成它的“兵站之地”，进而策应华中，威胁西北，吞并全中国，叫嚣“一个月拿下山西全省，三个月灭亡全中国”的所谓战略方针。遵照中央指示，八路军三个师相继开赴五台山、管涔山和太行山，占领了同蒲线以东的晋东北、同蒲线以西的晋西北和正太线以南的晋东南等战略要地。1937 年 9 月 25 日，八路军 115 师设伏于山西省忻州市繁峙县横涧乡平型关村，进行了全国抗战中第一次对敌歼灭战，歼灭日军第 5 师团（板垣师团）第 21 旅团一部 1000 余人，击毁敌人汽车百余辆，缴获大量辎重物资，取得八路军出师以来打的第一个大胜仗，沉重打击了日军的嚣张气焰，提高了八路军的声威，打破了日军不可战胜的神话，有力地粉碎了日军所谓“三个月灭亡中国”的梦呓，拉开了抗日游击战争的帷幕，极大地鼓舞了全国人民抗战胜利的信心。铁的事实，给敌人以严正警告：“中华民族抗日营垒中最积极、最活跃的力量已经投入战场，日本帝国主义从此临到了新的敌手。”[②]平型关大捷后，115 师根据分散转入日军翼侧及其后方开展游击战争方针，115 师由师长林彪、政训部主任罗荣桓率部南下于阳泉、寿阳地区作战；副师长兼政委聂荣臻率部于五台山地区开展游击战，因为“这里的民众，在过去敌人疯狂侵略之下，已深切感受到亡国的惨痛，在抗战发动后，更直接遭受了敌人的蹂躏与屠杀，抗日情绪很高，武装斗争的要求很普遍”[③]，因此很快创建了晋察冀抗日根据地，并成立边区政府。1937 年 11 月 7 日，晋察冀军区成立，聂荣臻任司令员兼政治委员。1938 年 1 月，晋察冀边区抗日民主政府诞生了，全边区统一的工人救国会、农民救国会、妇女救国会和青年救国会相继成立。到 3 月初，全边区已经有“八十万以上有组织的群众”，而且从“十八岁到五十岁的，

① 晋察冀根据地是怎样创造起来的 [J]. 八路军军政杂志（创刊号），1939：74.

② 张宏志 . 抗日战争的战略防御 [M]. 北京：军事科学院出版社，1985：106.

③ 晋察冀根据地是怎样创造起来的 [J]. 八路军军政杂志（创刊号），1939：67.

都加入自卫队”[①]，形成一股不可阻挡的革命力量。1938 年春，115 师一部进入北平西山一带，开辟平西根据地；4 月，建立冀中根据地；6 月，115 师一部建立冀东根据地。这些根据地的开辟，大大拓展了晋察冀根据地的范围，成了华北敌后抗战的坚强堡垒。

晋西北地区的晋绥抗日根据地的创建工作由八路军 120 师负责。120 师由贺龙任师长、萧克任副师长、周士第任参谋长、关向应任政训处主任，下辖两个旅、一个教导团，以及其他配属部队约 1.4 万人。1937 年 9 月下旬，120 师一部随师部进入宁武、岢岚、五寨等县交界的管涔山脉创建抗日根据地；另一部进入五台、平山地区开展敌后游击战争，创建抗日根据地。到 1938 年 12 月，120 师一部进入内蒙古阴山山脉段的大青山地区，依托大青山相继开辟了绥中、绥南、绥西抗日根据地。这些抗日根据地逐步连成一片，构成了晋绥抗日根据地。贺龙领导的晋绥抗日根据地屹立于黄河晋陕峡谷以东地区，由北向南贯穿山西全境，构成了一道护卫陕甘宁边区和党中央的“7”字形屏障，有效地完成了党中央赋予的防止日军西渡黄河侵扰陕甘宁边区的战略任务，确保了中共中央的安全，以及中共中央与敌后各根据地的交通和联系，同时在必要时还给予了陕甘宁边区以物资供应和经济支持。

山西境内包括太岳和太行山区的晋冀鲁豫抗日根据地的创建工作由八路军 129 师负责。1937 年 10 月 10 日石家庄失守后，中共中央北方局决定成立冀豫晋省委，1938 年 2 月正式成立冀豫晋省委（8 月改为中共晋冀豫区党委），由李雪峰任书记。省委下设晋中、冀西、冀豫、太南、晋豫等 5 个特委和太岳工作委员会，辖近 70 个县。省委与八路军 129 师会合后随军行动，共同创建了以太行山脉为依托的晋冀豫抗日根据地。129 师由刘伯承任师长、徐向前任副师长、倪志亮任参谋长、张浩任政训处主任，下辖两个旅，以及其他配属部队约 1.3 万人。1937 年 10 月，八路军 129 师主力开赴晋东南太岳和太行山区，依托太行山创立晋冀豫抗日

① 黄可诚．晋察冀边区概况 [J]. 群众，第 1 卷第 24 期．

根据地（1941 年扩大为晋冀鲁豫根据地）。晋冀鲁豫抗日根据地是中共中央北方局和八路军总部机关所在地，以平汉铁路、同蒲铁路、正太铁路，以及黄河为根据地边界，包括太行、太岳、冀鲁豫、冀南 4 个区，横跨山西、河南、河北等省。

由于地理上的封闭性，山西在三大抗日根据地相继创立后，形成了东北、西北、西南、东南四个方向均为根据地的抗战局面，侵入山西的日军实际上陷入了被四面包围的战略不利态势。日军以占领的中心城市和交通要道为重点向外扩张，中国共产党领导的抗日斗争以根据地为出发点，用武装独立的山地游击战争的方式，向日军控制的中心城市和交通要道进行挤压，构成了山西抗战的基本势态。在这种态势下，三大抗日根据地的建设工作显得尤其重要。

晋察冀边区、晋西北、晋冀豫边区、晋西南等以山西为中心的敌后抗日根据地，正是我党我军在抗战开始之后最早建立起来的根据地。它们不但是我党我军实行抗战的"立足点"，而且是我党我军发展抗战的"出发地"。它们不但以一般的"战略基地"的姿态，执行和完成了一般根据地所应执行和完成的抗日战争的战略任务，而且以特殊的战略基地的姿态，担负了执行党的军事战略由正规战争到游击战争转变的重要任务。"一切的游击战争的根据地，只有在建立了抗日武装部队、战胜了敌人、发动了民众这三个基本的条件具备之后，才能真正地建立起来"。以山西为中心的敌后抗日根据地的建立过程，也就是逐步造成上述三个基本条件的过程，尤其是发动和组织群众的过程。这一过程，除了军事的斗争，更多的还需要政治的文化的措施来完成。

二、根据地建立后文化建设的迫切性

各根据地建立后，不仅面临着加强党的组织建设，大力发展抗日武装，改造旧政权，建立更加广泛的抗日民族统一战线的任务，而且需要进一步动员群众扩大抗日武装，团结各阶层的民众组织抗日救亡团体，向民众揭露日军罪行，激起民众抗日救亡决心，发展教育文化事业，在贫瘠落后的土地上逐步开展文化运动。

刘少奇关于根据地建设的长期性和艰巨性曾指出，日军“除采用武力以征服华北的政策外，还广泛地采用‘以华制华’的政策，采用欺骗、挑拨、离间的政策，以和缓、削弱和分裂中国人民反抗的力量。日军不仅是一个强有力的凶恶的敌人，而且是一个善于利用中国内部的矛盾和我们每一个错误以分裂中国抗日力量的狡猾的敌人。它威胁利诱收买中国的人民做汉奸，广泛地建立汉奸组织，挑拨中国人民内部的斗争以及汉人与回蒙民族的斗争。日军首先是企图‘不战而胜’，后来又企图‘速战速胜’，现在已经使得日军不能不和中国进行持久战争了。在持久战争的过程中，华北的游击队如果发展得愈广大，给予敌人的打击与威胁愈大，就愈有可能吸引敌人用优势的兵力来进攻华北的游击战争及根据地。因此，华北的游击战争在长期抗战中遭受一些最严重的困难，是完全可能的”[①]。

（一）日军在华北沦陷区的文化阴谋

日军侵入山西后，极力进行所谓的“思想战”，宣扬所谓“王道精神”，妄图采取“三分军事，七分政治”的阴谋，对所占领地的民众进行思想欺骗和“政治上的挑拨离间”，“挑拨我军民关系，离间抗日军队之团结，力图造成国共不团结或分裂”，[②]达到他们的侵略目的。敌人在华北沦陷区宣传的主要内容是：“第一是反对中国的一切抗日力量，特别集中反对国共两党和抗战领袖；第二是分裂中国的抗日民族统一战线，特别是要分裂国共两党，而代以反共统一阵线；第三是以人种（黄种、白种）观念来代替民族观念，以消弭中国对日本的民族斗争；第四是宣传和平妥协，以破坏中国长期抗战的国策；第五是挑拨离间，以达到其以华制华之目的；第六是以亲日代替抗日；第七是利用被歪曲了的中国旧道德来消减国民抗日抗战的新民族道德；第八是用‘新民主义’来代替三民主义。

---

① 刘少奇．关于抗日游击战争中的政策问题，载于中央档案馆编，中共中央文件选集（1936—1938）第11册［M］．北京：中共中央党校出版社，1991：838．

② 聂荣臻．敌后六年之一得，原载敌后六年团结丛书第三种［M］．35．

第九是利用一切可能利用的中国人民所熟悉的神话迷信来造谣、欺骗。”由此可知，敌人“不只用武力扫荡来进攻我们，而且用全力进行政治上、思想上的进攻，阴险毒辣，无孔不入，来配合它的军事进攻，在某些（是在武力进攻稍为放松的时候）时候，且以政治进攻为主要手段”[①]。

而长期处于封闭落后地区的民众，在敌人的麻痹之下，浑然不觉侵略者的铁蹄已踏入自己的家园，“被大同防空部队击伤了的日本飞机，被迫降落在大同城外平原上，附近的村民都新奇地围着看，看着日本飞行师从容地把飞机修好，安然飞去”[②]。在山西武乡县，日军“扫荡”前，在农民中流传着一句话：“哪个朝廷不纳粮，日军来了也一样。”[③]在日军的铁蹄下，一些人当了顺民，缺乏抵抗意识。一些地区虽然成立了大刀会等“保家护乡”的民间团体，但抗战初期这些团体的宗旨是“不抗日，不降日，不反共，保家乡”，尚未从地方意识、家族意识中觉醒。[④]可见，抗战初期农民的政治意识问题已经成为一个必须重视的重大问题了，“只有无丝毫迟疑地宣传民众，发动民众，组织民众，武装民众，起来共同担当华北的持久游击战。首先，应向民众做广泛深入的抗日宣传。其二，要组织广大的民众在工会、商会、农会和学生会之中，并吸引他们到政治团体中来。其三，要发动民众为保护其自身利益而斗争，并联系到民族利益上来。其四，要组织他们在武装训练之中，引导其参加人民自卫队、游击队、义勇军，并吸引到部队中来”。要“肃清汉奸。坚决反对投降主义、失败主义及特殊化的倾向，是争取持久战的先决条件。只有反对这些汉奸，才能团结全华北人民，全华北军队，影响全中国，乃至全世界，坚持华北持久战争，而取得最后胜利”[⑤]。

---

① 日本帝国主义在中国沦陷区［M］. 延安：解放社，1939：283—284.

② 长江 . 忆晋北[J]. 激流，1937 年第 1 期：14.

③ 中共武乡县委党史研究室 . 中国共产党武乡简史（1933—1949）［M］. 太原：山西古籍出版社，2000：58.

④ 江沛 . 日伪“治安强化运动”研究［M］. 天津：南开大学出版社，2006：291.

⑤ 周恩来 . 目前抗战危机与华北坚持抗战的任务，载于晋绥边区财政经济史编写组编，抗日战争时期晋察冀边区财政经济史资料选编［M］. 天津：南开大学出版社，1984：7.（此文为周恩来在临汾群众大会上的演讲，原刊登于汉口《群众》第 1 卷第 2 期）

（二）统一战线下的山西的文化方针政策

全面抗战开始后，党中央对于担任不同地方工作的八路军提出不同的方针，要求山西大力宣传“共产党八路军坚决抵抗敌人，与山西华北民众共艰苦，号召民众组织起来武装起来”。“抓住敌人烧杀奸淫抢掠的事实做鼓动宣传，以乡村派代表组织成队，到被害区实地查看，组织被害难民到各处宣传。”①

1937 年太原沦陷后，晋察冀边区成立。1938 年 1 月 10 日召开晋察冀边区军、政、民代表大会，代表 149 人，代表着边区全体部队，代表着 39 县的县政府，代表着拥有 120 万群众的 119 个群众团体，代表着蒙、回、藏少数民族及宗教人士。全体代表都在“抗日高于一切”的前提下，民主选举朱劭文、聂荣臻、刘奠基、胡仁奎、李杰庸、孙志远、吕正操、张苏、娄凝先等 9 人为晋察冀边区临时行政委员会的委员。大会充分表现了统一战线的巩固，“给那些阴谋拆散中国抗日民族统一战线的日本帝国主义及汉奸卖国贼以致命的打击，向全国通电晋察冀地区抗日根据地已成了华北持久抗战的主要堡垒之一”②。

山西抗日根据地建立初期，统一战线既是中国共产党战胜国内外一切敌人的法宝，也是宣传文化政策的关键词和总方向。毛泽东在 1937 年 9 月《国共合作成立后的迫切任务》中提出：“现在的统一战线事实上还停止在两个党的范围之内，广大的工人、农民、兵士、城市小资产阶级及其他许多爱国同胞还没有被唤起，还没有被发动，还没有组织起来和武装起来。这是目前的最严重的情况。”“挽救危机的唯一道路，就是实行孙中山先生的遗嘱，即‘唤起民众’。”③

由于山西抗日根据地建立初期，各根据地还是两种政权并存，因此

---

① 中央档案馆编．中央关于抗战地方工作的原则指示，中共中央文件选集（第 11 册）［M］．北京：中共中央党校出版社，1991：399．

② 晋察冀边区军政民大会通电 [N]．新华日报（华北版），1938 年 2 月 14 日，第 2 版．

③ 毛泽东．国共合作成立后的迫切任务，毛泽东选集（第 2 卷）［M］．北京：人民出版社，1991：366．

我党在文化宣传中特别注意方式，在话语表达等方面遵循着国防教育的观点和统一战线的要求。根据地建立后的宣传方针是："立即在战区提出减租减税减息，没收汉奸日军财产，分给抗日人民及抗日军人家属。宣传阎锡山的合理负担，即有钱出钱、有力出力，反对曲解合理负担。""与誓死不做亡国奴，保卫山西、保卫华北、收复失地，好男儿上前线去等基本的政治口号联结起来。利用一切机会宣传共产党民族统一战线的纲领，宣传红军改为十八集团军的任务。"还提出了山西"红军宣传工作做得不够，特别口头宣传差"的问题。[①]

《抗战救国十大纲领》和《抗战建国纲领》都强调了宣传中对民众的动员，要求"要联系战争发展的情况，联系士兵和老百姓的生活，把战争的政治动员，变成经常的活动"，怎样动员民众？"靠口说，靠传单布告，靠报纸书刊，靠戏剧电影，靠学校，靠民众团体，靠干部人员"[②]。晋察冀边区成立前，八路军刚到达五台县不久，雁门关就失守了，接着繁峙、代县、原平也相继陷落在敌人的手中，五台县从东北到西南都被敌人的炮火包围了。全五台县的群众"切身地觉悟到亡国的惨祸已经来到自己的头上，觉悟到自己起来抵抗日军，保卫家乡，保卫国土，是他们刻不容缓的天职了"[③]。这时的五台县，由于山西旧政权旧行政"合理负担原则"的不合理执行，让本来穷苦的百姓因为摊派而雪上加霜，群众对八路军也抱有怀疑态度。而地方封建势力为了维护自己的统治，不惜散布谣言："八路军帮你们组织好了自卫队、义勇队，以后就要带走的！""参加这些民众武装组织以后，就是要到前线上去送死！"汉奸们也更无耻地造谣破坏，说"日本是不杀民众，只杀办事员、义勇队、自卫队的，所以不要去办事，自卫队、义勇队也不要干，就太平无事了"。"繁峙、代县一带日本烧得凶是因为有八路军的扰乱。"这些言论蒙蔽了不少百姓。当地的政府无能

---

① 中央档案馆编．十八集团军军委分会训令——关于十八集团军作战的方针、任务及担负地方工作地区划分问题（1937 年 9 月 25 日），中共中央文件选编（第 11 册）[M]．北京：中共中央党校出版社，1991：360．

② 毛泽东．论持久战，毛泽东选集（第 2 卷）[M]．北京：人民出版社，1991：439—518．

③ 洪水．我们的群众工作 [J]．激流，1938 年第一卷．

腐化，“只知道强迫群众收捐收税、捉拿贫人。说到适合于抗日要求的政治行动，则只是表示应酬，敷衍了事”。面对这种种困难，八路军从行动做起，“纪律非常地好”，表现出了艰苦奋斗的精神，取得了人民的爱戴。有了“人民对八路军的信仰，自然照八路军的精神来实行社会的改造，用八路军提出的办法要他们遵守，就不困难了”。八路军工作人员逐步学习在新的统一战线的区域内做好宣传解释和民众动员，改变了以前“放弃上层统一战线的运用，而只埋头下层”的做法，将县区所有的战地动员委员会组织起来，说服群众参加自卫队、义勇队，执行了山西省政府和绥靖公署的“优待抗战军人家属办法”，讨论并实行减租减息。召集地主开会，商谈具体执行方法，决定最后数目以后，才在村民大会上公布执行，责成大家遵守，“真正实现了合理负担”①。

晋察冀根据地的创立者聂荣臻指出根据地建设的全面性问题，“山西抗日敌后根据地的建设，决不只是抗日的问题，也不单纯是一个武装斗争的问题，它包含着民主政治的建设，政权机构的建设，经济政策的规划，人民生活的改善，文化教育事业的发展等各个方面的内容。它既是对一个旧社会的改造，又是对一个新社会的开创，具有建设新民主主义新中国雏形这样一个广泛而深刻的性质。”②他在《论敌后抗战》中也提出要把军事斗争和其他方面结合起来，指出，“我民族自卫战，必须为全面性之总力战，为军事、经济、文化诸方面复杂配合之战争，若根据单纯军事观点去组织抗战，绝难取胜”③。聂荣臻还指示根据地文化工作者，“我们的人民需要吃饭，这是首先要解决的；枪炮要弹药去喂养，这是第二要解决的大事；现在要进一步改造人的脑子，要用大量的文化食粮去喂养它”④。这就对根据地文化工作者提出了更高的要求。

---

① 洪水．我们的群众工作[J]．激流，第1卷第1期：21．

② 聂荣臻回忆录［M］．北京：解放军出版社，1984：459—460．

③ 聂荣臻．论敌后抗战．引自《群众》合订本第1册．群众周刊社，1937年第1期：8．

④ 罗光达：枪弹、文化和照相机——记聂荣臻元帅对公报的关怀．引自：周均伦、陈克勤、张焕文．聂荣臻百年诞辰纪念文集［M］．北京：解放军出版社，1999：131—137．

第二章　山西抗日根据地文化理论构建的思想准备

第一节　抗日根据地文化理论的认识论与方法论基础

苏联著名哲学家尤金曾说："中国共产党不是教条式地而是创造性地领会了马克思列宁主义，成功地把马克思主义理论应用于中国这样的国家，因而大大地丰富了马克思主义的理论。"① 毛泽东1937年在延安完成的著作《实践论》《矛盾论》，从唯物辩证法的实践和矛盾两大范畴入手，讨论人们是如何在实践中达到理论的深化，矛盾是如何在事物的发展、变化中起作用的，论述自成体系，独具一格，创造了马克思主义哲学的一种新的表达形式，不仅构成了毛泽东哲学思想的核心，还开启了马克思主义中国化的理论形态，创立了现代中国革命的哲学逻辑。可以说，抗日根据地文化理论的认识论和方法论基础就是《实践论》和《矛盾论》。1937年7月，毛泽东应中国人民抗日军政大学请求，向学员讲授了110多个学时的唯物论与辩证法，形成了后来被称为《辩证法唯物论讲授提纲》，《实践论》和《矛盾论》就是其中的两个部分。

一、《实践论》《矛盾论》的写作背景

20世纪50年代末60年代初，毛泽东在谈到他为什么要写"两论"时，一再强调，任何哲学都是为当时的政治服务的，资产阶级哲学是这样，无产阶级的马克思主义哲学更是这样。他说："对于我们来说，马恩列斯

① 许全兴、陈葆华、冯国瑞编．国外毛泽东思想研究文选［M］．北京：中国大百科全书出版社，1987：10—20．

的书必须读，这是第一。但是，任何国家的共产党人，任何国家的思想界，都要创造新的理论，写出新的著作，产生自己的理论家，来为当前的政治服务，单靠老祖宗是不行的。我们在第二次国内战争末期和抗战初期写了《实践论》《矛盾论》，这些都是适应当时的需要而不能不写的。”[①]

近代中国是一个政治经济发展极端不平衡的半殖民地半封建国家，帝国主义世界的基本矛盾和中国社会内部的各种矛盾错综复杂地交织在一起。中国人民同帝国主义和封建主义的矛盾，是中国近代社会的主要矛盾。十月革命给我们带来的马克思主义，无疑是中国无产阶级革命的指南，但在如何正确对待马列主义的问题上，中国共产党党内曾存在着两种不同的错误倾向：一部分人以马列主义理论家自诩，把马克思主义当成金科玉律的教条，把共产国际和苏联经验神圣化，喜欢引用马克思主义著作中的只言片语，无视中国革命的具体经验。还有一部分人则只知道根据自身经验盲目工作，认识不到科学理论对于社会革命实践的重要性，轻视革命理论的指导作用，看不到中国革命的全局性问题，陷入极大的盲目性。有的人还宣称“山沟里出不了马克思主义”。

《实践论》和《矛盾论》写于1937年七八月间，当时中国共产党领导的新民主主义革命正面临着国内革命战争向抗日战争的转化。红军到达陕北后，我们党正面临着领导抗日战争的历史重任。为夺取新的革命胜利，中国共产党不仅要有政治上、军事上和组织上的准备，而且要有思想上的准备。这一准备的重要内容，就是彻底清算党内错误，分清是非，统一认识，提高全党的马克思主义水平，正确总结党的历史经验，吸取历史教训，争取抗日战争的胜利。

二、《实践论》和《矛盾论》的主要内容

（一）《实践论》的主要内容

毛泽东在《实践论》里开宗明义指出实践的涵盖范畴，“人的社会实践，

① 毛泽东文集（第8卷）[M]．北京：人民出版社，1991：109．

不限于生产活动一种形式，还有许多其他的形式，阶级斗争、政治生活、科学和艺术的活动，总之社会实际生活中的一切领域都是社会的人所参加的”[①]。接下来《实践论》具体地分析和阐述了感性认识与理性认识的辩证关系，直接经验与间接经验的辩证关系，相对真理与绝对真理的辩证关系，特别是理论与实践的辩证关系，揭示了认识的辩证运动规律。

《实践论》首先分析的是以实践为基础的感性认识与理性认识的辩证关系，以及以这种辩证关系为内容的认识的辩证运动。毛泽东指出，人在实践过程中，“开始只是看到过程中各个事物的现象方面，看到各个事物的片面，看到各个事物之间的外部联系”[②]，这就是“认识的感性阶段”。然而，“认识的真正任务在于经过感觉而达于思维，到达于逐步了解客观事物的内部矛盾，了解它的规律性，了解这一过程和那一过程间的内部联系”[③]，这就是“认识的理性阶段”。毛泽东明确地把感性认识与理性认识的辩证关系概括为：理性认识依赖于感性认识，感性认识有待于发展到理性认识；由感性认识发展到理性认识，是认识辩证运动中的第一次“飞跃”。在对感性认识与理性认识的辩证关系的论述中，毛泽东提出直接经验和间接经验。“一个人的知识，不外直接经验的和间接经验的两部分”，“一切真知都是从直接经验发源的。但人不能事事直接经验，事实上多数的知识都是间接经验的东西，这就是一切古代的和外域的知识”[④]。“间接经验”主要是指经过“科学的抽象”的知识，“科学地反映了客观的事物”的科学知识、科学理论。在《实践论》里，直接经验与间接经验之间的关系，是包含了“经验”与“知识”的关系、“经验”与“理论”的关系、“经验”与“科学”的关系。实践是认识的来源，更是认识的目的。毛泽东说：“马克思主义的哲学认为十分重要的问题，不在于懂得了客观世界的规律性，因而能够解释世界，而在于拿了这种对于客观规律性的认识去能动地改造

① 毛泽东．实践论，毛泽东选集（第 1 卷）[M]．北京：人民出版社，1991：284.
② 毛泽东．实践论，毛泽东选集（第 1 卷）[M]．北京：人民出版社，1991：284—285.
③ 毛泽东．实践论，毛泽东选集（第 1 卷）[M]．北京：人民出版社，1991：286.
④ 毛泽东．实践论，毛泽东选集（第 1 卷）[M]．北京：人民出版社，1991：288.

世界。”[①]“认识的能动作用，不但表现于从感性的认识到理性的认识之能动的飞跃，更重要的还须表现于从理性的认识到革命的实践这一个飞跃。”毛泽东说：“人类认识的历史告诉我们，许多理论的真理性是不完全的，经过实践的检验而纠正了它们的不完全性。许多理论是错误的，经过实践的检验而纠正其错误。”[②]《实践论》还具体地阐述了“相对真理”与“绝对真理”的辩证关系。“马克思主义者承认，在绝对的总的宇宙发展过程中，各个具体过程的发展都是相对的，而在绝对真理的长河中，人们对于在各个一定发展阶段上的具体过程的认识只具有相对的真理性。无数相对的真理之总和，就是绝对的真理。”[③]

抗日文化活动，就是一种实践活动，文化艺术对人的认识能够起到潜移默化的作用，通过文化载体、艺术形式，人们也能获得对政治、对社会的新认识。毛泽东在提出马克思主义的哲学辩证唯物论的特点时指出：“一个是它的阶级性，公然申明辩证唯物论是为无产阶级服务的；再一个是它的实践性，强调理论对于实践的依赖关系，理论的基础是实践，又转过来为实践服务。判定认识或理论之是否真理，不是依主观上觉得如何而定，而是依客观上社会实践的结果如何而定。”[④]毛泽东在《实践论》中提出了实践对认识的重要性：“感觉到了的东西，我们不能立刻理解它，只有理解了的东西才能更深刻地感觉它。感觉只解决现象问题，理论才解决本质问题。这些问题的解决，一点也不能离开实践。无论何人要认识什么事物，除了同那个事物接触，即生活于（实践于）那个事物的环境中，是没有法子解决的。”“如果要直接地认识某种或某些事物，便只有亲身参加于变革现实、变革某种或某些事物的实践的斗争中，才能触到那些事物的现象，也只有亲身参加于变革现实的实践的斗争中，才能暴露那种或那些事物的本质而理解他们。”[⑤]“理论若不和革命实践

① 毛泽东．实践论，毛泽东选集（第 1 卷）［M］．北京：人民出版社，1991：292.
② 毛泽东．实践论，毛泽东选集（第 1 卷）［M］．北京：人民出版社，1991：293.
③ 毛泽东．实践论，毛泽东选集（第 1 卷）［M］．北京：人民出版社，1991：295.
④ 毛泽东．实践论，毛泽东选集（第 1 卷）［M］．北京：人民出版社，1991：284.
⑤ 毛泽东．实践论，毛泽东选集（第 1 卷）［M］．北京：人民出版社，1991：286—287.

联系起来，就会变成无对象的理论，同样，实践若不以革命理论为指南，就会变成盲目的实践。”[①]最后指出了辩证唯物主义的认识论规律：“通过实践而发现真理，又通过实践而证实真理和发展真理。从感性认识而能动地发展到理性认识，又从理性认识而能动地指导革命实践，改造主观世界和客观世界。实践，认识，再实践，再认识，这种形式，循环往复以至无穷，而实践和认识之每一循环的内容，都比较地进到了高一级的程度。”[②]

（二）《矛盾论》的主要内容

如何“分析”矛盾，怎样“研究”问题是《矛盾论》的出发点，也是《矛盾论》的聚焦点。《矛盾论》首先分析的是矛盾的普遍性与特殊性，从认识论提出问题。毛泽东说：“就人类认识运动的秩序说来，总是由认识个别的和特殊的事物，逐步地扩大到认识一般的事物。人们总是首先认识了许多不同事物的特殊的本质，然后才有可能更进一步地进行概括工作，认识诸种事物的共同的本质。”[③]“当着人们已经认识了这种共同的本质以后，就以这种共同的认识为指导，继续地向着尚未研究过的或者未深入地研究过的各种具体的事物进行研究，找出其特殊的本质，这样才可以补充、丰富和发展这种共同的本质的认识，而使这种共同的本质的认识不致变成枯槁和僵化的东西。”[④]毛泽东在《矛盾论》中对人的认识规律做出这样的概括：“这是两个认识的过程：一个是由特殊到一般，一个是由一般到特殊。”《矛盾论》从“特殊”与“一般”的关系所阐述的认识规律，与《实践论》所总结的“实践，认识，再实践，再认识，这种形式，循环往复以至无穷，而实践和认识之每一循环的内容，都比较地进到了高一级的程度”[⑤]的人类认识规律是完全一致的。关于矛盾的特殊性，一是“主

① 斯大林．论列宁主义基础第三部分理论，斯大林选集（上卷）［M］．北京：人民出版社，1979：199—200．

② 毛泽东．实践论，毛泽东选集（第1卷）［M］．北京：人民出版社，1991：296—297．

③ 毛泽东．矛盾论，毛泽东选集（第1卷）［M］．北京：人民出版社，1991：309—310．

④ 毛泽东．矛盾论，毛泽东选集（第1卷）［M］．北京：人民出版社，1991：310．

⑤ 毛泽东．实践论，毛泽东选集（第1卷）［M］．北京：人民出版社，1991：296—297．

要的矛盾”，一是“矛盾的主要方面”。毛泽东强调：“研究任何过程，如果是存在着两个以上矛盾的复杂过程的话，就要全力找出它的主要矛盾。捉住了这个主要矛盾，一切问题就迎刃而解了。”[①]“万千的学问家和实行家，不懂得这种方法，结果如堕烟海，找不到中心，也就找不到解决矛盾的方法。”[②]关于“矛盾的主要方面”，毛泽东不仅指出“事物的性质主要地是由取得支配地位的矛盾的主要方面所规定的”，而且强调“取得支配地位的矛盾的主要方面起了变化，事物的性质也就随着其变化”[③]。以此为根据来说明社会主义取代资本主义的历史必然性、新中国取代旧中国的历史必然性、中国革命力量由小到大和由弱到强的历史必然性。在分析矛盾的普遍性与特殊性，特别是在分析矛盾特殊性的“主要的矛盾”和“矛盾的主要方面”的基础上，《矛盾论》又分析了“矛盾诸方面的同一性和斗争性”。在对矛盾的同一性的分析中，毛泽东明确地提出“事物不是矛盾双方相互依存就完了，更重要的，还在于矛盾着的事物的相互转化”[④]。在对矛盾的斗争性的分析中，毛泽东提出：“矛盾和斗争是普遍的、绝对的，但是解决矛盾的方法，即斗争的形式，则因矛盾的性质不同而不同。”[⑤]并以如何看待和对待共产党内正确思想和错误思想的矛盾为例，深刻地说明了解决矛盾的方法“因矛盾的性质不同而不同”的道理。

（三）《实践论》和《矛盾论》的重大意义

《实践论》系统地论述了马克思主义的实践观，从实践是认识的来源、认识的发展动力、认识真理性的标准、认识的最终目的等方面阐明了实践第一的观点，并全面地论述了在实践的基础上从感性认识到理性认识、理性认识回到实践的能动飞跃的认识发展过程，阐明了主观和客观、理论和实践、知和行的具体的历史的统一，反对了一切离开具体历史的“左”

---

① 毛泽东．矛盾论，毛泽东选集（第 1 卷）[M]．北京：人民出版社，1991：322.
② 毛泽东．矛盾论，毛泽东选集（第 1 卷）[M]．北京：人民出版社，1991：322.
③ 毛泽东．矛盾论，毛泽东选集（第 1 卷）[M]．北京：人民出版社，1991：322.
④ 毛泽东．矛盾论，毛泽东选集（第 1 卷）[M]．北京：人民出版社，1991：328.
⑤ 毛泽东．矛盾论，毛泽东选集（第 1 卷）[M]．北京：人民出版社，1991：355.

的或右的错误思想，这就从认识论方面对马克思主义普遍原理同中国革命具体实践相结合的基本原则做了哲学上的论证。《矛盾论》精辟地阐述了对立统一规律是唯物辩证法的根本规律，并以矛盾的普遍性和特殊性、同一性和斗争性为线索阐明了事物矛盾问题的精髓，为马克思主义普遍原理同中国革命具体实践相结合这一基本原则提供了哲学根据，是反对教条主义和经验主义的强大思想武器。马克思主义普遍原理同中国革命具体实践相结合，从认识论角度看，就是理论和实践相结合，从辩证法的角度看，就是普遍性和特殊性相结合。它具有三个方面的重大意义："一是在世界观的意义上阐发了辩证法的思维方式和方法论，实现了辩证法的世界观、认识论和方法论的统一；二是在实践论的意义上总结和升华了以矛盾分析方法为核心的辩证智慧，使辩证法成为认识世界和指导行动的现实力量；三是在中国化、时代化和大众化的意义上构建了具有中国特色、中国气派和风格的马克思主义哲学，从而以历史悠久的中华文明和创新实践的中国经验丰富和发展了马克思主义哲学。"①

三、《实践论》和《矛盾论》对抗日战争产生的巨大影响

毛泽东在《实践论》中用马克思主义的认识论观点揭露了党内的教条主义和经验主义的错误根源，肃清了领导干部头脑中的主观主义问题。"它的目的就是纠正当时党内部分领导干部思想观念上出现的错误，提升领导干部运用理论、认识现实、改变现实的能力。不仅系统地阐述了马克思主义认识论，而且在抗日战争及以后的时间里，深深地影响了普通中国人的认识模式、思维方式，堪称马克思主义哲学中国化、大众化的成功典范。"②

在完成《实践论》《矛盾论》后，毛泽东又相继写出了一系列具有鲜明科学性和创造性的军事、政治、经济、文化著作。这些著作不但体现

① 孙正聿．毛泽东的"实践智慧"的辩证法——重读《实践论》《矛盾论》[J]．哲学研究．2015（3）：3—10．

② 陈培永．认识的智慧——毛泽东实践论如是读［M］．广州：广东人民出版社，2014：4．

了《实践论》《矛盾论》所反映的马克思主义普遍真理与具体实践相结合的思想原则和思想方法，而且更进一步地丰富和发展了这些思想。在抗日战争时期，“两论”提出的基本理论经受了中国革命实践的严峻考验，战胜了党内各种错误思想倾向，成为全党的指导思想的方法论基础，并与马克思主义认识论相结合，最终形成我们党的思想路线；另一方面，这些基本理论被广泛地运用于政治、经济、文化、党的建设各个领域，并且在运用中，结合新的实践对一些重大问题做出了新的概括，大大丰富、发展了《实践论》《矛盾论》的基本理论。

1938 年 5 月的论著《论持久战》对比了中国和日本两个对立面的全部关系，分析了中日的国力、经济力、组织力和战争的性质（进步的还是退步的，正义的还是野蛮的）、国际形势等，论述了这对矛盾关系将有的演变过程，提出“这些特点就是中日战争互相矛盾着的特点，这些特点，规定了和规定着双方一切政治上的政策和军事上的战略战术，规定了和规定着战争的持久性和最后胜利属于中国而不是日本”，指出：“这些特点在战争中将各依其本性发生变化，一切东西就都从这里发生出来。这些特点是事实上存在的，不是虚造骗人的；是战争的全部基本因素，不是残缺不全的片段；是贯穿于双方一切大小问题和一切作战手段之中的，不是可有可无的。”[①] 在这里，矛盾的丰富性、普遍性、贯通性以及由此体现的科学的矛盾分析法，已显而易见。

《实践论》和《矛盾论》是中国革命道路的理论总结。“两论”所包含的丰富的认识论和方法论内涵，其中核心意义的内容，是知行统一理论和对立统一法则，是坚持理论与实践、普遍性与特殊性的统一，堪称“马克思主义中国化的哲学秘密”[②]。“两论”不仅成为中国革命的哲学逻辑，而且作为中国革命经验的理论形态，奠定了实事求是思想路线的哲学基础，是中国共产党人反对、批判和消除“左”倾教条主义的有力武器，也是中

---

① 毛泽东．论持久战，毛泽东选集（第二卷)[M]．北京：人民出版社，1991：450．

② 刘敬东，张玲玲．《实践论》《矛盾论》导读[M]．北京：中国民主法治出版社，2017．

国共产党文化建设理论的哲学指导。

第二节 “两论”指导下党的宣传文化政策的变化

一、抗战进入相持阶段敌人宣传手段的变化

1938 年 10 月，日军攻陷武汉、广州后，抗日战争进入相持阶段。日本帝国主义企图“速战速决”灭亡中国的计划破灭，不得不调整其侵华政策：在军事上集中兵力对付共产党及其领导的抗日力量，把进攻重点转向敌后抗日根据地，对国民党政府转为“政治诱降为主，军事打击为辅”的方针，同时将文化侵略提升到更加重要的地位。在华北，日军无论是其经济、政治还是其文化方面的政策都有了明显的变化，在宣传上巧立名目，炫耀人心。这种软化的方法，比起残暴政策，难于暴露其狰狞面孔，欺骗性更强。日军采取的主要政策包括：

（一）软化政策

主要的欺骗对象，“首先着重农民，次之则为青年儿童”。对因战乱逃难的农民“散步一些幻想，施行一点小的恩惠，招抚民众回家，宣布发还财产，在较大城市遍设粥棚，发起赈济，医疗班在各地设诊疗所，向人民施诊”。为瓦解游击队，公布所谓“股匪归顺章程”引诱逃跑，组织叛变投敌。在各地学校中设置免费学名额，所谓“奖助清寒学生”，利用广播电台，组织中日满儿童交欢。欺骗软化手段，可谓花样繁多。

（二）毒化政策

敌人“在各地大肆贩卖各种毒品，奖励农民栽种鸦片，公开发给吸烟执照”。在华北平津沦陷区，烟馆林立，将“赌摊和烟馆结合于一个场所，名曰‘人民俱乐部’，吸引人民消遣，用怀柔政策解除人民精神上的武器，用毒化政策，消灭人民肉体上的抵抗力量，以达到驯服人心，灭绝人种之目的”。

（三）移民政策

伴随着奴役政策而来的，还有移民政策。抗战以后，日军大批地向华北内地涌来，到 1938 年 11 月，“在平、津、青岛、张家口、石家庄、济南、徐州、太原、临汾九个城市，日本人的数目总共 11456 人”，“像临汾那样的小城市，就有 321 个日本人”。

（四）财政经济政策

“统治华北的经济命脉，从经济上封锁各抗日根据地，断绝商业关系，禁止日用品及军用品之输入，摧残农作物，妨碍农业生产，抢劫耕牛，毁坏农具，用欺骗引诱的办法，招收壮丁出境等办法，均是企图灭低我生产力”[①]，从经济方面增加根据地的困难。

（五）文化侵略政策

早在 1938 年 7 月，日本五相会议就制定了所谓的《从内部指导中国政权的大纲》，指导方针是“对于抗日思想泛滥的现状，必须一面以武力为后盾，打开局面，一面提高国民经济，收揽人心，恢复东方文化，确定指导精神，恩威并施，以促进一般汉民族的自发的合作”[②]。此外，敌人还“用封建思想消灭中国的民族意识”，宣扬“日本自明治维新以来，国富兵强，已跻身于国际列强的地位，所以日本是东亚的主人，中国应尊重日本”“中日两国原为同文同种，唇齿之邦，应相互亲善，不可互相仇视”。宣扬建立东亚新秩序，企图掩盖其侵略本质，转移人民斗争视线。除了“制造无稽的理论根据，进行一般的武断宣传外，还在华北各地普遍办小学，把小学教育当作奴化政策的中心”。“日本汉奸的刊物充斥各地，敌占区域为乌烟瘴气所笼罩。”[③]敌人以上政策与残暴的政策或者同时使用，对反抗者镇压，归顺者软化，另一变化就是从直接出面到利用傀儡。

---

① 谭政．敌人在华北的现行政策[J]．八路军军政杂志，1939 年第 1 卷第 5 期：12—29．

② 复旦大学历史系日本史组．日本帝国主义对外侵略史料选编（1931—1945）［M］．上海：上海人民出版社，1977：270．

③ 谭政．敌人在华北的现行政策[J]．八路军军政杂志，1939 年第 1 卷第 5 期：12—29．

在这一战线用军事的进攻，在另一战线却采取政治的分化。用分化达到进攻的准备，用进攻造成分化的条件。

（六）宣抚政策

“宣抚”从表面意思分析即“宣传”“安抚”。通过宣传日本殖民主义思想，实现“安抚”中国老百姓的目的，这是日本殖民主义对中国文化侵略的重要内容。日军在占领一个地区之后，派遣宣抚班进行宣抚活动。‘宣抚班’的权限很大，“它有它的武装组织——警备司令部，地方上的政府与维持会都得秉承它的意志。‘宣抚班’的华北总部设于北平，在太原、济南等大城市设有它的本部，它的支派则分布于各县各乡。在华北一带，‘宣抚班’的人数将近千人”。他们所谓的“宣抚工作”，一是“治安警备工作”，也就是组织情报网，以求“防共”“限共”“自卫”，各村实行保甲制度，结成“防共联盟”。二是“思想文化工作”，目的是宣传拥护伪政权，普及“防共”的思想与“中日亲善协和”，教导“爱村”“爱路”“新民”种种汉奸奴隶思想。“到处设立日语专门学校”以麻醉人民思想。成立“新民分会”，作为“宣抚”汉奸奴隶思想的总机关。三是“团体工作”，即设立各种动员训练机关、“宣抚”少年队，统一指导宗教团体秘密结社，强令老百姓欢迎敌军。四是“厚生工作”，对老百姓“施以小恩小惠”，豁免钱粮，发放小东西收买人心。五是“经济封锁工作”。为了防止人民接济抗日游击队，实行经济封锁，统制货物，禁止一切军用品由敌占区内向外输出。六是“护路工作”。把铁路公路两旁五公里的村镇设为“爱护村”，提出“民路合作”“一人护路，万人享福”等欺骗口号，以实现他们利用公路铁路运送侵略物资的目的。[①]在宣传方式上，“宣抚班”以演说、唱歌、演剧、散发传单、办报纸、拍摄放映电影等手段宣传“日中一体”“大东亚共荣圈”“共同防共”“同文同种”“中日亲善”等思想主张，瓦解中国人民的反抗意志，为日军侵

① 王恩华．揭破敌人的卑鄙宣传与欺骗政策[J]．八路军军政杂志，1939（4）．

华制造舆论。电影在日军“宣抚班”“宣抚”活动中发挥了重要的作用。电影集声影于一体，比较直观，日军利用沦陷区百姓从来没有接触过电影，对电影放映比较感兴趣欺骗群众。“宣抚班”拍摄、放映的电影主体为歌颂日本国力强大、军队“英勇”以及中国的老百姓对日本殖民者的拥护和爱戴。为了强化“宣抚”的效果，“宣抚班”还在沦陷区开展日语教育，强迫中国的老百姓学习，推行奴化教育。教材由“宣抚班”编撰，或者将“满洲国”的教材积极推广。“宣抚班”宣传的内容还涉及拥护日伪政权、丑化中国共产党、破坏抗战、欺骗群众等。总之，思想宣传工作是“宣抚班”的主要职能，“宣抚班”通过各种手段宣传日本殖民者的政治主张，蒙蔽中国人民，消磨中国人民的反抗意志。“宣抚班”的思想宣传工作，为日军侵略活动的开展提供了重要的保证。[①]

（七）汉奸傀儡政策

日军还利用汉奸和傀儡政府实施对华北各地的统治，仅在华北的伪军就有五万人以上。这些伪军社会成分复杂，有“土匪流氓，过去豪绅武装的民团保安队，封建迷信的武装组织——红枪会、大刀会等，一部分溃败的国军，受欺骗的良民，强征的壮丁”[②]，日军利用建立“新民会”汉奸组织，护持新政权，“也就是傀儡政权”；开发产业，“也就是操纵占领区经济命脉，垄断生产贸易”，提倡所谓“东方文化道德”，也就是奴化教育；开办“新民学院”，造就出卖民族利益、献媚日军的奴才。[③]在傀儡组织比较脆弱，还没有成为有力的工具的地方，日军就直接出面。如果“傀儡的力量能够控制民众的时候，日本人自己便隐匿起来，唱隔壁戏”[④]。

总之，这些政策变化反映了敌人在军事进攻相持不下，迅速地军事征服失去其可能性的情况下做出的改变。但无论怎样改变，其政策的本

---

① 谭忠艳．日本殖民主义“宣抚”思想的发展及实践[J]．知识—力量，2018 年 12 月（中）．

② 日本帝国主义在中国沦陷区［M］．延安：解放社，1939：260．

③ 王恩华．揭破敌人的卑鄙宣传与欺骗政策[J]．八路军军政杂志，1939 年（4）．

④ 谭政．敌人在华北的现行政策［J］．八路军军政杂志，1939 年第 1 卷第 5 期：12—29．

质就是通过思想灭华和文化灭华来达到灭亡中国的目的。

二、国内形势的急剧变化

在中国内部，汪精卫在 1938 年 12 月公开叛国投敌。国民党内反共顽固派加紧活动，蒋介石露骨地采取消极抗日、积极反共反人民的政策，指定了“溶共”“限共”“防共”“反共”的方针，使抗日阵营内出现了一股投降、分裂、倒退的逆流。在通过设立文化专制机构，颁布一系列文化专制法规，压迫和扼杀进步文化团体等手段加紧文化控制之外，国民党政府还挟抗战以来的民族主义的飓风，极力鼓吹恢复固有文化道德和反“五四”精神的思潮。蒋介石借儒家“集体主义”的思想论证其高度集权的政治体制的合理性，以号令天下，整合全国抗日力量。对三民主义也做了新的解释，并最终归结为要“以党治国，以党建国”、以“党来管理一切”，宣称只有这样，才能“死里求生，完成救亡复兴的伟业”[①]。

在思想文化上造成乱象的同时，国民党军队还屡屡在根据地挑衅，制造摩擦。1939 年 3 月 7 日，八路军总司令朱德、副总司令彭德怀致电国民党有关方面，力陈事实：驻扎河北的国民党军“屡屡向我军挑衅，制造摩擦，并利用当地反动会道门屠杀我来往人员，使我军作战极感掣肘，请严厉制止”[②]。在山西，阎锡山窥视国内形势的变化，在国民党五届五中全会后，开始向右转，鼓吹“中日不议而和，国共不宣而战”的反动谬论，取消新军政委制，解散战地总会，增设省府行署，向各地派遣“政治突击队”“敌区工作团”和“精神建设委员会”等反共组织，公开破坏抗日民族统一战线，加紧反共反人民的步伐。面对错综复杂的形势，中共中央指示山西党组织，要在思想上、组织上准备自己，引导舆论，组织群众，给一切投降阴谋和叛变行为以适时的、坚决的反击。在中共中央北方局、八路军总部的直接领导下，山西各抗日根据地的党组织和八路军、山西新

① 蒋介石．三民主义之体系及其程序，中国现代政治思想史资料简编（第 4 卷）[M]．杭州：浙江人民出版社，1986：325．

② 中共中央文献研究室．朱德年谱［M］．北京：人民出版社，1986：205．

军在“坚持抗战，反对投降；坚持团结，反对分裂；坚持进步，反对倒退”的口号下，动员广大民众，开展了声势浩大的反投降、反分裂、反倒退的群众性反顽斗争。

三、“两论”指导下党对军事、政治和文化政策的调整

（一）面对山西复杂形势做出敏锐判断

面对复杂矛盾和国际国内形势，党中央敏锐地感觉到山西的形势即将发生变化，所以，在 1939 年 5 月及时对山西的党的工作做出指示：“山西局面可能有以下变化：比较‘向右转’，中央的顽固分子可能利用国民党部之职权增加其活动。山西新旧派斗争可能加剧，新政权与群众运动及我党我军会受到打击与限制。因此，山西环境将比过去更复杂更困难，摩擦与斗争亦可能更多，但目前尚不致有基本的重大变化。”同时，对山西我党的工作提出了以下意见：“1. 在‘全国团结’‘坚持抗战’的总口号下，提出巩固山西内部团结统一，拥护阎锡山坚持抗战，巩固晋绥军与八路军的合作，巩固民族革命统一战线，反对破坏山西内部的团结，反对离间晋绥军与八路军的关系。但应指出山西内部的团结，只有在坚持抗战，继续进步，政权民主化，保证民众组织之自由的条件下才有保证，一切落后的守旧的地方主义的方法，均不足以帮助山西团结。这样来制止阎右转，推动其继续进步。2. 对国民党党部应采取抵制的方针，对复兴及西西等顽固分子应坚决与之斗争，最好是吸引山西各种力量与我们共同进行反复兴及西西顽固分子的斗争，直到驱逐他们出山西。因此必须尽力揭破他们利用中央及统一的口号，以破坏山西团结，瓦解山西力量之阴谋，暴露他们挑拨离间团结腐旧势力的恶行，把他们的阴谋恶行向群众露布外，要经过群众团体及牺盟向阎及受威胁的将领告状，并适当地调正农村中的阶级关系……3. 对山西旧军旧派应当采取争取的方针，指出脱离山西团体分解山西内部是自杀政策。在党内和‘左倾’分子中应耐心说服他们，不要因阎开始右倾与右派开始与中央拉拢而意气地反对阎和右派，不要把山西旧军旧派当作复兴及西西等顽固分子一样看待，免将他们推到国民党

顽固分子方面去，但对旧派中之某些顽固分子必须进行具体适当的斗争，才能达到争取的目的。4. 对山西新派应帮助巩固其已得阵地与力量，这对山西今后统一战线有重大的决定意义。应向他们解释我党的方针，要使他们善于拥阎，尊重阎的领导与阎的形式，取得阎的信任，避免暴露过火的方式。旧派的关系要适当进行调整，要把火力集中反对日军及复兴西西分子。但这绝不是说要新派放弃自己的进步的立场和牺牲自己的力量，运用各种方法，抵制对新派专员县长的撤换，如无法抵制而顽固分子到来时，则该地党政军民工作应有适当的准备与改变，然后力争撤换顽固分子。5. 在党的内部要明确地解说中央方针，防止和克服一切可能发生的惊慌失措与悲观失望的情绪，防止党员（特别是有公开职务的）丧失自己立场或轻易离职的现象。一切工作要适合新的环境，党的组织应更秘密起来，特别是在新军及政权中的党员更应求短小精干，秘密隐蔽，纠正一切暴露的工作方式。要在反日军进攻的战争中及反顽固分子的山西内部斗争中，把党的组织锻炼得更坚强更有战斗力。”[①]

（二）大力加强宣传文化工作

为了扩大党内党外的宣传教育工作，中央决定：建立各地方党的宣传部，讨论与检阅宣传教育工作的内容与方法，正确地解释中央与上级党部的决定与指示，及时地说明当时当地所发生的重要情况，并根据情况的变化来变化宣传鼓动的内容与方法，适当地使用与配合各方面的宣传形式以达到当时当地所要求的目的，统一于宣传教育工作的领导。从中央局起一直到省委区党委，以至比较带有独立性的地委中心县委止，均应出版地方报纸。党委与宣传部均应以编辑、出版、发行地方报纸成为自己的中心任务。争取党对于公开刊物与出版发行机关的影响。同时应推动社会上有声望地位的人，出版一定的刊物，由我们从旁给以人力和材料的帮助。估计到中国文化运动（文艺运动在内）在革命中的重要性，各级宣传部必

① 中央关于宜川会议后对山西我党工作方针的指示，中共中央文件选集（1939—1940）[M]. 北京：中共党史出版社，1989：66—68.

须经常注意对于文化运动的领导，积极参加各方面的文化运动，争取对于各种文化团体与机关的影响，在区党委、省委以上的宣传部下组织文化工作委员会。力争在社会教育、职业教育中的活动，特别注意乡村小学教师巡回教师中的工作和通俗读物的编辑。在党的力量占优势的地区，应有系统地去计划与检查一般的国民教育。要经常注意研究敌人的宣传鼓动及友党友军宣传鼓动，收集各种具体材料，求得及时的答复。对于国民党顽固分子的防共宣传，我们应依情况采取攻势，使自己完全处在主动的优势地位。宣传鼓动时应特别注意于发扬与运用当局党政军方面在讲演、命令、谈话与出版物等里面的各种积极的东西，同时去批评与驳斥顽固分子的消极黑暗的东西。县委以上的各级党委应经常开办各种干部训练班，应以马列主义的基本知识、党的建设与游击战争作为教育计划的中心内容。在县委以上的宣传部，应有一定数量的宣传教育工作人员，给以必需的教育与训练，及时派到下级党部去传达党委与宣传部关于宣传教育的方针方法，了解下级党部宣传教育工作的情况，了解当地敌党敌军与友党友军的宣传内容，并帮助下级党部组织各种流动训练班学习。宣传部应负责组织同级在职干部的学习，定出一定的学习计划，并保障其完成，对文化程度低的同志首先应以消灭文盲与提高文化程度为中心。应注意宣传鼓动工作的通俗化、大众化、民族化，力求各种宣传品的生动与活泼，特别注意于戏剧歌咏等的活动；坚持公开宣传马列主义，出版翻印各种关于马列主义刊物与书籍，组织各种社会科学的研究会与读书会等。应即建立党内的秘密发行。应大大增加宣传费的比例。①

（三）加强党报建设

为了使全党普遍认识到报刊出版的重要性，1940 年 2 月，《解放》周刊在出版 100 期之际，刊发了《列宁论党报的作用》，引用列宁的话说明党报建设的重要性，“创办全国政治报，应当是行动的出发点。”“没

① 中共中央关于宣传教育工作的指示，中共中央文件选集（1939—1940）. 北京：中共党史出版社，1989：70—79.

有报纸就不能有系统地进行原则坚定的各方面的宣传鼓动。”“报纸的作用还不仅于传布思想，限于政治教育和吸收政治上的同盟者。报纸不仅是集体的宣传者和集体的鼓动者，还是集体的组织者。”[①]要求“使每个同志应当重视党报，读党报，讨论党报上的重要论文。党报正是反映党的一切政策，今后地方党部必须把党报杂志上重要负责同志的论文，当作是党的政策和党的工作方针来研究。在党报上有下列几种论文：新华报上的社论；新华日报、《解放》《群众》上中央政治局负责同志的文章，必须在支部及各级党的委员会上讨论和研究。各地方党应当尽一切力量来帮助新华日报，以达到加强报纸与群众的联系的目的。每个支部应有一份新华日报，每个同志应尽可能定一份新华日报，并帮助推销和发行，同时帮助建立通讯工作，帮助建立读者会。各地方党应把这通知给每个支部每个党员知道。”[②]此后，又对根据地办党报提出了具体要求：“中央局、中央分局和地域上有独立性的区党委（如晋西北），可办一种政治报纸（三日刊、隔日刊或日刊），作为党及所领导的军、政、民的共同言论机关。它的读者对象不是文化水平很低的广大群众和普通党员，而主要是区级以上的干部、小学教员与一般知识分子，它的任务在于及时地报道时局的动向，具体地解释党、政、军、民的各方面的政策，具体地反映当地的各种情况与实际工作，尤其是每个时期的中心工作，并指导之。”“各边区可出版一种作为社会教育工具的通俗报纸（如晋西北的《大众报》及陕甘宁的《群众报》），其读者对象是广大的群众和普通党员，它担负着政治的、社会的、科学的和大众的文化的有计划的启蒙任务。作为群众鼓动的画报可以附属在这种通俗小报之内。”[③]

（四）开展国民精神动员

对于不断上升的民族矛盾，中共中央发出了国民精神动员的指示，

---

① 列宁论党报的作用[J]. 解放(100 期)，1940 年 2 月 29 日 .

② 中央关于党报问题给地方党的指示[J]. 解放，1938 年第 2 卷：36.

③ 中央档案馆编 . 中央宣传部关于各抗日根据地报纸杂志的指示（1941 年 7 月 4 日），中共中央文件选集(第 13 册). 北京：中共中央党校出版社 ,1991：148—149.

要求："运用与发挥其中一切积极的东西，来提倡为国家民族、为精诚团结、为三民主义的全部实现、为争取抗战建国最后胜利而牺牲奋斗、而竭忠尽孝的革命精神，来养成奋发有为、朝气勃发、大公无私、见义勇为、杀身成仁、舍生取义，对革命前途充满必胜信心的新国民气象，同时以此来反对与打击一切与此相反的东西，一面反对防共分子的观点，一面反对反民族分子的观点。"打击一切利用这些缺点进行防共和反八路军、新四军，反陕甘宁边区等活动的阴谋，指出这种阴谋是违反团结抗战国策、违反纲领的基本精神的。"在党的力量占优势的地方，号召全国为坚持抗战，坚持统一战线，坚持国共长期合作，争取民族最后胜利而奋斗。在国民党统治的地区，则我们应与当地进步势力及较接近我们的同盟者采取一致的步调，共同打击以此纲领破坏团结进步的阴谋活动。""如有可能，我们应以普通群众的资格运用此合法的机会去进行各种有利于抗日救国的宣传与组织的工作，认真地拥护其中一切积极的东西，联系到当地反贪污腐化等的斗争，并在实际上减弱与打消国民党地方党部与政府以此来进行防共活动的阴谋。"①

在宣传方法上，强调要把群众的切身的问题，同党的基本口号密切联系起来，要把这些口号具体化，把这些口号在不同的环境，不同的人群中执行起来，同群众这些日常的甚至细小的生活问题密切联系起来，避免一切呆板、固执、迟钝、墨守成规的动员群众方式。②

第三节　新民主主义文化的性质——民族的、科学的、大众的文化

1938 年党的六届六中全会上毛泽东提出马克思主义中国化后，在思想文化界引起了热烈响应和讨论。这一思想传到根据地后，也得到了广泛

① 关于开展国民精神总动员的指示，中共中央文件选集（1939—1940）. 北京：中共党史出版社，45.

② 张闻天 . 抗战以来中华民族的新文化运动与今后任务，载于中央党史研究室张闻天选集传记组编，张闻天文集（第 3 卷）[M]. 北京：中共党史出版社，2012：265.

的认同。1939 年 1 月，彭真在主持召开晋察冀边区第二次党代表大会时就指出，党的五届五中全会至六中全会及党在十七年中所走过的曲折历程的最大进步，是从苏维埃革命战争转变到抗日民族战争，国内建立起抗日民族统一战线，党学会了运用马克思主义；更能具体运用马克思主义解决中国的实际问题，使马克思主义中国化、民族化，抛弃了不符合中国革命的旧公式死教条，在斗争中发展了马克思主义。[①] 而国民党文化人却企图混淆视听，对马克思主义大众化进行曲解，将马克思主义中国化等同于三民主义，进而否定马克思主义和共产主义，声称："如果真正要成为马克思主义中国化，那末，应以唯心的理论代替唯物的理论；应以民族斗争的理论代替阶级斗争的理论；应以民族主义的理论代替国际主义的理论；应以建立民族国家的理论代替建立无产阶级专政的理论。但这已不是马克思的共产主义，而是孙中山的三民主义，但其实，亦必如此而后所谓'马克思主义中国化'始能名副其实，不然者，只是以马克思主义化中国，而不是马克思主义中国化。"[②] 将马克思主义等同于三民主义，目的就是为了取消共产党，这种观点极大地误导了舆论。中国共产党人对这些错误曲解三民主义的观点进行了有力的驳斥，张闻天在陕甘宁边区第一次文代会报告中，就尖锐指出，"应该坚决反对以三民主义来垄断新文化的任何企图，反对以政治力量来强迫新文化运动者去接受或信仰三民主义的思想体系。三民主义不能限制新文化"。揭露了"假三民主义"的真正目的："现在，大资产阶级的各派政治代表正在用各种方法曲解与修正三民主义，使之同新文化成为互相对立的东西。在抗战营垒外的汉奸汪精卫的'三民主义'，不用说，是完全反对孙中山的真三民主义之假三民主义，已经成为日本独占中国的殖民地文化的一部分了。在抗战营垒中的另一部分人，也正在尽量发挥与整理孙中山三民主义中的一切复古的、反民主的、反大众的、唯心的、反科学的倾向。使之成为一种适合于半殖民地半封建

① 《彭真传》编写组编．彭真年谱（第 1 卷）[M]．北京：中央文献出版社，2012：105．

② 马克思主义中国化问题 [J]，时代精神（创刊号），1939 年 8 月．

文化的思想体系，使之同新文化互相对立，而成为殖民地文化的帮闲者。这无疑地均是对于孙中山三民主义革命精神的叛变。”①

1940 年初，毛泽东在《新民主主义论》中系统阐述了中国共产党的抗战建国主张，把“马克思主义中国化”的讨论推进到了一个新的阶段。

一、新民主主义文化理论的提出

毛泽东最早提到新民主主义这一概念是在《中国革命和中国共产党》中，指出：“现时中国资产阶级民主主义的革命，已不是旧式的一般的资产阶级民主主义的革命，这种革命已经过时了，而是新式的特殊的资产阶级民主主义的革命，这种革命正在中国和一切殖民地半殖民地国家发展起来，我们称这种革命为新民主主义的革命。”“所谓新民主主义的革命，就是在无产阶级领导之下的人民大众的反帝反封建的革命。”②“中国革命的终极前途，不是资本主义的，而是社会主义和共产主义的。”“中国革命是包括资产阶级民主主义性质的革命（新民主主义的革命）和无产阶级社会主义性质的革命、现在阶段的革命和将来阶段的革命这样两重任务的，而这两重革命任务的领导，都是担负在中国无产阶级的政党——中国共产党的双肩之上。离开了中国共产党的领导，任何革命都不能成功。”③

在 1939 年 12 月中共中央政治局召开的陕甘宁边区文代会准备会议上，艾思奇做了《关于陕甘宁边区文代会的报告》，指出，新文化的性质是资产阶级民主主义文化，特殊地说是三民主义文化，还有无产阶级彻底的民主主义文化和共产主义的文化。毛泽东做了补充，认为“不提三民主义文化为好，因为三民主义的本质就是民主主义。以提中华民族的新文化为好，即彻底的民主主义文化。新文化宜采用民族化（包括旧形式）、民主化（包括统一战线）、科学化（包括各种科学）、大众化（鲁

① 张闻天．抗战以来中华民族的新文化运动与今后任务，载于中央党史研究室张闻天选集传记组编，张闻天文集（第 3 卷）[M]．北京：中共党史出版社，2012：29．

② 毛泽东．中国革命和中国共产党，毛泽东选集（第 2 卷）[M]．北京：人民出版社，1991：647．

③ 毛泽东．中国革命和中国共产党，毛泽东选集（第 2 卷）[M]．北京：人民出版社，1991：650—651．

迅提出的口号，我们需要的）这四大口号”[①]。

这次会议尽管没有提出新民主主义文化的概念，但会上提出的四大口号为新民主主义文化的建立奠定了基本框架。1940 年 1 月 5 日，在陕甘宁边区文化协会第一次代表大会上，张闻天做了《抗战以来中华民族的新文化运动与今后任务》的报告，对新文化的四大口号做了阐述：“中华民族的新文化必须是为抗战建国服务的文化，要完成这个任务，它必须是：1. 民族的，即抗日第一，反帝、反抗民族压迫，主张民族独立与解放，提倡民族的自信心，正确地把握民族的实际与特点的文化。2. 民主的，即反封建、反专制、反独裁、反压迫人民自由的思想习惯与制度，主张民主自由、民主政治、民主生活与民主作风的文化。3. 科学的，即反对武断、迷信、愚昧、无知，拥护科学真理，把真理当作自己实践的指南，提倡真能把握真理的科学与科学的思想，养成科学的生活与科学的工作方法的文化。4. 大众的，即反对少数拥护少数特权者压迫剥削大多数人、愚弄欺骗大多数人、使大多数人永远陷于黑暗与痛苦的贵族的特权者的文化，而主张代表大多数人民利益的、大众的、平民的文化，主张文化为大众所有，主张文化普及于大众而又提高大众。”[②] 张闻天的报告，比较详细地论述了中华民族新文化运动的内容和性质，使得新文化运动的轮廓逐步显现。

二、新民主主义文化的内涵

1940 年 1 月 9 日，毛泽东在陕甘宁边区文化协会第一次代表大会上做了题为《新民主主义的政治与新民主主义的文化》的长篇演讲，阐明了新民主主义文化与旧民主主义文化的区别，对新民主主义文化的内涵进行了阐释。这篇演讲在 1940 年 2 月的《解放》杂志刊登时，题目改为《新民主主义论》，标志着新民主主义文化体系的初步形成。

（一）分析了“五四”前后文化运动的特征

---

① 中共中央文献研究室．毛泽东年谱（1898—1949）（中卷）[M]．北京：人民出版社，1993：149．

② 张闻天．抗战以来中华民族的新文化运动与今后任务，载于中央党史研究室张闻天选集传记组编，张闻天文集（第 3 卷）[M]．北京：中共党史出版社，2012：24—25．

毛泽东在《新民主主义论》中，分析了“五四”前后文化的不同，“在‘五四’以前，中国文化战线上的斗争，是资产阶级的新文化和封建阶级的旧文化的斗争。”“那时所谓的学校、新学、西学，基本上都是资产阶级代表们所需要的自然科学和资产阶级的社会政治学说。在当时，这种所谓新学的思想，有同中国封建思想作斗争的革命作用，是替旧时期的中国资产阶级民主革命服务的。可是，因为中国资产阶级的无力和世界已经进入到帝国主义时代，这种资产阶级思想只能上阵打几个回合，就被外国帝国主义的奴化思想和中国封建主义的复古思想的反动同盟所打退了。”“旧的资产阶级民主主义文化，在帝国主义时代，已经腐化，已经无力了，它的失败是必然的。在‘五四’以后，中国产生了完全崭新的文化生力军，这就是中国共产党人所领导的共产主义的文化思想。这个文化生力军，以新的装束和新的武器，联合可能的同盟军，摆开了自己的阵势，向着帝国主义文化和封建文化展开了英勇的进攻。这支生力军在社会科学领域和文学领域中，不论在哲学方面，在经济学方面，在政治学方面，在军事学方面，在历史学方面，在文学方面，在艺术方面（又不论是戏剧，是电影，是音乐，是雕刻，是绘画）都有了极大的发展。”[①]毛泽东大力赞扬了二十年来新文化取得的成绩，“二十年来，这个文化新军的锋芒所向，从思想到形式（文字等），无不起了极大的革命。其声势之浩大，威力之猛烈，简直是所向无敌的。其动员之广大，超过中国任何历史时代”[②]。

（二）分析了“五四”以来新文化运动的时期及特点

“第一个时期是 1919 年五四运动到 1921 年中国共产党成立。”“它的弱点，就在于只限于知识分子，没有工人农民参加。以反对旧道德提倡新道德，反对旧文学提倡新文学为文化革命的两大旗帜，立下了伟大的功劳。”“在思想上干部上准备了 1921 年中国共产党的成立，又准备了五

① 毛泽东．新民主主义论，毛泽东选集（第 2 卷）[M]．北京：人民出版社，1991：696—697.
② 毛泽东．新民主主义论，毛泽东选集（第 2 卷）[M]．北京：人民出版社，1991：698.

卅运动和北伐战争。”[①]第二个时期是1921年到1927年的六年，也就是“第一次国共两党的合作”。这一时期“继续并发展了五四时期时三个阶级的统一战线”。“孙中山先生提出‘联俄联共扶助农工’三大革命政策，树立了三大政策的新三民主义。这种革命的三民主义，成了国共两党和各个革命阶级的统一战线的政治基础。”“在千百万农民群众中，提出了打倒贪官污吏打倒土豪劣绅的口号。”第三个时期是1927年至1937的新的革命时期。这时有两种反革命的“围剿”：军事的“围剿”和文化的“围剿”。也有两种革命深入：农村革命深入和文化革命深入。这两种“围剿”，在帝国主义策动下，曾经动员了全中国和全世界的反革命力量，其残酷是举世未有的，“但这两种‘围剿’都惨败了。作为军事‘围剿’结果的东西，是红军的北上抗日；作为文化‘围剿’结果的东西，是1935年‘一二·九’青年革命运动的爆发。而作为这两种‘围剿’之共同结果的东西，则是全国人民的觉悟。”其中“最奇怪的，是共产党在国民党统治区域内的一切文化机关中处于毫无抵抗力的地位，为什么文化‘围剿’也一败涂地了？反革命‘围剿’的消极的结果，则是日本帝国主义打进来了”。“第四个时期就是现在的抗日战争时期。这一时期第一个阶段，是在武汉失陷以前。这时全国各方面是欣欣向荣的，政治上有民主化的趋势，文化上有普遍的动员。武汉失陷以后，为第二阶段，政治情况发生了许多变化，大资产阶级的一部分，投降了敌人，其另一部分也想早日结束抗战。在文化方面，就出现了叶青、张君劢等人的反动和言论出版的不自由。”[②]

（三）阐述了新民主主义文化性质和领导者

毛泽东指出：“现阶段上中国新的国民文化上的内容，既不是资产阶级的文化专制主义，又不是单纯的无产阶级的社会主义，而是以无产阶级社会主义文化思想为领导的人民大众反帝反封建的新民主主义。”指出了新民主主义的文化“只能由无产阶级的文化思想即共产主义思想去领

① 毛泽东．新民主主义论，毛泽东选集（第2卷）[M]．北京：人民出版社，1991：609—700．
② 毛泽东．新民主主义论，毛泽东选集（第2卷）[M]．北京：人民出版社，1991：701—703．

导，任何别的阶级都是不能领导了的”。“领导权不仅是新民主主义理论着重探讨的一个问题，而且也是新民主主义文化建设过程中必须解决的问题。”1940 年 1 月，张闻天在《抗战以来中华民族的新文化运动与今后任务》的报告中，就曾谈及“五四”以后新文化运动的领导权问题，并将工人阶级的领导视为新民主主义文化的重要特征。他指出：“五四”是新文化运动的转变点。在“五四”以前，新文化运动是在资产阶级的领导下，“五四”以后，则一般的在工人阶级的领导之下了。后者与前者的性质，虽同为民主主义的，但后者为彻底的民主主义，即新民主主义。他认为，五四新文化运动之后，大资产阶级文化人的作用已经非常“薄弱”。他们在大革命失败之后，对新文化运动采取了仇视和压迫的态度，“到处以半殖民地半封建的文化对抗新文化”；其中一部分，已经变成了“汉奸文化人”。在这种情况下，工人阶级与小资产阶级的文化人与知识分子，成了新文化运动中的决定的力量，工人阶级的文化人与知识分子则在其中起着先锋与指导的作用。[①] 毛泽东在《新民主主义论》中，对新民主主义文化的领导权问题做了更为明确的说明，指出：“在‘五四’以前，中国的新文化运动，中国的文化革命，是资产阶级领导的，他们还有领导作用。在‘五四’以后，这个阶级的文化思想却比较它的政治上的东西还要落后，就绝无领导作用，至多在革命时期在一定程度上充当一个盟员，至于盟长资格，就不得不落在无产阶级文化思想的肩上。”[②]

（四）阐述了新民主主义文化的内涵

新民主主义文化是中华民族的新文化，在本质上不同于旧民主主义文化。这种不同除了其领导者是无产阶级之外，还在于其内容是民族的、科学的、大众的。所谓新民主主义文化是“民族的”，主要是指新民主主义文化是反抗民族压迫，主张民族解放和独立的，即“它是反对帝国主义

① 张闻天．抗战以来中华民族的新文化运动与今后任务，载于中央党史研究室张闻天选集传记组编，张闻天文集（第 3 卷）[M]．北京：中共党史出版社，2012：53.

② 毛泽东．新民主主义论，毛泽东选集（第 2 卷）[M]．北京：人民出版社，1991：698、706.

压迫，主张中华民族独立的。它是我们这个民族的，带有我们民族的特性”。为了体现文化的民族性，提高中华民族的自信心，中国共产党主张对中国的历史文化采取尊重和科学评判的态度，指出“我们必须尊重自己的历史，决不能割断历史。但是这种尊重，是给历史以一定的科学的地位，是尊重历史的辩证法的发展，而不是颂古非今，不是赞扬任何封建的毒素”。同时，主张对中国历史文化采取批判的兼收并蓄的态度，剔除其糟粕，吸收其精华，指出：“清理古代文化的发展过程，剔除其封建性的糟粕，吸收其民主性的精华，是发展民族新文化、提高民族自信心的必要条件；但是决不能无批判地兼收并蓄。必须将古代封建统治阶级的一切腐朽的东西和古代优秀的人民文化即多少带有民主性和革命性的东西区别开来。”“中国文化应有自己的形式，这就是民族形式。民族的形式，新民主主义的内容——这就是我们今天的新文化。”在学习和运用马克思主义的时候，也要同中国的国情和民族特点结合起来，“必须将马克思主义的普遍真理和中国革命的具体实践完全地恰当地统一起来，就是说，和民族的特点相结合，经过一定的民族形式，才有用处，决不能主观地公式地应用它。公式的马克思主义者，只是对于马克思主义和中国革命开玩笑，在中国革命队伍中是没有他们的位置的。”[①]

新民主主义文化是“科学的”。它是反对一切封建思想和迷信思想，主张实事求是，主张客观真理，主张理论和实践一致的。正因为如此，“中国无产阶级的科学思想能够和中国还有进步性的资产阶级的唯物论者和自然科学家，建立反帝反封建反迷信的统一战线；但是决不能和任何反动的唯心论建立统一战线。”[②]

“新民主主义的文化是大众的，因而即是民主的。”[③]中国共产党在践行新民主主义文化的过程中，十分重视民主的教育、学习和宣传，向党员干部和人民群众传播民主思想和“反对拥护少数特权者压迫剥削大多数

---

① 毛泽东．新民主主义论，毛泽东选集（第2卷）[M]．北京：人民出版社，1991：706—707．
② 毛泽东．新民主主义论，毛泽东选集（第2卷）[M]．北京：人民出版社，1991：707—708．
③ 毛泽东．新民主主义论，毛泽东选集（第2卷）[M]．北京：人民出版社，1991：708．

人、愚弄欺骗大多数人、使大多数人永远陷于黑暗与痛苦的贵族的特权者的文化，而主张代表大多数人利益的、大众的、平民的文化，主张文化为大众所有，主张文化普及于大众而又提高大众”①。“它应为全民族中百分之九十以上的工农劳苦民众服务，并逐渐成为他们的文化。”指出革命文化对大众的重要性，“革命文化，对于人民大众，是革命的有力武器，在革命前，是革命的思想准备；在革命中，是革命总战线中一条必要和重要的战线。而革命的文化工作者，就是这个战线上的各级指挥员。”②它把民众视为文化的源泉和载体，认为文化应该接近民众，拥有人民大众，“一切进步的文化工作者，在抗日战争中，应有自己的文化军队，这个军队就是人民大众。革命的文化人而不接近民众，就是‘无兵司令’。”并指出“民众就是革命文化的无限丰富的源泉”，为此，“文字必须在一定条件下加以改革，言语必须接近民众。”③

三、新民主主义文化理论的地位

新民主主义文化相较原有的“抗日文化”，内涵更为丰富，也更能完整准确地概括中国新民主主义革命时期文化发展的脉络和方向。抗日文化有着具体指向，就是为反对日本帝国主义侵略和实现民族解放而服务，存在时间也较短。而新民主主义文化的提出是对整个新民主主义革命时期文化发展进行科学总结后的成果。它揭示了不仅要反对帝国主义，实现民族解放与独立，还要反对封建主义和官僚资本主义，既提出了抗日战争时期的奋斗目标，还为抗战结束后中国文化的走向规划了道路。可以说，新民主主义文化具有前瞻性和指导性，内涵更为深厚。新民主主义文化理论是抗日战争时期中国共产党夺取文化领导权的主要理论依据，为一系列文化工作的发展指明了方向。

新民主主义文化理论是中国共产党在对历史进行深刻反思，对现实

① 张闻天．抗战以来中华民族的新文化运动与今后任务，载于中央党史研究室张闻天选集传记组编，张闻天文集（第 3 卷）[M]．北京：中共党史出版社，2012：25．

② 毛泽东．新民主主义论，毛泽东选集（第 2 卷）[M]．北京：人民出版社，1991：708．

③ 毛泽东．新民主主义论，毛泽东选集（第 2 卷）[M]．北京：人民出版社，1991：708．

进行科学分析的基础上提出来的。它的科学性、全局性思维成为抗日战争时期中国共产党领导文化工作的理论依据，也是中国共产党夺取文化领导权的指导方针。[①]

第四节　山西抗日根据地的新民主主义文化理论初建

山西敌后抗日根据地的新文化运动，其本身包含着两种文化斗争的长期过程：一是敌后的奴化思想、政治阴谋的完全粉碎，一是对农村封建、落后、愚昧意识的彻底改造。也就是说，敌后新文化不但要同帝国主义的独占文化做斗争，还需要克服殖民地半殖民地腐朽的旧的传统思想文化。这是敌后文化运动的一个方向。另一个方面则是动员一切可能动员的文化力量来直接加入抗战，广泛地进行提高大众的政治文化水平的启蒙工作。[②]

一、进一步认识到文化宣传的重要性

随着军事斗争进一步残酷，各根据地总结粉碎敌人进攻的重要经验并互相学习借鉴，对于文化宣传的重要性有了进一步的认识。1939 年 1 月晋东南创办了《新华日报》（华北版），在创刊不久，陆定一同志对晋察冀边区的战时宣传鼓动工作的重要性进行了指示："宣传鼓动工作，是一切动员工作的前提部分，经过一定的宣传与鼓动，以动员广大的民众，才能完成一定的战斗任务，尤其是在战争紧急的时期，对民众进行有力的宣传鼓动，更是非常必要的。"

陆定一深刻指出："战争紧急时期的宣传是什么？那就是把战争的情势和战争动员的基本任务与要求，普遍地灌输到广大的人民中去，向人民进行广泛的解释使他们普遍而深刻地了解一般的情势与实际的战斗任务。""战争紧急时期的鼓动是什么？那就是根据总的战争情势所规

① 郑淑芬．从自觉到自信——新民主主义革命时期中国共产党夺取文化领导权的历史考察［M］．北京：人民日报出版社，2014：164—165．

② 李伯钊．敌后文艺运动概况，载于太行革命根据地史总编委会，太行革命根据地史料丛书之八——文化事业［M］．太原：山西人民出版社，1989：509．

定的基本任务与要求的总口号，在具体的时期与环境中，按照日军进攻和我们对日军的反攻的具体情况，提出粉碎日军进攻，保卫国土家乡和驱逐日军出境的各种实际战斗的具体口号与具体行动方针，使民众能够一致地热烈地在一定口号之下积极行动起来，以完成战争的任务。因此，宣传鼓动工作，是我们进行反抗日本帝国主义强盗的革命斗争的有力的武器，我们不能有一时一刻放松了运用这一武器。”①

晋冀豫区党委也对党报专门发文做了指示，提出了办党报的重要性。“各级党委会及每个同志，应充分了解党报的意义及重要性，应把读党报，讨论党报上的社论、论文及重要文章当作严格的经常的组织生活，任何对党报不关心，不重视的态度，都是对工作对政治缺乏责任心的表现，应严格纠正。”②

二、检讨和回顾文化宣传中存在的问题

根据地建立之后，随着政权的稳固和各项工作的开展，各根据地对前期开展的宣传教育文化工作进行了检讨和回顾，发现了一些问题：“1. 没有特别组织教育工作，未与其他工作配合。2. 散漫没有组织，没有计划，把宣传工作当成纪念的点缀品。3. 宣传教育群众不深入，这是因为宣传方式少而不齐全，不够通俗化大众化，不够刺激性，有时不能把握时间性和反映地方性。4. 没有建立检查宣传工作的制度。5. 对晋东南地域内外的宣传工作做得不够，对国外的宣传尤其不够，等等。”③

在对过去的宣传教育工作进行检讨的同时，决定了今后宣传工作的方针：“对组织教育方面应当保证组织的巩固，与群众工作的开展；学习一切适合持久战争需要的基本理论，还应研究三民主义的基本问题；应该展开各种形式的热烈讨论，反对专用上课的形式；发扬民族固有的文化、道德，提高民族自信心；正确地报道时事；揭发敌伪宣传的欺骗性，

---

① 陆定一. 晋察冀边区粉碎敌人进攻中的几个重要经验［N］. 新华日报（华北版），1939年2月13日第4版.

② 中共晋冀豫区委对党报的决定［J］. 战斗（第四期），1938年12月

③ 高戈. 统一和开展晋东南的宣传工作［N］. 新华日报（华北版），1939年4月8日，第1版.

深入对地区群众的宣传，造成瓦解敌伪的群众运动；把宣传民众、广泛组织民众密切联系起来；灵活地运用宣传的方式方法和内容，适合各个不同的对象；等等。”①

根据地下一步的宣传工作的计划是：“1．可以经常地召集各级的宣传工作联席会议；2．各地的驻军与当地政府民众团体应紧密联系起来，大家检讨过去的工作，认识当前的紧急任务，确定以后宣传的方针；3．为了加强各级的各县的各团体的宣传部门的领导，召集各宣传部门的负责同志开办训练班；4．改善宣传方式和方法，同时也要提高它的数量；5．各宣传组织与民革室取得联络，团聚群众到民革室里来；6．加紧小学生的宣传组织工作，使宣传工作成为小学生日常救亡工作之一；7．组织具有各种宣传技术的人才（如吹鼓手、戏伶等），利用民间的旧形式表演抗战的新内容；8．还要利用更好的宣传方式和方法，如利用旧历节日、民众的市集庙会进行宣传，但是搜集供给这些宣传的团体应确定经常的宣传经费，或可能的增加……”②

三、逐步形成文化理论体系——以戏剧为例

张闻天同志在《学习领导群众的艺术》一文中指出：“把群众的切身的问题，同党的基本口号密切联系起来，这是布尔赛维克动员群众的基本原则之一。一千零一次地背诵党的基本口号，是完全不够的。还要把这些口号具体到行动中，让这些口号在不同的环境，不同的人群中执行起来。这就要求我们考察、研究、探索、揣摩和熟知各种人群的生活与要求的特点，把我们的总的政治口号与路线同群众这些日常的甚至细小的生活问题密切联系起来……极大地发展同志与群众的创造性，灵敏地抓住每一新的方式，来动员群众，一切呆板、固执、迟钝、墨守成规，都是新的动员群众方式的最大敌人。”③

---

① 高戈．统一和开展晋东南的宣传工作［N］．新华日报（华北版），1939年4月8日，第2版．

② 高戈．统一和开展晋东南的宣传工作［N］．新华日报（华北版），1939年4月8日，第2版．

③ 张闻天．抗战以来中华民族的新文化运动与今后任务，载于中央党史研究室张闻天选集传记组编，张闻天文集（第3卷）［M］．北京：中共党史出版社，2012：265.

对于文化宣传中的理论，根据地的文化人也逐步开始了理论探索。以戏剧为例，新民主主义文化理论提出之前，演剧者对演剧宣传教化的重视有余，但对向大众学习、动员大众参与戏剧运动的认识不足，蕴含在基层民众中的巨大艺术潜力还没有得到充分的发掘。戏剧运动的创作应以歌颂抗战成果、树立英雄典型的题材为主，激发大众的民族自豪感和自信心，更应当深入前线乃至敌后进行宣传，“特别开展于游击区域，演剧宣传要求在一切群众之中，把游击区域里的广大人民作为首要对象”①。而根据地的戏剧工作者在抗战初期虽然奉献精神和斗争愿望十分迫切，但部分人仍抱有“艺术至上”的态度，导致在戏剧工作中单纯追求作品的艺术性，而忽视了现实受众的欣赏水平，动辄以口号教化，没有深入人心，只能浮于大众的表面，成了曲高和寡的“空中楼阁”。

由于宣传抗战的戏剧的工作目标、工作环境、宣传对象均不同于以往的新演剧运动和救亡戏剧运动，山西戏剧理论界针对抗战前期出现的慷慨激昂却效果差强人意的宣传，“发现那些充斥着呐喊和咆哮的戏剧已经不符合斗争宣传的需要，民众抗争信心不足，妥协思想抬头，亟待通过宣传予以消除。提出了抗战戏剧工作的中心内容，将发展山西抗战戏剧事业提上了日程。但山西抗战理论戏剧建设才刚刚起步，距离大众化戏剧方针的最终确立还有着漫长的征程”②。

为此，根据地的戏剧家、戏剧人根据剧团的特点、演剧方法、剧本编写等逐步总结经验教训，形成理论。李伯钊在《抗战中的剧团工作》中指出了抗战剧团工作的特点：

“1．因为现在是战争时期，剧团工作便于具备艰苦的战斗作风，演出的内容，都要适合于战斗环境。大型的剧，过分讲求舞台装置，灯光、布景、服装都受到很大的限制，同时剧团要到处流动，军队，民众，农村里，工厂里，学校里都得去，故剧团应该是‘短小精悍’极其轻便的团体，

① 葛一虹．现阶段演戏剧运动的任务［N］．新华日报（重庆版），1939年11月21日，第4版．
② 段俊．山西抗战戏剧研究［M］．北京：中国社会科学出版社，2015：41．

不应是庞大累赘的组织。

2．剧团不仅要把握戏剧这一武器，而且他也是群众工作者，必须在工作的地带与当地的政权、军队政治机关及群众团体取得配合，参加各种社会活动，如服侍抗属，慰问伤病战士，帮助地方俱乐部、民革室、救亡室充实工作的内容等，使剧团与民众密切联系，向他们学习。

3．剧团主要的工作是演出，自然我们要反对为艺术而艺术的艺术至上主义者的现象，钻技巧的牛角尖，然而剧团应把握戏剧这一艺术武器的特点是必要的，应该把舞台上的民族英雄，表现得使观众由尊敬而模仿，舞台上的丑角为他们唾弃而厌恶，舞台上的狰狞敌人而仇恨地站起，真正把舞台作为战场，让观众认识自己的出路，这才算真正的发挥戏剧强烈的煽动的作用。”①

火星剧团在总结工作经验时也深入研究了以前演剧中存在的问题：“剧本与观众问题，我们曾经上演过一些从后方搬来的剧本，结果在群众里所引起的印象并不十分深刻，这告诉了我们：1．能受群众欢迎的剧本，第一个先决条件就是要使群众能看得懂，剧本中的事件和人物等必须是群众所熟悉。与群众的生活相接近的剧本，才能使群众懂。2．在今天，只看重提高观众欣赏的倾向是错误的。目前的戏剧作用主要的是怎样才能使群众积极参加抗战，因此良好的剧本必须着重宣传鼓动。在编剧方面，我们觉得‘自力更生’的原则更适合，在结构方面，最好是短小精悍的独幕剧。技术人才问题，在我们演出的剧本里，有许多很有意义的内容，未能借一定的形式表现出来，这里面，技术人才的缺乏起了决定的影响。因此，除了建立‘坚强的导演’制度以外，还须注意到演员的艺术修养以及专门人才（如舞台美术家、化妆师、音乐家等）的培养。为了这，我们曾经编了一些教材，但还不够充分，不够深入，这问题是要解决的。”②

为了更好地做好宣传动员工作，剧团工作还要注重政治修养问题和

---

① 李伯钊．抗战中的剧团工作［N］．新华日报（华北版），1939 年 2 月 27 日，第 4 版．

② 唐恺．火星剧团的工作经验（上）［N］，新华日报（华北版），1939 年 2 月 27 日，第 4 版．

艺术观点问题，“我们在技术上虽然很差，但是，每一次的演出，我们都很积极，很卖力。看过我们演戏的老乡们异口同声地说‘冒火星’！这就是团结在我们之间，无论是剧作者、导演或演员，每个人都看重政治上的修养。我们知道演剧的意义，认清楚谁是敌谁是友，谁应该憎恨，谁应该同情，我们演戏时也很逼真。我们知道群众要什么，有时个别的在工作上发生错误或消极的，那是政治上比较落后的同志，因此，我们觉得政治修养对一个剧团工作者是很重要的。”

在艺术观点问题上，大家也逐渐达成共识，“过去，在我们中间，曾有几个同志以为我们演的戏剧艺术气味很少，因此得出结论：戏剧的发展势头不对。后来，工作中的经验教训了他们。在群众里，他们认为艺术气味浓厚的戏，反而不受欢迎，不能给观众以深刻影响，所以，我们觉得真正的艺术必定是大众化的，必须是群众自己的，而不是少数人的，同时，接近群众就是艺术的发展。”①

除了演剧，走入大众中做更多工作也是他们的经验。在演戏之余，“帮助老百姓春耕或秋收，演戏时搬个凳子给抗日家属坐，借以表示优待他们等”。还扩大了艺术表现形式，如：活报、跳舞、小玩意、化妆宣传……“经验告诉我们，剧团的工作范围是可以扩大的，同时，为了更加教育群众，也应该扩大的。”②

七七事变之后，山西各剧社为了解决剧本荒问题，大多采用了就地取材、集体编排的创作方式，编演了大量抗战戏剧新作。在这些戏剧中街头剧占了较大比例，虽然大多能反映客观，但部分作品仅仅将政治口号和理论生硬地代入公式化的故事里，很难引起大众的共鸣。“为了适应抗战形势的要求，必须将内容崭新的、素朴的而且又是进步的大众化形式的街头剧，介绍给文化水平低下的广大群众，从而使街头剧在今天的民运工作上做出应有的贡献。”③

① 唐恺．火星剧团的工作经验（下）［N］．新华日报（华北版），1939 年 3 月 23 日，第 4 版．
② 唐恺．火星剧团的工作经验（下）［N］．新华日报（华北版），1939 年 3 月 23 日，第 4 版．
③ 谈谈街头剧［N］．抗敌报，1938 年 11 月 11 日，第 4 版．

为了推动街头剧在边区的兴起，《抗敌报》在1938年刊发了一篇题为《关于街头剧》的文章，认为街头剧能够适应民族解放战争的时代要求，更接近于老百姓的生活，更能担负起宣传、鼓动和组织的任务。不仅戏剧工作者要走上街头演给老百姓看，而且应该是广大群众自己参与到创作与表演中来，使戏剧真正成为大众的、群众的。号召边区的戏剧工作者、宣传队、一切群众，把街头剧当作一个工具、一个运动利用起来。①

四、开展文艺争鸣

各根据地在进行文化实践的同时，还利用报纸和刊物举办的专栏，开展了关于文化艺术作品的文艺争鸣。晋察冀边区创办后先后开辟的文艺副刊《海燕》《边区文化》《文化界》《晋察冀艺术》《晋察冀文艺》《晋察冀戏剧》《鼓》等，发表文学、戏剧、诗歌作品，开展文艺争鸣。“边区文艺的新气象由此产生，边区文艺界的阵容为之焕然一新。”②

根据地文化工作者展开了有关街头诗、戏剧、文学的种种争鸣。文学方面，孙犁《现实主义文学论》从马克思、恩格斯对现实主义的重视入手，阐述了现实文学中“典型性格”的表现，宇宙观、实践与创作，内容、形式、语言等理论，提出“非常的作家更需要非常环境的磨炼”“任何时候，艺术武器是不能放弃的”，号召根据地文艺工作者要“研究现实，留心生活，而必要地参加新社会的建设，旧建筑的破坏”“参与实际活动，丰富生活经验，把实践看得最重要最基本”“要时时想，我在写什么，同时我在为谁而写”，③为大众创作现实主义的文学作品。此外，他还写了《关于墙头小说》，介绍这种类型的文学方式：“边区广大人民已经有了相当的阅读能力，他们要求写作的练习。边区各村、各工厂、各机关都有自己的墙报，边区的印刷条件还不太充分——这一切条件，都说明墙头小说这种形式可以在边区广泛应用。”“除去它是短小的、不是印刷的，

① 关于街头剧［N］. 抗敌报，1938年10月30日，第4版.

② 照例的话——《鼓》发刊词［N］. 晋察冀日报，1942年12月8日，第4版.

③ 孙犁. 现实主义文学论［J］. 红星（半月刊），1938年3月.

是贴在墙头的这些特点以外，它应该比报告文学更直接、更具体一些。一件事情在这里发生了，墙头小说应该马上反映这件事实，反映群众对这件事的印象，集纳群众对这件事的意志。”“它在形式上更有头有尾，生动有力，更大众化，更具有民族的形式和风格，它可以用单张纸写出，也可以编入墙报。”把墙头小说与街头剧、墙头诗称作边区的三支文艺轻骑队、年轻的文艺三姐妹。[①] 他在《谈儿童文艺的创作》中说：“边区的儿童要求着读物，无论是看的、听的和唱的。”“边区的孩子已经参加战斗，需要对他们进行政治的、战斗的科学教育。今天用艺术来帮助他们，使他们的思想感情加速健康地成长，是我们艺术工作者的迫切任务之一。”[②] 他在《接受遗产问题》中讲道：“接受中国遗产，要接受代表中国历史发展的，战斗的，充分表现当时大众生活和愿望的文学，那就是诗经，就是唐人的好诗，就是宋人的好词，就是元人的好戏曲，就是明清的好小说，就是‘五四’以后的好文艺，不是末流，乔装打扮的东西。”“建立民族形式的目的，是要达到高度的现实主义，能高度真实地反映我们民族今天的生活和明天的路程。因此，接受遗产问题应依附民族今天的生活。”“建立民族形式的过程，也就是彻底大众化的过程。”“创造民族形式，我以为主要是写人（从生活写人）的民族精神和风貌。”[③]

诗歌方面，街头诗集《粮食》在晋察冀销售了七千份，但“对于街头诗的理论与批评非常缺乏，街头诗的内容还没有很好地配合着我们战斗的步伐前进，在技术方面，我们有些创作街头诗的同志还不能够勇敢地采取活的口语，还不能把他的用语巧妙地组织成功，因之使我们看到街头诗还不像街头诗（没有达到街头诗的特质）。有的甚至把他的标语或口号排列起来了，或者把散文分行分段写出了，空洞得很，单调得很，没有感情，没有力量”[④]。

① 孙犁．关于墙头小说［N］．晋察冀日报，1941 年 3 月 7 日．
② 孙犁．谈儿童文艺的创作［N］．晋察冀日报，1941 年 2 月 16 日．
③ 孙犁．接受遗产问题［N］．晋察冀日报，晋察冀艺术（第 9 期）.1941 年 3 月 15 日．
④ 田间．现在的街头诗运动［N］．抗敌报，1939 年 5 月．

诗人田间在《怎样写街头诗》中谈到写诗的目的和方法，“诗人的灵魂变成大众的灵魂，大众的灵魂变为诗人的灵魂，表现到诗里，才是诗的目的。”“以为街头诗可以随便拼凑几句，或者可以把标语口号拆裂分开来写，都是误解。”“它必须得组织得最紧密，最精悍，它必须把感情和意志热辣辣地喊出。一方面要做到这点，一方面所用的语言不能很多，这就更非我们用力琢磨和锻炼不可。”“整篇组织就要像军事家们战士们布置攻势一样，这个攻势要最能打击敌人，同时不会被敌人攻陷。”写诗时“要多多熟悉民众底语言——勇敢的、健康的、活生生的语言。要晓得向格言、俳句、歇后语、谚语、俚语那些精密的、智慧的组织法学习。特别是街头诗，最后把它放在大众面前、时代面前去考验”①。

五、山西抗日根据地建立初期文化是草创时期的新民主主义文化

这一时期的文艺理论是在全民总动员的抗日救国的旗帜下进行的，对于抗日根据地的文艺方向发展还不够明确。晋察冀边区曾开展过一系列的文化方面的探讨，甚至也走过一些弯路。抗战爆发后，国共双方以孙中山新三民主义为政治基础实现了第二次合作，“三民主义现实主义”一度成为边区文化建设的指导方针。“这一口号的特质，它是全民族的性质，不把目前的时代任务局限于特殊的社会阶层的某一圈子里，而却能号召和团结汉奸以外的各阶层的广大的文艺创作者。它不是一阶级所独有的，而是全民族各阶级的共同的文艺。”②此后不久，国内外政治形势发生了很大变化，国民党加紧推行《限制异党活动办法》等反共措施，并于1939年底至1940年春发动了第一次反共高潮。毛泽东发表《新民主主义论》后，阐明“所谓新民主主义的文化，一句话就是无产阶级领导的人民大众的反帝反封建的文化”，晋察冀边区文化界迅速放弃“三民主义现实主义”的口号，将新民主主义作为指导方针。

这一时期文化机构的数量很多，但质量参差不齐，各地发展也不平衡，

① 田间．怎样写街头诗［N］．晋察冀日报，1941年5月14日，第4版．

② 邓拓．三民主义的现实主义与文艺创作诸问题［J］．边区文化，1939年创刊号．

以晋察冀边区为例，虽有3770所小学，但内容充实、组织健全的还在少数，大多数没有固定的课程、教材及授课时间；2566个民革室内容充实的仅有846个，辽县70个剧团只有一半可以经常公演，其余有组织而无活动。晋察冀边区“在边区创辟和发展的初期，一般的文化业绩在质的方面还是很幼稚的，这是不可否认的事实，就以当时的出版物来说，虽然根据调查可考者已有四十一种之多，量的方面似乎很有可观，然而在质的方面却难使人满意。随着边区人民政治文化水平的提高，终于在质的方面，也有了很大的进步了”。但是“文化运动的发展，还远不足以配合边区抗战形势的发展。以边区三省七十二县十万万平方公里一千二百余万人口的广大地域，只有屈指可数的几种出版物，他们所拥有的读者，还不及人口的百分之二”。“至于说到文学的创作与戏剧运动，也还只是在狭小的范围里活动，还没有能够大踏步地跑进广大的群众当中去。行动的街头诗和街头剧的口号，虽然也被人喊出来了，可是也没有见到普遍的推行。甚至有些文化工作的部门，至今还是一片荒芜，没有经过任何的开拓，这些更是严重的缺憾。”[①]

在文化建设中还有很多困难与不足。如干部的缺乏，“边区文化界最感到困难的也是干部的缺乏，尤其在各种文化工作积极推动的过程中，领导上固然不够，文化工作者也是需要很多。因此，虽然抗战有这样蓬勃的气象，但进步上，因为领导不够，工作干部太少，也就显得慢了”。还有工作计划性不强、文化食粮的短缺问题，“外面所出的报章、杂志、书籍，因为交通的不方便，不容易到边区去，所以文化食粮也感到缺乏，这也是文化工作一个重要问题”[②]。部队的文艺工作也存在着理论和实践上的不足，如“学习和写作方面，没有很好地集体地进行，在文艺理论修养和写作的进步上，严格地说来，还只是局限于少数积极分子身上，没有能真正普遍地提高”。“没有认识到战斗环境中文艺工作坚持的必要。

① 邓拓．论边区的文化运动［N］．抗敌报，1938年12月29日．

② 挺进中的晋察冀教育（国防部史政局战史编纂委员会档案）［M］．载于中国第二历史档案馆编，中华民国史档案资料汇编，第5辑第2编教育（2）．南京：江苏古籍出版社．

反‘扫荡’中，到处都充满了可歌可泣的故事和英勇壮烈的光辉范例，但是我们的文艺工作者、文艺爱好者没有能及时地反映出来。”[①]

在晋东南文代会二次会议报告上，也提出了抗战三年文化建设存在的缺点：“1．学术研究空气未曾热烈掀起，出版物太少，各文化部门理论研究不够；2．文化统一战线不广泛（乡村知识分子未能尽量动员起来），名流学者和旧艺人团结不够；3．在文化的实质上，民族方面较发达，民主、科学、大众方面都不够，尤其是科学不够；4．工作宽度不够，放松了敌占区；深度不够，未能如政治上新人物之产生，而产生工农兵士的文化人；5．各文化团体组织多不健全，工作未能深入下层，导致出现了有组织无活动的状态；6．文化团体相互间缺乏联系与配合，各自为政，步调不齐，分工不明确；7．未能与全国文化界取得密切联系；8．与军队文化教育、青年运动未取得密切联系；9．文化干部尚嫌缺乏，专门人才太少。”[②]

根据地初创时期的文化虽有缺陷与不足，但所有这些缺陷或不足都是不能苛求的，无论如何，根据地文化建设使文艺从“五四”以来的新文化走入了最广阔的农村，真正启发和动员了千百万民众，提高了人民大众的民族意识。它开辟了偏僻的文化荒地，动员着千百万民众汇入抗日洪流，成为一支支文艺新军，取得了丰富的实践经验，培养了大批的新文艺干部，为新民主主义文化建设奠定了坚实牢固的基础，起到了新民主主义文化奠基工程的巨大的作用。正如晋东南文化界第二次代表大会上提出的，敌后文化是“走向新民主主义道路的。正如全国文化走着的道路，敌后文化是更有条件的走向民族的、民主的、科学的、大众的新民主主义文化的道路。我们抢救民族最具有赤诚，我们有民主自由，我们爱科学的真理，我们拥护大众，所以我们总的道路是走向新民主主义文化的道路”[③]。

---

① 黄天．晋察冀军区的文艺工作［N］．解放日报，1943年8月24日，第4版．

② 袁勃．抗战三年来的晋东南文化运动——晋东南文化界第二次代表大会上的报告提纲，载于山西文学艺术工作者联合会编，山西文艺史料（第1辑）［M］．太原：山西人民出版社，1959：29—30．

③ 山西文学艺术工作者联合会编．抗战三年来的晋东南文化运动——晋东南文化界第二次代表大会上的报告提纲，山西文艺史料（第1辑）［M］．太原：山西人民出版社，1959：16—17．

第三章　山西抗日根据地文化理论的传播影响

第一节　山西抗日根据地文化理论传播路径——马克思主义文艺大众化

一、文艺大众化提出的背景

抗日战争全面爆发之后，中国共产党提出文艺为推动抗战服务，号召文艺工作者深入生活，进而建立中华民族的新文艺，指出，“抗战文艺有两个中心任务，一是动员一切文化力量，推动全国人民参加抗战；二是建立中华民族自己的新文艺。如果没有中华民族自己的新文艺，就不能发出动员广大人民的力量。所以，这两个任务，是分不开的”[①]。毛泽东深刻认识到：“长期艰苦的抗日战争，一切须取给于民众，没有普遍发展的并全国统一的民众运动，要长期支持战争是不可能的，尤其在战区和敌人后方，亟须这样做。抗日战争正在遇到新的困难，唯有动员民众，才能有效地克服这些困难。”[②]

二十世纪三四十年代，我国广大民众受教育的人数非常少，工人农民中，文盲占了绝大多数，抗日根据地又处于偏远山区，情况更不乐观。以晋绥抗日根据地为例，20 世纪 40 年代初，在区和分区的干部中，大学生和文盲半文盲各占 10% 左右，也就是说，根据地高层政权机构的干部

---

① 艾思奇．两年来延安的文艺运动［J］．群众（第 3 卷）第 8、9 期，1939 年 7 月 16 日．

② 毛泽东．论新阶段——抗日民族战争和抗日民族统一战线的新阶段［J］．解放，第 57 期，1938 年 11 月 25 日．

绝大多数只具备中小学文化程度；各县的县长六成以上为中学学历，还有13.6%的人只上过小学；县里的干部50%以上是小学毕业；各区区长70%以上是小学毕业，26%是文盲；最基层的村干部则以文盲半文盲为主，不同地区的占比从70%至90%不等。[①]普通民众中识字的更是寥寥无几。

20世纪30年代初，张闻天就曾针对工农大众文化情况对左翼文艺家提出了看法，“文艺应该大众化，左翼文艺家为了要实现宣传鼓动的目的，应该采取各种通俗的大众文艺的形式，通俗的白话文，写出能为大家所了解的文艺作品，这完全正确。然而因此认为只有这种作品才是文艺作品，只有利用这种‘有头有脑’的说部、唱本、连环图画之类的形式才能创造出无产阶级文艺的观点，无疑是错误的。无论如何，现代文艺的各种形式比较中国旧文艺的形式是进步的，无产阶级的文艺当然应该利用这种新的形式”。他同时指出：“我们的任务不是在抛弃现代艺术的形式与技巧，而是提高工人的教育程度，使工人们能够看懂这些艺术品。然而在现实社会下对于工人这种教育是非常有限的，所以左翼作家在目前集中力量于阶级斗争的宣传的鼓动的工作，利用一切通俗的文艺形式号召工人阶级起来斗争，是完全应该的。但绝不是说，只有这种宣传鼓动的通俗作品，才是无产阶级的文艺。”[②]

二、《论新阶段》——马克思主义大众化的正式提出

1938年10月12日—14日，毛泽东在中共六届六中全会上做了《论新阶段——抗日民族战争和抗日民族统一战线的新阶段》的报告。同年11月25日，《解放》第57期全文刊登。该报告的最显著意义在于明确提出了马克思主义中国化的历史命题，指出：共产党员是国际主义的马克思主义者，但是马克思主义必须经过民族形式才能实现。没有抽象的马克思主义，只有具体的马克思主义。所谓具体的马克思主义，就是通

① 张玮、李俊宝．阅读革命——中共在晋西北乡村社会的经历［M］．太原：北岳文艺出版社，2011：251—252．

② 张闻天．论我们的宣传鼓动工作，载于中共中央党史张闻天选集传记组，张闻天文集（一）［M］．北京：中共党史出版社，2012：222．

过民族形式的马克思主义，就是把马克思主义应用到中国具体斗争中去，而不是抽象地应用它。成为伟大中华民族之一部分，而与这个民族血肉相连的共产党员，离开中国的特点来谈马克思主义，就是抽象空洞的马克思主义。因此，马克思主义的中国化，使之在其每一表现中带着中国的特性，即是说，按照中国的特点去应用它，成为全党亟待了解并亟须解决的问题。洋八股必须废止，空洞抽象的调头必须少唱，教条主义必须休息，而代替之以新鲜活泼的，为中国老百姓所喜闻乐见的中国作风与中国气派。[①]

毛泽东还指出研究马克思主义以指导具体实践的重要性，“一般地说，一切有相当研究能力的共产党员，都要研究马克思、恩格斯、列宁、斯大林的理论，都要研究我们民族的历史，都要研究当前运动的情况和趋势，并通过他们去教育那些文化水准较低的党员。”“指导一个伟大的革命运动的政党，如果没有革命理论，没有历史知识，没有对于实际运动的深刻的了解，要取得胜利是不可能的。”“学习我们的历史遗产，用马克思主义的方法给以批判的总结，是我们学习的另一任务。”他还强调不能隔断历史，“从孔夫子到孙中山，我们应当给以总结，承继这一份珍贵的遗产。”而同时，“马克思主义必须和我国的具体特点相结合并通过一定的民族形式才能实现。”“直到今天，我们还没有懂得日本帝国主义的全部，也没有懂得中国的全部，运动在发展中，又有新的东西在前头，新东西是层出不穷的，研究这个运动的全面及其发展，是我们要时刻注意的大课题。”[②]

毛泽东在《论新阶段》的报告中还对教条主义进行了批判：“马克思、恩格斯、列宁、斯大林的理论，是‘放之四海而皆准’的理论。不是把他们的理论当作教条看，而是当作行动的指南。不是学习马克思列宁主义的字母，而是学习他们观察问题与解决问题的立场与方法。只有这个行动指南，只有这个立场与方法，才是革命的科学，才是引导我们认识

---

① 毛泽东．论新阶段——抗日民族战争和抗日民族统一战线的新阶段［J］．解放，第57期，1938年11月25日：36—37.

② 毛泽东．中国共产党在民族战争中的地位，毛泽东选集（第2卷）［M］．北京：人民出版社，1991：533—534.

革命对象与指导革命运动的唯一正确的方针。”[①]

张闻天在1939年中央政治局会议上也提出了文化政策民族化大众化的问题，同意“要提倡民族化、大众化的文艺，使文艺工作者到民众中去锻炼，在民众中活动”，提出“我们在文化的内容上是民主主义的（也是三民主义的），并且提倡马克思主义的宣传”。他还批评了一些同志说的民众剧团没办法才不得不实行民族化、大众化，觉得“民族化、大众化降低了艺术”，认为文化工作者要“到民众中去了解民众，了解民众需要什么，才能使中国的文艺成为民族的文艺”[②]。

刘少奇在1939年延安马列学院讲演中深入阐述了马克思主义中国化命题，提出了正确对待马列主义的态度和方法，“学习马、恩、列、斯之所以为马、恩、列、斯的本质、精神和方法”“仰望马克思、恩格斯、列宁、斯大林伟大的人格和无产阶级革命家的本质，而在革命斗争中深刻地去进行自我修养，去检查自己处事、处人、处己是否合于马列主义的精神”“熟读马、恩、列、斯的书籍，但看重于活生生的现实的分析，熟虑自己所处的时代和国家中无产阶级所处的各方面的情势，而引申出他们的结论”“他们不以记忆马列主义的原理和结论为满足，而要在马列主义坚定的立场，掌握马列主义的方法，身体力行，活泼地去指导一切的革命斗争，改造现实，同时也改造他们自己。他们的一切活动，都受着马列主义原理的指导，都是为着一个目的——无产阶级的胜利、民族和人类的解放、共产主义的成功，而没有其他”[③]。

马克思主义中国化命题一经正式提出，很快得到了广泛传播，为知识界所了解和认可，同时，也引发了根据地关于文化大众化、民族化的讨论。

---

① 毛泽东．论新阶段——抗日民族战争和抗日民族统一战线的新阶段［J］．解放．第57期，1938年11月25日．

② 张闻天．抗战以来中华民族的新文化运动与今后任务，载于中央党史研究室张闻天选集传记组编，张闻天文集（第3卷）［M］．北京：中共党史出版社，2012：14．

③ 刘少奇．论共产党员的修养——7月8日在马列学院讲演（一）［J］．解放，第81期，1939年8月20日．

三、山西抗日根据地对文艺大众化的讨论

（一）文艺大众化的讨论

1. 文学大众化

《论新阶段》提出马克思主义大众化后，关于文艺大众化的讨论成为根据地理论争鸣的焦点。在 1939 年召开的晋察冀边区文艺作者创作问题座谈会上，就三民主义文化大众化民族化的问题进行了热烈讨论。时任《抗敌报》主编的邓拓在报告中批评了文艺工作中脱离民族特点的错误做法，强调，“我们民族有深厚的历史久远反映民族社会生活的文化道路的传统和习惯，有历代久远的各种艺术形式和技巧。”因此，要发展民族文艺，必须对一切旧的民族文艺形式充分批判地接受，吸取其优点，在新的内容上取得新的发展，要使旧文艺形式得到新生命。我们要把新内容由旧形式显现出来，如果“无批判地利用旧形式，结果新内容必被限制、束缚，内容变了，形式多少也要变了。只有在以新内容不断变更旧形式的观点上，才谈得上利用旧形式”。“文化的新内容和旧的民族形式结合起来，这是目前文化运动所需要提出的问题，也就是新启蒙运动与过去启蒙运动不同的主要特点。”他还指出民族化和大众化的不可分割性，“从过去我们文化的经验中证明，忽视文化上的旧的民族形式，则新文化的教育是很困难深入广大群众的。因此，新文化的民族化（中国化）和大众化二者是不可分开的，忽视民族化空谈大众化，是抽象的，非现实的。”在说到如何大众化的问题时，邓拓认为：“文艺以及其他的一般艺术，是人民大众日常最接近的文化食粮，大众化不是使文艺价值降低，迁就群众，有人认为大众化就是使语言文学尽量粗野、粗糙、直率起来，这种观点也同样是不正确的。民众日常用语，粗野只是一个表面，其中精致婉转的一面，即使文艺作家也难以企及。大众的成语、隐语、带充分幽默味的普通语言所难传达的情意，一向被文艺家所忽略了。”他告诫说：“我们的文艺家没有自满的理由，要把大众的语言好好地运用到文学的语

言中。”同时号召文艺家要“熟知大众的语言，不断艰苦工作，创作大众化作品，更要从实际的大众化文艺运动的开展中，提高大众的文化水平。做‘抗战的文化主人’和民族的‘灵魂技师’”[①]。

2. 戏剧运动的大众化

抗战时期，国统区和根据地的文艺杂志就戏剧运动的大众化问题讨论过多次。在抗战时期，演出的主要任务是：动员广大的民众，起来为民族生存而抗战。因而抗战戏剧宣传教育的对象，无疑地应该是广大的群众，尤其是在民众中占了最大多数的劳苦群众。这些群众，因为生活的穷苦，他们的文化水平是比较低的：这里就产生了抗战戏剧的“大众化”问题。所谓“大众化”问题，通常包括两方面：一是在内容方面要与群众的生活和斗争相适应。二是在形式方面要能接近群众的理解力。这是“大众化”问题要解决的两个中心问题。在文学上“大众化”的口号之下，第一件工作是主题与题材的大众化，第二件工作就是使文学艺术与大众接近。但是文学大众化的对象必须是已有文字知识的劳苦群众，和将要使他有文字知识的劳苦群众，而今日的抗战戏剧却需要更广大的深入群众，不限性别年龄与知识程度，要以更广大多数的群众作对象。戏剧是一种直接倾诉于观众的综合艺术，这一点是戏剧胜过其他文化艺术的地方，也就是戏剧大众化的先天性，然而也正是因为戏剧的综合性与多样性，戏剧大众化的内容也更复杂更繁重了。抗战时期的戏剧，“更要成为大家的娱乐”，“应当成为大众自己所要求演扮的东西，就如看见人家唱蹦蹦戏，而自己也就不由自主地蹦起了一样，必须成为大众所愿意多参加合作的东西，戏剧才能深刻地感染大众”。在表现形式上，“应该加强诗歌和音乐的要素”，因为“唱，便于记忆，而且唱的声音，比语言还能打动人”，“或者在话剧里，插入几首歌，或者单独地成为歌咏街头剧”，这样就能使抗战戏剧成为大众的行动，大众的声音，到最后，就真成为“大众的力量，

① 邓拓．三民主义的现实主义与文艺创作诸问题（在边区文艺工作者创作问题座谈会上的报告）[J]．边区文化，1939 年创刊号．

组织大众的武器了”。总之，要成为抗战时期的“国民生活报告”“国民娱乐”。[①]

关于戏剧运动在抗战中的方向，史群提出：今日我们全民族所走的道路，是抗战建国，我们的方向是三民主义的新中国，因此我们戏剧运动的方向，也就是新中国的戏剧。因此他认为，“第一，要把戏剧运动和全民族的实际生活结合起来，我们全民族今天在进行战争，戏剧就服从于建设……有一个基本的原则，这些都要适合于民族的利益。”“第二，要在戏剧运动中接受一切的历史文化成果，力求进步，克服困难，要善于运用旧形式，也要善于运用新的形式，无论古代的、现代的、苏联的，甚至日本戏剧运动的经验与方式，内容与形式，都应该尽量批判地吸收，我们现在已需要复杂的方式来表现我们民族丰富而生动的斗争生活。”“第三，要使戏剧运动，成为大众的战斗的进步的运动。成为大众的，这就要求戏剧通俗、简明有力，善于代表大众的意志与情感；成为战斗的，这就要求戏剧起它应有的宣传组织动员群众的作用，而不仅仅是单纯的娱乐；成为进步的，这就要求戏剧不断地改造自己，使自己能够随着全民族的进步而进步。”“这些努力将保证我们的戏剧运动跨入新的时代。”[②]

3. 新闻的大众化

新闻的大众化体现在不仅在新闻中要接近群众，反映群众，还要依靠群众，发动群众。“创办一种报纸，而不去解决如何组织编辑委员会，如何募集捐款，如何组织通讯网与发行网，如何发展与教育通讯员等等问题，这种报纸没有法子变为群众的报纸。”[③]“几百万人的斗争，需要有无数的笔，无数的口，来鼓励、歌颂、申诉，变为千万人的觉醒，需要有无数的作品，可惜我们的作家太少了，要使文艺运动真正成为一个群众运动，首先就要把文艺运动送到群众里面去，要使文艺作品大众化，

---

① 抗战戏剧大众化［J］. 抗战戏剧半月刊第一期：5.

② 史群 . 我们戏剧运动的方向［N］. 解放日报（华北版），1939 年 2 月 27 日 .

③ 张闻天 . 论我们的宣传鼓动工作［J］. 奋斗，1932（31）.

首先就得把大众的生活与斗争真实地反映到作品中来，这一去一来，就需要有文艺通讯员，才能普遍地在大众中发现文艺，在文艺中发现大众。”[①]新闻记者特别是报纸的通讯员搜集新闻素材要“接近群众，与群众打成一片，同他们生活在一起，这样才能得到真实的材料”，“要深入群众中去看，去问，去感受”，要到“实际斗争中去体验，去实践”，把“抗战前线上惊天动地的事情，介绍到全世界去”[②]。

4. 教育的大众化

教育的大众化理论，体现在对根据地群众开展社会教育的倡议。李大章在写自晋东南、在延安出版的《共产党人》创刊号上提出了要开展群众社会教育。指出，战争环境对于文化教育事业的破坏性，以及为着抗战建国的远大前途，对于华北的文化教育事业不能不特别重视，要采用一些“适合于战争环境的特殊办法”来实行。第一要“普遍建立与恢复各地小学及经过他来实行小先生制，广泛推行社会教育”。在教育方式上，应“力求采取灵活的启发方式，注意与现实的实际问题相联系”。更重要的是，要把“平时的小学教育与普通社会教育联系起来”，让社会教育成为日常教育形式。第二，要广泛建立健全民革室和救亡室工作。每个村都要有，办成“群众读书读报的地方”。“民革室和救亡室的负责人要有组织地发动抗战进步人士组织时事问题座谈会、故事演讲会。”“要在民革室或救亡室”提倡识字运动，使每一个与民革室或救亡室有关系的民众都能独立看书阅报。“要组织出版墙报或大众黑板，经常报告战事消息。”要多注意群众的娱乐和体育活动，在民革室或救亡室“组织打拳、唱歌、演剧、赛跑、下棋”，以此“来团结群众，特别是青年群众”。第三，广泛推广我们的党报，指出“党报是我党对外发表政见与主张和正确报道战争消息的喉舌，因此是我党宣传教育群众最有力的武器”。要扩大

① 史群．我们需要文艺通讯员［N］．新华日报（华北版），1939 年 1 月 13 日．

② 张闻天．抗战以来中华民族的新文化运动与今后任务，载于中央党史研究室张闻天选集传记组编，张闻天文集（第 3 卷）［M］．北京：中共党史出版社，2012：17．

党报的宣传范围，“使每一个小学或民革室或救亡室，都有我们的党报，而且能团结广大群众来阅读，即是我们社会教育的最大的成功”。第四，要设立各式各样的补习学校、训练班、夜校与识字小组。各种群众团体，“都可以根据自己的实际情形与需要，在各地农村中办理自己的训练班、夜校、补习班与识字组”，“要把办补习学校与开展冬学运动联系起来，利用冬季农闲和小学校的放假，开展广泛的冬学运动，每一个成年男女都受到十天或半个月的社会教育。第五，广泛进行消灭文盲的识字运动，“识字运动是提高群众文化政治水平的先决条件，这一问题不能很好地推进，就会成为‘党的发展与党的主张深入群众的一大障碍’。必须把这一工作，造成一种群众的运动。“首先要从消灭党内文盲做起，逐渐推广到广大群众中去。”在方式上不可采用强硬方法，应采取“鼓励、诱导与说服的办法”，还“需要印发大批的免费识字课本”。而这些都要采取义务的方式，不应使学生有任何负担。[①]

（二）大众化的宣传方式

中华民族一向具有反抗侵略的牺牲精神，“展开我民族的历史，就可以知道，我们的民族是最艰苦卓绝，临难不惧，不屈不挠，酷爱和平，维护正义，追求真理，而富有伟大的牺牲精神。我们民族这一伟大的传统与精神，今天必须把它最大限度地发挥出来，发扬民族的自尊心，不屈不挠，争取民族的独立自由解放，这在抗战紧急关头的今日具有非常重要的意义。要积极普遍地加强民族的教育，提高一般国民对于民族固有文化与历史的认识，就必须依靠文化和教育实现。”毛泽东同志在《论持久战》中鲜明指出，“抗日战争是全民族的革命战争，它的胜利，离不开战争的政治目的——驱逐日本帝国主义、建立民主平等的新中国，离不开坚持抗战和坚持统一战线的总方针，离不开全国人民的动员，离不开官兵一致、军民一致和瓦解敌军等项政治原则，离不开统一战线的良好执行，离不开

① 李大章．怎样开展群众的社会教育［J］.共产党人（创刊号）.1939：42—46.

文化动员”，那种“轻视政治的倾向，把战争孤立起来，变为战争绝对主义者，应加纠正”[①]。进一步指出：“如此伟大的民族革命战争，没有普遍和深入的政治动员，是不能胜利的。抗日以前，没有抗日的政治动员，这是中国的大缺陷，已经输了敌人一着。抗日之后，政治动员也非常之不普遍，更不说深入。”“动员了全国的老百姓，就造成了陷敌于灭顶之灾的汪洋大海，造成了弥补武器等等缺陷的补救条件，造成了克服一切战争苦难的前提。”要靠政治动员，“把战争的政治目的告诉军队和人民”。让“每个士兵每个人民都明白为什么要打仗，打仗和他们有什么关系”。除了靠“一个明确的政治纲领”，还要“靠口说，靠传单布告，靠报纸书册，靠戏剧电影，靠学校，靠民众团体，靠干部人员”。政治动员不仅仅是“将政治纲领背给老百姓听”，还要“联系战争发展的情况，联系士兵和老百姓的生活，把战争的政治动员，变成经常的运动。这是一项绝大的事，战争首先要靠它取得胜利”[②]。张闻天也指出：“报纸、刊物、书籍是党的宣传鼓动工作最锐利的武器，党应当充分利用这些武器，办报、办刊物、出书籍应当成为党的宣传鼓动工作中最重要的任务。”[③]山西抗日根据地的民众中文盲占到95%以上，封闭落后的乡村生活，极端低下的民众文化状况，使得根据地宣传文化工作展开困难重重，根据地将军事斗争和文化建设放到同等重要的地位，从不同方面促进文化建设。

1. 提出文化建设的问题并提出针对性的解决办法

（1）解决报纸的覆盖面且保证出版。各根据地要求地方上每个县有一个报纸，军队中每团有一个报纸，保证所有报纸能够在战时出版。展开一个报纸读者联合会的运动，来具体解决帮助报纸平时战时发行与推销工作的任务。要求一切报纸“应准备在最困难的时候，用油印来出版”。几个报纸联合起来出版一个油印报纸，或者由某个报纸在该地分设一个

① 毛泽东．论持久战，毛泽东选集（第2卷）[M]．北京：人民出版社，1991：479．
② 毛泽东．论持久战，毛泽东选集（第2卷）[M]．北京：人民出版社，1991：480—481．
③ 张闻天选集[M]．北京：人民出版社，1985：309．

临时地方版，解决战时报纸出版的困难。

（2）充实民革室的内容。明确民革室的第一个任务就是读报和讨论报纸上提出来的问题，读报的人要事先准备好读什么，用哪些图表，提出什么问题来讨论。第二个任务就是组织演讲，讲民族英雄故事、抗战故事、历史故事，讲科学常识，讲生产经验，讲参战工作经验，讲政府法令，讲一些浅显的世界大势、中国大势，讲卫生常识、防空防毒。还可以组织许多特殊的演讲，如讲家庭常识、育儿常识，不识字的苦处，缠足之害等。第三个任务是娱乐和体育。要采取民族化地方化的方式方法，如打拳、听上党戏、练习丝竹音乐、下象棋围棋等。进行体育娱乐项目时要考虑节气，随季更换。第四个任务是提倡识字，消灭文盲，特别要在妇女、青年中进行此项工作。同时，设立小规模的读书室，陈设通俗报刊，供民众阅读。第五个任务是出版墙报，发动大家写稿，一则反映群众意见，二则提高文化程度。让民革室的工作活泼有趣，真正完成其民众教育机关的总任务。

（3）加强戏剧运动的民族化、地方化。指出戏剧运动还存在的两个最大的缺点：第一，还不够民族化地方化；第二，还不能完全把当地民众的风俗习惯融入戏剧中。春节期间还在“大唱旧戏，大多是毫无一点抗日的内容，还有迷信说教的内容”。因此，“要把戏剧提到新阶段，提到动员一切新戏旧戏一致为了抗日建国而实现大团结的阶段。”“对于有害抗战建国事业的戏剧，不论其形式如何，应毫不容情地加以排斥。”“需要我们的戏剧运动者们，充分研究民族化地方化的问题，创造一种主要给农民看的，人人看得懂、人人有兴趣的戏剧。”“还要进一步把戏剧运动深入民间，在每个编村组织起剧团来，组织各村之间的轮流表演，顺应民众的风俗习惯。”“希望政府一方面帮助戏剧协会开展的戏剧运动到个编村去，免费办理一切剧团的登记，另一方面，委托剧协审查剧本，对于内容恶劣的剧本要下令禁止出演，审定好的抗日内容剧本印发给各剧团。”

(4)加强对伪军和沦陷区民众的宣传。“粉碎敌人‘以华治华’的毒计，争取瓦解敌军，以孤立日军。”召集座谈会具体讨论如何加强对沦陷区同胞和伪军宣传的具体问题。[①]

2. 对文化宣传方式进行改造

由于“边区人民不能阅读书报的占大多数，同时生活时间相当繁忙，要只靠书报杂志这类东西进行宣传工作，无论如何不能普遍和深入到广大群众中”，因此，必须改变宣传方式，“多依靠说、唱、动作和最简单的通俗的文字、图书”来进行，又因为考虑到根据地的民众接受旧形式的戏剧、说唱等的习惯，所以还要在“多多利用旧形式”的基础上，“创作最为广大群众所乐于接受的新的东西”。比如“利用人人会唱的歌谱、本地小调等填进最通俗的新词，迅速广泛地传习起来”，“大量创作通俗协韵的歌谣，普遍地粘贴于门头传诵”，“编制简明通俗的标语或问答题，写在村口巷尾的识字牌上，由站岗的自卫队员进行讲授，不识其字，不明其言的不放行”，“利用各种旧调大鼓、快板及其本地流行的歌曲，编制新词，广泛传习，然后深入村镇，沿街清唱”，“创作通俗的连环图书，并附以协韵的说明”，“创作简短朴素容易演出的街头剧和利用本地秧歌剧的形式，创作新的秧歌剧”，“利用冬学、干学、小先生制等进行口头宣传”，“抓紧旧年旧节群众娱乐的机会，及时制作旧形式新内容的娱乐玩意儿”，“利用旧历年节，贺片、春联、年画、历书、日历等写作通俗的宣传词句”，“利用学校放假的机会，组织学生旅行宣传队，下乡宣传讲演”，“游行、示威、开大会讲演”。[②]

改造农村剧团，利用戏剧作为影响教育人民的宣传工具。鉴于教育的工具目前还不够民族化、大众化和地方化，除了正规演出团体外，“今后主要力量应放在农村剧团上，努力争取与帮助他们改造”，“还要改造旧戏，给农村剧团”提供正确的剧本，“力求现实化、民族化，使之适合于今天抗战的需要”。在戏剧的组织形式上，“应力求简单，采取不脱

① 陆定一．目前宣传工作中的四个问题［N］．新华日报（华北版），1939 年 4 月 9 日．
② 今后宣传方式的发展方向［N］．抗敌报，1940 年 1 月 25 日，第 1 版．

离生产的业余剧团形式，利用群众的一切空闲时间，随时随地演出”。[①]

第二节　山西抗日根据地建立初期的文化传播：以《抗敌报》为例

山西抗日根据地的文化传播，是在地瘠民贫、文盲众多、战争频繁的艰苦环境中逐步建立并发展起来的。中国共产党在山西创建的抗日根据地，由于政权相对稳定、根据地建设有政策保障，整体的办报环境相较沦陷区和国统区来说，呈现出稳定、宽松的态势。晋察冀边区政府是经过第二战区司令长官阎锡山转呈国民政府行政院和军事委员会，得到正式批准的，是国民党当局唯一承认的地方政权。[②]在晋察冀根据地建立初期，报纸就创刊发行了。根据地最早的民众动员和宣传是从报纸开始的，1937年12月创刊的《抗敌报》（1940年更名为《晋察冀日报》），是中国共产党在山西抗日根据地最早创办的党报。太原失陷后，晋察冀根据地建立，《抗敌报》不到一个月就创刊并发行。在目前所见的文献里，1937年的报纸基本已经找不到留存，目前可见的影印报纸从1938年1月起，每期报纸中，几乎都有中日战况的报道。1938年3月前《抗敌报》在晋察冀军区政治部所在的阜平出版发行，1938年3月被日军破坏后迁至山西五台县，由邓拓负责主编，在山西出版，并由周三刊改成周二刊。办报条件非常艰苦，从军区政治部搬到五台大甘河村东的一个破旧的“奶奶庙”里，由于缺乏办公桌，报社人员就动手搬掉泥塑的“奶奶”像，把土台当编辑桌，在马油灯下编稿子，晚上也睡在土台上。[③]

报纸遵照党中央关于宣传工作的政策要求和对根据地宣传的具体要求，在创办之初抓住根据地主要矛盾，围绕宣传抗战、发动群众的任务进行抗日宣传，做好民众动员工作。

---

① 李大章．怎样开展群众的社会教育[J]．共产党人（创刊号）.45．

② 谢忠厚．晋察冀边区抗日民主政权的创建和特点［J］．河北学刊，1992（2）．

③ 晋察冀日报史研究会编．晋察冀日报史［M］．北京：人民出版社，1993．

一、运用辩证思维，宣传持久抗战

抗日战争全面爆发后，根据地民众对抗战形势一度存在悲观思想，对于持久抗战缺乏信心，投降论一时甚嚣尘上。根据地的报纸宣传中，运用了矛盾比较分析的方法和辩证思维指导，宣传抗战形势，激励民众持久抗战的信心。

《抗敌报》在1938年3月31日刊登了李公朴先生欢迎八路军的演讲词。演讲词中对半年来的抗战形势进行了分析：

从卢沟桥事件到现在为止，已经半年多了。在这不算短的抗战过程中，我们虽然失去了许许多多的地方。大的城市，像天津、北平、上海、南京、太原、青岛、济南等处，也都在各种情形下被敌军占领。现任京沪线敌军，正分路进攻扬子江沿岸各地以及安徽等路。同时并派兵直趋江苏北部，进逼徐州，威胁陇海路，截断平汉路，想使中国南北两路在交通联络上，发生更大的困难。敌人正在太原增加兵力，又分三路南下，进窥风陵渡模样。而在华南方面，又有敌人在钟山县附近登岸，准备袭击鄂汉、广九两铁路。这种情形可以看出，目前中国抗战已进入一种比较艰苦的阶段，敌人的魔手，已在我国大多数的地方发挥他的残暴的行为了。但是并不因为看到比较艰苦的局势就退却，更不因为看到战时的军事失败就灰心，尤其不以许多城市被占就认为大势已去，更不以物质不如人就觉得中国无救，我能坚决的同时也很清楚地理解，我们在军事上暂时的失败是不足以影响我们最后的胜利的。但我们也渐渐广大地发动了游击队、别动队、自卫队等组织，尤其是华北方面，各游击队在敌人的侧后方已建立巩固的根据地，经常破坏交通，即牵制敌人的兵力，使敌人不敢深入腹地，敌人所能占领的，只是沿交通线的大城市，离开交通线远的或者较小的城市以及乡村，大部还在我们游击队手里。在这抗战期间，敌人一切用武力来压迫我们，里面又利用汉奸走狗、亲日派竭力活动，多方离间挑拨以分化我力量，破坏我国内团结，但我们全国上下都更团结起来，民族统一战线比从前更加巩固，不但各党各派都能开诚相见，就是政府与民众间，军队与民众间也逐渐亲密合作。还得到了国际上的支持，“中国的英勇抗战，尤其是上海之战、平型关之战、忻口之战，已引起国际间极大的同情与赞扬，无形中提高了我们的国际地位，英美法苏等国在精神上物质上都给我们很大的鼓励与帮助，这证明了，中国的抗日，不但有全国人民做后盾，同时还有世界上一切爱好和平的国家及人民的援助。

在另一方面，我们看到别人在这几个月里的情景是怎样呢？在军事方面，在各战线上，敌军都遭到我军的英勇抗战，使它现代化的军队，遭受了极大的打击，不但消耗了巨量的金钱弹药，而且丧失了几十万的生命，但是它所得到的是什么呢？虽然他已抢占了不少的地方，但大多数的地方，尤其是华北方面，鉴于我们发动民众，运用坚壁清野的方法对付敌人进攻，因而敌人所得到的不过是些空城而已，并且因为游击队在敌人后面活动，破坏交通，所以敌人越深入，愈感到后方联络的困难，敌人愈前进，愈感到给养及弹药运输的不易。敌人的部队在后方时遭到袭击，使敌人的进攻计划受到阻碍。而在经济方面，敌人的对华贸易已差不多完全停止，这些被敌人占领的地方因为民众大都跑了，也并不能畅销他们的货物，在其他区域，根本就看不到日货的买卖了，日本人在上海青岛等处所有的工厂，已被我们全部破坏，这种损失是很难在短时期内，在那些被占的地方取得报偿的。但在他国的方面，日本人民反战，兵士厌战的空气日渐浓厚，从被俘虏过来的日兵口中，我们知道，日兵已在怀疑这次打中国是什么意义，打中国对他们有什么好处。

时隔不到1月，5月9日《抗敌报》又刊登了署名“洪泽”的社论《目前抗战的新形势》，分析了国内国际最新形势和我们得到的国际支持，指出日本面临的巨大困难，激励民众坚持持久抗战的决心。

一、最近的战况。

敌寇本来企图不战而胜，或速战速决。但遇到中华民族顽强抵抗。陷入日军最怕的持久战争中。9个月的血战敌军伤亡已达50万。依靠战斗力最强的部队损失极大。征兵已至第6期，39岁的壮丁已被征入伍。基于此次新增的10万援军来说，多半系满蒙伪军，朝鲜士兵列预备队，战斗力极差。同时军队数量增加，亦有极大限制。

日军在速战速决的企图失败后，在持久战中，又遭遇了挫折。毫无收获，士气低落，甚或动摇。日军司令部都发现了反战传单。伪军纷纷反正，汉奸亦开始恐慌动摇。

最近各县情况。我们已由暂时和部分失利开始向优势转变。以后的困难和危机已日渐严重。中华民族这个伟大的巨石已被日军的炮火惊醒，开始怒了。他的伟大的抵抗力量，连大英帝国报纸都公认了。但这还只是中华民族的最后胜利的信号或征象，大的决斗，还在我们的面前。

日本国内开始发生民众暴动，东京反战示威运动中，被捕者达千人以上。五一在大阪、长崎等大城市，又发生大大的反战示威运动，军队已开始发生拒绝开赴前线的现象。日军财政预感困难，公债早已发至175万万。日币已开始物价飞涨。日货对美输出，较去年同期减少了44%。军事原料大感缺乏，每月向美国所购原料，即达3000万至3500万美金。日军对华作战主要靠火力，同时日军过去的物资准备，在几个月的战争中消耗殆尽，财政困难和原料缺乏，对日军是最大的打击和危机。

二、日军正在进行更加残酷的进攻。

日军是一个强大的帝国主义国家。它具有近代的优越的武装，他对于中国的进攻，不但有长期的准备和计划，并且下了最大的决心。中日战争，最后谁胜谁负，不但关乎中华民族之生死存亡，在今天也同时成了日本帝国主义法西斯军阀生死存亡的关键。如果日本法西斯军阀对华的作战失败了，不但日军在华一切特权将完全丧失，日军独霸太平洋的迷梦，力被粉碎，英美是必去太平洋，日后一切地位而代之。国内广大劳苦群众还有发生民族或社会革命的危险。那样，这个一面压榨弱小民族，一面压榨本国劳苦大众的日本强盗，便要呜呼哀哉。

……

但是，我们从中国一方面来看，却可与出击抗战时情形大不相同了。1.我们已从单方面防御和阵地战进步到开始采取攻势防御和大规模的运动游击战，我们已由被动地位开始指向了主动地位，起码是部分地取得了主动地位，即在正面被敌人突破的不利情况下，我们的军队已经一般的转入敌人的侧翼和后方，对敌人进行顽强的抵抗和袭击。使敌人中央突破的惯技大失其效力。2. 初期抗战中，我们最感威胁的是敌寇的空军和机械化部队。但最近由于我们自身的努力和爱好和平的国家，特别是苏联的帮助，我们的空军已开始占了优势，机械化的部队已开始部分发生威力，而日军的机械化部队，却因我们采取了大规模运动游击战，威力大减。3. 我们在敌人的后方广泛开展了游击战，并建立了巩固的根据地，给了敌人以极大牵制和威胁。4. 军队指挥的统一，军队的政治的工作，军民的关系，政府本身特别是国共合作和整个抗日统一战线及群众的战争动员，虽然还未能赶上抗战的需要，但已有了很大的进步。5. 台儿庄和各线上我们获得的胜利，及伪军反正等，一方面提高了全国人民和将士抗战胜利的信心，提高了士气，同时又更进一步地粉碎了“中国无力抗日”“战必败”等荒谬绝伦的言论及恐日病。6. 世界爱好和平的国家和民族，特别是苏联对于我们的积极帮助和同情，集体给予了日军极大的牵制打击和威胁。上面这些事实，证明我们确已有了取得抗战胜利的优越条件，在抗日民族统一战线继续巩固扩大和坚持，继续抗战的前提下，它是可以保障在最近期我们将会比较顺利地由劣势向优势转变的。

《抗敌报》还以人物采访的形式，请晋察冀军区聂荣臻司令谈“津浦二次会战的形势与军区的战斗任务”“放弃徐州的战略意义与持久战的任务”，指出“一胜一负，一进一退，是经常不可避免的必然现象，只有经过这无数的小的部分的胜负进退，而始终不屈不挠，坚持抗战，顽强地执行着长期持久战的方针，才能达到最后的胜利”。[①]

在毛泽东《论持久战》发表前夕，《抗敌报》在头版醒目位置连续刊发广告，进行单行本的预约发售。用这些宣传内容，为民众分析战争形势，指出敌我双方优势劣势，经由我军政治工作部门的解读，给军队以士气上的鼓舞，也为长期闭塞的根据地群众讲解什么是抗日战争，为什么要进行抗击日军的战争。

---

① 放弃徐州的战略意义与持久战的任务——聂荣臻司令第二次发表谈话［N］. 抗敌报，1938 年 5 月 23 日，第 1 版 .

二、运用主要矛盾的观点，宣传发动最广泛民众

面对日军的政治攻势和汉奸的捣乱破坏，“要在群众中彻底地揭穿和粉碎敌人的这种欺骗宣传，我们应该而且必须更广泛地利用一切可能利用的方式和文化武器，如口头宣传，以及通过戏剧、诗歌、小说、唱本、鼓乐、连环画等形式进行宣传。针对别人的欺骗口号，进行广泛的宣传，但是这里必须注意这样的问题，就是无论是口头宣传还是文学宣传，都要尽可能地做到通俗，务使每个群众能够听得懂，看得懂，只有这样才能使宣传深入到群众中去。大量多样、通俗和深刻锐利的宣传品的制作是必要的，我们必须强调这点和克服以前宣传工作中存在的咬文嚼字、呆板的方式和一般化的内容的毛病，宣传工作必须抓紧每个时空的特点和要求，灵活地去进行”[①]。

晋察冀抗日根据地抓住每个时间段的工作任务和要求，在《抗敌报》发表了一系列社论和通讯，揭破敌人的欺骗伎俩，鼓舞民众为抗战出力，激起民族自尊心和抗战胜利的自信心，宣传最广泛的爱国统一战线。

号召发挥民族自信心，提出：

展开我民族的历史，就可以知道，我们的民族是最艰苦卓绝，临难不惧，不屈不挠，酷爱和平，维护正义，追求真理，而富有伟大的牺牲精神。

我们民族这一伟大的传统与精神，今天必须把它最大限度地发挥出来，发扬民族的自尊心，不屈不挠，争取民族的独立自由解放，这在抗战紧急关头的今日，实有非常重要的意义。

要积极普遍地加强民族的教育，提高一般国民对于民族固有文化与历史的认识，高度发扬我民族不屈不挠，艰苦卓绝的精神，以担负起当前捍卫民族与国家的神圣伟大的历史战斗的任务。

只有发扬民族的自尊心，发挥民族伟大雄浑的气魄，加强民族奋斗的思想，提高全民族伟大的奋斗力量，才能争取全民族最后的胜利。坚定了胜利的信心，就必然能够集中一切力量，利用一切有利的条件，而争取伟

---

① 宣传工作当前的任务［N］. 抗敌报，1938年12月4日，第1版 .

大的胜利，最终胜利终必属于我们。[①]

号召青年：

1. 在抗日高于一切的口号下，发展青年救国会。使其成为青年的统一组织。在统一的抗日救国纲领下，团结各党各派各阶层的青年。

2. 以先进的抗日救国的理论，武装全体青年的头脑。有组织有计划地开展学习的高潮。尤其是要采取许多活泼的方式，如讨论、辩论、演讲，如各种文化娱乐活动。吸收他们，加强教育，特别主要的是要对国际国内的新闻时事进行正确的分析，使青年提高当下政治生活的水平。

3. 把青年武装起来，除了有组织地动员广大青年到抗日军去，直接与敌人作战以外，还有许许多多的方法方式去武装青年，如参加自卫军，接受基本军事训练，开展抗日先锋队运动等。

4. 吸收广大青年参加到一切抗日工作里来，给他们以实际的斗争的锻炼，由于青年无论在身体上、在思想意志上都是向前的，所以我们应该发挥青年这进取心，顺利地使用到各方面的工作中去。

5. 最后一个要求是保证一切工作必须是由青年救国会的各级领导机关执行，一直到小组的组织工作的健全。没有健全的组织，就没有成功的运动，所以青年救国会的各级组织应该服从于战斗环境和青年的要求性质而运用这一切组织领导的方式去开展青年工作。[②]

三、运用群众认识规律，有的放矢进行宣传

根据地民众文化水平普遍较低，接受报纸上的消息主要依靠读报组来完成。报纸就用短小精悍的短讯来宣传，虽然篇幅短小，字数不多，但信息量很大，语言生动直白，读来朗朗上口，易于老百姓理解。用集体读报的形式发动群众的效果明显。

《抗敌报》1938 年 5 月— 6月的短讯，介绍了为“增强喇嘛的抗战情绪与提高政治认识”，组织了喇嘛训练班，训练科目包括“日本对华政策、

① 论民族自尊心和抗战胜利的自信心［N］. 抗敌报，1938 年 11 月 2 日，第 1 版 .

② 献给全边区的青年［N］. 抗敌报，1938 年 6 月 14 日，第 1 版 .

抗日民族统一战线、民族自卫战”，“训练期满后，学员将出发，赴蒙藏各地进行抗日宣传”[①]，宣传发动宗教人士一致抗战。

宣传八路军优良作风，报道代县滹沱河南岸的平阳部队积极地扰乱敌人，袭击敌人，保全了广大群众生命财产的安全，“一般群众也认清了只有自己抗日的军队，才是老百姓的保障，所以很多人这样说：慰劳我们抗日的将士，尤其峨口、峪口、聂营、富村等村的民众特别踊跃，送的慰劳品很多”[②]。宣传了中国共产党领导的军队与旧军队的差别。

号召在斗争中锻炼培养大批真正为人民的领袖的政府工作人员，提出“各级政府人员，要从各方面以身作则，与人民打成一片，使自己成为民众所认为的他们自己的领袖，只有这样才能完成自己所负担的伟大任务”。[③]报道蔚县、广灵、易县根据地的政府工作人员，帮助抗日军人家属春耕，做田间礼拜六运动。提倡政府工作人员积极参加这项“与人民密切地团结起来的最具体的模范行动”。提出，“不要怕没有事做，不能耕田，但总不至也不能扫地挑水、拔草、煮饭吧。同志们，到群众里头去，必然有的是事情给你们做，而且群众还非常欢迎爱戴”[④]。

赞扬广大妇女积极参加抗日后方保障工作，鼓励妇女加入抗日救国实践。“不能上前线，我们只好努力完成一切后方的工作，以报答国家与民族和前线英勇奋斗的父亲、丈夫、儿子、哥哥、弟弟们。”“抗日军队，尤其是游击队与敌人周旋为的是保护他们的父母妻子、姊妹，正因为他们上山越岭、饮水卧雪、不怕苦不怕死，在前线上与日军拼个刀枪。后方妇女，因此才有安全的日子过。”[⑤]

揭露日军经济侵略阴谋。“日本帝国主义深深感觉到了灭亡中国不是像他们所梦想的那么甜蜜蜜的，而是辛酸苦辣万分的，尤其是持久抗战的方针已是我中央政府和全国人民已定下的坚固决心的今天！然而，疯狗

---

① 五台山藏蒙同乡会成立喇嘛训练班［N］. 抗敌报，1938 年 5 月 7 日，第 2 版 .

② 模范纪律的平阳部队，受到人民的热烈爱戴［N］. 抗敌报，1938 年 5 月 13 日，第 2 版 .

③ 晋东北各县长联席会谈判，加强政府工作［N］. 抗敌报，1938 年 5 月 17 日，第 2 版 .

④ 政府人员礼拜六帮助春耕［N］. 抗敌报，1938 年 5 月 20 日，第 2 版 .

⑤ 涞源县妇女慰劳抗日军 1500 双鞋［N］. 抗敌报，1938 年 5 月 20 日，第 2 版 .

的病狂，还没有被中华民族的儿女们打死去，他仍然还是失望地挣扎着的，变换着千花百门来达到他的迷梦实现的目的。”“无论日军变换什么花样，咱们还是要打到底的，直到我们取得最后的胜利为止。”[①]针对日伪在根据地收购法币，破坏战时财政的阴谋，及时进行揭露，“这种‘进攻’，不但要危害我们边区的金融和财政，而且会危害我国整个的金融和财政，希望边区政府采取措施，运用正确的财政金融政策粉碎敌人这一进攻的阴谋。”[②]

这些报道，通俗短小，语言直白，还能结合本地实际，教育意义和宣传动员效果都很强。不仅如此，他们还在后续的报纸上宣传其他县学习先进榜样的报道，真正起到了宣传动员的作用。

四、运用矛盾的转化规律，配合地方政府完成宣传工作

根据地建立初期，边区政府和地方政府同时并存。为了发挥报纸统一战线宣传作用，发动最广大人民加入抗战队伍，报纸在宣传中积极配合地方政府完成春耕、筹粮等工作，体现了统一战线的宣传原则。

（一）总结春耕运动的经验与不足

我们这个边区的春耕运动，自发展以来已有三个多月。在这三个月中，关于这个边区春耕运动的成绩和缺点各方面极少报道。我们从这10余县春耕的材料，发现了很多成绩，其中也有特别优异的，这些成绩，总结起来有下列几方面。

第一，一般都进行了春耕的宣传，改变了部分群众对于春耕的消极的观点，各县都普遍召开过至少以区为单位的春耕运动的群众大会，各机关各团体组织了相当数量的群众宣传队，印发了许多宣传品，使群众真正认识了今年春耕的特殊意义。有极少数的地主因害怕合理负担，对春耕采取消极的态度，少数落后的农民只等着。对于不愿意下田辛苦工作的，经一

① 无论日军变换什么花样，中国的抗战非打到底不可的［N］. 抗敌报，1938年6月10日，第1版 .
② 揭穿日伪破坏我方金融的阴谋［N］. 抗敌报，1938年6月7日，第1版 .

番解释教育大体上都转变得积极了。

第二，在春耕运动中军政方面对于和各阶级之间的关系，表现出了和谐协调的互助的精神，解除了一些无谓的摩擦。各地的驻军与政权机关和群众团体，在这次春耕运动中，工作上相互联系和帮助，比从前有了大的进步，贫苦农民和私人地主及寺庙之间的关系也增进了。如在进行垦荒时，他们彼此间都能够采取和平协商的方法来解决问题，在工作过程中，还纠正了一些农民散漫的个人主义习惯，发挥了集体合作的精神。各种垦荒团、耕田合作农场、春耕粮食借贷、农具合作社、人口合作、儿童团及妇女代替自卫队站岗放哨等，都是这种精神的表现。各方面都维持了前所未见过的比较良好的关系，减少了许多无谓的摩擦。

第三，组织了相当数量的贫苦农民参加春耕，大大改善了他们的生活，激发了他们参加暂时生产劳动的热情，扩大了耕地的面积。部分改善了农业生产的技术条件，增加了粮食的生产，使抗战时期边区的粮食供给比较有了保证，多数县把无地少地的贫苦农民组织起来参加垦荒团，这从根本上解决了他们的生活问题。同时由于多数农民参加生产劳动，边区的耕地面积大为扩张。生产量大大增加。而且在此次春耕中，那些非必需的和有害的作物的种植大大地减少。此外，关于农业生产的自然条件与技术条件的改良，如开渠植树等，也有部分的成绩。

但是我们也不能忽视了这一次春耕运动中还存在着很多缺点，这种缺点是上面那些成绩所不能掩盖的。

第一，这一次春耕运动在总的动员方面还是很落后的。首先我们看到各县极少有领导春耕运动的总的机关的组织，有一两个县虽由政府和群众团体一起组成了春耕委员会，但不健全，在对广大农民进行春耕宣传时，除了用命令的方式，以及派几个群众印发一些宣传品外，还见不到有真正深入的随时随地采取一些活泼的方式进行不断宣传的。各群众团体对于春耕的发动，还远不能做到像一个有机体那样密切地联系起来，采取统一的行动。结果还有很多荒地没有开垦。还有一些地主对春耕仍然很消极。

第二，这一次春耕中没有解决农民生活中的一些困难问题，春耕没有收到应有的更好的效果，一方面各群众团体没有积极地想办法请求政府帮忙，另一方面政府机关本身也没有切实想办法，有计划地利用投资、募集或借贷的方式，供给农民春耕需要的一切本金、农具、种子、肥料、牲畜等，总之群众没有被广泛地动员起来，政府也没有用行政的力量，积极解决春耕中的实际困难。特别是边区的地方政府，基本上是站在消极的旁观的位置上，采取若无其事的态度或忙得顾不到，以致许多地方没有牲口、种子、粮食，都只是各顾各的。

总之，我们应当抓住当前已得到的春耕运动的经验，迅速改变我们的做法与作风，争取并保证一切动员的工作获得应有的最大的成绩。使得一切工作的结果，真正都能够充分有效地帮助战争，促成前线的胜利。[①]

（二）配合政府募集公债

《抗敌报》在对募集公债宣传的社论中指出，救国公债如其他救国工作一样的，必让人民自觉地参加。一切强迫人民盲目地去参加的企图，必然会遭到失败。那么首先各级政权机关，各级抗日团体的领导机关应该首先进行详细的讨论，并以身作则地去执行。以自己具体的行动，切实有效地影响广大的人民。其次是进行深入的宣传，也就是要利用一切可能的宣传方法去宣传，如在进行表演、歌唱、散发传单、开会讨论、余暇闲谈时，都要以购买公债的光荣任务为中心，使得全区的每个角落里都因购买公债而行动起来。表扬购买公债的模范例子，打击破坏购买公债的分子，这样才能形成一个群众运动的热潮，才能完成这一伟大的光荣任务。把购买公债运动当作一切工作的中心环节，保证这一切运动的开展和迅速完成，还要依靠各方面的力量，这时我们的组织系统是否健全，工作作风是否过硬，干部和群众的积极性是不是很高，都会在这一运动中暴露出来的，故此在进行这一运动时，各方面的工作都要围绕着这一中心环节。由完成这个光荣的任务，推动其他各方面的工作。当然我们不能够因为征募公债，而放弃或阻碍了其他工作的开展。征募救国公债的口号提出来了，征募救国公

① 洪泽．边区春耕运动检讨 [N]. 抗敌报，1938 年 5 月 13 日，第 1 版．

债的数目定出来了，什么时候完成？完成到什么程度，实际的战斗的行动还在后面哩。我们期望着胜利的捷报。①

五、运用矛盾的特殊性原理，探讨思想方法和工作方法

根据地建立之后，战争形势紧急，变化多端，边区政府工作人员的思想方法与工作方法，直接关系着战斗的成败与党和群众的关系。抗战期间思想方法和工作作风必须改变，才能适应形势发展和工作要求。报纸经常刊发社论或短评，讨论如何彻底转变自觉主动性不够、会议制度不健全、不重视政治学习、忽视群众利益等问题。在边区政府工作人员工作中存在的官僚主义问题，报纸也进行了深入细致的分析，提出了针对性的解决办法。例如，批判了13条存在于政府的形形色色的官僚主义的表现。

1．专门坐在办公室里，埋头想计划书，在这些计划书里拼命地想说明理由，有时候也能写出很漂亮的计划书，但是，那些计划书在实际中并不发生效果，浪费了精力和纸张。这是官僚主义。

2．只听说这说那，不管事情在哪里发生，怎样发生发展，问题在哪里，便凭自己脑子里所想象，凭书本子上的几条原则去拼命地写指示信，发公文。结果，发下去的指示信弄得下级干部头昏眼花，不知该怎样做。如果照指示信上说的做会做错，不照指示办则成了不服从领导。这又是官僚主义。

3．根本就不指导下层干部的工作，只晓得坐在机关里面，糊里糊涂过着日子，眼前工作发生了天大的问题都不知道，甚至于汉奸日军打进门来，还在迷迷糊糊地睡觉。这样做工作很失败，甚至于搭上自己的性命，做了无谓的牺牲。这更是官僚主义。

4．不顾上级所指示的方针、下级的具体情形，就想出许多的事情，让下级做，人家做不到，便歪起嘴来骂干部，骂群众没有用，结果造成干部群众的不满，致使干部群众消极总工，工作就做不起来。这也是官僚主义。

5．有时做出了正确的工作计划、指示信，但是，自发出工作计划、指示信到工作完成的时间为止都不检查，不知道执行得怎样，结束了工作

① 冶冶．为完成征募救国公债而斗争［N］．抗敌报，1938年6月3日，第1版．

总结优点与缺点的时候，才发现做得一塌糊涂，才惊讶悲叹，可已来不及了，因为在执行的过程中常常会遇着阻碍，如果能立刻解决问题，工作马上又可向前发展，不这样做会遭到不必要的损失。这还是官僚主义。

6．检查工作的时候，只顾到走马看花，这里走一趟，那里走一趟，马马虎虎，听些话、看些表面就心满意足，以为这已是新的领导方式了，其实真实的情形、具体的状况不了解也等于没检查。这也是官僚主义。

7．领导机关会议开得太多了，干部光忙于开会、走路，没有时间做实际的工作。决议案堆了一大堆，一点实际工作都没有做，群众也无从动员起来，斗争也无从开展起来，差不多等于没有领导所在。这也是官僚主义。

8．过分看重公文程式的手续，不顾到群众文化的程度、社会经验的情形，以至于不能及时解决他们的问题，而且只整天地在公文呈示的圈子里转，许多事情就因此而误了时间做不成。这也是官僚主义。

9．做事情总是照例做去就完了，不管成绩好坏，只顾到消磨去一天的办公时间，只顾到拿几件东西证明是在做工作就行。邻家起火，自身平安无事，不负责任。这也是官僚主义。

10．不帮助干部，不教育干部，等到他做错了，便责罚谩骂，打击干部。这也是官僚主义。

11．不相信干部群众，什么事情都不放手，而自己又包而不办，使事情同样做不起来。这也是官僚主义。

12．自己什么都不做，光叫别人做，做好了讲是自己的功劳，做错了就推到别人身上。这还是官僚主义。

13．故意不遵守时间做事，不能严格地按计划到期间进行，以企图表示自己比任何人都忙碌重要，这只证明，没有细心计划自己的工作的官僚主义的作风。[①]

抗日根据地的条件非常艰苦，无论人力物力都处于极度匮乏的状态，《抗敌报》刊发了《论节省》的社论，指出了许多人工作中“不去节省时间，

① 冶冶．反对官僚主义［N］．抗敌报，1938年6月30日，第1版．

不遵守规定的时间，不计划时间的分配”，导致“浪费了时间，耽误了工作”。在财力物力方面，“对文具服装饭食燃料等不爱惜，不节省”，不按预算支出，还有的“认为东西是我个人的，浪费一些别人管不着”，号召大家在非常的困难时期要有紧张感，要有计划地安排时间，开源节流，支用人力物力，“使每一个同胞，了解节省的意义，并切实执行起来”。①

总之，在抗日根据地的新闻传播实践中，要努力将毛泽东提出的《实践论》和《矛盾论》的认识方法和思维方法很好地用于宣传动员组织民众中。《实践论》和《矛盾论》的观点和思维方法经过根据地文化舆论工作者的宣传，某些观点已逐步被民众所接受，并内化到人们的思维方式中了。

第三节　山西抗日根据地新民主主义文化的传播

山西抗日根据地的文化建设按照中共中央关于根据地开展文化建设的要求，在物质极端困难和民众文化水平极端落后的条件下艰难展开，成立了各级各类以救亡为目的的文化组织机构，在教育、文学、戏曲、新闻、艺术、民俗等方面循着新民主主义文化的特点，边实践边总结经验，推动根据地新民主主义文化不断丰富和发展。

一、建立与健全以抗日救亡为目的的文化组织机构

（一）各级政府设立文化事业机构

在各抗日根据地建立后，逐步完善了各级边区政府机构组成，晋察冀边区政府“设秘书处、民政厅、教育厅、实业厅”②，文化工作基本由边区政府教育厅负责。晋察冀边区行政委员会颁布的《晋察冀边区县政府组织大纲》中规定：“由教育科办理学校、社会教育、图书馆、博物馆、

① 论节省［N］. 抗敌报，1938 年 7 月 15 日，第 1 版 .

② 河北省社会科学院历史研究所等编 . 晋察冀边区军政民代表大会组织法，晋察冀抗日根据地史料选编（上册）［M］. 石家庄：河北人民出版社，1983：10.

公共体育场、公园及其他社会文化等事项。”① 在区村两级政权中，分别由区公所和村公所办理各项工作，其中包括“教育及其他文化事项”在内的 25 个事项均由区公所自行办理或委托各村镇办理，区公所下设调解、经济、生产、教育四个委员会，其中教育委员会负责计划、推动、改革、办理成人儿童社会学校和各项文化教育。边区政府还专门成立社教领导机构，县以上教育机关设社教委员会，区一级设教委会，村一级设救亡室、民革室或俱乐部（救亡室或民革室作为民众文化娱乐场所，由群众团体办理）。②

（二）群众团体发挥了普及文化的作用

在党中央发出“独立自主地去动员群众与领导群众”的指示，特别是边区政府成立之后，边区的各群众团体如雨后春笋般组织起来，呈现出一派蓬勃发展的景象。这些群众团体通过组织边区的农民、工人、青年、妇女、儿童、商人参加自卫队，筹集公粮，分购救国公债等活动，成为发动群众的中坚力量。在文化建设方面，他们也充分发挥组织领导优势，成为文化建设的重要力量。群众团体主要包含以下组织：

一是各种抗战救国组织。主要有边区及各县区村级工人抗日救国会、农民抗日救国会、妇女抗日救国会、青年抗日救国会、抗日儿童团及抗敌后援会等。这些团体在其组织章程中都明确了文化工作的目标和任务。如晋察冀边区农民抗日救国会工作纲领规定：加强农民教育，提高政治文化水平，并高度发扬民族自尊心、抗战胜利自信心，坚持抗战到底。具体如下：1. 响应并推动政府识字运动的号召，组织识字班、农民夜校、冬学、新文字小组，实行辅导制小先生制；2. 加紧农民干部及会员教育，成立干部训练班，并注意小组的政治训练；3. 印发通俗的大小刊物，扩

---

① 河北省社会科学院历史研究所等编．晋察冀边区县政府组织大纲，晋察冀抗日根据地史料选编（上册）[M]. 石家庄：河北人民出版社，1983：26.

② 河北省社会科学院历史研究所等编．晋察冀边区行政委员会关于村选举的指示信，晋察冀抗日根据地史料选编（上册）[M]. 石家庄：河北人民出版社，1983：107—108.

大政治宣传……[①]

二是机关文化团体和文化工作者组成的抗战宣传组织。晋察冀边区文化工作者救亡协会（简称“边区文协”，于 1939 年 2 月 15 日更名为“晋察冀边区文化界抗日救国联合会”，简称“边区文救会”）[②]成立后，相继成立了由专区、县的文救会直到村文救小组的各级机构。“文救是各群众团体与各机关统一的宣教机关。”“各团体并不是丧失独立性，但在组织上仍分属于各团体。”[③]“文救”是抗战初期根据地文化抗战宣传组织的主要代表，其领导的不仅有各地、各机关的文救分会，还有《抗敌报》社、《边政报道》社、《海燕》社等报刊出版社，抗敌剧社、自卫剧团、文艺工作团、铁流文艺团、戏剧协会、美术协会等文艺工作团体。这些团体在边区文救会的领导下，通过出版报刊，发行通俗读物，创作诗歌、小说、漫画、演剧等形式开展了大量内容丰富的抗战宣传教育。此外，边区文救会还成立了文化书店和文化合作社，组织了各种研究会。“新文字研究会”主要为边区识字运动服务，“民众文艺研究会”主要研究文艺大众化问题[④]。这些组织有效地发挥了动员民众、引领文化运动的作用，为边区的文化建设和发展做出了很大贡献。

此外，全国的文化协会在根据地也成立了分会。1938 年 7 月 7 日，在抗战一周年之际，中华全国戏剧界抗敌协会晋察冀分会成立，通过“新剧、活报、儿童戏、子弟班（即旧戏班）”展开活动，努力实现“一切新旧戏剧都为抗战建国的事业而服务”的目的，明确晋察冀分会要“以集体的力量，讨论戏剧各方面的疑问，解决各戏剧工作及团体的困难，为将来有计划有组织地开展晋察冀地区的戏剧运动而准备。把边区的现实情形，更加普遍深入地通过戏剧的形式反映出来，以艺术的力量，更

---

① 河北省社会科学院历史研究所等编．晋察冀边区农民抗日救国会的工作纲领，晋察冀抗日根据地史料选编（上册）[M]. 石家庄：河北人民出版社，1983：134—135.

② 边区文协改名文救 [N]. 抗敌报，1939 年 2 月 19 日，第 1 版．

③ 史料丛书编审委员会，中央档案馆编．晋察冀抗日根据地第一册（文献选编下）[M]. 北京：中央党史资料出版社，1989：490—491.

④ 文化界广播 [N]. 抗敌报，1939 年 8 月 6 日，第 4 版．

有力地配合军事政治，粉碎敌人政治上的阴谋，打退敌人军事上的进攻，巩固扩大晋察冀边区”[①]。

1940 年 2 月，全国青年记者协会晋察冀边区分会成立，李公朴在《青记学会边区分会的使命》的讲话中，要求广大会员“一方面在实际工作中学习，一方面要在理论上互相学习，大时代的新闻记者是不应有门户之见、派别观念的，在抗日的大旗下，是要用我们自己的努力取得技巧上的进步和成功来推动整个抗战的新闻事业，这是青记学会会员们的本分，也是所有新闻工作者应完成的任务”。提倡新闻工作者做好“文化教育工作在边区的倡导、开展和推动”，“只有把文化教育工作做到至美至善的境地，‘无冕之王’的称号才不是一个空头的誉辞，才能成为代表最大多数人民说话的一个新闻工作者”。[②]

为了解决根据地文化干部缺乏的问题，党中央还从延安派出西北战地服务团来到晋察冀，组训边区乡村艺术干部和艺术团体。西战团接受任务后，“便一面组织与领导乡村剧团，以作组训工作的尝试；一面便以很多时间和人力来进行筹备工作”。训练的对象主要是地方剧团与其他文艺干部。训练内容除了政治外，艺术课又分戏剧、音乐、美术、文学四门。从时间分配上说，艺术课占四分之三，其中又偏重戏剧与音乐两门，以适应发展乡村戏曲运动的需要。培训内容主要有“戏剧，包含常识、演员基本知识、编剧法、导演技术；音乐，包括识谱、指挥、作曲、唱歌法、利用民间歌谣问题；美术，包括绘画基本常识、写标语法、画宣传画等；文艺习作，包括一般写作常识及报告文学、诗歌、小说的写作方法”。除了理论教学外，还有实习，包括排演新旧戏，练习导演，学习新歌曲，练习指挥，试填民谣小调词，练习绘画与文艺习作，供壁报材料，问题研究。此外还组织了丰富多彩的课外活动，包括出壁报、小组会、文化娱乐、民运工作。训练班的学生大部分为小学生，中学生也有一些，还有些小学

---

① 中华全国戏剧界抗敌协会晋察冀边区分会成立宣言［N］. 抗敌报，1939 年 7 月 15 日，第 4 版 .

② 李公朴 . 青记学会边区分会的使命［N］. 抗敌报，1940 年 2 月 12 日，第 2 版 .

教员、地方干部。乡艺训练班仿照八路军部队，实行军事生活管理，教员均由西战团团员担任。有些政治课则请地方干部来讲。教学方法上“注意用语通俗，讲授提纲尽量简明扼要，以便学员记笔记，多举例子，多联系实际，少谈空洞理论，少用难懂名词等，教员经常要让学生回答问题，要常看学生笔记，以考查学生接受程度。教员之间每周开会交换意见，总结经验，以便改进工作。在结业以后，还让西战团团员分组随同学到各县去具体帮助开展乡村艺术活动”[①]。

这些团体对群众文化运动的普及起到了很大的作用，而群众文化水平的普遍提高对接受、理解党的政策与主张有很大的促进作用。

二、逐步发展壮大各级各类教育事业

山西抗日根据地大部分是山地，地域辽阔，群山阻隔，交通不便。根据地建立前，文盲占到95%以上。传统的山西乡村生活，基本是封闭的地方性的，它简单宁静，缺乏流动性，通常依靠语言便足以把生活经验和行事方式，乃至大部分的乡村文化传递下去。再加上经济落后、生活贫困，广大农民被剥夺了受教育的机会。共产党领导的部队，在缔造根据地的过程中，也带来了新文化、新思潮和新的生活方式。而战争的爆发和根据地各方面的建设，已经远远地超出了乡村生活的范围。根据地的教育工作可以分为干部教育、普通教育、社会教育三个部分。根据地建立初期遇到的最大困难是干部严重不足，晋冀豫省委在辽县开设了游击训练班，刘伯承、张浩、徐向前等师部首长亲自讲课，培训军队和地方干部。随着边区的建立，逐步提出采取各种形式的成人教育、社会教育，组织识字班、救亡室、抗日俱乐部，恢复小学，农闲时开展冬学运动等，根据地各级各类教育逐步恢复发展起来。

在抗战的大背景下，文化教育的最主要原则就是服从和服务于抗战。根据地创建初期，根据敌人的侵略手段，对边区文化教育的发展提出三

---

① 周巍峙．晋察冀边区首次乡村艺术干部训练班［N］．抗敌报，1940年6月5日．

个原则：一是建立正确的抗战理论，发扬民族意识；二是粉碎敌人奴隶文化政策，肃清汉奸言论；三是提高民族抗战信心及民族自觉情绪，使其参加抗战。

（一）学校教育

1．中学教育

边区的中学教育不及小学发达，在边区军政民代表大会上决定：将中等以上的学校全部改为干部教育学校，培养大批的军事干部和政治干部，参加抗战工作。第二期后将中学教育改为民革中学。同时在高级小学里面也有中学班的设置，在边区共有七八个。课程设置以抗战教育为主，民族革命教材也是民革中学的主要科目。学习时间每期规定为六个月，毕业后可进入各种干部学校。

2．小学教育

抗战爆发后，边区学校和文化机关被摧毁殆尽，边区政府首先“将原有的各乡村的学校，一律恢复起来，有的小学没有校址就暂时在民房或寺庙里办学”，同时规定学生一律免除学费。各级小学校是绝对主张男女合校的。“课程，是边区政府自己编的，文字的内容是适合于目前抗战的需要，一切与抗战无关的不必要的东西，一概没有。完全以加强抗战、提高政治认识为原则。小学校除国语课本以外，尚有国难讲话和儿童通俗读物等小册子”。第二个时期即是将没有学校的地方，马上成立学校，并且普遍地实行儿童的义务教育。同时将全边区的小学划分成若干区，每区内设一中心小学，这一中心小学较其他的学校规模较大。到 1939 年，小学校约计七千所，小学生有四十多万，从这数目上看来，边区的小学教育是相当普遍的。

（二）蒙藏学校

为了提高僧众文化水平和抗战意识，晋察冀边区在五台设立了蒙藏学校，经费完全由政府担负。这所学校课程的内容以抗战为主，文字方面的学习采用蒙文、藏文、汉文同时学习的方式。成立仅一年的工夫就大大提高了蒙藏僧众的政治文化水平，“一般蒙藏同胞对抗战的政治认识和抗战信念，都已提高了，尤其更加坚定了对边区政府的信仰”。

（三）干部教育

根据地建立初期，边区干部缺乏的问题亟待解决。为了充实干部，晋察冀边区规定了干部教育政策。在军政方面建立了军政干部学校和抗战学院这两个专为培养军政干部的学校。专门训练军事干部及军队政治工作干部的学校也有两个，前后毕业有五千多人。在各县普遍地设立了小学教师训练班，民运方面除了各县将现有的从事民运工作的同志普遍地加以训练外，边区的各民众团体，也有联合民运干部学校的设立，还有根据需要设立的无线电训练班、银行会计训练班、邮务人员训练班等专门进行技术训练的学校。

（四）社会教育

抗战中，面向广大群众的教育活动十分困难，一是因为敌人的频繁“扫荡”致使边区缺乏安定的环境，二是因为生产力低下，广大群众忙于农事，“一年之中，春耕夏耘，秋收冬藏，再加上参战服务，实在忙得喘不过气来”，缺乏充裕的时间来接受教育，还有一个原因，“他们感觉到难，认为读书是有钱人的事，普通人也来读书，真是白费苦心”。他们还固守着多年的传统，认为，“成年人记忆力不强，且手足粗笨，不便书写”，也感觉“不习惯，民间是最重习俗的，超出习俗外的事情不是认为不合理便是认为耻辱，让成年人和小孩子一块读书，他们很难冲破这种心理障碍”①。以山西为中心的敌后抗日根据地的社会教育，大体分为两个阶段：1939 年以前开办民革室、救亡室向群众报告抗战形势，讲解有关抗战的政策法令，组织群众认字，开展群众性的文化运动；1939 年以后，运用冬学运动、小先生制等方法，则成为开展面向群众的抗日动员和扫盲、

① 怎样使民众到夜校去［N］. 太岳日报，1941 年 8 月 17 日，第 2 版 .

识字等的主要形式。

1．冬学运动

冬学运动主要是利用各地秋收完毕到春耕开始前的这段农闲时间，开展对于民众的教育，主要方式是建立短期的民众学校和识字班，“帮助他们学习识字，教给他们一切必要的抗战的政治常识，以及简单的军事知识，以便使他们能够对抗战的形势及其前途以及斗争的方法与技术有进一步的认识”[①]。一方面它是政治动员工作的中心任务之一，需要担负起战争中的组织任务，另一方面，它也是广大农村群众参加的一种集体生活。不能把它看作是单纯的识字运动，因为冬学涉及内容很丰富，包括斗争、生产、生活的各个方面。冬学运动的开展，不仅使民众认清了敌人威胁利诱的毒化政策，坚定了抗战到底的决心，而且切实提升了边区普通民众的文化水平，极大地促进了边区的文化建设。

晋冀豫区采用夜校的方式提高普通民众的文化水平，总结出提高农民上夜校积极性的经验，“办夜校要趁民众的工夫，顶好在冬春两季，冬天尤其好，还要督促得紧一些”“要打破民众觉得识字艰难及成人不能学习的观念”，要不仅仅满足于识了多少字，还要“使认得的文字能够应用起来”。[②]

2．小先生制度

这种教育方式在晋察冀边区非常普遍，最初来源于陕甘宁边区。“所谓小先生制就是一种随学随教的办法，识得多的去教识得少的，识得快的去教识得慢的，小先生不仅一面学习一面教别人，而且回家去的时候，还会教他不识字的哥哥弟弟或邻居的儿童，劝他们加入识字组，所以得了小先生这个名称是很荣耀的，他会成为儿童中的模范，邻村中的大大小小没有不喜欢他看重他的。小先生制度在识字运动中起到了很大作用。”[③]

---

① 开展冬学运动［N］. 抗敌报，1938 年 12 月 6 日，第 1 版 .

② 怎样使民众到夜校去［N］. 太岳日报，1941 年 8 月 17 日，第 2 版 .

③ 楚云 . 陕行记实 [M]. 上海：读书生活出版社 ,1938：51.

小先生的活动，在晋察冀边区可以分为两种，一种是集体的，一种是个别的。“集体的是在民众学校或民众夜校里面担任教师或副教的，所以边区的民众学校，很多的小先生活动着，收到很大的成果，显得一个学校活跃而新鲜。个别的活动则体现在家庭的访问，和到各个家庭去教导不识字的人认字。或者将自己不识字的母亲、弟妹以至亲友等，组织起来进行识字教育。更有一些小先生找其他的儿童来做自己的学生，一个小先生有三五个至八九十个学生，也有时将儿童带到附近的学校里，利用学校的空间，借用学校的教室来教导这些儿童，学校对于这些小先生的工作，也是经常地帮助和指导。边区的小先生到处受人的爱戴，也通过文化教育打破了敌人的奴化教育和新民教育。”[①]

3. 扫盲识字运动

抗日根据地建立初期，各根据地的文化教育水平极其低下，民众中极少数是半文盲，绝大多数都是文盲。边区政府成立之后，各方力量组织了一些“民众教育班”，农民救国会、妇女救国会等也组织了识字学校，但由于“文化水准的差池”[②]，在群众中实施政治教育和抗战动员障碍很大。年11月，晋察冀边区行政委员会通令各县成立了“扫除文盲实施委员会”，边区政府要求“在1939年要努力开展抗日的民族文化，在一年内要扫除一般文盲”[③]，“增设或扩充民众教育馆，推广识字运动，普遍地开办识字班、夜校、救亡室、读报组……此外还应该编印各种通俗的教本、图画、街头诗和种种读物，教大家唱歌、表演戏剧、出壁报”[④]。

识字运动在边区普遍地开展着，民众们学习识字的热情很高，墙头上即可看见很多的标语：“不识字是睁眼瞎子”“会的教人，不会的跟人学”。除此以外，在每个乡村内，都有一份壁报，这壁报“在墙上刷

---

① 汉张、小波．挺进中的晋察冀边区文化教育，载于中国第二历史档案馆编，中华民国史档案资料汇编（第5辑）[M]．南京：江苏古籍出版社．

② 广泛开展识字运动［N］．抗敌报，1939年4月28日，第4版．

③ 宋主任在平山的号召——努力增加生产，开展文化工作［N］．抗敌报，1939年2月7日，第1版．

④ 广泛开展识字运动［N］．抗敌报，1939年4月28日，第4版．

成墨板的样子，用粉笔来写。内容主要是消息的报道和民众团体的活动情形，通俗故事、歌谣、街头诗等杂类的东西都有”。[①] 以晋东南襄垣县为例，到 1940 年 7 月，已有万人入学，社会教育逐渐普及，三万多人学会识字，“参加识字班的 34183 人，平均识字最多的在 30 个以上，最少的亦在 13 个以上，正在组织读书会、读者小组等”[②]。

三、广泛开展战时戏剧运动

“戏剧有先天的大众性、普遍性、感应性、战斗性，在文盲遍地的中国，文学的宣传和理论的讲说，都不如戏剧容易被民众接受，都不及戏剧收效宏大。”“戏剧成了抗战中最有力的文化战斗武器。”[③] 各根据地为了战时的鼓动宣传，发动组织民众，开始组织了数量不多、规模很不完备的剧团或工作队，目的是唤起民众的觉醒，号召他们参加敌后游击战争。“剧团的组织和工作是无计划的，演出的技巧也不讲究。刚开始演出的节目大多抄袭大后方，总不超出《放下你的鞭子》《打鬼子去》……这一套。”[④]

在八路军政治部门所属部队剧团的指导下，山西各根据地普遍组建了剧团。八路军政治部开办了短期艺术训练班，帮助培养剧团的干部，帮助剧团训练。对于原有的地方剧团，则注意加强较大、组织较为健全的剧团组织。军队和游击队也有剧社，组织形式以短小精悍为原则，一般除了演剧还担任部队的宣传教育、战时作战鼓动及民运工作。建立了儿童剧团，旧剧社也在同时表演着。此外还有大量的业余戏剧组织，活跃在各个乡村。戏剧表演在抗战的烽火中从都市走向了人民大众，从剧场搬到了田间。

晋察冀边区的戏剧运动开展较早，1937 年晋察冀军分区成立时就成立了抗敌剧社。军区领导聂荣臻非常重视剧社工作，鼓励抗敌剧社的同

---

① 汉张、小波．挺进中的晋察冀边区文化教育，载于中国第二历史档案馆编，中华民国史档案资料汇编（第 5 辑）[M]．南京：江苏古籍出版社．

② 襄垣万人入学，社会教育逐渐普及，三万多人学会识 [N]. 新华日报（华北版），1940 年 7 月 13 日，第 1 版．

③ 田汉．抗战与戏剧 [M]．上海：独立出版社，1939：2—3．

④ 李伯钊．敌后的文艺运动，载于太行革命根据地史总编委会编，太行革命根据地史料丛书之八文化事业 [M]．太原：山西人民出版社，1989：509．

志们“要把剧演好，最根本的一条就是深入群众，深入部队，深入生活，将来的伟大作品，将出现在前线，产生在炮楼旁边”[①]。

晋冀豫抗日根据地的戏剧工作者1939年元旦提出抗日根据地剧运统一组织的问题，2月份就在长治召开了全国戏剧界抗敌协会晋东南分会成立大会。大会讨论了剧团建设问题，对于模范剧团的建设提出了几个建议：提倡大剧团内设立儿童戏剧组，单独编排儿童剧本；在剧团增设音乐美术组，提出演剧人在技巧提高、艺术修养、政治学习等方面的要求；发动各剧团集体创作剧本，解决剧本荒的问题。另外，在推动农村剧团建设方面，“大家认为敌后的剧运没有广大的农民和士兵来参加，只靠几个先进剧团的组织是组织不起广泛的剧运来的，估计到下层尚有一些戏剧工作的基础，便决定地方大剧团和部队的大剧团分区来帮助农村剧团的建立，以展开群众性的戏剧运动”[②]。会后进行了到会剧团的联合公演，“以决死一纵队的政光剧团、集总火星团和太行山剧团的演出最为精彩，哄（轰）动一时。那种盛况，在敌后，还是破题的第一遭”[③]。

1939年6月28日，晋察冀边区戏剧座谈会成功召开，着重研讨了戏剧的战斗化和大众化问题，认为“随着边区抗战形势的发展，面对更加残酷的战斗，边区的戏剧运动需要更加提高它的战斗性，更要有强烈的战斗作风，以适应新的环境需要。具体来说就是戏剧的内容、形式、演出的技术等各方面都要高度适合于战斗的要求”。要“利用当时当地现实的背景迅速反映与报告当时当地群众斗争、武装斗争的新的事件、新的胜利，抓住具体的模范的例子”，“提炼战斗的精华部分，以教育广大人民，动员广大人民；它要和每种斗争、每一个斗争，更紧密地联结起来”。在战斗性的同时更要提高其大众性，“剧本的语言与表现的手法应该完全适合于民族的特点与地方的特点，戏剧演员应该富有大众的素朴的生活

---

① 聂荣臻回忆录[M].北京：解放军出版社，1984：482.

② 李伯钊.敌后的文艺运动，载于太行革命根据地史总编委会编，太行革命根据地史料丛书之八文化事业[M].太原：山西人民出版社，1989：517.

③ 李伯钊.敌后的文艺运动，载于太行革命根据地史总编委会编，太行革命根据地史料丛书之八文化事业[M].太原：山西人民出版社，1989：517.

的风度”[①]。

农村剧团在演剧当中，先是模仿大剧团的演出，随着群众需求的增加，他们开始尝试自编自导自演。但由于不熟悉政策，编的一些戏剧没有起到动员群众参加抗战的效果，有的甚至因为编不出新戏，将一些低俗的旧剧搬上舞台，起到适得其反的作用。“有的戏剧工作者便觉得我们敌后戏剧界的力量委实单薄，缺少专门人才和干部，一时无法做戏剧的普及运动，还是积极地培植大剧团做些戏剧的提高工作，等干部有了再来讲普及”[②]。经过讨论认为，可以在各个区域建设模范剧团，帮助和领导农村剧团，针对农村剧团物质条件简陋、演员中有大量民间艺人的状况，提出了农村剧团的领导方案：“各农村剧团任其更自由地发展，不管他演话剧或旧剧，均应在其原有基础上帮助他的发展与提高；凡农村剧团出演话剧，一律用本地话——即土语；农村剧团内部组织和管理任其自由地组织；提倡农村剧团利用民间流行的旧形式。”[③]这也是防止农村剧团自生自灭的一个方法，经过这样的改变，农村剧团逐渐活跃起来。

在抗战的特殊环境下，在民族存亡的紧要关头，昔日以消遣为主的戏剧被赋予了政治动员的属性，农民挚爱的看戏活动也成为他们接受思想政治教育的路径。“为了战争的胜利，需要对广大农民进行教育，要向他们介绍我们军队的性质，宣传我们党的主张，揭露敌人的罪行，使农民认识到革命和自身切身利益的一致，自觉地支援我们的战争，使他们的子弟自愿地参加到我们的队伍中来……这些，就是苏区和解放区的话剧所经常担负的任务。大敌当前，这个宣传任务是最重要最迫切的。”[④]“旧剧的内容，虽多含有封建的毒素，可是如果予以新的内容之后，也未尝

---

① 开展适应的戏剧运动——为边区戏剧座谈会而作［N］. 抗敌报，1939 年 6 月 13 日，第 1 版 .

② 李伯钊 . 敌后的文艺运动，载于太行革命根据地史总编委会编，太行革命根据地史料丛书之八文化事业［M］. 太原：山西人民出版社，1989：519.

③ 李伯钊 . 敌后的文艺运动，载于太行革命根据地史总编委会编，太行革命根据地史料丛书之八文化事业［M］. 太原：山西人民出版社，1989：519.

④ 胡可 . 关于解放区的话剧，载于中国艺术研究院话剧研究所编，中国话剧史料集（第 1 辑）［M］. 北京：文化艺术出版社，1987：12.

不是抗战宣传的一个新的武器。”[①]

沙可夫在《华北农村戏剧运动和民间艺术改造工作》一文中，对华北根据地农村的戏剧运动做了较为详细的描述：“1938 年，农村剧运就开始了萌芽。农民在抗日战争中获得解放，减租减息，参军抗日的热潮涌起了，农民要求娱乐，加上太行山剧团、抗敌剧社等职业文艺团体的帮助，晋东南创办民族革命艺术学校，继办鲁迅艺术学校、晋察冀联大文艺学院，前后训练了一批文艺工作干部，散布华北各地。华北敌后出现了许多农村剧团，农民集体的秧歌舞及各种新内容旧形式的艺术活动。1939 年，太行区党委更明确地给太行剧团的任务：开展农村戏剧运动，使农民自己来演自己的戏，服务于革命战争。”在晋察冀，同年春天开了戏剧座谈会，也决定要开展农村剧运。西北战地服务团、太行山剧团开办戏剧训练班，并下乡帮助村剧团工作的开展。辽县一个月中便组织起 30 多个有组织有领导的农村剧团。晋察冀的北岳、冀中则组织得更多，冀中不少村剧团并设有汽灯、幕布等。到年节，不少区、县、村剧团集中检阅、比赛，出现了太行的秋林滩、柏管寺、板峪，晋察冀的陈庄、柯山、漂里等模范的剧团，有不少作品深受群众欢迎。[②]

山西抗日根据地的戏剧运动，在边区各级领导、各文化团体负责人、戏剧理论家和剧作家的指导下开展起来了，在不断实践的过程中，总结出了具有理论形态的规律及经验，逐步明确了前进的方向，能始终贯彻党的文艺政策，掌握戏剧艺术在根据地传播的规律，最终走出了一条曲折而坚定的道路，并逐步向前发展。正如李公朴所言：“凭借着这一支有力的宣传武器，教育了晋察冀百万民众，提高了民众的文化政治水平，发挥了民族精神，揭破了敌伪阴谋。在每一项工作上，戏剧不仅发挥了宣传作用，而且起了启蒙作用。在一切工作的困难前面，戏剧发挥了解释、说服和鼓动的力量。多少壮丁，由于看了一出戏，而自觉地、坚决地参

① 亦文，齐荣晋．山西革命根据地文艺运动史稿［M］．太原：山西人民出版社，1989：121．

② 沙可夫．华北农村戏剧运动和民间艺术改造工作——在中华全国艺术工作者代表大会上的讲话，中华全国文学艺术工作者代表大会纪念文集［M］．新华书店，1950：348—349．

加了抗日部队。不少顽固分子受到戏剧的感动而悔过自新。”[①]

四、开展丰富多彩的文学艺术创作活动

边区的文学艺术作为有力的武器，为抗日根据地的建设、广泛发动民众、坚定民众的抗日救国的决心和争取抗战最后胜利的信心起到了举足轻重的作用，“把笔头化作一支长剑，对准敌人的胸膛，而且要作为胜利而呼啸的勇敢活泼的，在暴风雨的海洋上而强健的翱翔着的海燕”。[②]各根据地创作了大量的诗歌、小说、报告文学、散文等文学作品，发挥了教育人民、团结人民、打击敌人和凝聚人心、汇聚力量、服务建政、促进发展的突出功能。

以诗歌为例，晋察冀边区《抗敌报》开办的文艺副刊《海燕》，对延安的街头诗创作热潮进行了介绍，发表了史塔的《关于街头诗》和鲁萍的《行动的街头诗与政治的煽动诗》两篇文章，并附上了田间的《假使敌人来进攻边区》《毛泽东同志》等两篇街头诗作。在对街头诗介绍时文章指出，“街头诗（墙头诗），就是要把诗歌贴在街头上，写在墙头上，给大众看，给大众读，引起大众对诗歌的爱好，让大家也来写诗，这不仅是要利用诗歌做战斗的武器，同时也是要在不同的实践中，来求得诗歌从学校里、课堂上、文人的会议席上、少数的知识分子群中解放出来，使其真正的大众化，成为大众的诗歌。”[③]由于在战争环境急需用大众的语言来鼓励战士，教育群众，另一方面边区纸张困难，诗集甚至传单的印刷都很不容易，因此写在墙头、街头的诗作就发挥了很大的鼓动作用。街头诗一时兴起，不仅有了专门的文学团体进行街头诗创作，就连各县文救会、小学生、部队战士也在写。街头诗随着诗歌创作者的脚“布满了各处的墙头山谷”[④]。李公朴在1940年考察边区之后写道：“尤其是新诗歌，

① 李公朴．华北敌后——晋察冀［M］．上海：三联书店，1979：151．

② 《海燕》发刊词［N］．抗敌报，1938年10月26日，第4版．

③ 关于街头诗［N］．抗敌报，1938年10月26日，第4版．

④ 晋察冀边区的街头诗运动［N］．抗敌报，1939年8月6日，第4版．

已为晋察冀广大的有知识者所爱好，练习诗歌的写作，已成为一种风气。”①

小说的创作在边区成立初期还处于萌芽状态，体现在作者少、作品也少，偶尔有一些也是墙头小说、小故事的形式。这一时期的小说题材多为真人真事，加以简单、淳朴的描写刻画，内容上表达了“抗战救国”这一宗旨。但由于文化工作者偏少，作战任务繁重，创作的时间和空间有限，所以产出的作品较少，内容比较单薄，艺术性也并不强。

五、抗战救国的新闻出版事业

在抗日根据地建立之后，边区的新闻事业也在极端困难的条件下相继开展起来。《抗敌报》（后更名为《晋察冀日报》）从1937年12月11日创刊，到1948年6月14日终刊，连续发行了10年6个月，是中国共产党在敌后抗日根据地创刊最早、连续出版时间最长的大区党报之一。创建初期，该报积极报道了山西人民的抗日斗争。1938年邓拓担任主编后，确立了三条办报原则：一是不断出报。除了1938年3月间遭日军飞机轰炸停刊18天外，不管游击战多么艰苦，始终要坚持报纸不断出版。二是增加评论，积极组织社论、专论和短评。报纸要适应敌后游击战和开创根据地需要，加强战斗性、指导性。三是由原来的石印改为铅印，缩短刊期，力争由三日刊改为隔日刊。从1937年到1938年，远在华北敌后的晋察冀根据地被敌人四面封锁包围，《抗敌报》成为边区军民能看上的唯一大报。报纸把抗日战争各战场的捷报源源不断地报道给边区群众，帮助他们了解全国抗战大局，激起抗战斗志。晋察冀边区还在阜平建立了通讯社，除为边区政府机关报《抗敌报》提供稿件外，还向新华总社发稿，系统地反映根据地的对敌斗争和建设情况。1939年3月，位于晋察冀边区的《新华日报》华北分馆出版了《马恩通讯集》《社会主义从空想到科学的发展》《社会民主党在民主革命中的两个策略》《共产主义运动中的“左”派幼稚病》《斯大林选集》（1—4卷）和《马克思主义的民族问题》《马恩列斯论军事》

① 李公朴．华北敌后——晋察冀［M］．北京：三联书店，1979：157．

《马恩列斯论思想方法》等，在根据地大力宣传了马克思主义。

晋绥边区的机关报《抗战日报》创办于1940年9月18日，把“坚持抗战到底，坚持团结到底，坚持晋西北的建设”作为报纸宣传的三大任务。报纸初建时期正值晋西北地区最困难的时期，阎锡山的血腥统治加上日军的频繁“扫荡”，工作人员不得不游击办报。由于对农村办报经验不足，报纸在办报初期因袭城市办报模式，二版、三版全部刊登国际国内新闻，地方新闻仅占头版的少量，因而不能适应根据地斗争的需要，1941年后调整了版面，焕发出新的精神状态，受到了贺龙同志的高度赞扬：“我们多了一个《抗战日报》，就是增强了一种新的装备，使我们能够有效地打击敌人，保卫晋西北抗日根据地。”①

晋冀鲁豫的太行革命根据地于1939年1月1日创办《新华日报》（华北版），名义上是重庆《新华日报》的分支机构，实际是中共北方局的机关报。首任社长兼总编辑为何云。华北《新华日报》创刊时，重庆《新华日报》专门发表社论，指出：“本报华北版的出版，是全国各大报纸在敌人后方发行地方版的创举。对于坚持华北抗战有很重要的意义和作用。”②《新华日报》（华北版）为了提高新闻干部的政治素养和文化修养，制定了民主集中制的工作制度，他们提出的宣传方针是：“坚持马列主义和国际主义，宣传党的路线、方针和政策，宣传敌后广大军民的英勇斗争和根据地的各项成就，揭露日本侵略者的暴行，反对破坏抗战的投降危险倾向，报道国内外大事。”1940年8月20日至12月初，八路军在华北交通沿线发动了著名的“百团大战”，报纸派出强有力的报道组，逐日报道战况，发表了数十篇战斗通讯，编发号外20余期，还邀请朱德、彭德怀、杨尚昆、左权、刘伯承将军分别撰写重要文章，论述百团大战的胜利和深远意义，为宣传百团大战做出了重要贡献。1942年5月，在反“扫荡”斗争中，《新华日报》（华北版）46名新闻工作者壮烈牺牲，谱写了战地新闻人以笔

① 贺龙．强有力的武器［N］．抗战日报，1941年9月18日．

② 王醒．山西新闻史［M］．太原：山西人民出版社，2001：103．

为枪的壮丽诗篇。

太岳区的机关报《太岳日报》在1940年6月7日创刊，报纸创建初期，抗日战争已进入相持阶段，特别是经过1939年晋东南蒋阎军与日军配合摧残上党地区抗日民主政权和抗日救亡团体的山西“十二月事变”后，面临着极大的困难。报社克服困难，重建家园，按时出版报纸，宣传党的政策，揭露日军暴行，反映群众呼声，为让群众从悲观失望情绪中走出来、提高对敌斗争勇气、增加生产自救和参军参战做出了重要贡献。

各根据地新闻事业开创时间不同，但具有几方面的共同特点：一是旗帜鲜明地宣传党的路线、方针和政策，力求一切宣传都完全符合党的政策。各报纸的编辑记者在艰苦的斗争环境中，十分重视学习党的重要文件、重大政策、工作指示，作为指定编辑方针、报道计划和社论的选题，把报纸办成了“体现党和政府一切政策的有力工具，是反映人民生活和要求的镜子，是对敌斗争的锋利武器”[①]。二是始终坚持党的绝对领导。《太岳日报》纪念创刊一周年时，薄一波提出对《太岳日报》的三点要求：1. 在政治上工作上的领导作用应认真加强。2. 多做各个地区的反映与报道。3. 要做一个铁面无私的“言官”和人民监政的模范。贺龙非常关心《晋绥日报》的工作，经常提供新闻线索，教给采访方法，还经常对报纸处理欠妥的稿件给予批评指正。三是全党办报和群众办报，坚持群众路线，为根据地人民办报。《抗敌报》一直把服务本地工作、为本地人民办报作为编辑方针的主要内容，1938年秋冬反围攻作战期间，开辟了《战时民运》专栏，及时传递反围攻的经验。这类报纸成为各地读报组读报材料，作为地方经验进行学习，推动了基层工作的开展。四是坚持正面宣传为主的方针。正面宣传为主体现在人民革命斗争取得胜利后总是热情报道、加以赞颂，在斗争遇到苦难和挫折时，给人民群众积极的引导和必胜的信念，鼓励人民坚持斗争，战胜困难，

---

① 毛泽东．对晋绥日报编辑工作者的谈话，毛泽东新闻工作文选［M］．北京：新华出版社，1983：150．

夺取胜利。例如在抗日战争相持阶段，根据地极度困难时，根据地面积一度缩小，人口减少，物资匮乏，《晋绥日报》多次发表社论号召“向敌人挤地盘”，极大地鼓舞了根据地军民的斗志。报纸始终坚持正面宣传为主，体现了马克思主义辩证唯物主义和历史唯物主义的根本态度。

五是报纸内容的针对性强。晋冀豫区对党报内容提出的要求是：“1. 每一期都体现一定的编辑方针。2. 避免用社论、专论等大文章作指导，要善于运用通俗具体的短评、讲话等形式，多提供具体办法，批评缺点，指导工作。3. 报道敌我斗争，要十分注意敌人进攻的特点，揭穿敌伪的阴谋欺骗，积极指出对敌斗争的办法。4. 报道工作要抓紧中心环节，系统地具体地深入地详尽地反映工作，指导工作。5. 反映新闻变化要深刻具体，地区上要普遍平衡，掌握每一阶段工作中心，注意中心工作的转变，注意社会事业与社会生活的向上发展，杂文本身要加强批评性、指导性。6. 教育群众，着重于具体问题的解释，中心工作的深入，详尽的宣传政策法令和每一个细节的说明。”①

六、改变封建落后的风俗民情

风俗民情是民族文化建设的重要方面，同时，文化建设的推进也能起到移风易俗的作用。根据地政权建立之后，中国共产党十分注重农村革命根据地的落后观念、不良风俗的改造工作。在推动妇女解放、反对封建迷信、移风易俗方面做了很多的工作，服务于全民抗战，体现时代特征。

（一）推动妇女解放

在中国传统封建思想纲常伦理的制约下，广大妇女的地位一直非常低下，特别是在偏远的农村，妇女更是受到多重压迫，几乎与社会生活隔离。党中央在根据地建立之后把开展妇女运动、解放妇女提到了非常重要的地位上，强调了抗日战争中解放妇女的必要性。中共中央专门发文指

① 姚文锦，余大中，张彦昭等．中共晋冀豫区党委宣传部对于各专区地方报纸的指示（1941 年 7 月 5 日），晋冀鲁豫边区出版史（山西部分）［M］．太原：山西人民出版社，2009：144．

出妇女运动的方向和重点，在提到根据地妇女生活现状时指出：“第一，最大多数的妇女，在政治上、经济上、社会生活上处于非人的地位；第二，不仅在敌人占领区内，敌寇对中国同胞——尤其是妇女的任何解放运动，加以最野蛮的摧残。同时，即在敌未占领区域的许多地方，还有不少顽固、落后、反动的力量，阻碍和反对妇女运动之开展；第三，宗法社会的传统和家庭困苦情形烦琐事务的压迫，使妇女大众很少有参加社会生活和社会活动的可能。中国妇女要打碎这三条捆在自己身上的铁练（链），首先要靠自己的力量。要有力量，必须使自己壮健起来。壮健起来的要素，是克服本身的弱点和缺点，是充实和发展自己的组织。”要求在妇女运动中，“1. 首先动员和组织知识界的妇女及女学生，培养和训练她们成为妇运的干部，使她们不仅成为在妇女知识分子中进行工作的主力，而且成为到女工、农妇及家庭妇女中去工作的桥梁和先锋。2. 妇女工作的范围不能长期只停留在知识妇女层面；应该到广大劳动妇女——目前尤其是到广大农村妇女中去进行艰苦繁杂的教育、动员和组织工作。必须认清：兵役问题、生产问题及帮助军队和反对敌寇汉奸等问题的有效解决，离开广大农村妇女的动员和组织是不可能办到的。扩大党在妇女群众中的政治影响，经常不断地用马列主义教育妇女，大量吸收觉悟高的女工农妇及女知识分子入党，把这个工作看作各级党部日常重要工作之一。尽可能出版通俗的妇女读物，帮助推销先进的妇女刊物，并经常供给她们稿件。女同志应多练习写作，经常给党报（解放、新华、新中华及其他地方报纸等）投稿，应把它看成是各地妇女部和妇委及女同志的日常工作之一。”①

晋察冀边区成立之初建立的新政权特别重视妇女的解放和权利的保障。晋察冀边区军政民代表大会上通过了“妇女问题决议案”，对妇女工作做出了以下规定：“1. 扶助妇女组织。2. 提高妇女文化、政治水平。3. 改善妇女生活：（1）禁止贩卖及虐待妇女。（2）废止娼妓和童

① 中共中央党校党史研究室．中共中央妇委关于目前妇女运动的方针和任务的指示信（1939 年 3 月 3 日），中共中央文件选集（1939—1940）［M］．北京：中共中央党校出版社，31—42.

养媳。（3）救济贫困妇女，设立收容所或救济院。（4）设立妇女工厂，提供妇女职业。4．保障妇女权利：（1）参政权。（2）婚姻自由权。（3）财产继承权。”[①] 晋察冀边区 1938 年 3 月成立了边区妇女抗日救国会，14 个县的 20 多位代表出席成立大会，大会通过组织章程和工作纲领。组织章程中规定：以抗日救国、共谋妇女解放为宗旨；实行会员制；边区、县、村层层建立妇救会。工作纲领确定了动员妇女支援前线、维护后方治安；提高妇女文化政治水平；妇女参加生产；反对虐待妇女；执行政府关于保障妇女一切权利的法令，改善妇女生活等内容。[②]

在晋冀豫根据地 1939 年初召开的拥蒋抗日大会上，薄一波也提出妇女工作是我们工作最薄弱的环节：“女子不但是能干，而且很能干。我们要把妇女动员起来，组织起来。不但要组织一切知识妇女，而且要把乡村裹脚和耳朵一般大的乡村妇女，也要组织起来。我们要开办妇女训练班，成立妇女工厂，行政人员要吸收妇女干部参加。女子要放足，担负起后方的一切救亡工作，来打破重男轻女的恶习。”[③]

各根据地从说服动员保守落后的群众开始，让保守的老人认识到学文化的好处，鼓励妇女走出家门参加文化学习，面向妇女的识字班和妇女冬校、冬学中的妇女教育都如火如荼地开展起来。边区妇女的文化教育以扫除妇女文盲、提高妇女政治水准、增强社会工作能力为主要目标，被当成一项重要的政治活动来开展。广大妇女也抱着极大的热情投入其中，经过教育，这些农村妇女识得了字，认得了标语，练习了军事动作，学会了救亡歌曲，更多的妇女参加到抗日救亡支援前线的队伍里。她们踊跃参加各种纪念大会、抗战动员会、小组讨论会，组织起自卫队和除奸组，积极参加村庄选举及政务工作，还承担了慰劳、募捐、坚壁清野、

① 河北省社会科学院历史研究所编．晋察冀抗日根据地史料选编（上册）［M］．石家庄：河北人民出版社，1983：23—24．

② 《晋察冀抗日根据地史料》丛书编写委员会，中央档案馆编．晋察冀抗日根据地（第 2 册）［M］．北京：中共党史资料出版社，1989：85．

③ 薄一波．转入敌后方抗战一年的山西［N］．新华日报（华北版），2 月 7 日，2 月 13 日，2 月 15 日，第 4 版．

组织儿童团等工作，为抗战事业出力。

（二）消除封建迷信

抗日根据地成立之前，人民生活极端困苦，封建迷信思想盛行，往往有病不医，妄信“鬼神散疫”之说。再加上日军的疯狂侵略和大肆屠杀，饥寒交迫，又无力抗拒病害袭击，造成当地疾疫流行。由于迷信思想横行，人们生病时不去就医，只知道依靠巫婆神汉，而不信任部队医生，因此延误了治疗时机而死亡的事例很多。各边区报纸呼吁边区群众积极参与卫生教育、体育锻炼、医务治疗等方面的防治措施，各地的民革室也经常为群众普及卫生常识。为了消除群众的封建迷信思想（如“求神鬼保佑”“生死在天，命里注定”“穷干净、富邋遢”“不干不净、吃了没病”等），普及卫生常识，使群众逐渐了解预防胜于治疗、生病之后要主动医治等常识，边区政府民教部门和医疗机构经常定期根据当地实际情况展开广泛深入的宣教工作，并在小学、民校的课程安排中增设卫生科目。[①] 同时，为了开展地方卫生工作，晋察冀军区卫生部不断派遣优秀医务骨干开办中西医训练班、妇婴卫生训练班、村卫生员训练班等；并举办医药合作社，扶植地方医药卫生事业，为边区卫生事业的发展打下了基础。边区群众在此过程中也逐步破除了封建迷信思想，自觉接受科学的新民主主义文化启蒙。

（三）倡导移风易俗

1．娱乐活动

抗战前，华北农民的娱乐生活非常贫乏，在晋察冀，“除年节期间各村都举办‘花会’、扭秧歌、跑旱船、踩高跷，殷实人家办红白喜事要请鼓乐班吹吹打打，祈雨还愿要戏班唱戏外，平时很少有娱乐活动。农闲

① 晋察冀军区抗战时期后勤工作史料选编［M］．第548—549．

时节，大家凑钱请鼓书艺人说几场书，就很了不起了”[①]。在晋西北，除了土调走西口爬山调流行外，就是含有浓厚封建意识的旧戏班子到处演唱着，但这是晋西北三百万民众仅有的精神享受。根据地建立之后，娱乐活动在边区政府和各救亡文艺团体的带动下，利用喜闻乐见的娱乐形式进行抗日宣传，农民娱乐活动种类增多，形式日益丰富，也从以前的消遣趋向于寓教于乐。在传统的节日——旧历年春节，以前的农民多是喝酒、打牌，根据地建立后，在群众中宣传赌博的害处，号召大家要通过下列方式进行文化娱乐：“1. 组织剧社，练习话剧；2. 设武术场，训练群众尚武精神；3. 训练自卫队、青抗先，加强边区群众武装；4. 加紧冬学识字，提高民众政治文化水平。”[②]改变了农村多年的年节习俗，还提出利用旧历年、节、贺片、春联、年画、历书、日历等写作通俗的宣传词句。如，改变以前的传统春联，增加抗日内容，《抗敌报》登载了抗战内容的春联供大家使用，如“驱逐敌寇还我河山笑看昇平舞，打倒汉奸巩固边区欢唱自由歌”“幸福生活惟赖抗战争取，太平景象从反投降中来”“要沉着要坚定渡过相持阶段，不屈辱不投降争取最后胜利”等。

改变传统观念，娱乐活动由围观趋向参与。长期受传统思想影响，农民普遍将“几千年封建社会里演戏的艺人叫作‘优’或‘优伶’，比下九流的‘娼’还低了一等”[③]，所以农村人特别是老年人，对于自己的子女参加剧团演戏，是根本不能接受的。共产党建立边区政府后，对农村剧团很重视，他们采取各种方法扶植农村业余文艺发展，也改变了民众对艺人的看法。各地农村剧团也摈弃恶习，遵守纪律，消除群众的疑虑。

2．信仰生活

“信仰生活是精神生活的一个主要而基本的方面，它包括对祖先的

① 晋察冀革命文化史料征集协作组．晋察冀革命文化艺术发展史［M］．北京：中国戏剧出版社，2007：102．

② 号召春节期间要实行高尚的文化娱乐［N］．抗敌报，1940 年 2 月 10 日．

③ 史立德，王林．战时冀中的文艺运动剪影，载于晋察冀文艺研究会编，文艺战士话当年（五）［M］.281．

崇拜，对神祇的信奉、对超能力的敬畏及其他种种表示和反映人们神秘情感的行为。”[①] 在山西抗日根据地，这些传统信仰在人们心目中具有非常重要的地位，在乡村社会具有不可替代的作用。对于农民的信仰生活，边区政府给予了充分理解和尊重，并在细致入微的文化工作中使其与解放战争和社会变革相融合。

以祭祀祖先为例，农民的传统观念中，对祖先的崇拜表现得与其他神祇崇拜不同，他们把先人当成在世的亲人一样，到了抗日战争，仍然是农民信仰生活的重要表现形式。在山西太谷，“一般人家在正房中堂设供桌，在桌上放祖先神主及香炉、烛台等祭器。祖先神主有的是木制牌位，有的是画在纸上或布上的图谱。一些官绅、富商之家则有专祀祖先之处。例如，北洸曹氏家族第五门三多堂宅院内，分割着内外宅的甬道西门阁楼有两层，上层名曰神族阁，里面供奉着祖先之像。”[②] 在中国，对某个人最刻毒，也是刺激最大的就是嘲笑他没有祖先。[③] 抗战时期，人们对汉奸总爱说他们“黑了心肠，忘记了祖宗三代”[④]。抗日根据地的军民，往往利用祖先崇拜情结，开展统战工作，挽救尚未泯灭良心的统战对象，或批判汉奸卖国贼，用群众的语言和舆论的力量，挽救那些走到维持会当汉奸或参加伪军的农民，起到了很好的效果。

华北农民还有较深的祖坟情结，不光对祖坟的选址非常重视，在对祖坟的呵护和祭祀上，还不允许行为不端或损害祖坟声誉的人死后进祖坟。日军全面侵华后，越来越多的老百姓，在“敌人破碎了我们的河山，敌人烧焦了我们的家园，敌人侮辱了祖宗的坟墓”之后，毅然走向抗日战场。在民族危亡的关键时刻，边区政府对于农民的祖坟情结给予了充分尊重。1940 年中共晋冀豫区党委第二次民运干部会议上制定的“关于土地问题暂行办法”规定：“关于坟地：1. 有主者，应让本主开；本主不

① 郑立柱．华北抗日根据地农民精神生活研究［M］．北京：人民出版社，2014：125.
② 程素仁，程雪云．太谷曹氏家族［M］．太原：书海出版社，2003：146.
③ ［英］麦高温著，朱涛、倪静译．中国人生活的明与暗［M］．北京：中华书局，2006：74.
④ 冯志．敌后武工队［M］．北京：解放军文艺出版社，2007：364.

开时，经本主留下坟头和数目，通过群众组织开荒大队大家开。2．没主者，经过群众可归政府管理，做教育经费之用。"[①]晋绥边区也规定，"兴办水利以不妨碍坟墓、房屋为原则"[②]。但很多农民为了增加耕地数量，克服粮食不足以支持抗战，体现出了民族大义。晋绥边区的特等劳动英雄杨奴作，1941 年开坟地 21 亩。[③]太行山区沁源县，"三区蔚村一个老汉，听说前方围困埋水雷，需要松油，便慷慨地把祖坟上的一颗老松树砍倒捐献出来"[④]。

3．神祇崇拜

抗日根据地开辟后，原来流行于华北的家庭或公众神祇崇拜依然存在，但在战争和革命的背景下，经过根据地文化工作人员的启蒙教育，这些活动的内容形式悄然发生着变化。比如，以前妇女孩子病了都去求神拜佛，经过参加生产"改善了生活，意识到信鬼神都是假的，把以前请的神位都推倒了，五台许多妇女孩子病了也不去求神拜佛了"[⑤]。随着人们观念的改变，以前的拜年敬神仪式也发生了变化。在山西黎城，"黎北下家群众决定一不烧香敬神，二不磕头拜年，三不赌钱。过年时，全村男女老少举行团拜，并总结往年的工作，讨论当年大生产。团拜后举行娱乐活动，实行敬老"。[⑥]日军的"扫荡"和"三光"政策使大量庙宇遭到破坏，一些原来被认为是当地最灵验的庙宇被焚毁殆尽，这让农民逐步意识到：神连自己都保不住，还能保护人？"咱也没有见神是怎样个，

---

① 山西省档案馆编．中共晋冀豫区党委第二次民运干部会议记录摘要，太行党史资料汇编（第 3 卷）［M］．太原：山西人民出版社，2000：164．

② 晋绥边区财政经济史编写组、山西档案馆编．第二游击区行署颁布兴办水利暂行条例（1940 年 10 月 12 日），晋绥边区财政经济史资料选编（农业编）［M］．太原：山西人民出版社，1986：136．

③ 刘欣、景占魁．晋绥边区财政经济史［M］．太原：山西经济出版社，1993：118．

④ 沁源老区建设促进会．英雄的沁源人民［M］．北京：海潮出版社，1997：61．

⑤ 晋察冀北岳妇女抗日斗争史料编辑组．晋察冀北岳区妇女抗日斗争史料［M］．446．

⑥ 魏宏运主编．二十世纪三四十年代太行山地区社会调查与研究［M］．北京：人民出版社，2003：608．

日本家来了它也顶不住”[①]。

农民对于敬神的观念发生了很大的变化是有着深刻原因的。其一，在各抗日根据地开展的轰轰烈烈的社会教育中，除了识字，还有大量的科学文化教育，这就为反对迷信思想提供了坚实的基础。其二，改造迷信职业者。揭露巫婆神汉的欺骗之术，让群众受到现实教育。其三，开展卓有成效的宣传工作。通过图片展示、小型文艺演出、宣讲会、谈心等方式教育人民：敬神活动既救不了国家，也救不了人。[②]

总之，山西抗日根据地在文化建设与传播中，提倡与建立民主制度，坚定民族自信心，发扬民族自尊心，反对专制独裁，反对妥协投降，反对黑暗反动，起到了动员民众参与到抗日战争中的作用，并不断朝着新民主主义文化提出的民族的、科学的、大众的方向迈进。

---

① 中共太行区党委研究室．武乡群众意识调查材料（1943年4月）[M]．山西档案馆馆藏A181—1—45—2．

② 李志宽，李东光．太行烽火铸女杰［M］．太原：山西人民出版社，1995：40．

第四章　山西抗日根据地文化理论的发展方向

第一节　延安文艺座谈会前山西抗日根据地文化理论探索

毛泽东《新民主主义论》发表之后，山西抗日根据地遵循着民族的科学的大众的文化精神指引，在各方面取得了长足的进步。但 1941 年爆发的苏德战争和太平洋战争，使第二次世界大战的形势发生了深刻变化。1941 年 1 月日本政府又制定了对华政策《对华长期作战指导纲要》，以确保占领地区为主，妄图使这些地区成为支持其扩大战争的基地，并进一步通过政治诱降和有限的军事进攻，力图使重庆国民党政府屈服，以达到尽快结束在中国战场的战争的目的，因此根据地文化建设又面临更加严峻的考验。

一、根据地文化建设面临极端困难局面

1941 年和 1942 年山西敌后抗日根据地处于极端困难时期。日军自百团大战后，更加推行以对付共产党为主的方针，更加集中主力于共产党领导的根据地周围，进行连续的“扫荡”，实施残酷的“三光”政策。地方部队在日军报复“扫荡”之后，战斗力减弱，各根据地蒙受了很大损失。根据地又遇到了严重的自然灾害，物资供应极端困难。1941 年和 1942 年，日军对山西和华北地区实行了五次“治安强化运动”，规模一次比一次大，手段也一次比一次毒辣。据统计，日军对华北敌后抗日根据地使用兵力千人到万人的“扫荡”达 132 次，万人以上至 7 万人的大“扫荡”达 27 次，

使用兵力总计在83万以上。仅在1941年晋察冀边区北岳区就残杀民众4500余人，杀害捕捉抗日干部600多人，抓去群众1.7万多人，烧毁房屋15万间，抢走粮食2900万公斤、牲畜8万多头。根据地的面积一再缩小，晋冀豫边区的太行区，从1940年到1942年面积减少了2.28万平方公里，成为太行根据地历史上面积最小的时期。在军事斗争、经济状况陷于极端困难情况的同时，文化建设也面临着前所未有的困难局面。

1941年秋天，晋冀豫根据地太行区的腹地黎城县发生了一起离卦道暴乱事件。离卦道是八卦道的一个分支，很早就传到了黎城。自从日伪实行“治安强化”，提出“三分军事七分政治”以来，离卦道就暗自活动起来。他们的首领大多数会给人看病，就利用给群众看病的机会，进行反动宣传，利用“入道之后，敌人可以不杀”“服用道中符，可以有隐身法，使敌人看不见”等谎言迷惑群众，利用宗族关系、家庭关系，大肆发展道徒，几个月就发展道徒1700人。他们大肆造谣，破坏抗日工作，建立秘密武装，分男为大家，女为二家，男中有铁罗汉，女中有铁女兵。他们依靠这些人偷割我军电线，替敌人散发传单。1941年10月12日，离卦道召集五六百道徒，分五路攻击我公安、地方武装组织，还高喊“打倒共产党，打倒八路军”等反动口号。八路军和地方民兵闻讯后，迅速投入平叛战斗，粉碎了这场叛乱。黎城位于太行根据地的中心，是我党在晋东南开展工作较早的一个地方，全县没有日伪军。这次暴乱发生在我党各项政策已经施行，并且获得各阶层人民热烈拥护的1941年，这就引起了根据地宣传文化工作者的反思。《新华日报》（华北版）就此事发表了社论《文化战线上的一个紧急任务》，社论说：“在这一事件后，更清楚地看出，一个带有迷信伪装的迷途，正在敌人特务机关摆布下，诱惑我根据地同胞迷失方向葬送自己。我们要加强对敌斗争，就必须给参加会门的同胞做一番艰苦的‘指路’工作。”深刻揭示反动会门与特务机关利用迷信思想麻醉群众，散布失败情绪，反对政府法令，败坏民族气节，以达到丧失群众抗战斗志目的的丑恶行径。社论呼吁，“教育群众，克服落后思想，是每一个文化战士的当务之急”。“要深入农民，了解农民，打破形式主义和局限于机关文化的机关主义，要使文化成为大众——首先是农民大众自己的文化。”[①]

二、根据地文化理论与实践探讨

（一）召开文化人座谈会，反思文化宣传中的漏洞

为了总结这次离卦道暴乱事件的经验教训，改进宣传工作，1942 年 1 月 16 日至 19 日，129 师政治部与中共晋冀豫区党委联合召开了晋冀豫全区文化人座谈会。“李雪峰同志考虑：根据地的文化教育工作脱离实际、脱离群众，未深入群众；考虑要改变文化教育工作的方向，改变脱离群众的倾向，因而召集文化人座谈会。”[②]晋冀豫区文化团体 22 个单位代表，及八路军总司令部、129 师师部、太行军分区、冀南军分区、边区政府、太行区 6 个专署、28 个县、新华日报社、华北新华社、太行抗战学院、鲁迅艺术学校等机关团体代表及文化界先进杨献珍、何云、陈默君、张柏园、陈铁耕、李棣华、蒋弼等 420 余人，附近敌占区内文化人士及士绅 28 人参加会议。第二天参加人数增至 500 人。会议的目的是针对太平洋战争爆发之后的形势任务，主动地展开对敌文化斗争，在文化界求得一致的有计划有步骤的方法，反对法西斯野蛮的黑暗的奴隶文化，以期取得最后胜利。会议举办期间还同时举办了抗战以来晋冀豫区出版物展览、鲁艺木刻展览、鲁艺美术展览和日本宣传品展览。

会上，129 师政委邓小平致辞，对文化界提出四点希望：“1．文化工作者应该服从于每一个具体的政治任务，应该是今后文化运动的指针；2．广泛发挥文化工作的批判性，过去某些作品，往往颂扬多于批判，没有成为有力的战斗武器；3．认真动员根据地和敌占区一切新旧老少文化人、知识分子到抗日文化战线上；4．要为广大群众服务，必须了解群众，了解群众的生活和要求。要接近群众，才能够提高群众的思想水平。过

---

① 文化战线上的一个紧急任务［N］. 新华日报（华北版），1942 年 1 月 19 日 .

② 之荷 . 杨献珍同志的谈话记录，载于山西省文学艺术联合会，山西文艺史料（第 1 辑）［M］. 太原：山西人民出版社，1959：74.

去有很多脱离群众的现象，作品还不能够普遍地受到群众的欢迎。希望每个文化工作者，要做一个村的调查工作，来丰富作品的内容。”

17日下午和18日、19日进行了热烈的讨论。17日围绕文艺作品的大众化、艺术与政治任务的配合、新民主主义文艺建设等问题展开了激烈的讨论。18日，来自6个专署和敌占区的文化人代表发言。敌占区报告了敌人的政治、经济、文化不同的统治方法和太平洋战争爆发后敌伪动摇情况，迫切希望根据地提供大批文化食粮。在“文艺与戏剧”主题发言中，高咏认为“要克服主观主义与形式主义，要求文艺工作者充分地体验生活”。赵树理在发言中以很多实际的例子，证实大众化的迫切需要。洪荒提出了戏剧现实性问题。朱光提出戏剧方面的主观主义表现在戏剧内容不顾及政策法令，常与群众脱离。苏九昌提出关于艺术与政治斗争的统一组织问题。杨角、张晓非在检讨过去美术工作中，提出缺乏理论指导，缺乏批判与研究，美术工作者创作态度不严肃，追求美化等缺点，提出今后要创造新形式，打破旧八股。音乐工作者刘流、常苏民提出了音乐在提高群众思想水平中的作用和改造民间歌谣的迫切性。

（二）自揭文化工作“不体面的家当”

杨献珍在总结发言《数一数我们的家当》中提出文化工作中存在的主观主义、教条主义与党八股现象，确实阻碍了我们文化工作的深入与进步。文化人的最大弱点，是理论与实际脱节，因此，在问题的看法上，往往与领导实际斗争的人距离甚远。

他指出文化工作的重要性，尖锐地提出了我们文化工作者的几个“不体面的家当”，在根据地文化人中产生了强烈的反响。他在讲话中说“文化工作不能直接歼灭敌人，只有文化工作在广大群众身上发生了作用，经过广大群众，才能变成能够歼灭敌人的物质力量。因此，我们敌后文化工作今后总的努力方向，应当是与现实对敌文化斗争紧密结合，面向落后群众，克服文化工作中存在的脱离现实与脱离群众的问题”。

这些“不体面的家当”可以说是切中时弊，一针见血，特摘录如下：

第一，投稿方面，以诗稿为最多；出版物的销量，以“敌伪研究”最坏。这个鲜明的对比表现了大家不肯研究实际问题。写出了什么“一个热烈的伟大”“一个凄凉的荒芜”之类的句子。

第二，文化人一般的对政治的兴趣不甚高，不大注意研究政治问题，或者以作诗代替政治分析。国内国际发生什么重大事变，不去研究与分析事变发生的原委，首先便来一首“创作”：“斯大林是泰山呀！希特勒是鸡蛋呀！”

第三，有些文艺作家，不刻苦用功，不从实际出发去深入地观察现实社会，从这里来培植自己的文艺修养，却徒耗心血于无意义的“创造”，陶醉于近似文字游戏的所谓技巧。青年文艺作家若只循着这样的道路前进，那是走的羊肠小道，将会自己夭折自己的创作生命。

第四，寻找捷径，避难就易。有些人把方法当成了学问本身，好像一有了方法，便有了学问，因而只满足于追求方法。

第五，好高骛远，浮泛空洞。喜欢写大题目，泛论一般，空洞无物，如“论马列主义的正确性”。看不起写小文章，谈具体问题，村子里开个春耕会议，也要从太平洋谈到太行山，愿意写一篇“论自然科学的重要性”，而不愿意写一篇文章说明地是方的是圆的，正有许多小学教员还不知道地是方的是圆的。

第六，报纸上的通讯，一般的只描写一些表面现象，讲求辞藻的华丽，而不去探求事物发展的本质，满纸形容词的堆砌，如果抹去了那些形容词，便什么东西也没有了。

第七，眼睛向上，未照顾到下级干部，更不必说照顾落后群众。一个270篇投稿的统计中，只有3篇是通俗文。戏剧运动中，风行演大戏，而士兵没有可看的戏。说到下边的文化饥荒，更是厉害。有些小学教员读的是济公活佛，七侠五义之类。中学生看报载破坏铁路，抬回铁轨若干条，便问：“铁路上的铁轨只有两条，怎么抬回这么多条？”可是我们文化工作者就很少注意救济这些文化饥荒。

第八，不论写文章还是作诗，只是为了自我满足，自我安慰，自我陶醉。

青年文艺作家若不首先克服求名的观念，只是慕虚声，醉心浮名，不去脚踏实地地求得能够为自己所受用的真实学问，这样的人决不会有什么了不起的成就。希望青年作家第一步就要有这样的自觉。

第九，写自己不知道的东西。没有上过战场，而要描写战斗情景，战士们听了，往往是嗤之以鼻的。没有接触过抗日战士，而要创造抗日战士的典型，把抗日战士表现得傻头傻脑像阿Q一样的人物。

第十，为艺术而艺术的倾向。个别木刻工作者不愿意为小学教科书刻插画，说那是刻字匠的事，说艺术不能做婢女，不愿意刻报头，说方寸之目限制了木刻艺术的发展。有些文艺作家，为了保存艺术的完整性，不惜减损作品的宣传作用。还有人说，为群众所欢迎的作品，不一定是好作品。那么，只有为群众所不了解，或者只有为少数艺术鉴赏能力较高的人所能欣赏接受的作品，才配算是好作品了。这是一种以“阳春白雪”“曲高和寡”自负的艺术观点。

第十一，读书不求甚解的倾向。在文艺工作上，人人都在叫着“大众化”，而写起文章来，却多是大众所看不惯、听不懂的东西，或者认为大众所看得惯，听得惯的，就会减损他的作品的艺术性，或者使他的作品“庸俗化”了。口头上承认文化应为政治服务，同时却说“艺术不能做婢女”，口头上承认我们的文化工作应当照顾落后群众，同时却说“先进群众是主要的，不能以量的多少为标准”“群众虽然是广大的但是落后的”。诸如此类，正是由于这种生吞活剥的读书方法，对于政治名词或政治口号不能消纳融化，所以在文艺作品中，如果要想表现政治性，就不得不硬邦邦地装进生硬的政治名词或政治口号了。这大概就是所谓“政治的噪声”的由来。

第十二，一般文化人的特点是好静不好动，今天虽然已是身处农村之中了，但对于农村社会仍然是隔膜的，不愿意接近群众，不了解中国社会情况，不研究中国社会的复杂性，不研究农村的复杂性，不研究斗争的复杂性，不研究抗战过程中农村社会关系的发展变化，以及随着这种发展变化而发生的各阶级阶层人物心理的变化等，因此之故，文艺作品不得不简单化，剧情不得不是一望透底的，剧中的人物也不得不是脸谱主义的。文艺作品不能深刻反映现实，是由于文艺工作者没有深入社会。

他指出这些现象的危害："这些现象，也都反映了我们文化工作是脱离现实、脱离群众的；在学习上，脚踏实地、刻苦研究的精神异常不够，浮光掠影，华而不实的现象异常严重。这种风气不改变，我们的学习与工作都不会深入，不会有很大的成就。今天仍然是抱着这种诚恳的希望，愿集合我们所有文化工作同志的力量，共同来改变那种空疏浮泛、脱离现实的作风，而转向脚踏实地、实事求是的作风。"进一步提出了对文化工作者的意见："第一，要发扬为大众服务的精神，要在行动上表现出来真正在为大众服务，这是我们文化工作者在政治上的基本立场。第二，掌握辩证唯物论的观察事物的思想方法，也是学习写作的唯一正确的思想方法。文艺作家之所以要学习马列主义，之所以要掌握辩证唯物论这个武器，是为了要能正确地观察现实，了解现实，发现问题，解决问题。文艺工作者只有掌握了辩证唯物论的思想方法，深入到社会中去，深刻地观察现实，刻苦地研究各方面社会生活的复杂变化，才能够为自己的创作打下一个坚实的基础；也只有这样，才能医治作品之空疏浮泛的毛病，才能消除文艺作品中主观主义、教条主义、新洋八股的遗毒，因为这些遗毒都是从脱离现实而来的；也只有这样，才能剔除文艺理论中的唯心论成分，把所谓'天才''创作'等的认识放在辩证唯物论的基础上。必须相信，现实生活比我们空洞的脑子所可能想象出来的东西要丰富得多，多到不知若干倍。第三，充分准备做文艺工作者的工具。首先是知识修养方面。想做一个文艺家，而他却不需要把任何事物了解透彻，那就永远不会成为一个真正的文艺家。其次是文字修养方面。既然是把笔当作武器来使用，就应当把这个武器磨得尖锐锋利些。武器是用来打敌人的，但若这个武器打下去，是像棉花坨一样没有劲儿，那对于敌人是无关痛痒的。我们敌后五年抗战，积累了无数写作材料，至今还没有能够很好地反映到文艺作品中来，不正是因为我们还缺乏鲁迅先生那样一支笔吗？在文字修养方面，还应学会说老百姓（即群众）的话，说老百姓能懂得的话，说老百姓所愿意说愿意听的话。我们相信，如果我们的艺术作品老是脱离老百姓的，那我们永远不会产生出真正伟大的艺术作品来。”[①]

杨献珍在1958年接受采访时说，《数一数我们的家当》这篇文章是根据1942年晋冀豫全区文化人座谈会精神写的，不是会议总结发言的原稿。他说：“这次会议是整风之前召开的，会议的中心是反对理论脱离实际，脱离群众，会后看来，这与中央的精神是一致的。”[②]他在1942年7月25日给《华北文化》负责人张秀中同志的信中讲到《华北文化》的编辑计划和组稿方向时，又一次提到了文艺工作者调查研究的重要性，提出“有些人在实际的工作岗位上，他们的材料之可供写作者，实在是非常丰富的，但他们缺乏写作的能力和技术。另一种是有写作的能力和技术，但因脱离现实斗争，而没有东西可写——这也是一部分作家‘创作苦闷’的根源”。“如果我们的作家能够深入农村，就这些事实的本身去深加调查研究，搜集材料，材料还会少吗？把这些斗争当作题材来写，又新鲜，又现实，又深刻。”他批评《华北文化》上刊登的一些诗作“几句话就可以说完的事，而扭扭捏捏地写了那么多”“无甚内容”，提出组织外稿的方法，“是要进行真正的组织工作，才能达到《华北文化》所需要的目的。已经具有写作技能的人当然更好，但这些人必须能到村子中去研究、发掘、搜集真实材料，才能诊治那种空疏、贫乏、单调的病。也只有这样做，才是发展新文艺的正确道路”[③]。

（三）开展文化理论探讨

李雪峰在参加晋冀豫全区文化人座谈会后发表的谈话《关于文化战线上的几个问题》里提出了几个重要问题：“首先是关于理论与现实及现实对于理论的要求的问题。”他指出，“我们今天所属的敌后社会，已经是一个新民主主义社会，这个新民主主义社会，今天还在创造建设

① 杨献珍．数一数我们的家当［J］．华北文化（第2期），1942年4月25日．

② 之荷．杨献珍同志的谈话记录（1958年8月25日），载于山西省文化艺术联合会，山西文艺史料（第1辑）［M］．太原：山西人民出版社，1959：75．

③ 杨献珍同志致张秀中同志的一封信（1942年7月25日），载于山西省文化艺术联合会，山西文艺史料（第1辑）［M］．太原：山西人民出版社，1959：78—79．

中，在这个创造建设的过程中，包含着许多对于旧社会的改造和斗争”，在这改造斗争中，需要文化和理论，但这文化理论的创造建设以至于它的提高，不是凭空而来的，“必须从参加与指导实际的新社会的创造建设的斗争——对敌的斗争及对旧社会的具体斗争中才能建立起来，才能提高”。否则，我们创造的文化理论就“只能是一般的、抽象的，不合乎现实要求的；不仅理论本身不具体、不丰富，提高也只能是技巧上的，对于目前的斗争，也不会有多少帮助”。他要求“理论必须答复实际问题，即理论必须从实际问题的解答中来建立与充实”。“理论还应当展开对现实社会的批判与错误思想的批判及对敌伪文化的斗争，如批判官僚主义、主观主义与形式主义，揭破敌人的文化宣传规律及顽固派的反共反人民的武断宣传，解释坚持华北抗战的是谁，收复华北的又是谁等群众最关心的问题”，指出“主观主义形式主义在文化上的表现，是洋八股，是关门主义，包括对于文化形式、文化理论以及文化人团结上的片面性狭窄性等，同时形式主义的内容也必然是庸俗的，我们要求革命的现实主义，革命的功利主义，革命的实际主义，要求每一个文化工作者，成为理论与实践统一的文化工作者”。他还提到了提高与普及的问题，认为“文化工作者不深入现实，便不会有普及，也不会有提高。普及与提高都必须从深入中来，而两者间的中心源泉，是现实斗争。因此现实第一，深入第一！我们要深入到农村、农民、工厂、工人、连队、士兵及学校、学生中去，从深入斗争与实践的战线中去研究、总结，来提高我们的艺术。否则，只能是空洞地‘继承’五四以来的传统或单纯地‘吸收’一些外国技巧，真正艺术上的提高是不可能的”。他还提醒文化人注意，“学习理论固然是必要的，但从理论上去提高理论是不可能的！光喊提高，而不面向现实，理论提高也是不可能的。今天根据地的要求，是文化工作者的深入和文化的普及问题，这应该是我们的主攻方向”。他认为“大众的生活与敌我斗争的实际，是我们文艺作品主要的活的内容，它需要我们根据我们的理论和政策去观察与批判，这种经过了批判和洗练了的实际，才是真正的现实，才能成为我们艺术作品的内容”，但内容“不是伸手可拾的，也不是想象而生的，更不是‘灵感’的产物，它必须从深入群众中才能获得”，即必须要有“深入群众中进行调查的决心和方法，才能获得我们所需要的内容”。他提出文化斗争策略的统一战线问题，比如“旧剧团旧艺人，都应该是统一战线里的力量。不论他们的艺术与我们的艺术距离多远，只要有很多群众在看，而且还有一点积极性，那就应当联合他们，利用他们，对于旧的事物也是如此。只要他们有一些民族的或历史的有益成分，我们也应当善于加以利用”。对于土著知识分子的问题，不但要“很好地团结他们，并且还应该帮助他们，与他们诚恳地广泛地交朋友，向他们学习一些接近群众的办法，通过他们建立我们与群众的关系。还要打破宗派主义与门户之间的恶劣传统，从个人的阶级性和文艺工作的传统上加以检查和清除”。最后他谈到文化工作者的修养问题，建议“我们文化工作者的多数，应当到老百姓中去工作，去了解老百姓的各种愿望和要求，并向他们学习。从工作中从群众的实际斗争中来提高自己，获取力量，打破亭子间的创作主义及‘只下去看看’的新闻访员态度”，反对“吸收一些形式或者片面的材料就来进行写作或批评的形式主义”，“要有为老百姓服务的精神，与他们生活在一起，斗争在一起，了解他们的文化需求，满足他们的文化要求。要做群众的朋友，观察他们，亲近他们，而决不是站在群众外面像旁观者一样去观察或访问”。但当时提出的联系群众还只是限于文化工作，“今天首先要做的，应当是到群众中去进行调查，调查他们的生活方式、思想意识、娱乐方式与风俗习惯。不但如此，而且还应当帮助群众，要与他们的实际工作联系起来，如在文化工作方面，帮助他们改造壁报、戏剧、歌曲、小调等，用我们自己的文化武器，来执行我们的政治任务”[①]。

（四）开展文艺批评，强调深入群众

在晋察冀根据地 1941 年 5 月 1 日出版的《华北文艺》中，也有关于这方面的理论文章。第一卷第一期中，就发表了野蓟《群众是我们的导师》，

① 李雪峰．关于文化战线上的几个问题［J］．华北文化（第 3 期），1942 年 6 月 5 日．

指出了深入群众的重要性。“我们的艺术品，虽曾有了一些新的发现和创造，但一般说来，还很贫乏，还没有冲破那狭小的圈子，还没有打出一个新天地来。这里面原因自然很多，但作家的没有深入群众生活，没有将自己融化到群众的创造中去，却是原因中最重要的一个。”“群众的现实生活是生动的，细致的，富有创造性的。谁能深入群众，体会他们的心理、要求，和他们一同呼吸，谁就会反映出生动的现实来。否则我们的作品就会陷在死板的表面现象的叙述，主观的政治要求的叫喊，就会空洞、浮薄，没有生气，缺乏创造性，要不然就成为雕章琢句的东西。”“如何扔开书桌、钢笔、墨水、稿子、想象的束缚，去接近群众，了解群众，是今天文艺工作者第一义的工作。”“只有接近群众，用我们清晰的政治头脑，敏锐的观察能力，细心地去研究群众的一举一动，一言一笑，把我们‘心灵’融会在群众的生命中，才会将群众的创造变成我们的创造。”最后，他向文艺工作者号召，“把千千万万群众当作我们的导师，向他们学习，去请他们检查我们的作品吧！冲破我们狭窄的个人生活与想象的圈子，把我们投入宽广、生动、丰富的广大群众生活的大海中去吧！那里才是我们艺术的宝库，才是千变万化取之不尽、用之无穷的泉源呀！”[①]

在1942年2月和4月的《抗战日报》上，作家卢梦两次发表相关文章，从作家主题贫乏谈到了缺乏调查研究的危害：“我们是写了一些自己觉得新奇的故事，和自己觉得满意的人物，而这些故事与人物，却像汹涌的波涛之浮泛在水面上一样，是浮泛在我们生活的表面上的——写作者毫不费力地把他们拿来，便成为自己作品中的主题，而这样的主题，经过各种改头换面，写成很多作品，花样是多了，但主题却表现出严重的贫乏。”“由主题的贫乏跟着而来的问题，是内容的空洞——作品缺乏思想”。这些“由于主题贫乏而写出来的空洞软弱的东西”，“没有强大的力量去启发、煽动、组织广大的读者为真理与正义而奋斗。没有深入而艰苦的巨大工作，那些在翻滚的水下面和急剧地流过去的东西是把握不住的，没有深刻而

① 野蓟．群众是我们的导师［J］．华北文艺（第1卷第1期），1941年5月1日．

广大的社会生活的体验，怎样能找到多样的主题，又怎能写出具有丰富的思想内容，强大的战斗力的作品呢？”①

在《了解农村，了解农民》中他说：“我们生活在农民中间，在你周围的100人中间，有96个是农民，而在数目很大的军队中，却也大都是放下锄头穿起军衣的农民；恰好就是在这种环境中，我们所写出来的作品，绝大多数与农民无关，这是值得我们深长思虑的。”“我们许多人在这样的浮冰上滑来滑去，已经有很长时间了，今天是下决心打破这4％的狭窄的圈子，深入到96％的新天地里的时候了。”“既然我们晋西北96％是农民，农民是在农村里活动，那么，在我们文艺作品中应当反映的，首先而且大部分就是他们，这样的作品，才能反映出晋西北的现实，才能得到读者的赞许。”“凡是真正地经过了一番调查研究的工夫，熟悉了你要写的人们的生活所写出来的关于农村与农民生活的作品，不论是农村生活变迁的过程，农民种地的过程，还是农民口中的一点传说故事，甚至农村婚姻风气小事情，都是有价值的，倒不一定非生硬而牵强地拉到抗战关系上去。”“在写战士、干部……时，要更多注意去寻找他们身上所具有的农民的特征。”“如果想在我们自己的作品中真正地反映出现实，如果要想使我们自己打破贫乏浮浅窄狭的圈子，如果要想提高我们自己的作品的质，只有一个办法，就是：了解农村，了解农民！”②

晋冀豫区文联负责人陈默君在1942年《纪念“五四”对文化工作的点滴感想与意见》中强调，在面对敌人“异常毒辣”的“四次治安强化”的“思想战”时，根据地文化人要从文化上开展主动攻势，揭穿敌人的欺骗阴谋。“文化工作者必须做到对现实生活有具体深刻的了解，对敌人以及对周围的工作环境，要极清晰明白。这就需要文化工作者加强他们的政治敏锐性，深入地参与群众斗争，仔细去观察体验群众斗争中的各种问题，作为我们工作的中心内容。”如果“仍然靠着坐在房子里的设想，顺手随笔，

① 卢梦．从主题的贫乏说起［N］．抗战日报，1942年2月24日．
② 卢梦．了解农村，了解农民［N］．抗战日报，1942年4月23日．

拟定一些以为可以把敌人打垮的计划，或者写上几篇作品，自以为反映了现实”，“那与现实生活与斗争，相距还有十万八千里”，根本无法打垮敌人。所以，要加强群众的组织力量，在文化组织方面，要以最大的努力，来健全各文化团体的机构，如文联、文协、音协、剧协、美协、新协、诗协，“适当调整和分配干部”。另外，“为了使文化大众化普及，要出版大量的通俗读物，要有适合于担任文化普及化的专门干部。”“只有这样，才能真正掀起群众性的文化运动。倘仅是整天空喊，只不过徒费力气而已。”①

根据地的一些文艺评论中也体现了这一思想，1942 年韩塞在《戏剧在政治攻势前线上》中提出，“写作的题材，除了介绍一些边区的民主生活之外，着重的还是针对游击区、敌占区的东西，可以采取当地常见的典型事件或某些大的具体事件，如敌伪各种欺骗的残酷的手段、动人的事迹。”“经验告诉我们，如果写作内容越要和当地的实际生活联系得紧，那么效果就愈深，这样的例子常常见到。”“我们更不能忘记想象之于创作有如它的灵魂一样，说在写作上要紧紧地掌握政策，绝不是使作品流于概念，尽在作品里塞上生硬的口号，或者只从那些空洞的概念、原则出发，那结果，只等于演说，或简单的宣传品，缺乏活生生的人物，干燥无味而没有感动力。”“所以，如果是机械的口号式的写作，自然会失去他的艺术性，也就失去了它的宣传力，如果从实际材料中去掌握它，是不会失掉艺术性的，但这里一定要包括搜集现实材料的时间和体验与研究的辛勤的劳作。”

他谈到创作形式时强调面向广大群众，“根据我们的内容，能用什么形式的就用什么形式。但在手法上要做到生动通俗，让群众能懂而且喜欢看，这是很要紧的。”“敌占区、游击区的群众，经常在痛苦与紧张斗争中过活，如果我们的节目都是悲苦的，沉重的，严肃的，虽然和他们的调子相合，可是缺乏了比较轻松的诙谐的调剂，很容易沉闷、呆板，

① 陈默君．纪念“五四”对文化工作的点滴感想与意见［J］．华北文化（第 2 期），1942 年 4 月 25 日．

那并不是完全成功的。”“戏剧音乐节目需要很好地配合，而且最好也能写作带音乐性的戏剧。如小调、歌剧，甚至简单情节的对唱都能引起观众极大的兴致，并且感动他们。”“我们平时要求演出真实，但这样的演出，我觉得更要强调，因为第一，在演技上没有装腔可以感动观众的道理。第二，真实的表演可以使这些观众感到内容的亲切可信，如在一个戏里，我们演的日本人上台的时候，坐在前面的一些老太婆突然把身子往后一闪，像是马上躲避一下的样子……如果演日本人，但形态、动作直到服装都不太像，那么观众马上就感觉不像，感情会慢慢远离，觉得这不过是‘戏’了。第三，我们的演出，不一定每次都找到合适的舞台，街道、打谷场、院落……常常都是我们的舞台，而真实并没有‘台’，观众的座位逼紧着你，那样近，叫你几乎像是演街头剧，如果演员不能设身处地，给人真实感，效果立刻就被破坏了。因此演员要利用一切机会来研究敌伪政策，研究群众的生活……并研究如何表现他们，这样才能使演技提高。”“常常是这样，观众们对戏里最关心的是与他们自己有关的人，例如，妇女们最关心台上的妇女，老头儿们最关心台上的老头儿，……而我们的观众，妇女与老人占一个相当的数目，他们且是一支自然隐伏的宣传力量，我们不能忽视的。”[①] 韩塞发表于 1942 年《晋察冀戏剧》上的一篇文章《奇特与平凡》也批判了边区剧作中的形式主义倾向，他认为“只从离奇的故事，惊人的手法上下不少工夫，以虚构代替真实，以技术吸引观众，忽略了题材的现实性”是应该加以纠正的。今后的剧作应当是“要从目睹手触的人间事物中，寻找人，寻找人所造成的戏剧的真实”。

（五）批判错误文化思潮，开展文艺整风

不可否认，在山西抗日根据地的文艺作品中，也出现了一些问题。在《西北文艺》上，1942 年就发表了一篇以“批判”为主的小说《丽萍的烦恼》，还曾经在根据地引起了不小的轰动。“我看见自己周围的人热

---

① 韩塞．戏剧在政治攻势前线上［N］．晋察冀日报．1942 年 12 月 15 日．

心地互相传阅，正式地非正式地征询着交换着意见，有的文艺小组特为它召集座谈会，连平素对文艺没有什么兴趣的人也找这篇来读，并且表示态度。他们读着，或摇头，或咂舌，或皱眉，或会心地微笑，有的点着头说风凉话，有的则要‘提出抗议’……”[①]到底是一篇什么样的作品引起人们如此的兴趣？原来，这篇《丽萍的烦恼》是一篇以“揭露”根据地“老干部”为题材的作品，描述了一个从沦陷区到根据地的知识女性在所谓“包围”和“进攻”中与＊长结了婚，但结婚后“物质生活的享受使她满足”的同时，“精神却感到无限抑郁、烦恼”。把她的丈夫描述为“三四十岁的老革命，他坐过牢，挂过彩，轰轰烈烈地在战场上奔驰”，“领导成千的人”，在敌人“扫荡”时，却在请丽萍吃饭。在作者的描述中，老干部是个粗鲁的“土包子”，认为“妻子服从丈夫是一种‘天职’”，把找到老婆看成“舒舒服服地享享福”，把女人要工作说成“小资产阶级搞的鬼名堂”。对部队的情形的生疏描写也“使人诧异”，违背了很多常识。最后的结果就是丽萍在“结婚一年来的各种痛苦烦恼”和丈夫的厉声之下哭喊“离婚”。在1942年《抗战日报》上，署名非垢的作者大胆批评了这种“偏差”，他认为，小说“违背了事情自身发展的规律，而代之作者主观的安排，单纯的感情激动代替了对于客观事物冷静的观察和研究，挖苦代替了教育，鄙视代替了同情”，是这篇文章致命的缺点。认为“创作不仅需要热情，还需要冷静，必须这样才能正确地反映现实，才能站在生活之上予生活以指导”。文章违背作者本意生出了初未料及的有害的影响，“这样不但不能说服自己的同志，反而给某些恶意的人以造谣中伤的根据”，并一针见血地指出，“我们不怕揭露自己的缺点，相反的，自我批评正是革命政党使自己发展的有力武器。”“我们那些英雄事迹应该比‘丽萍的烦恼’更值得歌颂。”这些都应该提到思想方法上和创作方法上去检讨。[②]可以说，这篇评论指出了根据地文化人中间普遍存在的问题，有“直

① 非垢．偏差——关于“丽萍的烦恼”［N］．抗战日报，1942年6月11日．

② 非垢．偏差——关于“丽萍的烦恼”［N］．抗战日报，1942年6月11日．

率而大胆的态度”，有“革命的澎湃热情”，但缺乏对实际情况的调查研究，提出了把这种“热情纳入正轨”的建议。这时，延安文艺座谈会刚刚结束，讲话精神还没有传到晋绥根据地。可以说，这是根据地对文化人这种文学创作误区的较早的批评，值得关注。

晋察冀边区文联组成工作队于1942年4月深入敌占区活动，队员由联大文艺学院、文工团等部门的一千余名同志组成，分赴游击区、敌占区，主要任务是“调查敌我在该地区文化思想斗争情形和搜集敌我斗争的具体事实，供文艺工作者写作上的参考”。经过半个月的实地探访，“收获很大，特别是在了解游击区、敌占区的具体情形上”，在工作队返回后还“拟请工作队的同志在文艺晚会上做详细的报告”。[①] 为了鼓励文艺工作者开展深入群众的现实主义题材创作，晋察冀边区还修订了边区鲁迅文学奖金的获奖范围，规定“过去只限于文字方面的作品，现在则连演出（包括戏剧、音乐、舞蹈、朗诵）和艺用器材的创制也在给奖之列”，明确指出“选取作品须具有新民主主义现实主义的精神，获奖作品除发给奖金外，还要介绍出版或请文艺团体演出”。[②]

1942年，转移到晋察冀边区的联大文艺工作团5月接到文联宣传部的整风指示信后，掀起了学习“三风”的热潮，并向根据地兄弟团体提出六项意见，狠刹工作中的歪风，提出的观点体现了文艺座谈会上提出的文艺新方向，现摘录如下：“第一要坚决执行中共中央的文化教育政策和根据地八路军总政治部‘关于开展部队文艺工作的指示信’的精神来检查文艺战线上的工作；第二要检查我们的团结互助精神怎样，步调是否真的一致；第三要检查是否还有不安心工作和忽视专门业务学习的现象；第四在创作上，有些作品为什么流于公式化、概念化，在批评上怎样发挥它更大的指导作用；第五要总结边区文艺运动史的发展过程，要检查过去强调演‘大戏’，以提高艺术，而与现实生活脱节的偏向。”

---

① 边区文联工作队深入敌占区活动［N］. 晋察冀日报，1942年6月20日.

② 边区鲁迅文艺奖金委员会扩大给奖范围，修正条例欢迎作者踊跃应征［N］. 晋察冀日报，1942年6月30日.

1942年，毛泽东发出整风号召，晋西区书记、晋绥分局代书记林枫在晋绥分局机关成立了“学委会”，组织了学习巡视团，出版了《晋绥学讯》，指导全区干部的整风学习，并且出版了毛泽东同志在延安文代会上的讲话，《新民主主义政治和新民主主义文化》单行本。这是在敌后抗日民主根据地出版的《新民主主义论》的第一个版本。[①]

（六）指明文化运动方向，提出与工农兵结合

时任晋冀鲁豫边区文联主任的徐懋庸在文协晋东南分会第二届会员大会上的讲演中提出了对华北敌后文艺工作的意见，认为华北敌后文艺界抗战四年来“反映敌后的斗争与生活还不够积极，不够普遍，不够深刻，不够细致。真正积极地切切实实地观察生活、体验生活、找材料的作家还是少的”。“文艺界的工作是‘被动’的，为了‘赶场’，为了应付临时的需要，能在日常生活中积极地去进行工作，体验生活的作家还不够。”“百团大战这样的一个伟大的历史事件，我们反映的还是有限的，其他反映人民日常生活、农民心理变化的，尤其是敌占区情形的，都很少。”因为不能深刻地反映根据地的生活，“我们的作品不但不深刻，而且还有点粗制滥造”[②]。他还提出了作家创作中存在的一些不正确的倾向，如不注重文学基础，存在急功近利主义、公式主义、形式主义等现象，指出“以为农村剧不新了，便要演大后方的戏，演外国戏”，这种思想是错误的。提出文艺工作的建议，“健全文协组织，提高文艺刊物；提倡理论研究，发展自由讨论；加强批评工作，征求群众意见；有计划地提拔新作家和新作品，加强培养文艺人才的学校，汇编优秀作品”。他特别提到“提倡普遍地、深刻地反映敌后新民主主义社会的现实。用深刻的生活体验来反映根据地的各个方面，提倡集体研究集体创作”。这些建议，对提高根据地文化水平起到了指导作用。

---

① 中共兴县委员会党史资料征集研究办公室．晋绥根据地人物［M］.1986：57.

② 徐懋庸．我对华北敌后文艺工作的意见——在文协晋东南分会第二届会员大会上的讲演，载于杜学文、杨占平，山西抗战文学［M］. 太原：山西人民出版社，2015：273—275.

这期间，山西抗日根据地的军政首长也曾经对文艺结合工农兵这个话题做过重要论述。晋察冀军区负责人聂荣臻在1942年召开的晋察冀军区文艺工作会议上的讲话中提出部队文艺工作者与士兵的结合问题，他说："如果你要在军队中真正从事文艺工作，那么，就必须参加与了解真实的战争生活，到烽火弥漫的战场上去丰富自己的生活材料。如果关起门来写东西，是不能很好地反映战争真实的场景的。我们部队的文艺工作者，是过着军队的生活，即使是在剧社，生活上也多少有和连队相同的地方，但和在连队生活到底还有很大的差别。如果真到连队中去，跟战士打成一片，就可了解战场上的一些问题。在炮火连天的场合，在打枪的时候，在冲锋肉搏中，在爬上敌人堡垒工事的一刹那，战士们脑海里想的是什么，心里发生的是一种什么样的感情，这些问题，决不如我们所想的那么简单。我们今天希望有创作能力的同志到连队去生活一个时期，真正体验一下战斗生活，在必要时也扛起枪杆，跟战士们一起战斗，那一定和今天的生活大不相同，从而会让你写出很真实的东西来。中国的古话说'不入虎穴，焉得虎子'，这很有道理。""我们今天处在伟大的民族革命战争的烽火中，但写出来的东西却不像真实的战斗，这说明我们的生活，与战场是隔离的。老实说，今天如果只是要求时间，要求一个安静的房子，要求加点煤油……这并不能解决创作上的困难问题。我们并不要求同志们马上就写出伟大的作品来，不要企图写一本大东西，一写成名，像那考博士、中状元一样。而是要求大家深入地体验生活，丰富自己的经验与题材。直到今天，尽管还没有出现真正反映战争的伟大作品，战时的中国文坛，显得异常的贫乏，但我们鼓励同志们说，伟大的作品将来一定要产生，而且一定会产生在前线，产生在堡垒附近。今天的问题是文艺工作者真正与战争结合，走进伟大斗争中的问题。部队的文艺工作者虽然没有与斗争生活相隔离，但还不够丰富，不够深入。"①

① 聂荣臻．关于部队文艺工作诸问题——在晋察冀军区文艺工作会上的讲话［N］．晋察冀日报，1942年8月13日．

山西抗日根据地的党政负责人和文化工作者在艰苦的斗争实践中，在沿着民族的科学的大众的新民主主义文化实践中已经考虑到“文艺为谁服务，怎么服务”这样的问题了。成仿吾在1940年晋察冀剧协第二次代表大会上称赞晋察冀剧协成立一年多“有些地方甚至比陕甘宁边区做得更好，如在群众性方面，做得比陕甘宁更广泛深入。戏剧本身在某些方面也超过了陕甘宁边区的水平”。提出了边区剧运总的方针是“提高与普及很好地配合”的观点。[①] 在1942年4月晋察冀边区艺术节宣传中提出：“我们不应该忘记晋察冀边区所给予我们的赐予，它是我们艺术节的根源，它是让我们的艺术活动获得发展的生动的动力。因此，我们也应该用我们最大的热爱来卫护他，随时准备着配合边区的党、政、军、民粉碎敌人可能来到的‘扫荡’。我们更应该竭尽我们所有的智慧发动对敌的宣传，用我们的艺术的力量，瓦解敌伪，争取沦陷区人民。”[②]

山西抗日根据地在文化上的理论和实践探索为延安文艺座谈会提出的新文艺思想提供了丰富的实践经验和充分的理论准备，也为《在延安文艺座谈会上的讲话》发表后山西抗日根据地涌现出大量的优秀文化作品奠定了坚实的基础。

第二节　延安文艺座谈会召开的背景和提出的文化方向

《在延安文艺座谈会上的讲话》是毛泽东根据中国文艺实践所面临的新情况和延安文艺界不少同志在文化工作中暴露出的种种问题，寻求在实践中发展马克思主义意识形态理论和指导新文化方向的重要理论文献。延安文艺座谈会上提出的不仅是在抗日战争这个特殊的时刻应当执行的战时文艺政策，而且是在中国共产党通过革命取得政权后，应当如何发展文学艺术的根本思想，是毛泽东文艺思想的代表性文献，也是经过文

① 成仿吾．晋察冀边区戏剧运动及其方向——在剧协第二次代表大会的演讲，载于张学新、刘宗武，晋察冀文学史料［M］．天津：天津社会科学出版社，1989：52—53．

② 第三届艺术节宣传要点［N］．晋察冀日报，1942年4月29日．

艺界长期实践总结出的马克思主义文艺理论著作。

一、延安文艺座谈会召开的背景

陕甘宁边区建立之初，在1936年召开的中国文艺协会成立大会上，毛泽东就提出了文武两个战线的思想。[①]张闻天在演讲中也分析了白区作家与苏区作家的不同，提出作家与工农群众相融合的观点，鼓励作家利用陕北苏区丰富的宝贵资料，创作出很多伟大的作品来。他指出：“在目前停止内战，一致抗日的抗日统一战线运动中，你们以文艺的方法，具体的表现去影响推动全国的作家、文艺工作者及一切有文艺兴趣的人们，促成巩固统一战线，表现苏维埃为抗日的核心，这是你们艰难伟大的任务。”[②]延安文艺座谈会上提出的一些观点不仅在陕甘宁边区政府建立之后提出过，还在各抗日根据地理论和实践探索中有过论述。

从党的六届六中全会到延安整风的三年时间，张闻天主要负责党的理论建设、干部教育、宣传鼓动文化工作等。1937年12月起张闻天兼任了中央宣传部部长，1938年5月任马列学院院长，这期间对于文艺的大众化他也有过一些论述。[③]基于党内1935年—1942年间关于文化宣传工作的重要文件、讲话大多出自张闻天之手，一些学者认为张闻天的文艺思想可以作为延安文艺座谈会思想的一个重要过渡。[④]

1941年6月，作家萧军在延安向毛泽东提出一个重要建议：“党应当制定一个文艺政策。”萧军是东北救亡作家，曾在上海得到鲁迅先生的帮助，受鲁迅先生影响很大。到延安后，读了毛泽东的著作，思想大有转变和提高，他说，“读完《新民主主义论》——第三次读，毛的文笔转快流利，说理明白，这是一种中国型的天才”，并表示，“要把鲁

① 毛泽东．在中国文艺协会成立大会上的讲话［J］．红中副刊，1936（1）．

② 洛甫同志演讲略词［J］．红色中华（红中副刊），1936（1）．

③ 程中原．张闻天传［M］．北京：当代中国出版社，1993．

④ 付通磊．张闻天与延安文艺思想的过渡——毛泽东延安文艺座谈会上的讲话前延安文艺指导思想初探［J］．齐鲁学刊，1999（2）．

迅的精神和毛泽东政治理想在中国普及和完成，我将为这目的而奋斗”[①]。他几次与毛泽东谈话后，深深被毛泽东的文采和人格魅力打动，大胆提出党应当制定一个文艺政策，使延安和各抗日根据地的文艺工作者有所遵循有所依据，统一思想统一行动，才能加强团结，有利于革命文艺工作的正确发展。[②]他认为：一批又一批进步青年和文艺工作者来到延安，也不免带来一些旧思想、旧作风、旧习气，影响了团结和革命工作的开展。军队指战员多是农民出身，半文盲或文盲占多数，急需提高文化水平。知识分子和文艺工作者，有人常常带着资产阶级、小资产阶级情感看待延安所发生的各类事情，他们有的冷嘲热讽，有的温情脉脉，有的摇摆不定缺乏革命的坚定性，与工农兵格格不入。

1942 年，抗日战争进入极为困难的时期，随着政治环境和物质条件的恶化，由于革命观念模糊以及内奸一类的破坏分子的暗中作祟，延安文化人出现了许多严重问题，有的提倡艺术脱离政治，或者凌驾于政治之上，认为马列主义立场观点多余或有害，有的主张暴露黑暗，反对“歌功颂德”，代表这些偏向的作品在文艺刊物甚至党报上都盛极一时。以党报为例，党中央的机关报《解放日报》一度存在着“用巨大的篇幅刊登枯燥乏味的讨论和译文，而不能以生动活泼通俗易懂的文字解释迫切的问题，对于敌对思想缺乏应有的批评，对于我们工作中的缺点，没有给予揭露和帮助其改正，对于边区各种群众活动，至多只记载了一些诊断，而没有全面地反映，更说不上推动与倡导”。“没有担负起真正战斗的党的机关报的责任，未能成为党中央传播党的路线、贯彻党的政策与宣传组织群众的锐利武器。”据学者统计，改版前的《解放日报》，从创刊到 1942 年 4 月 1 日改版前，共发表社论 303 篇，按照《解放日报索引》所刊篇目计算，关于中国共产党的政策、会议、党的活动等，共计 17 篇，占 5.6%；关于国内的政治形势、抗日战争及国统区的报道，共计 52 篇，占 17.1%；关于解放区政治、经

① 萧军．人与人间——萧军回忆录［M］．北京：中国文联出版社，2006：355．
② 梁山丁主编．萧军纪念集［M］．沈阳：春风文艺出版社，1990：759—760．

济、文化等各方面的情况报道，共计59篇，占19.5%；关于国际的报道，包括各国动态，第二次世界大战，共计175篇，占57.8%。在《解放日报》社论的报道中，也存在报道失衡，国际报道占比超过解放区和国内的总和；对党的政策宣传少之又少，没有履行党的机关报的职责，没有结合边区具体情况宣传，偏离了抗日实际与党的宣传需要，而变成了国际传声筒。社论的应付性报道普遍，语言无关痛痒，内容空洞，难以达到宣传与教育人的目的。“各地中央局、中央分局对当地通讯社工作及报纸工作注意甚少，对宣传人员及宣传工作，缺乏指导。”“要改正过去不讨论新闻政策及社论方针的错误，抓紧通讯社及报纸的领导，使各通讯社及报纸的宣传完全符合于党的政策，务使我们的宣传增强党性，拿《解放日报》所发表的关于如何使报纸增强党性的许多文件去教育我们的宣传人员，避免宣传人员中闹独立性的错误倾向。”[①]

在文学艺术方面，延安和各根据地也出现了很大问题。抗战爆发后，大批的文艺工作者来到延安，边区政府和毛泽东、张闻天等中共领导人对知识分子十分重视，中央也先后发出了尊重知识分子、吸引文化人来边区的政策，要求各根据地“应该用一切方法在精神上、物质上保障文化人写作的必要条件，使他们的才力能够充分地使用，使他们写作的积极性能够最大地发挥”[②]。党的领导机关，力求避免对于他们写作上人工的限制与干涉。“保证他们写作的充分自由”。“特别对于新来的及非党的文化人，应更多地采取同情、诱导、帮助的方式去影响他们进步，使他们接近大众、接近现实、接近共产党、尊重革命秩序、服从革命纪律。”对于文化人固有的生活习惯不做过高的苛刻的要求，“采取一切方法，如出版刊物、剧曲公演、公开讲演、展览会等，来发表他们的作品。”“在文化人比较集中的地区，应设立文化俱乐部一类的地方，以供给文化人集会与娱乐之用。”“为了使作家们有创作的适当场所，可特设‘创作之家’一类的住所，

① 中央档案馆．中共中央关于报纸通讯社工作的指示（1942年10月28日），中共中央文件选集（13册）[M]．北京：中共中央党校出版社，1991：453．

② 关于各抗日根据地文化人与文化团体的指示（1940年10月10日）[J]．共产党人，1940（12）．

使他们能够沉静下来，从事他们的创作生活。”“继续设法招收与收集大批文化人到我们根据地来。必须使我们的根据地不但能够使他们安心于自己的工作，求得自己的进步，而且也是最能施展他们的天才的场所。”这些政策，让初到根据地的文艺工作者们感到心情舒畅，但是在艰苦的斗争环境中，面对 90 %以上文盲的农村民众，文化人中间不免出现了这样那样的困惑，也出现了创作上的冲突，到底是“歌颂”为主还是“批判”为主，到底是“阳春白雪”还是“下里巴人”，到底是演外国剧、演大剧“曲高和寡”还是演民间戏曲接近一般民众口味，可以说是文艺工作者们面临的一个不小的选择。“我们文化界的同志，是从城市来的，是知识分子，或写文章，或画图画，或演戏剧，或制歌曲，都自然而然会有城市风味、城市情调，甚至是外国风味、外国情调。他们不是不革命，不是不愿意大众化，但是他们的情调和风味，却与周围的农村（而且是经过了革命的农村）的环境格格不入。”[①] 对于缺乏创造性、缺乏乡土气息、远离民众生活的文艺作品老百姓不买账，很多人看完了果戈理的《钦差大臣》、莫里哀的《伪君子》、曹禺的《雷雨》等大戏，感觉“看不懂”。延安出现了把文艺功能定位为揭露黑暗，批判现实的大量作品，对文艺的性质理解产生分歧，宣传人性论，认为“文艺的基本出发点是爱，是人性之爱”，希望自己的作品超然于时代和政治之外。也有人认为“提倡马克思主义就是重复辩证唯物论的创作方法的错误，就要妨害创作情绪”等。在这些言论的影响和干扰下，有的人甚至对中国共产党的文艺政策产生了抵触情绪，很大程度地影响了根据地的文艺发展。在这种背景下，召开文艺座谈会就成了迫在眉睫的事情。

二、延安文艺座谈会提出的文化方向

延安文艺座谈会于 1942 年 5 月 2 日—5 月 23 日在延安召开。会议分为三个阶段，5 月 2 日召开了开幕式，毛泽东在开幕式上发表讲话。此后

① 陆定一．文化下乡——读《向吴满有看齐》有感［N］．解放日报，1943 年 2 月 10 日．

的十几天，会议代表分组进行了深入的讨论交流，到 1942 年 5 月 16 日召开了第二次大会。5 月 23 日召开闭幕大会，毛泽东在闭幕式上发表了讲话。延安文艺座谈会开幕式的引子和闭幕式上的结论总称为《在延安文艺座谈会上的讲话》（下文简称《讲话》）。《讲话》提出了中国新文化的方向，是中国共产党历史上第一篇指导文艺发展与繁荣的重要文献，是中国新文艺发展史上的里程碑。

（一）《讲话》的主要内容

文艺家是精神创造的主动者，文艺家的精神、情感高低决定了其对艺术创作产品精神内涵表达的深浅。《讲话》开宗明义地提出召开延安文艺座谈会的目的是解决“文艺工作者的立场问题、态度问题、工作对象问题、工作问题和学习问题”。毛泽东首先指出文化战线的重要地位：“在我们为中国人民解放的斗争中，有各种的战线，就中也可以说有文武两个战线，这就是文化战线和军事战线。我们要战胜敌人，首先要依靠手里拿枪的军队。但是仅仅有这种军队是不够的，我们还要有文化的军队，这是团结自己、战胜敌人必不可少的一支军队。”①

在谈到文艺工作者的立场问题时他说：“我们是站在无产阶级的和人民大众的立场。对于共产党员来说，也就是要站在党的立场，站在党性和党的政策的立场。在这个问题上，我们的文艺工作者中是否还有认识不正确或者认识不明确的呢？我看是有的。许多同志常常失掉了自己的正确的立场。”“随着立场，就发生我们对于各种具体事物所采取的具体态度。比如说，歌颂呢，还是暴露呢，这就是态度问题。究竟哪种态度是我们需要的？我说两种都需要，问题是在对什么人。有三种人，一种是敌人，一种是统一战线中的同盟者，一种是自己人，这第三种人就是人民群众及其先锋队。对于这三种人需要有三种态度。对于敌人，对于日本帝国主义和一切人民的敌人，革命文艺工作者的任务是在暴露他们的残暴和欺骗，

① 毛泽东．在延安文艺座谈会上的讲话，载于中共中央文献研究室编，毛泽东文艺论集［M］．北京：中央文献出版社，2002：50．

并指出他们必然要失败的趋势，鼓励抗日军民同心同德，坚决地打倒他们。对于统一战线中各种不同的同盟者，我们的态度应该是有联合，有批评，有各种不同的联合，有各种不同的批评。他们的抗战，我们是赞成的；如果有成绩，我们也是赞扬的。但是如果抗战不积极，我们就应该批评。如果有人要反共反人民，要一天一天走上反动的道路，那我们就要坚决反对。至于对人民群众，对人民的劳动和斗争，对人民的军队，人民的政党，我们当然应该赞扬。人民也有缺点的。无产阶级中还有许多人保留着小资产阶级的思想，农民和城市小资产阶级都有落后的思想，这些就是他们在斗争中的负担。我们应该长期地耐心地教育他们，帮助他们摆脱背上的包袱，同自己的缺点错误作斗争，使他们能够大踏步地前进。他们在斗争中已经改造或正在改造自己，我们的文艺应该描写他们的这个改造过程。错误的人，我们就不应该只看到片面就去错误地讥笑他们，甚至敌视他们。我们所写的东西，应该是使他们团结，使他们进步，使他们同心同德，向前奋斗，去掉落后的东西，发扬革命的东西，而决不是相反。”

他指出：“工作对象问题，就是文艺作品给谁看的问题。”“文艺作品在根据地的接受者，是工农兵以及革命的干部。根据地也有学生，但这些学生和旧式学生也不相同，他们不是过去的干部，就是未来的干部。各种干部，部队的战士，工厂的工人，农村的农民，他们识了字，就要看书、看报，不识字的，也要看戏、看画、唱歌、听音乐，他们就是我们文艺作品的接受者。”“既然文艺工作的对象是工农兵及其干部，就发生一个了解他们熟悉他们的问题。而为要了解他们，熟悉他们，为要在党政机关，在农村，在工厂，在八路军新四军里面，了解各种人，熟悉各种人，了解各种事情，熟悉各种事情，就需要做很多的工作。我们的文艺工作者要做自己的文艺工作，但是这个了解人熟悉人的工作却是第一位的工作。”“我们的文艺工作者对于这些，以前是一种什么情形呢？我说以前是不熟，不懂，英雄无用武之地。什么是不熟？人不熟。文艺工作者同自己的描写对象和作品接受者不熟，或者简直生疏得很。我们的文艺工作者不熟悉工人，不熟悉农民，不熟悉士兵，也不熟悉他们的干部。什么是不懂？

语言不懂，就是说，对于人民群众的丰富的生动的语言，缺乏充分的知识。许多文艺工作者由于自己脱离群众、生活空虚，当然也就不熟悉人民的语言，因此他们的作品不但显得语言无味，而且里面常常夹着一些生造出来的和人民的语言相对立的不三不四的词句。许多同志爱说‘大众化’，但是什么叫作大众化呢？就是我们的文艺工作者的思想感情和工农兵大众的思想感情打成一片。而要打成一片，就应当认真学习群众的语言。如果连群众的语言都有许多不懂，还讲什么文艺创造呢？英雄无用武之地，就是说，你的一套大道理，群众不赏识。在群众面前把你的资格摆得越老，越像个‘英雄’，越要出卖这一套，群众就越不买你的账。你要群众了解你，你要和群众打成一片，就得下决心，经过长期的甚至是痛苦的磨炼。”“我们知识分子出身的文艺工作者，要使自己的作品为群众所欢迎，就得把自己的思想感情来一个变化，来一番改造。没有这个变化，没有这个改造，什么事情都是做不好的，都是格格不入的。”[①]

在谈到学习问题时，毛泽东要求革命的文艺工作者要“学习马克思列宁主义和学习社会。尤其是党员作家，必须有马克思列宁主义的知识。但是现在有些同志，却缺少马克思主义的基本观点。比如说，马克思主义的一个基本观点，就是存在决定意识，就是阶级斗争和民族斗争的客观现实决定我们的思想感情。但是我们有些同志却把这个问题弄颠倒了，说什么一切应该从‘爱’出发。就说爱吧，在阶级社会里，也只有阶级的爱，但是这些同志却要追求什么超阶级的爱，抽象的爱，以及抽象的自由、抽象的真理、抽象的人性等等。这是表明这些同志是受了资产阶级的很深的影响。应该很彻底地清算这种影响，很虚心地学习马克思列宁主义。文艺工作者应该学习文艺创作，这是对的，但是马克思列宁主义是一切革命者都应该学习的科学，文艺工作者不能是例外。文艺工作者要学习社会，这就是说，要研究社会上的各个阶级，研究它们的相互关系和各自状况，

① 毛泽东．在延安文艺座谈会上的讲话，载于中共中央文献研究室编，毛泽东文艺论集［M］．北京：中央文献出版社，2002：50—53．

研究它们的面貌和它们的心理。只有把这些弄清楚了，我们的文艺才能有丰富的内容和正确的方向”[①]。

（二）《讲话》中提出的文艺工作的四个方面

延安文艺座谈会在经过了14天激烈的讨论和小组发言后，于1942年5月26日召开了闭幕式。闭幕式上，毛泽东在分析了目前抗战阶段和“五四”以来革命文艺运动中存在的缺点后，开门见山指出我们面临的问题的中心，指出，“我们的问题基本上是一个为群众的问题和一个如何为群众的问题。不解决这两个问题，或这两个问题解决得不适当，就会使得文艺工作者和自己的环境、任务不协调，就使得我们的文艺工作者从外部从内部碰到一连串的问题”[②]。接着，他就以这两个问题为中心，阐述了文艺工作的四个主要方面。

1. 把为人民大众作为文艺创作的根本出发点和立足点

在第一个问题“我们的文艺是为什么人的”这一问题上，毛泽东明确提出：我们的文艺既不是为剥削者压迫者的资产阶级文艺，更不是为帝国主义者的汉奸文艺，我们的文艺是为人民的，“现阶段的中国新文化，是无产阶级领导的人民大众的反帝反封建的文化。真正人民大众的东西，现在一定是无产阶级领导的”。“人民大众”，即“占全人口百分之九十以上的人民，是工人、农民、兵士和城市小资产阶级”。“我们的文艺，第一是为工人的，这是领导革命的阶级。第二是为农民的，他们是革命中最广大最坚决的同盟军。第三是为武装起来了的工人农民即八路军、新四军和其他人民武装队伍的，这是革命战争的主力。第四是为城市小资产阶级劳动群众和知识分子的，他们也是革命的同盟者，他们是能够长期地和我们合作的。这四种人，就是中华民族的最大部分，就是最广大的人民

① 毛泽东．在延安文艺座谈会上的讲话，载于中共中央文献研究室编，毛泽东文艺论集［M］．北京：中央文献出版社，2002：50—53．

② 毛泽东．在延安文艺座谈会上的讲话，载于中共中央文献研究室编，毛泽东文艺论集［M］．北京：中央文献出版社，2002：55—56．

大众。”因为是无产阶级领导的，我们的文艺就必须“站在无产阶级的立场上”，真正地为工农兵服务。“接近工农兵群众，去参加工农兵群众的实际斗争，去表现工农兵群众，去教育工农兵群众。”要彻底解决“为什么人的问题”，就一定要“在深入工农兵群众、深入实际斗争的过程中，在学习马克思主义和学习社会的过程中”，从原来“立足点在小资产阶级知识分子方面”逐渐移过来，移到工农兵方面来，移到无产阶级这方面来。只有这样，我们才有真正为工农兵的文艺，真正无产阶级的文艺。①这个问题是个根本问题，必须通过学习马克思主义和学习社会来彻底解决。

毛泽东在《论联合政府》中深情地说，“人民，只有人民，才是创造世界历史的动力”②。习近平总书记指出，“人民既是历史的创造者，也是历史的见证者；既是历史的‘剧中人’，也是历史的‘剧作者’”“只有牢固树立马克思主义文艺观，真正做到了以人民为中心，文艺才能发挥最大正能量”。③文艺的人民性立场是毛泽东同志“从中国革命文艺运动的实际出发，运用马克思主义唯物史观对‘文艺为什么人服务’这个根本问题做出的科学回答，开辟了马克思主义文艺理论的新境界，不仅对我国文艺事业发展而且对整个文化建设都具有重大指导作用，是讲话这座精神灯塔中最耀眼的光芒”④。

2. 在文艺方向上提出到大鲁艺去，与工农兵群众打成一片

“一切伟大的文化工作者无不具有深厚的人民情怀，一切伟大的精神文化产品无不具有深刻的人民性，当文化工作者的心与人民的心紧紧贴在一起的时候，文化产品就会拥有感人至深的力量。”⑤文学艺术只有走

---

① 毛泽东．在延安文艺座谈会上的讲话，载于中共中央文献研究室编，毛泽东文艺论集[M]．北京：中央文献出版社，2002：57—61．

② 毛泽东．论联合政府，毛泽东选集（第3卷）[M]．北京：人民出版社，1991：31．

③ 习近平．坚持以人民为中心的创作导向，习近平谈治国理政（第2卷）[M]．北京：外文出版社，2017：314．

④ 李长春．在纪念毛泽东同志《在延安文艺座谈会上的讲话》发表70周年座谈会上的讲话[N]．人民日报，2012年5月23日．

⑤ 李长春．在纪念毛泽东同志《在延安文艺座谈会上的讲话》发表70周年座谈会上的讲话[N]．人民日报，2012年5月23日．

进人民群众才是最有出息最有益的东西，文学艺术也只有在人民群众中历练才能更典型更理想。列宁说：“艺术是属于人民的。它必须在广大劳动群众的底层有其最深厚的根基。它必须为这些群众所了解和爱好。它必须结合这些群众的感情、思想和意志，并提高他们。它必须在群众中间唤起艺术家，并使他们得到发展。”[①]在《讲话》中，毛泽东指出革命文艺是人民生活在革命作家头脑中反映的产物，而人民生活是“最生动、最丰富、最基本的东西”，它们是一切文学艺术的取之不尽、用之不竭的唯一源泉。要想从中获取创作的灵感，“中国的革命的文学家艺术家，有出息的文学家艺术家，必须到群众中去，必须长期地无条件地全心全意地到工农兵群众中去，到火热的斗争中去，到唯一的最广大最丰富的源泉中去，观察、体验、研究、分析一切人，一切阶级，一切群众，一切生动的生活形式和斗争形式，一切文学和艺术的原始材料，然后才有可能进入创作过程”。否则就只能做个“空头文学家”或“空头艺术家”。革命的文艺要“根据实际生活创造出各种各样的人物，帮助群众推动历史的前进”，用典型的人物和事件“造成文学作品和艺术作品”，让群众“惊醒起来，感奋起来，推动人民群众走向团结和斗争，实行改造自己的环境”。“一切革命文学家艺术家只有联系群众，表现群众，把自己当作群众的忠实的代言人，他们的工作才有意义。只有代表群众才能教育群众，只有做群众的学生才能做群众的先生。如果把自己看作群众的主人，看作高踞于‘下等人’头上的贵族，那末，不管他们有多大的才能，也是群众所不需要的，他们的工作是没有前途的。”[②]

文艺要热爱人民，有没有感情，对谁有感情，决定着文艺创作的命运。如果不爱人民，那就谈不上为人民创作。[③]延安文艺座谈会召开不久，毛泽东在1942年5月28日中央学习组会议上再次重申文艺与工农兵相结合

① 蔡特金．回忆列宁，列宁论文学与艺术［M］．北京：人民文学出版社，1960：912．

② 毛泽东．在延安文艺座谈会上的讲话，载于中共中央文献研究室，毛泽东文艺论集［M］．北京：中央文献出版社，2002：63—68．

③ 习近平．坚持以人民为中心的创作导向，习近平谈治国理政（第2卷）［M］．北京：外文出版社，318．

的重要性。强调如何与工农兵结合解决思想问题是基本问题，“就是要破除资产阶级思想、小资产阶级思想的影响，才能够转变为无产阶级的思想，才能够有马列主义的党性。解决了这个思想问题，才能够在思想上与无产阶级、与工农大众相结合；有了这样的基础，才可能在行动上和工农兵相结合，和我们党相结合”①。他批评有些文艺界的同志“想的是为工农，做的事不为工农；想的是为工农做事，在工农中间的朋友却很少；想的是为工农，对工农干部却不了解”。指出“文艺家要向工农兵取材，要和工农兵做朋友，像亲兄弟姐妹一样，如果对这方面轻视，不看重，那是一个偏向”。而且“这种偏向在文学艺术界的同志中很多，应该很好地检讨一下”。为此要求在整顿三风中，文艺界要把“资产阶级思想、小资产阶级思想加以破除，转变为无产阶级思想”②。

要和群众结合，就要解决好个人和群众的关系问题。毛泽东激励无产阶级的文学家艺术家们要学习鲁迅，“横眉冷对千夫指，俯首甘为孺子牛，对凶恶的敌人绝不屈服，做无产阶级和人民大众的‘牛’，鞠躬尽瘁死而后已”。还提出了知识分子改造的长期性。“知识分子要和群众结合，要为群众服务，需要一个互相认识的过程。这个过程可能而且一定会发生许多痛苦，许多摩擦，但是只要大家有决心，这些要求是能够达到的。”③

3. 文艺运动要坚持把普及和提高结合起来

毛泽东运用辩证法思维，对于文艺的普及和提高的关系给出了答案，那就是，“普及和提高一方面是向工农兵普及和从工农兵基础上的提高”，另一方面，在教育工农兵之前，先要向工农兵学习，提高“只能从工农兵群众的基础上去提高，沿着工农兵自己前进的方向去提高，沿着无产阶级

① 毛泽东．文艺工作者要同工农兵相结合，载于中共中央文献研究室，毛泽东文艺论集［M］．北京：中央文献出版社，2002：88.

② 毛泽东．文艺工作者要同工农兵相结合，载于中共中央文献研究室，毛泽东文艺论集［M］．北京：中央文献出版社，2002：91.

③ 毛泽东．在延安文艺座谈会上的讲话，载于中共中央文献研究室，毛泽东文艺论集［M］．北京：中央文献出版社，2002：82.

前进的方向去提高”。而在目前工农兵文化水平较低、不识字人数较多的现实情况下，“普及的工作任务更为迫切”。人民群众急需“容易接受的文化知识和文艺作品，去提高他们的斗争热情和胜利信心，加强他们的团结，便于他们同心同德地去和敌人做斗争”。而随着广大群众文化水平的不断提高，也要随着人民的需要不断推荐优秀的作品，在普及基础上进行提高，“这种提高，为普及所决定，同时又给干部所需要的高级的文艺”，但“无论高级的或初级的，我们的文学艺术都是为人民大众的，首先是为工农兵的，为工农兵所创作，为工农兵所利用的”[①]。提倡为文艺的普及工作做出贡献，创作出为多数人服务的文艺作品，而不是自视清高，曲高和寡的“阳春白雪”。

4. 批判文艺界存在的错误倾向，强调牢牢把握文艺批评的人民性标准

毛泽东强调革命文艺是整个革命事业的一部分，是齿轮和螺丝钉的关系，是整个革命事业不可缺少的一部分。“文艺批评有两个标准，一个是政治标准，一个是艺术标准。一切利于抗日和团结的，鼓励群众同心同德的，反对倒退、促进进步的东西，便都是好的；而一切不利于抗日和团结的，鼓动群众离心离德的，反对进步、拉着人们倒退的东西，便都是坏的。在团结抗日的大原则下，我们应该容许包含各种各色政治态度的文艺作品的存在。”但文艺批评又要坚持原则立场，“对于一切包含反民族、反科学、反大众和反共的观点的文艺作品必须给以严格的批判和驳斥”。对于艺术和政治标准两者的关系，毛泽东明确指出，将政治标准放在第一位，艺术标准放在第二位，首先要“检查他们对待人民的态度如何，在历史上有无进步意义，而分别采取不同的态度”。“我们的要求是政治和艺术的统一，内容和形式的统一。”检验艺术作品，既反对政治观点错误的艺术品，也反对只有正确的政治观点而没有艺术力量的所谓“标

---

① 毛泽东．在延安文艺座谈会上的讲话，载于中共中央文献研究室，毛泽东文艺论集［M］．北京：中央文献出版社，2002：67．

语口号式”的倾向。文艺要服从于政治，文艺的政治性和真实性要相一致，要让新文艺服从于抗日这一中心问题，团结“党内和党外一切赞成抗日的文学艺术家，将艺术方法和艺术作风统一到社会主义的现实主义上来，争取小资产阶级文艺家到为劳动人民服务的战线上来”[①]。

文艺批评政治性还表现在对于文艺作品的评价除关注专家观点之外，要更多地搜求群众的主张和看法，因为他们的意见才是文艺作品人民性内涵的真正的试金石，才是文艺大众化真正的试金石。

同时，毛泽东在会议结束时还批判了延安文艺界存在的几个错误倾向。第一是抽象的“人性论”观点，指出“在阶级社会里，只有带着阶级性的人性，而没有什么超阶级的人性，我们主张的人性是无产阶级的，而地主阶级资产阶级则主张地主阶级资产阶级的人性，小资产阶级知识分子鼓吹的人性是脱离人民大众或反对人民大众的，他们鼓吹的人性的本质是‘资产阶级的个人主义’，是完全错误的”。第二是“文艺的基本出发点是爱，是人类之爱”。毛泽东一针见血地指出：“世上决没有无缘无故的爱，也没有无缘无故的恨。所谓‘人类之爱’，自从人类分化为阶级以后，就没有过这种统一的爱。真正的人类之爱是会有的，那是在全世界消灭了阶级以后。”[②]文艺工作者的爱恨都是基于客观实践的，而不是凭空而来的。第三是“歌颂与暴露”的问题，小资产阶级知识分子认为“从来的文艺作品都是写光明和黑暗并重，一半对一半”“从来文艺的任务就在于暴露”“还是杂文时代，还要鲁迅笔法”“我是不歌功颂德的；歌颂光明者其作品未必伟大，刻画黑暗者其作品未必渺小”。第四是“立场与效果问题”和学习马克思主义与创作关系的问题。一些知识分子没有认识到错误，觉得“不是立场问题；立场是对的，心是好的，意思是懂得的，只是表现不好，结果反而起了坏作用”。还有些人则认为“提倡学习马

① 毛泽东．在延安文艺座谈会上的讲话，载于中共中央文献研究室，毛泽东文艺论集［M］．北京：中央文献出版社，2002：73—74．

② 毛泽东．在延安文艺座谈会上的讲话，载于中共中央文献研究室，毛泽东文艺论集［M］．北京：中央文献出版社，2002：75．

克思主义就是重复辩证唯物论的创作方法的错误，就要妨害创作情绪”。这些错误观点在文艺工作者身上或多或少存在着，有的甚至还非常严重，毛泽东用马克思主义的阶级立场和文艺观一一给以批驳。他指出：“只有真正革命的文艺家才能正确地解决歌颂和暴露的问题。一切危害人民群众的黑暗势力必须暴露之，一切人民群众的革命斗争必须歌颂之，这就是革命文艺家的基本任务。”“对于革命的文艺家，暴露的对象，只能是侵略者、剥削者、压迫者及其在人民中所遗留的恶劣影响，而不能是人民大众。人民大众也是有缺点的，这些缺点应当用人民内部的批评和自我批评来克服。”对于人民，“基本上是一个教育和提高他们的问题”，不应该说“暴露人民”。对于人民的缺点是需要批评的，“但必须是真正站在人民的立场上，用保护人民、教育人民的满腔热情来说话”。在具有民主自由的陕甘宁边区，杂文形式也就“不应该简单地和鲁迅一样”。对于人民这个人类世界历史的创造者，就是应该大力歌颂，而“不愿意歌颂人民的功德，鼓舞革命人民的斗争勇气和胜利信心”，只是对自己“所感兴趣而要不知疲倦地歌颂他自己，或者加上他所经营的小集团里的几个角色”的小资产阶级个人主义者，不过是革命队伍中的“蠹虫”。[①] 毛泽东指出对待错误要有完全诚意的自我批评，决心改正，在“严肃的负责的实践过程中，才能一步步懂得正确的立场是什么东西，才能一步步掌握正确的立场”。这些问题反映了文艺界同志们“中间还有许多的唯心论、教条主义、空想、空谈、轻视实践、脱离群众等等问题，需要有一个切实的严肃的整风运动”。必须从思想上组织上认真地整顿一番，而首先“需要展开一个无产阶级对非无产阶级的思想斗争”。

毛泽东最后“希望文艺界的同志们认识这一场大论战的严重性，积极起来参加这个斗争，使每个同志都健全起来，使我们整个队伍在思想上和组织上都真正统一起来，巩固起来”。通过长期的学习和工作，改

① 毛泽东．在延安文艺座谈会上的讲话，载于中共中央文献研究室，毛泽东文艺论集［M］．北京：中央文献出版社，2002：76—78．

造自己和自己的面貌，“创造出许多为人民大众所热烈欢迎的优秀的作品”，把“革命根据地的文艺运动和全中国的文艺运动推进到一个光辉的新阶段”[①]。

通读《讲话》全文可以看出，《讲话》中没有深奥难解的术语，没有佶屈聱牙的长句，没有形式主义的套话，更没有拖沓冗长的废话，其文风通俗简洁，明晰有力，生动活泼，自然形成了它“为人民大众”的内容，相适应的“为人民大众”的形式。《讲话》不仅指明中国新文化的前进方向，还包含着对艺术文化工作者精神境界的要求，即必须有高尚的人格和贴近大众的心理。文艺家是精神创造的主动者，文艺家的情感高低决定了其对艺术创造产品精神内涵表达的深浅。[②]

三、《讲话》的巨大历史现实意义

《讲话》总结了“五四”以来新文化运动的经验与教训，从抗日战争时期的斗争任务出发，从当时中国延安文艺工作者的实际出发，得出独特的结论，不仅是文艺著作，而且更符合抗日战争这一第一政治。从文艺工作问题切入，以当时延安文艺工作者存在的实际问题为基础，第一次系统地、完整地、具体地把马克思主义与中国抗日战争时期延安的文艺工作实际情况联系起来思考，明确地提出并解决了文艺为工农兵服务和如何为工农兵服务等诸多问题，使马克思主义及其文艺思想带有了中国的特性，带有了抗日战争时期斗争的特性。[③]因此，《讲话》不仅是文艺著作，还是充满着党性的一篇政治文献。

延安文艺座谈会上的讲话发表之时，正值延安整风运动开展时期，《讲话》成为当时中国共产党重要的整风文献之一。以毛泽东《讲话》

① 毛泽东．在延安文艺座谈会上的讲话，载于中共中央文献研究室，毛泽东文艺论集［M］．北京：中央文献出版社，2002：76—83．

② 周星．新时代认知文艺精神与艺术本质的追索——在延安文艺座谈会上的讲话的当代启示［J］．艺术教育，2012（7）：21．

③ 童庆炳．毛泽东的《讲话》是中国历史语境下的马克思主义——纪念讲话发表70周年［J］．艺术评论，2012（5）：3—6．

精神为指导，抗日根据地的文艺工作者纷纷走出书斋，走向乡村、工厂、前线，从民众中汲取文艺的创作素材。“《在延安文艺座谈会上的讲话》和《新民主主义论》为之后的文艺乃至新中国的文化发展提供了指导方针。是新中国文化政策的重要思想源头。”[①]胡乔木在改革开放初期对于《讲话》精神有一段重要论述，他说，“《讲话》的根本精神，不但在历史上起了很大的作用，指导了抗日战争后期到新中国成立期间解放区的文学创作和新中国成立以后文学事业的发展，而且我们在今后任何时候都必须坚持。《讲话》主要有这样两个基本点：一是文艺与生活的关系，二是文艺与人民的关系。在这两个基本点上，《讲话》的原则是不可动摇的。”[②]

有学者认为，《讲话》精神不仅包含着对文艺工作者要强化注重现实的观念，即人必须随着时代前行的辩证观念，还包含着对艺术文化的借鉴创新的强调，即必须接续文化，守住文化的底线，也包含着对艺术文化创作的提示：注重鲜活的生活气息。习近平总书记在2016年11月中国文联十大、作协九大开幕式上指出，“文艺事业是党和人民的重要事业，文艺战线是党和人民的重要战线”。在2019年参加全国两会时他鼓励文化艺术工作者坚持与时代同步伐，“文章合为时而著。广大文艺工作者要坚持以人民为中心的创作导向，坚持为人民服务，为社会主义服务，把艺术理想融入党和人民的事业之中，做到胸中有大义，心里有人民，肩头有责任，笔下有乾坤，推出更多反映时代呼声、展现人民奋斗、振奋民族精神、陶冶高尚情操的优秀作品”。

总之，《讲话》不仅对于当时建设新民主主义的新文化提出了方向，指明了道路，而且对于当今乃至今后的文化建设仍然是一部光辉的指导文献。

---

① 张卫波．新中国文化政策的源头、形成与发展［J］．理论视野，2019（10）：52.

② 胡乔木．胡乔木回忆毛泽东［M］．北京：人民出版社，1994：269.

第三节　延安文艺座谈会对文化界和山西抗日根据地的影响

一、延安文艺座谈会在延安文化界的影响

延安文艺座谈会之后，中央陆续发布了文艺整风的相关文件。1942年12月《中央总学委关于文风学习的通知》要求每个同志，认真去检查自己过去与现在的工作和自己所写的文件作品（论文、文件、指示、报告、演说、会议、讲话、教课、文艺、整风笔记、工作方式等），借以坚决地彻底地肃清党八股的遗毒。[①]

《总政治部关于部队中知识分子干部问题的指示》(1942年9月17日)中明确指出，军队中对待知识分子的政策有三个方面："容""化""用"。所谓"容"者，就是争取知识分子加入我们军队，能够容纳他们，使他们成为我们的优秀干部。所谓"化"者，就是转变知识分子的小资产阶级思想意识，使他们革命化、无产阶级化。所谓"用"者，就是合理地分配他们的工作，使他们有适当的发展前途。指示认为，"知识分子由原来的小资产阶级思想转变为无产阶级战士，是需要经过一个痛苦的艰难的曲折的过程，假若对知识分子不能很好地做'化'的工作，则我们'容'的目的很难达到，因为知识分子如不改变原来的小资产阶级世界观人生观，则无法成为我们军队的优秀干部"。

指示同时强调加强对知识分子的教育，"1. 必须在思想上进行革命，消除小资产阶级的思想意识，确立革命的无产阶级人生观。2. 必须重视工农，决心为工农服务，与工农打成一片，知识分子能否革命到底，取决于是否与工农劳动大众站在一起。3. 重视实际工作与实际经验，决心抛弃满足于书本生活，不肯深入实际工作轻视经验的毛病。4. 重视组织并培养自己的集体生活的习惯，扫除小资产阶级原有的无组织无政府自

① 中央档案馆．中央总学委关于文风学习的通知（1942年12月18日），中共中央文件选集（13册）．北京：中共中央党校出版社，1991：472．

由主义和个人主义。”①

1943年3月10日，中央召开党的文艺工作者会议，中宣部部长凯丰做了《关于文艺工作者下乡的问题》的报告，发出了文化下乡的总动员。在报告中，凯丰就为什么下乡、怎样下乡、下乡有什么困难、文艺工作者下乡后注意些什么等问题做了深入阐述。他说：“下乡是为了文艺能真正为工农兵服务，反映他们的生活和工作，要这样做，就必须到他们中去生活，了解他们，熟悉他们，与他们打成一片。”下乡的目的就是要“解决以前未解决的问题，文艺工作者与实际结合、文艺与工农兵结合这两个大问题。过去新文艺的圈子的确是太小了，主要是在知识分子圈子里，今天我们要把文艺运动圈子扩大，深入到他们中间去，来写他们的生活、工作、斗争和事业”。在提到怎样下乡问题时，凯丰提出这次下乡，不仅要有下去的决心，而且要了解如何下去。“一是打破做客观念，二是放下文化人的资格。”改变以前下乡那种“去的人以客人自居，接的人客客气气，招待一番，去的好的，搜集了一些材料，写了几篇东西，去的不好的，连材料也搜集不回来”的做客观念，“真正去参加工作，当作当地的一个工作人员出现，要求文艺工作者不要抱着搜集材料的态度下去，要抱着工作的态度下去，不要抱着暂时工作的态度下去”。放下文化人的资格就是不要在下乡时以文化人自居，“今天你做的工作不是文化工作，而是另一种工作，你就应当放下文化人的资格，以那种工作者的资格出现，到军队就是军人，到政府就是职员，到地方党就是地方党的工作者”。他对下乡文艺工作者提出了希望，“新文艺运动发展方针已经有了，而且大家的努力也在往新的方向走”，希望大家“把毛主席上次座谈会的结论，在工作中真正实现起来”。“经过实际的生活后，经过与工农兵的结合后，希望产生有内容的作品，反映八路军、反映边区、反映群众生活的好作品。”

延安文艺座谈会召开之后，毛泽东对《讲话》进行了多次修改（据

① 中央档案馆编．总政治部关于部队中知识分子干部问题的指示（1942年9月17日），中共中央文件选集（13册）．北京：中共中央党校出版社，1991：440—441．

学者统计，发表的《讲话》内容与会议上的讲话有大小200多处修改）。《讲话》正式文本于1943年10月19日鲁迅逝世7周年时在《解放日报》上全文刊登，随即在10月22日中央总学委发出了关于学习毛泽东《在延安文艺座谈会上的讲话》的通知。通知指出，毛泽东在延安文艺座谈会上的讲话“是中国共产党在思想建设理论建设的事业上最重要的文献之一，是毛泽东同志用通俗语言所写成的马列主义中国化的教科书。此文件决不是单纯的文艺理论问题，而是马列主义普遍真理的具体化，是每个共产党员对待任何事物应具有的阶级立场，与解决任何问题应具有的辩证唯物主义历史唯物主义思想的典型示范”。要求“各地党收到这一文章后，必须当作整风必读的文件，找出适当的时间，在干部和党员中进行认真的学习和研究，规定为今后干部学校与在职干部必修的一课，并尽量印成小册子发送到广大的学生群众和文化界知识界的党外人士中去”[①]。

1943年11月7日，中央宣传部发出了《关于执行党的文艺政策的决定》的文件，文件要求：“全党的文艺工作者都应该研究和实行这个文件的指示，克服过去思想中工作中作品中存在的各种偏向，以便把党的方针贯彻到一切文艺部门中去，使文艺更好地服务于民族与人民的解放事业，并使文艺事业本身得到更好的发展。”各地方与部队中党的领导机关，应该普遍负责领导所属范围内文艺工作者的这个学习运动，并检讨本身过去对文艺工作的自由主义或认识不足等缺点。“内容反映人民感情意志，形式易演易懂的话剧与歌剧（这是融戏剧、文学、音乐、跳舞乃至美术于一炉的艺术形式，包括各种新加形式与地方形式），已经证明是今天动员与教育群众坚持抗战发展生产的有力武器，应该在各地方与部队中普遍发展。”并提出，“报纸是今天根据地干部与群众最主要最普遍最经常的读物，报纸上迅速反映现实斗争的长短通讯，在紧张的战争中是作者对读者的最好贡献，同时对作者自己的学习与创作的准备也有大的益处。新闻通

① 中央档案馆编．中央宣传部关于学习《在延安文艺座谈会上的讲话》的通知（1943年10月12日），中共中央文件选集（14册）．北京：中共中央党校出版社，1991—102．

讯工作者及一般文学工作者的主要精力，即应放在培养工农通讯员，帮助鼓励工农与工农干部练习写作，使成为一种群众运动。”文件最后指出，“毛泽东同志讲话的全部精神，同样适用于一切文化部门，也同样适用于党的一切工作部门。全党应该认识这个文件不但是解决文艺观文化观问题的教育材料，并且也是一般的解决人生观与方法论问题的教育材料”，要求在广大的知识分子中间深入宣传这个文件。

延安文艺座谈会召开之后进行的改造学风文风和到群众中去的热潮在知识分子中引起了强烈反响，文艺界的整风运动围绕个人主义、自由主义、平均主义等思想进行了严肃的批评和自我批评。在“到群众中去”的热潮中，广大知识分子积极热情地投入工农兵火热的斗争生活，发现并描写新的世界、新的人物，并创造出一批优秀作品。

作家刘白羽在《与现实斗争生活结合》中反思道：“作家要注意自己思想意识的改造、锻炼、修养，是非常重要的事情。共产党员不注意在一切斗争中改造自己，那是危险的。一个马列主义的作家，在他为真理而斗争的意义上——这真理不是空洞的。正因为他是作家，是时代的喉舌，他应该更敏感、更彻底地改造自己，才能引导旁人。改造是创作的苦闷（因为前进而引起的）的一生，也正是思想革命斗争的一生。”“世界上没有停滞的天才，只有劳动的天才，马列主义作家的天才，是来自真正积极的革命斗争中间，才得以成长。”“说到现实的斗争生活中去，去同工农分子结合，那不是简单的事，革命的文艺事业，需要大批的理论家、翻译家、诸研究者，但更极其需要的是大批创作家，真正拥有马列主义立场、无产阶级立场的创作家。和工农结合，去了解他们，去研究他们，去亲近他们，去爱他们，去和他们一道呼吸，是最重要的事，我们马列主义作家，不写他们还去写谁呢？”“最好的方法，是把自身投入劳动人民的熔炉，消灭旧我，产生新我，同他们结合起来。”①

周立波说：“我们都是小资产阶级出身的人，身子参加了革命，心

① 刘白羽．与现实斗争生活结合［N］．解放日报，1942 年 5 月 31 日，第 4 版．

却留在自己的阶级趣味里，不习惯，有时也不愿习惯工农革命的面貌。”“没落阶级有时提倡自由文艺，标榜为艺术而艺术来欺骗民众，我们跟着也糊里糊涂的，不和斗争着的工农协同一致，努力地去争取民族的、阶级的自由，却向自己的人来闹个人的自由。”他在反思以前的创作时说：“我们中间另外有的人，过去参加过斗争，有一段光荣，现在在写远远的过去的回忆，对于新的事件新的人物，他不熟悉，也不留心，背着过去的包袱，并且停下脚步来，渐渐地也和这动乱时代的大众的悲欢的挣扎，离开得久了。”“搜集在纸上的材料，对于写作，只有辅助的作用，要紧的是带了自己的心去，去参加工作和斗争，把工作的地方当作家庭，把群众当作亲人，和他们一同进退，一同悲喜，一同爱憎，要这样做，将来才能写出好作品。”①

1943 年周立波写的一篇名为《后悔与前瞻》的文章中，他分析了以前下部队或下乡的做客思想：“在过去，我到过前方，也到过乡下，但是没有写出好东西，因为我在那里是‘做客’，客居的时间又很短。在前方，我敬爱战士，但止于敬爱，对于他们的生活、心理和感情，我是毫不熟悉的，我只晓得他们会打仗，很艰苦，总之是不到前方也能知道的一般情形，而我又错过了许多结识和了解他们的机会。离开了前方，有人要我写前方，我就只能写出一些表面的断片，写不出伟大的场面和英雄的人物。”“边区农民都是经过了土地革命呼吸于新天地里的新人，这个我又不熟悉。有人要我写乡下的时候，我只能写牛生小牛的事情，对于动人的生产运动、运盐、纳粮的大事，我都不能写。”分析原因时，他说道：“其一，还抱着小资产阶级的尾巴，不愿意割掉，还爱惜知识分子的心情，不愿意抛除；其二，是中了书本子的毒，读了一些所谓古典的名著，不知不觉成了上层阶级的文学的俘虏；其三，在心理上，强调了语言的困难，以为只有北方人才适合于写北方，夸大语言的困难，是躲懒的借口。”②

① 周立波．思想、生活和形式［N］．解放日报，1942 年 6 月 12 日，第 4 版．

② 周立波．后悔与前瞻［N］．解放日报，1943 年 4 月 3 日，第 4 版．

作家何其芳在《改造自己，改造艺术》中说："抗战初期，大家只有朦胧的为抗战服务的观念，缺乏明确的为工农兵并如何为他们的认识，而且多半都不是真正的投笔从戎。不过是到前方去搜集材料，回来好写自己的作品，这样产生出来的作品，总不能够写出当前斗争的主人公的真面目，完成文艺所分担的正确的反映实际并用以教育群众的任务。""改造自己的观念过去在一般文艺工作中间是很模糊的，以为既已走到无产阶级队伍中来了，跟着走下去就成了，还会有什么问题呢？殊不知自己旧我未死，心多杂念，不但今天在革命队伍中步调不一致，甚至将来是否掉队都还可担心。又因为是写文章的，自以为真有资格教育人了，而不知自己在很多地方还要从头学起。虽然说我们今天已有了思想上的准备要到实际里去，到工农兵中去才能完成，还有一重改造艺术的责任，过去文艺作品的毛病，可以概括为两点：内容上的小资产阶级的思想感情与形式上的欧化，总之，没有做到真正地为工农兵。""这次下乡是文艺工作者们彻底改造自己、改造艺术的开始，这是一件大事情，一定有更多的文艺工作同志将要不断地踏着这条道路前进，一定有一些带着新的精神的文艺作品将要出现。"[①]

《讲话》在国统区也引起了强烈反响，郭沫若在学习《讲话》精神之后，深感"今天的文艺作家应当歌颂劳动人民、表达劳动人民的感情和希望，这是新文艺和旧文艺的分水岭"[②]。

延安文艺座谈会、整风运动和党的文艺工作者会议的确触及根据地文艺工作者的思想灵魂，他们发自内心地认识到文艺与人民大众结合的必要性。会后，一大批文艺工作者走向部队和乡村，开始了文化下乡。诗人艾青、萧三，剧作家塞克赴南泥湾了解部队情况并进行劳军，作家陈荒煤赴延安县工作，小说家刘白羽及女作家陈学昭准备到部队及乡村去，高原、柳青诸同志出发至陇东等地，丁玲及其他文艺工作者做好一切到下层去的必要准备。丁玲在接受《解放日报》记者采访时说："文抗许多刚

① 何其芳．改造自己，改造艺术［N］．解放日报，1943年4月3日，第4版．

② 郭沫若．文艺的新旧内容和形式［J］．上海文艺春秋，1946年7月15日，第三卷第1期，13—14．

从前方回来的同志，本应停留一时期从事创作，但自参加党的文艺工作者座谈会后，有些同志已感到以往之去前方，仍是处在做客的情况下，并没有真正与群众为伍，因此他们又要下乡了。”刘白羽说：“要到下层去，就不能走马看花，而要长期工作，消灭不甘寂寞的心情。既然长期工作，那么就首先要把工作做好，其次才是创作，而现在创作的主要方面，则是报告和通讯。”刘白羽也谈到党员作家要起模范的作用，服从党的分配，服从下层工作岗位的领导，最后他说，“我已下决心到群众中去”[①]。周立波 1944 年 12 月以谈话访问的形式写下报告文学《沁源人民》，表达了对英勇的沁源抗日军民由衷的赞颂。后随三五九旅南行，用两只脚步走了 7 个省的广大战场。后来又深入东北参加土改，在火热的生活中创作，写出了气势磅礴的长篇小说《暴风骤雨》和《山乡巨变》。

文化下乡极大地推动了文艺民族化、大众化进程，使文化普及工作进入了一个新的阶段，使文艺工作者的精神世界得到了改造和洗礼，创作风格也随之发生变化。在延安文化下乡热潮的带动下，根据地群众文化活动也如火如荼地开展起来，很多新风尚和新观念在文化活动中显现出来。

二、延安文艺座谈会对山西抗日根据地产生的巨大影响

“边区的文艺工作，是由一群艺术水平很低的知识分子（严格地说，其知识也是很低的，大多数是高小学生），在抗日战争中锻炼自己，在乡下和群众一块斗争、工作、生活，和农民群众交了朋友，并从他们那里得到了滋养，而又懂得从群众中来到群众中去的工作方法之后，才逐渐产生了他们的艺术作品。”[②]

延安文艺座谈会后，山西抗日根据地中的晋绥根据地因为距离延安路途近，在 1942 年 5 月，参加座谈会的郁文到兴县在文联少部分人中传达了《讲话》精神，后欧阳山尊又去兴县政治部驻地文化署较大范围地传达了自己的详细学习笔记稿，随即晋绥迅速开展了为谁服务，如何为

① 延安作家纷纷下乡实行党的文艺政策［N］. 解放日报，1943 年 3 月 15 日.
② 亚马. 论发育成长中的大众文艺运动［N］. 抗战日报，1946 年 5 月 6 日—8 日.

工农兵服务的讨论。[①] 其他根据地则是在《讲话》公开发表后学习，并及时响应中央号召，开展了文艺整风、文化下乡活动，文化艺术工作者开启了新一轮结合工农兵的创作热潮，涌现出一批优秀作品。

（一）响应中央号召，及时宣传整风文件

延安整风开始后，山西各抗日根据地响应中央号召，及时宣传整风文件。1942 年 4 月开始，《新华日报》（华北版）连续用整版篇幅刊登毛泽东《改造我们的学习》（1942 年 4 月 1 日第 1 版），转载《解放日报》社论《把文化工作推进一步》（1942 年 4 月 9 日第 2 版），刊登《中共中央宣传部关于在延安讨论中央决议及毛泽东同志整顿三风报告的决定》（1942 年 4 月 20 日第 1 版），刊登毛泽东在延安党校开学典礼上的演说《整顿党风学风文风》（1942 年 5 月 5 日第 2 版、第 3 版整版刊登）。1942 年 4 月 5 日，晋冀豫区的《新华日报》（华北版）在一版显著位置报道了延安《解放日报》改版的消息，[②] 并对徐特立"党报要大胆说话"、朱德"报纸要多反映战争"、毛泽东"批评应尖锐诚恳"的主张进行了详细报道，给根据地的党报党刊整风提供了思路。报道中说："徐老主张党报要大胆说话，要发动争论，要深入下层，去多反映老百姓的事情，要同各种错误倾向作斗争。""谢老（谢觉哉，笔者注）则以厨司做菜做比喻，不应总是一碗肉又一碗肉，使人感到腻味。报纸不能篇篇都是大文章，板起面孔说话。""教育厅柳厅长希望每几个月要对根据地有一次详细的确实的报道，用丰富的事实，使读者懂得在这个时期中各根据地究竟有了什么变化。"记者要不怕困难，有耐心去挖掘"边区的丰富材料"，指出"政府的困难在下情不能上达的毛病很厉害，要仔细了解下层情形，使上下关节打通"。朱德特别强调报纸要多反映战争，反映敌后残酷的扫荡战争情形，同时要注意多反映并帮助解决边区军民关系中的问题。柯仲

---

① 亚马．关于晋绥边区文化、文艺运动的若干问题，载于王一民、齐荣晋、笙鸣，山西革命根据地文艺运动回忆录［M］．太原：北岳文艺出版社，1988：12．

② 整顿三风热潮中解放日报改版革新［N］．新华日报（华北版），1942 年 4 月 5 日，第 1 版．

平要求报纸要反对边区的太平观念，萧军也指出《解放日报》的许多缺点，并提出了具体改革的办法。毛泽东指出“改变三风必须好好利用报纸”。“关于整顿三风各部门已经开始进行热烈的讨论，这是很好的现象，但也有些人从不正确的立场说话，这就是绝对平均的观念和冷嘲暗箭的办法。”在讲到批评的态度时他说，“批评应该是严正的、尖锐的但又应该是诚恳的、坦白的与人为善的，只有这种批评态度，才对团结有利”[①]。紧接着这篇报道过后的几天，《新华日报》（华北版）就召开了各版编辑的会议，对报纸的内容、选稿范围进行了深入讨论。“六七日下午，本社同人及新华日报编委会，仍继续举行审判党八股座谈会，对报纸一二三四各版，进行深刻而细致的检查讨论，与会者皆根据自己的工作经验，控诉‘党八股’之缺点，其表现于编辑内容方面者，如批判性不够热烈，选稿范围之过于狭窄。”并分析了根本原因，“仍不外是主观主义在作祟，对于好的事实虽有充分之赞扬与鼓励，而对于某些偏向或个别之有违背于政策者，则未能随时给以适当的批评与指正。尤其对广大的群众生活反映不够。新闻内容仅在几个狭小的圈子内兜来兜去”。“新闻的单调与缺乏敏感性，影响到各地通讯员同志，只注意到报馆所指定的采访方针”，而不注意挖掘新事物。在编辑方面，则犯了“公式化的毛病，有些标题没有抓住新闻的要点，一般多是平板的老套，有时更轻重不分，先后倒置，标题不仅过多，而且有些是空洞口号”。在改进方法上，大家提出打碎“新闻囚笼”，“各版均扩大新闻范围，四版多反映下层实际情况和各方面的动态，特别是群众工作和群众生活方面，且设工作意见栏，以为读者园地，让广大人士无论党内党外均能发表意见。二三版多介绍大后方和各根据地情形，批判地采用国内外各通讯社的电讯，并及时编制参考资料，帮助读者了解问题”。在编辑方法上“局部采用混合编辑法，视稿件多寡机动编排”。在标题方面“下工夫去研究，力求做到显著特出，并能概括整个新闻”[②]。

---

① 整顿三风热潮中解放日报改版革新［N］. 新华日报（华北版），1942年4月5日，第1版 .

② 本报审判各版编辑内容、选稿范围狭窄批判不够热烈［N］. 新华日报（华北版），1942年4月9日，第4版 .

1943年底，晋绥边区翻印出版了大批毛泽东著作，把《论持久战》《论新阶段》《新民主主义论》以及《农村调查序言和跋》精装出版，与延安文艺座谈会上的《讲话》一起作为学习材料发给党内外干部阅读。[①]

（二）深入开展文艺整风学习和文化下乡

1. 召开座谈会反思过去的问题

为了深入加强文艺整风，1943年3月13日，晋冀豫边区召开了文联扩大执委会。边区政府杨秀峰主席、戎子和副主席、罗青厅长、刘岱峰厅长及张磐石、朱穆之、林火、杜毓沄、张柏园、彭庆昭、洪荒、寒声、刘备耕等人，对于过去文化工作中存在的缺点进行了反思和讨论，提出过去文化工作主要存在以下问题：“（1）文化工作与群众脱离。（2）文化工作各部门（如文艺、美术、戏剧）之间脱离，特别是与教育工作脱离。（3）文化工作与文化人脱离，没有吸收广大文化人来参加文化工作，在别的工作部门工作的文化人，也没有关心文化工作来参加文化工作。（4）文化工作与新民主主义建设的各上层组织也是脱离的。”表现在“村子里的文化生活，差不多是‘什么也没有’，没有画，没有歌，没有戏剧……”工厂工人“没有读物，没有歌唱，没有画看，有许多工人，甚至已经有五六年看不到戏了”。即使有某些文化作品，也大部分不合群众的胃口，群众批评有些剧团的剧“看不懂”，像在“在台上开会”，工人反映看不懂《新华日报》，对于和自己无关的歌曲，工人也不感兴趣。洪荒反映“儿童没有歌曲唱，区村干部没有适当的歌曲唱，缺乏音乐上的表现力和鼓动力，有的勉强写出歌词，装进去淫词滥调的曲谱，内容和调子形成不和谐。今后发动大家多写些歌曲，并吸收群众的作品，加以修改介绍”[②]。

张秀中在题为《一年来本区文艺运动的回顾与前瞻》的讲话中，对于文艺理论建设和批评方面的薄弱环节指出：“虽然我们也曾提出文艺上

① 中共兴县委员会党史资料征集研究办公室．晋绥根据地人物［M］，1986：57．

② 秉圭．文联扩大执委会发言纪要［J］．华北文化（第9期），1943年3月15日．

的对敌斗争问题，提出了反对文艺上的主观主义形式主义，而且也曾强调了深入生活、体验生活，鼓励文艺工作者要搞调查研究的问题，虽然也纠正过某些有害论调与创作上的不良偏向等，但还没有建立有系统的、比较完整的、真正能够指导初学写作者创作的理论，我们仅有的一些理论还是较为空洞，较为抽象的。还没有真正把理论转化为对于作品的具体批评与建议，而提到具体地帮助作者，经常协助作家成长，尤其缺乏自由研究自由争论的活泼空气。”①

边区戎子和副主席在发言中说：“今后的文化运动应该反对两种思想，一种是帝国主义的奴化思想及奴化汉奸思想，一种是封建的迷信思想及革命文化阵营中的唯心思想，树立革命的、科学的、民主的思想。”强调“文化人自己应加强调查研究，充实具体的阶级斗争知识和生产斗争知识，而以之教育群众。过去忽视生产斗争知识的现象，亟应克服”②。

徐懋庸在闭幕词里表示，今年（1943 年）要在太行根据地掀起一个新文化运动，这个新文化运动必须是真正群众性的大众化的运动，应该是以新民主主义的民主思想为中心的启蒙运动，必须与政治、经济、武装等各方面的群众运动密切配合，一致与日军汉奸及封建传统思想作斗争，应该普遍团结根据地所在乡知识分子，也要尽量团结敌占区的文化人、知识分子。要号召所有文化工作者注意调查研究，根据群众斗争的客观需要来写作，其作品要在大众化意义上提高质量，要真能反映现实，改造现实；应该号召所有文化工作者认真地学习鲁迅，研究鲁迅的著作，以提高自己的修养，整个文化界应该亲密团结起来，要真正开展文化界整风运动，肃清宗派主义与自由主义的残余。③

边区政府杨秀峰主席在《文化工作要配合群众运动》的讲话中重点讲了对群众运动的观点，他认为，文化工作要与群众运动结合，“首先要深入群众，了解群众。但了解群众，不是广泛地去了解，而是要选择群众

---

① 张秀中．一年来本区文艺运动的回顾与前瞻［M］．华北文化（第 2 卷第 3 期），1943 年 3 月 15 日．

② 秉圭．文联扩大执委会发言纪要［J］．华北文化（第 9 期），1943 年 3 月 15 日．

③ 秉圭．文联扩大执委会发言纪要［J］．华北文化（第 9 期），1943 年 3 月 15 日．

运动开展最深入的地区去了解。从这中间，特别了解其隐藏的、没有暴露的一面，也就是说，了解旧的封建思想与敌伪的有害的奴化侵略思想在群众中所产生的影响，从这里面发掘问题，寻找我们创作的题材，然后把握这题材，去启发群众的斗争思想，从思想上武装群众。只有像这样一面向群众学习，一面提高自己，才能推动群众运动发展。其次，要培植群众中的文化领袖。培养群众文化领袖，应该从群众运动中去发现去培养，这样的领袖，文化水平虽不高，但我们倘能不断加以培植，使他们提高，他们在群众中所起的作用，往往是惊人的。”此外，还要提供在青年、儿童、军队中广受欢迎的文化资料。他对襄汾剧团“表现简单朴素，利用农村语汇，插以歌谣”的表现形式给以赞扬，并总结“要使文化工作深入实际，配合群众运动，这就需要我们更多地研究民间形式，研究群众的思想、心理和他们的口味，真正创造出一些思想上、形式上为群众所迫切需要的东西来”①。

2. 文化团体进行专门讨论

《华北文化》在延安文艺座谈会讲话发表后专门出了革新版，在革新第 4 期上刊登文艺工作及文艺工作者改造问题讨论特辑，讨论中共中央文委及凯丰、陈云对于文艺工作者的意见。讨论中，张香山谈到“党中央所开展的新文艺运动不但正确确立了文艺运动真实明确的方向——为工农兵服务，面向工农兵与工农兵结合，并且进一步，从对于党内外文艺工作者的思想方法与实际生活的改造基础上，来求得这一个任务的达成，因此，这才是最彻底的，也是最根本的一种改造运动”。因此，文艺工作者“应该虚心地接受党中央对这一运动的指示与经验，使我们的新文艺盛开其灿烂的花朵”②。王南认为：“凯丰同志的文章，我想，不只是谈了文艺工作者下乡的问题，这恐怕还指出了现在与将来中国文艺运动整个方向的问

① 杨秀峰．文化工作要配合群众运动——在文联扩大执委会讲话［N］. 华北文化（第 2 卷 3 期）.1943 年 3 月 15 日．

② 张香山．从根本的改造着手［J］. 华北文化（革新第 4 期）.1943 年 7 月 10 日．

题；不只谈文艺问题，也是告诉我们文艺工作者如何做人的问题。改造自己成为一个新的人的问题。没有这种思想上的认识，文艺工作者纵然下乡，也不会做到与工农兵真正结合。”“一个革命的文艺工作者首先的条件，我想，恐怕就是堂堂地做一个老老实实的革命者，切实地革命、生活着，然后才能希望写好文章。”① 谈到如何与工农兵结合时，王南谈道：“中国工农兵有自己的事业，只有用文艺的武器，去和工农兵一起，为这个事业去共同努力，才是结合，也就是彼此结合于同一事业。这样的结合，也就成了为工农兵服务——其实也正是为中国革命奋斗。”②

1943 年 5 月晋冀豫边区文联、文协、剧协、美协、音协、新文字协会、华北文化社等文化团体，联合进行了文风检查会，对于文化艺术工作的八股罪状进行了检查座谈，对于各艺术形式存在的八股现象给予揭露：“文艺创作方面，主要缺点在于过分追求形式，缺乏现实主义内容，故事的结构多是公式化的，从原因到结果平板而机械地排列，人物描写是脸谱似的好像有一套固定的模型，而没有典型的突出的性格。”诗歌创作方面“很少在内容上、丰富感情上多下工夫，诗的语言没有利用真正的大众语汇”。“文艺批评书本上的理论的玩弄多于对作品实际的深刻研究，喜欢拿着固定的尺度去衡量每篇作品。”“戏剧工作上，还存在着宗派主义色彩，剧团之间，互争高下，很少取长补短；创作上有某些脱离现实主义的现象，因为现实生活体验得不够，人物的演出公式化。”音乐美术上的八股作风体现在“歌词多是政治口号，而绘画也往往是政治口号、标语的图解，真正从现实大众生活里面摄取题材的作品还没有产生”。关于整个文化运动方面的缺点，一致认为：“文化工作落后于政治上客观形势的要求，文化工作者的眼睛往往只往上看，而没有切实照顾到群众的现实生活，文化对敌斗争上显得异常薄弱，不能争取主动。”“在文化统一战线方面，没有把乡村的文化人及敌占区的知识分子切实地动员起来，对一般中下

① 贺彬．从做人谈起［J］．华北文化（革新第 4 期），1943 年 7 月 10 日．
② 王南．努力做新的文艺工作者［J］．华北文化（革新第 4 期），1943 年 7 月 10 日．

级读者的精神食粮的供给也十分不够。”[①]

张磐石在1945年太行文教群英大会上反思太行区文艺工作时认为，“从1940年起，教育上实现‘正规化’，戏剧上提倡演大戏，作者提倡写大作品，大家不管懂和不懂，都要读本厚书，但文化工作脱离群众，文化工作者吊在空中，越努力，越糟糕。始终冲不破教条主义、形式主义的圈子。1942年区党委和师政治部召开了文化人座谈会，当时雪峰同志提出为群众服务、到群众中去的口号，这在今天看来是完全对的，但当时因时机没有成熟，大家没有真正接受。”“1942年毛主席的文艺报告也发表了，但因本区干部尚未整风，许多干部对变天思想还有些模糊观念，所以旧思想还没有转变过来。”“文教工作从群众实际需要出发，为群众服务，才能逐步前进和提高，才能改造旧的文化工作者，产生新的文化工作者，否则，一定会失败。”[②]

3. 反思与批判文艺作品问题

学习延安文艺座谈会《讲话》精神后，根据地文化工作者也对文艺作品创作问题进一步进行了反思。1946年沙可夫在《解放日报》发表的《晋察冀新文艺的发展道路》中谈到了延安文艺座谈会前晋察冀文艺工作中特别是诗歌方面脱离工农兵大众的情况。“晋察冀几年来的诗作产量是非常丰富的，‘街头诗’‘标语诗’等那是不用说，简直‘触目皆是’，即使是长篇叙事诗与巨著抒情诗，也是层出不穷，一章又一章，一部又一部，一个集子又一个集子。这些诗歌作品中，我们不能说没有优秀之作，但绝大部分是为读者所不懂，不喜欢，实际上只能给自己或自己趣味相投的文艺工作者、文化人、知识分子所欣赏、爱好、赞美的东西。这里粗制滥造的现象是相当严重的。尤其有许多青年初学写作者，以为写几句诗，成为一个‘诗人’是那么容易，于是诗就大大地‘普及’起来了。对

① 新华日报（华北版）.1943年5月4日．

② 太行革命根据地史总编委会．张磐石同志在太行文教群英大会上的总结报告，载于太行革命根据地史料丛书之八——文化事业［M］.太原：山西人民出版社，1990：152—155.

于这样创作出来的诗歌在晋察冀是不是有过严正的、实事求是的批评呢？去年以前简直可以说没有，有的倒是些冷嘲热讽式的、传为笑柄的闲话：把什么‘肺病色的早晨……’‘斯大林说……我也说……’等作为一种‘名句集锦’来传诵。这当然不是‘治病救人’的批评态度，因此只能引起诗作者的反感而无补于实际。至于诗作者相互间的所谓批评又多半是客客气气，表扬赞颂一番，对于缺点轻描淡写或不着边际说几句，甚至绝口不提。那末，诗作者自己对于大多数读者‘看不懂，不喜欢’的呼声采取了怎样的态度呢？一般说，他们并没有虚心来倾听读者的意见，对自己的诗作加以严格的自我批评，并苦心研究以找出诗歌创作的正确道路。恰恰相反，他们只怪读者而不反省自己，自以为是，一意孤行。有的诗作者，如《诗建设》的编者在去年出版的一期上发表了一篇社论性质的文章（题目记得大概是《加强诗的宣传》），其基本精神是：指责读者文化程度不够，缺乏诗的艺术修养，所以对许多诗歌作品看不懂，不喜欢，结论是需要对读者加强诗的宣传教育工作。这里说明一个什么问题，得到一个什么经验教训呢？我个人的了解是：如果文艺创作与文艺批评脱节，如果作家缺乏真正的自我批评，那末创作不会提高与发展，甚至会走到歪曲的路上去。”①

1942 年 6 月以后，由于晋绥地区的文艺工作者已经接触学习到毛泽东在延安文艺座谈会上的讲话精神，他们在文章中开始运用一些讲话中提到的文艺观点对 1942 年 2 月《西北文艺》上发表的《丽萍的烦恼》做了比较全面的剖析。因为小说作者莫耶在战斗剧社创作过大量戏剧作品，是根据地很有影响的女作家，前期对这篇小说的争论比较平和。但这篇小说发表后，榆林的国民党特务机关以两千元收购，引起了根据地文化工作者特别是军队文艺工作者的进一步关注。在 1942 年 6 月 30 日和 7 月 7 日的《抗战日报》上，分别刊登了两篇关于这篇文章的评论。叶石在《关于“丽萍的烦恼”》当中指出：“世界上没有一个理想的完人，也没有一个一无可取的坏人，坏人也有人人可资学习的地方，何况丽萍和‘＊长’

① 沙可夫．晋察冀新文艺运动发展的道路［N］．解放日报，1944 年 7 月 24 日．

都是光明圈里的人物，不要使缺陷或完美集中在一个人物的身上，要相交错的手法把他们分散开，所得到的人物，会是活生生的，亲切的，与我们日常生活常相接触的现实的人物。”他不反对文章中有讽刺或批判，但同时提出：“在自己的队伍里进行讽刺，必须通过冷静的思考基于阶级的爱，勃发而成为一种温暖的、无伤害于人而有助于人的态度，暴躁凌厉，大张挞伐的态度，除了满足模糊的讽刺以外，必然忘记了同伴大的、真实的缺陷，而形成了专门从细小的地方找岔子。同时，感情过分激动，又可以使一个讽刺者发生错觉，丧失公正的挑选材料的理智。”“因为作者犯了这个错误，才使得《丽萍的烦恼》中作者如何暴躁地对自己的同伴，采取了鞭挞多于抚慰，打击多于教育，厌恶多于喜爱，挖苦多于说服，冷漠多于温情的‘路人’的态度。”最后提出这种“庸俗化的讽刺运用在革命队伍里，又会变成一种腐蚀性的毒剂，结果，害了同伴，害了自己的好恶，又害了讽刺本身”[①]。

在另一篇文章中，作者对于这篇小说则进行了尖锐的批判：“《丽萍的烦恼》中贯穿着两个错误思想：作者一方面力说着小资产阶级恋爱观的个性主义，一面对革命队伍的老干部和女同志抱着错误的偏见。作者以琐碎印象事件之记述假借艺术形象的手段，散播其错误思想，使人不易窥测，读者必须反复追寻其思想基础，然后才能抓住其本质，给以客观批判。”他进一步指出这篇小说产生的危害，“作者把革命队伍中的老干部，描摹为中古时代的骑士或者法西斯营垒的军官，作者对于部队新老干部在婚姻问题上的认识，就是如此。这种错误思想，借艺术形象之力，散播很广很快，不但给反共分子以造谣口实，而且影响着新老干部的团结。”“莫耶同志忘记了革命队伍的政治本质，先进政党的领导作用，因而把恋爱问题和政治思想完全孤立地分离开看。”错误就在于“现实生活是战斗的，而小资产阶级的幻想，往往在实际问题上彷徨苦闷”。“只看见日常生活的琐事，不看见其政治品质，只看见他们恋爱上的不艺术，不看见他们在

① 叶石．关于“丽萍的烦恼”［N］．抗战日报，1942 年 6 月 30 日，第 4 版．

战场上的英姿。这种思想表现在政治上可以形成绝对主义，表现在文艺创作上可以歪曲事实，流为讽刺，《丽萍的烦恼》就是典型的例子。”[①]

4. 开展文化下乡

晋察冀文联第二次代表大会之后，晋察冀文协机构和工作方式均有变化。文协工作中心转到了“广大工农通讯员的培养教育，巩固和发展文艺小组，开展文艺批评及街头、集市、庙会文艺活动以及朗诵活动，并编辑出版通俗文学刊物”。大批文艺工作者纷纷下乡，“诗工作者田间、邵子南、林采、方冰等均已分配到县、区工作，小说工作者孙犁、丁克辛、邓康下乡新担任一定实际工作，美术工作者沃渣、钟惦棐、李黑、徐灵、劫夫、李又人等均已分配到各宣传出版机关，音协、剧协干部新分配到各剧社工作，西北战地服务团文学组和美术组均行取消，分别分配参加实际工作。”[②] 此外，各地文联、文协的工作者们纷纷下乡。孙犁在1943年6月28日《和下乡同志们的通信中》描述了文艺工作者下乡前后的变化：“没下乡之前，苦于没有生活，想凭借作者的努力和热情的感染，把红土制成朱砂。对更好更辉耀的生活，因为没有亲身观察，执笔踌躇，空艳羡金子的光耀。”“这就是为什么我们过去的作品，那样味道淡薄，和斗争脱节，和群众的爱好不相投的一个重要原因。”“下乡解救了这一关。一是作者下乡努力了，二是实际工作供给了题材。”“工作所到，便是生活所及，接应之后，便是人物的形成。”“而把在工作里解决了的事件写出来，就一定为群众所爱，所懂，就一定为斗争所需。”“通俗的问题，只要下乡以后，努力贯彻下乡的精神，作品就会通俗起来。这是由作者新的生活内容，新的生活认识所决定的。他写的生活即为群众所熟悉，自然就为群众所懂。实际上就会解决了通俗的问题，到那时作品哪些地方脱离群众也会自觉到了。”在谈到下乡后工作与创作的关系时他说，“下乡之后，把本身担任的工作看成第一，要决心把它做好，在新工作上，有

---

① 沈毅．与莫耶同志谈创作思想问题［N］．抗战日报，1942年7月7日，第4版．

② 边区文联驻会干部下乡［N］．晋察冀日报，1943年5月28日．

所建树和创造，是最可贵的精神。不能和目前的工作很好地结合，就是下乡不彻底，不只是和周围的人搞好关系而已。其次安心一步一步学习，也是实际有效的方法。”他还强调下乡后政治理论学习的重要，“斗争这样复杂，不时刻在思想上锻炼自己，感情就不能提高到与群众合拍的地步”，政治学习“不仅是工作上的需要，写作上的需要，更是终生的需要”[①]。

《解放日报》对晋察冀根据地 1943 年召开的两次文联代表大会进行了报道：“经过两次会议，过去文艺界的倾向基本上已被克服，文艺工作者亦纷纷以新的精神重新下乡工作，文联等机关已大为精简。晋察冀的经验证明，文艺界脱离群众的倾向即在敌后直接战争环境中亦有发展的可能与清算的必要。按党中央的文艺政策，在华北各地均已有所反映，而联系当地实际，经过深刻讨论，借以彻底改造工作者，尚以晋察冀的经验为最值得重视。”[②]

（三）出版通俗读物，表彰优秀作品

1943 年 4 月，晋冀豫边区文联会同新华、华北两书店，召开丛书编辑工作座谈会，决定出版通俗的大众读物及一般读物等两类丛书。整顿三风开始后，各根据地陆续出台文化奖金奖励政策，鼓励更多通俗化大众化作品创作，在各根据地形成了一波创作热潮。延安文艺座谈会前后，根据地针对通过深入生活及向群众学习创作出的作品举办了多种形式的评奖活动。

晋冀豫边区 1942 年 4 月在极端困难的条件下，设立文化奖金，专门对通俗读物进行表彰奖励。全区每年设立奖励金额一万五千元，“按地区分配，冀南四千五百元，太行区七千元，太岳区三千五百元”。奖励条例规定，奖励对象为：“1．浅近的中级科学读物，包括自然科学，尤着重破除迷信，提倡卫生及历史、地理、政治、经济、军事、哲学、常识等

---

① 孙犁．和下乡同志们的通信，载于张学新、刘宗武，晋察冀文学史料［M］．天津：天津社会科学院出版社，1988：35—39．

② 晋察冀召开文艺工作会议文艺界气象一新［N］．解放日报，1943 年 6 月 7 日．

通俗读物，占金额的 30 %；2．通俗文艺作品，包括戏剧、小说、诗歌、绘画、木刻、音乐等，占金额的 20 %；3．各种专门问题之调查研究占金额的 10 %；4．儿童读物及民众识字课本占金额的 10 %；5．奖励文化干部及大众文化工作者，包括新闻记者、剧团演员、义务教员、农村剧团和新文字运动干部，占金额的 30 %。”还规定在每年鲁迅逝世纪念日（10 月 19 日）颁奖。[①]1942 年和 1943 年太行区文协、《华北文化》等文化机构举办了文学创作竞赛，1945 年晋冀豫区政府举办了秧歌有奖征文。

晋察冀边区 1943 年公布了本区开展的“乡村文艺创作征文评定”结果。这次评奖由边区文联、鲁迅文艺奖金委员会及北岳文教会共同发起，共收到戏剧作品 104 篇，音乐作品 20 篇，绘画作品 2 篇。26 件戏剧作品、7 件音乐作品和 1 件美术作品获奖。这些作品反映了《讲话》发表之后晋察冀在文艺创作上取得的成绩。

晋绥边区 1944 年举办的“七七七文艺奖”评选活动影响最大。评奖要求在内容上结合根据地三大任务：对敌斗争、减租减息、防奸自卫。以此为总的方向，题材必须以工农兵为主要对象，贯彻毛泽东“组织起来”的方针，力求通俗，能为工农兵所喜爱。这次评奖收到戏剧作品 53 篇，歌曲唱词 10 件，绘画 17 件。因为戏剧作品多，优秀作品也多，组委会决定将剧本奖名额扩大一倍，评选的优秀作品在内容上都能符合于当前的边区政治任务，在形式上、技术上，大都能普及，为群众所喜闻乐见，且多样化。如戏剧有话剧、山西梆子、眉户、道情、秧歌以及新型歌剧，散文有小说、通俗故事、报告、速写、童话，图画有年画、连环画及木刻连环画，歌曲也大部分符合当地人民风味[②]。这些作品不仅以单行本印刷出版，而且上演后在各地广为流传，受到根据地广大群众的热烈欢迎。

各根据地的创作评奖活动选出的优秀作品具有共同的特点，都是深入生活、密切联系群众的产物，大部分作品是集体创作，有的作品就是农

① 边府设立文化奖金，全区金额每年一万五千元，通俗读物将受优等奖励 [N]. 新华日报（华北版），1942 年 4 月 10 日 .

② “七七七”文艺奖金公布以后 [N]. 抗战日报，1944 年 9 月 20 日 .

民或军人自编自演的。这些作品在战争环境下完成，与政治斗争紧密相连，也体现出艺术性，洋溢着浓郁的生活气息，为广大群众所追捧，体现了毛泽东文艺新方向在根据地的巨大成功。冯牧在延安看到晋绥边区“七七七”获奖作品单行本时，“感到一种难以抑制的欣喜”，认为“这些作品，不仅是晋绥边区文艺运动的重大收获，而且也是敌后根据地文艺运动的极为珍贵的收获”，是边区文艺工作者“很好地执行了毛主席所提出的‘为工农兵服务’的文艺政策的结果”。指出“只要我们的文艺政策执行得正确，我们是可以期望从广大的根据地人民中间，产生出更成功的作品来的”[①]。

李公朴热情地赞颂了根据地文化工作者的贡献，“所有的文化人都是名副其实的‘文化战士’。战斗的、敌后的统一战线的环境锻炼了他们，使他们每一个人都有着丰富的正确的政治修养。正因为如此，他们才能像在政府工作、民运工作的同志们一样一边在战斗，一边坚持他们的工作，顽强地挺立在他们自己的岗位上。因此边区的文化工作所有的部门是紧密地配合起来的，文化工作不是其他部门的尾巴，没有脱节的现象。相反的，文化工作在边区是起了主导的、批评的、指示的作用。”[②]根据地的文艺工作者也深刻认识到：“新民主主义文化并不是产生于别的什么地方，而是产生在敌后的边区，谁要是和这大时代脱节，即使游离，亦将变成文化阵线上的落伍者，只有把自己投身在伟大的民族解放的浪潮中，在实际工作里，在斗争的生活中，才能做一个名副其实的抗战救国的文化战士。”他们进一步体会到延安文艺座谈会上提出的文化方向，“新民主主义文化是革命的大众的文化。”“绝不是名流学者的产物，而应是广大群众的创造。”“只要脱离了广大的群众，文化就不能形成一个广泛的运动。不能为群众所接受的，则一定毁灭。群众是需要文化的，他们之需要文化正像是他们需要民主一样。”“在人民大众的队伍里充满了天才的文化战士。”“这些朴素的农民和工人，他们才是建立新民主主义新文化

① 冯牧．敌后文艺运动的新收获——读晋绥边区“七七七”文艺奖金获奖作品［N］．解放日报，1945年5月6日．

② 李公朴．华北敌后——晋察冀［M］．上海：生活·读书·新知三联书店，1979：157—158．

的伟大工匠。”[①]

而关于“1942年毛主席在延安文艺座谈会讲话以前，文艺战线上有没有正确路线的实践坚持者”这一问题，也在山西抗日根据地的实践中充分地证明了，“并不是所有的人都不懂文艺是广大劳苦大众的，就是在实践中，文艺工作者大量运用民族、民间的形式，宣传革命的思想，并具体同当前革命任务结合起来，成为教育人民大众的有力武器的人，是客观存在的”。晋绥边区文联负责人当时就认为，“如果全国客观上不存在那么些有正确观点和勇于实践的人，那么毛泽东的正确观点又是怎么产生的呢？”“毛泽东的思想也有客观群众基础的，它是从群众中来，又到群众中去的思想意识产物。”[②]

① 李公朴．华北敌后——晋察冀［M］．上海：生活·新知·三联书店，1979：160．

② 亚马．关于晋绥边区文化、文艺运动的若干问题，载于王一民，齐荣晋，笙鸣，山西革命根据地文艺运动回忆录［M］．太原：北岳文艺出版社，1988：21—22．

第五章　山西抗日根据地文化理论的实践探索

第一节　山西新文学的代表——山药蛋派

毛泽东《在延安文艺座谈会上的讲话》发表之后，整个山西抗日根据地逐渐掀起了以工农兵生活为书写题材的文学高潮。有这样一群作家，他们出生于山西，生长于山西，经过革命斗争艰苦磨炼，长期与群众生活战斗在一起，形成了自己特有的写作风格。他们的作品大多描写农村生活，具有泥土气息较强的故事性、通俗明白的语言和诙谐幽默的风格，有民族化、大众化与地方特色，被称为“山药蛋派”。山药蛋派诞生于抗日战火纷飞的20世纪40年代初，赵树理是该流派的创始人和代表作家。山药蛋派中坚作家马烽、西戎、李束为、孙谦、胡正这“五战友”，也大都是在山西农村成长起来的文学青年。抗战初期，他们一起参加革命当战士，后来又一起到延安鲁艺学习，然后回到晋绥解放区从事文化工作。从事创作之初，他们以毛泽东《在延安文艺座谈会上的讲话》精神为指针，明确了为工农兵服务的方向，自觉学习赵树理的创作风格，用农民的语言来描写新的农村斗争生活，强调文学为农民服务，坚持用文学作品启蒙和教育农民，陶冶农民，满足农民，写了不少动人之作，对山药蛋派的形成起到了举足轻重的作用。陈荒煤在1947年7月晋冀鲁豫边区文联召开的文艺工作座谈会上发言提出要“向赵树理方向迈进”，表明了山西抗日根据地文学的前进方向。在抗日战争时期，山药蛋派在根据地乃至全国影响最大的两个本土作家要数赵树理和马烽了。

一、赵树理

赵树理1906年9月24日生于沁水县尉迟村，1925年考入山西省立第四师范，1927年4月加入中国共产党，1936年10月在长治加入牺盟会，从事抗日宣传工作。1939年，组建“抗日烽火剧团”，5月日军侵入长治后，编写历史剧《韩玉娘》《邺宫图》，配合抗日宣传。1940年6月调至《新华日报》（华北版），编辑《抗战生活》，8月任《中国人》报副刊《大家看》主编。1941年8月，与王春、林火等人发起中国文学史上第一个通俗化研究会，专门研究大众化文化问题。1942年调至太行区委宣传部编写反对离卦道的戏剧《万象楼》。1943年调北方局调研室工作，5月写了《小二黑结婚》，9月在华北新华书店出版，1944年再版。1943年10月写了《李有才板话》，《解放日报》1946年连载。1944年写了报告文学《孟祥英翻身》，1945年写了《李家庄的变迁》。赵树理的多部作品不仅在国内多次再版，还被翻译成俄文、捷克文、匈牙利文、德文、朝鲜文、日文等出版。新中国成立后历任工人出版社社长、北京大众文艺创作研究会主席、北京市文联副主席、《人民文学》编委、《曲艺》杂志主编。“反右”和“文化大革命”期间受到错误批判，1970年含冤逝世，终年64岁。①1979年得到平反。

赵树理最重要的艺术成就，在于他继鲁迅、茅盾之后，对我国农村题材文学创作进行了深入的挖掘，独特地表现了在党的领导下的农民创造历史的主动精神，塑造了一系列鲜活的时代英雄和新人形象。他追求以中国广大群众喜闻乐见的民族新形式，把中国古典文学、民间文艺和“五四”以来新文学的优秀传统融于自己的创作中，形成了具有鲜明民族化、群众化的艺术风格，在小说创作中探索了一条新路，在山西形成了被人们亲切地称为“山药蛋派”的艺术流派。②

---

① 赵树理生平大事年表，载于山西省史志研究院，赵树理传［M］. 北京：当代中国出版社，2006：366—379.

② 翟泰丰 . 人民的作家，不朽的作品——纪念赵树理诞辰九十周年［J］. 新文化史料，1997（2）：20—22.

（一）矢志不渝坚持通俗化大众化

赵树理在根据地从事文化宣传工作时，坚持通俗化和大众化文学创作的研究与实践。1942 年年初，赵树理调到晋冀豫区党委宣传部。在区党委所属的《中国人》担任编辑期间，他先后用不同署名发表了大量通俗易懂的诗歌、杂感、鼓词、剧本，号召根据地百姓放下太平观念，起来抗击日军。这些作品运用了大量当地的俚语俗语，语言生动丰富，道理深入浅出，读来朗朗上口，对教育群众起来抵抗侵略者做出了很大贡献。

毛泽东《论持久战》发表之后，赵树理在 1941 年 1 月到 4 月的《中国人》连续发表《漫谈持久战》的政论，将毛泽东持久战的理论用老百姓听得懂、听得进的语言娓娓道来，至今读来都倍感亲切。在《漫谈持久战》的第一篇文章《打一个比》中，他用老百姓耳熟能详的比喻批评速胜论和投降论的危害，文中说："俗话说：棋看满盘，走一步看一步能不输吗？""今天中国军队打了个胜仗，他觉着最后胜利一定是中国的，明天敌人占去一个城镇，他又觉着中国一定不算话。"他把持久战比喻成"熬着打"，"长期熬着打，中国一定能得到最后胜利，要想痛痛快快马上见个谁输谁赢，那中国就非吃大亏不可"。他把日本比作一条大蛇，把消灭日军比喻为打蛇："这蛇如果像水桶那样粗，你就捏不住他的脖子；如果只有手指头粗，你就能把他扔出几十步之外。你要是拳大胳膊粗，你便能捏死一条不大不小的蛇；你若是手无缚鸡之力的书生，见个小蛇或者也要倒退几步。人要是一群，蛇只是一条，人便容易打死蛇；蛇要是一群，人只有一个，蛇也还能吃了人。日本究竟是大蛇、小蛇、是群蛇、是孤蛇？中国究竟是壮汉、是书生？是群人、孤人？熬着打该怎样熬？怎样打？打到几时熬到几时？最后胜利是不是确有把握？"最后笔锋一转，说明"这些道理在毛先生的《论持久战》中说得字字透彻"①。

接着，他又在《抢与抗》中从琉球、台湾被日本占领说到七七事变

---

① 赵树理．漫谈持久战——打一个比，载于赵树理全集编辑委员会，赵树理全集（第 1 卷）[M]．北京：大众文艺出版社，2006：277—278．

以来日本对中国的侵略抢夺，说明侵略者的本性和不抵抗的危害。提出："既然他们非把中国抢完，不肯拉倒，中国如果不抗会得个什么结果呢？这结果已经被人说俗了，就是亡国灭种。'亡国'就是把中国弄没了，叫以后世界上再不说这一国，'灭种'就是把咱们这一种人消灭尽，叫以后世界上再没有这种人。""如果细想起来，可不是件小事呀！""他既要抢，咱们就要抗。他们的'抢'是毫无道理的，咱们的'抗'是理直气壮的，一不抗，大家都要断子绝孙。"[①]

他在《日本凭什么抢？我们抗得住吗？》中用老百姓听得懂的词汇说明了中日双方力量对比和我们的优势，并巧妙地把炮弹比作"几石米"，把日本财阀比作"财东"，说明持久抗战对日本民力的损害，"日本虽然表面上有飞机大炮，真实都是老百姓的血汗，这血汗钱一旦完了，那时就不能不用财东们的钱。财东们的钱，一来舍不得花，二来也有花完的一天，所以日本和咱打，他是终归要输的。""中国呢，因为人多，又因为不打强盗真正活不了，老百姓为了保护自己，就要起来反抗，就要参加军队，所以中国的老百姓说起打日本越来越一致，中国的军队越打越多。""他占了城咱有乡，一切的人力和财源在乡村，因此到处能做根据地，敌人不但困不住咱，咱反能用乡村来包围城市，把敌人困在城里。""几时熬得他里外顶不住，稀里哗啦倒下来，到那时咱的新力量已经从长期抗战中长起来了。"[②]

接下来的几期，他又用《谁的朋友多，谁的朋友可靠》阐明了世界反法西斯战争的局势，用《近视眼和脏东西》揭示了速胜论和亡国论的错误，并在《相持阶段》《反攻阶段是什么光景》《抗战胜利后中国是什么样子》中说明了抗战的三个阶段，他在解释"相持"时用了打架的例子，"什么是相持，比方咱两人打架，打到半路，我揪住了你的头发，你也揪

---

① 赵树理．漫谈持久战——抢与抗，载于赵树理全集编辑委员会，赵树理全集（第 1 卷）[M]．北京：大众文艺出版社，2006：279—280．

② 赵树理．漫谈持久战——日本凭什么抢？我们抗得住吗？载于赵树理全集编辑委员会，赵树理全集（第 1 卷）[M]．北京：大众文艺出版社，2006：281—282．

住了我的耳朵，这是虽然不见你来我往的大动作，但最后谁胜谁败就看这时候谁能熬过谁”[①]。他展望了抗日胜利后“人人有饭吃，人人有工作，国家事大家管，谁也不欺侮谁，人人享幸福”的美好生活，[②]并提出“平常就立下根基，从现在干起，就可以更早反攻”，给沦陷区的青年指出抵抗日军的方法：“第一，不真给敌人出力，他逼得紧了有时虽应付一下，但他一背脸就给他破坏一下，叫他的根基越不牢稳，越于咱有利；第二，中国人连成一条心，咱的人要暗暗结成一伙，有咱的军队或者工作人员来了，咱是要暗暗帮助，不叫出了危险，这样就断不了联络；第三，是参加咱的军队，青年壮丁如果怕敌人抽去，最好是参加咱们的军队，到将来打回来时，自然容易取胜。”[③]

这个系列政论，给根据地和沦陷区的群众进行了通俗易懂又饶有兴趣的持久战教育，有些语言我们今天看起来或许感到好笑，但当时根据地的农民绝大多数都是文盲，识字的很少，这种直白的语言能够起到很好的教育普及意义。后来在多种场合，赵树理对自己创作中的通俗化大众化方法矢志不渝，他组织了“通俗化研究会”，以《抗战生活》为阵地进行通俗化讨论。在1941年登载于《抗战生活》的《通俗化“引论”》一文中旗帜鲜明地提出了通俗化和大众化的创作理念，深刻指出通俗化和大众化在根据地的作用，“任凭多少宣传家、文化人，怎样努力地把动员抗战的东西大量编写，然而旧的‘小书’却不声不响地始终盘踞着绝大的读者地盘。直到今日，一般老百姓阅读的，不是我们写出来的抗战读本，也不是大家早就写成的‘大众文库’，而是《七侠五义》《小上坟》之类！我们作品的流行量，既然赶不上这些‘小书’的万分之一，从而他们里面有毒的东西，便自然取我们的抗战知识而代之！”“我们这边大讲其抗

① 赵树理．漫谈持久战——相持阶段，载于赵树理全集编辑委员会，赵树理全集（第1卷）[M]．北京：大众文艺出版社，2006：287．

② 赵树理．漫谈持久战——抗战胜利后的中国是个什么光景，载于赵树理全集编辑委员会，赵树理全集（第1卷）[M]．北京：大众文艺出版社，2006：293．

③ 赵树理．漫谈持久战——反攻阶段是什么光景，载于赵树理全集编辑委员会，赵树理全集（第1卷）[M]．北京：大众文艺出版社，2006：291—292．

战宣传，而大众依旧被‘小书’抓得紧紧的！这非当作触目惊心的现象来注意不可！”他深刻指出，大众化不仅是形式上的，还必须是彻底的，“单是拿抗战宣传品来对抗‘小书’固然是抗战动员所急需，但要想到‘普及文化，提高大众’的任务，要想拿彻底的新世界观给予大众，取一切‘小书’中或者所谓‘习闻常见’中的落后有害意识而代之，那就不仅仅是研究抗战宣传品的写法问题”。他提出了普及文化的两个意义，“一方面从接受文化的对象来说，应该是人数越多越好，越普及越好，但另一方面，也应该扩大范围，把科学、文学、历史、地理各种不同知识普遍涉及”。不能将通俗化狭隘地与“通俗文艺”混为一谈。他指出一些人对通俗化的曲解，“有的人纯粹利用旧形式，迎合大众，把旧的毒素不知不觉间又替大众发扬起来，实际上倒尽了拖住的任务。”“有的人看不起通俗化，认为那是降格，是迁就，是高深的学者或文明的艺术家所不屑为。”而有的人“认为通俗化轻而易举，不算什么，可以随便弄一下”，殊不知“艰深的词句容易捏造，而通俗明快的文章却很不容易做！”“还有的人把大众当成无知的小孩子，处处流露出一些故意做作的通俗，使读者显然能看到他不是拿全部力量在写作，因而也就写不出好文章。”①

在《通俗化与“拖住”》这篇文章中他把“提高大众”的任务分为四个方面：“第一是改造大众迷信落后思想，使大众都能接受新的宇宙观；第二是灌输大众以真正的科学知识，扫清流行在大众中间的一些对事物的错误认识；第三是在文字方面，也应该使大众逐渐能够欣赏新的形式，而不仅局限在旧的鼓词小调上；第四应该注意到大众语言的选择采用，逐渐克服大众语言的缺点，更进一步丰富大众的语言。”②

在黎城离卦道暴乱平息后召开的晋冀豫区党委文化人座谈会上，赵树理针对高咏发言中提出的“群众语言写不出伟大的作品”及“群众是落

① 赵树理．通俗化“引论”，载于赵树理全集编辑委员会，赵树理全集（第 2 卷）[M]．北京：大众文艺出版社，2006：67—71．原载 1941 年《抗战生活》革新第 2 卷第 1 期，署名：吉提．

② 赵树理．通俗化与“拖住”，载于赵树理全集编辑委员会，赵树理全集（第 2 卷）[M]．北京：大众文艺出版社，2006：67—71．原载 1941 年《抗战生活》革新第 2 卷第 2 期，署名：陶伦会．

后的”的观点，进行了辩驳，他说：“我搞通俗文艺，没想过伟大不伟大，我只想用群众语言，写出群众生活，让老百姓看得懂，喜欢看，受到教育。”因为“群众再落后，总是大多数，离了大多数就没有伟大的抗战，也就没有伟大的文艺！”华山在回忆当时的情形时说：“鼓掌声把房顶都快抬起来了。解渴！过瘾！扬眉吐气！真亏老赵一句话哩。”[①]

在后来召开的几次文化座谈会上，赵树理也竭力主张通俗化、大众化。他说，群众落后、迷信，如果不用通俗化、大众化的文艺，如戏曲、说唱等去宣传教育，就不能普及提高群众认识，转变他们的思想。1942 年 5 月之后，日军对根据地发动了“五月扫荡”，根据地工作转向了反“扫荡”，赵树理编辑的《中国人》宣布停刊，他回到宣传部。1942 年他写了直接反映离卦道暴乱事件的剧本《万象楼》。为了搜集材料、体验生活，赵树理去了黎城县进行广泛调查，走访曾被迷惑的农民。《万象楼》描述了汉奸吴二同回门组织头头何有德、何有工勾结蛊惑农民，被我公安机关抓捕的情节。时间只有一个晚上，剧本只有两幕三场，虽篇幅不大，情节简单，但塑造的几个汉奸和老实农民李积善的形象在后来晋东南各地上演时反响很大，对反迷信起到了很大的宣传作用，是“夺取封建文化阵地”的一个大战役。[②]

（二）代表作品《小二黑结婚》

1943 年 1 月，赵树理被时任北方局党校负责人的杨献珍调到北方局党校，集中精力写通俗故事，教育群众。《小二黑结婚》就是在这一时期的辽县写的。《小二黑结婚》描写根据地一对青年男女小二黑和小芹为冲破封建传统、争取婚姻自主而斗争的故事，这场斗争由于受到金旺等恶霸的迫害和家庭的阻挠而发生了波折。作品生动地塑造了农民中落后人物的形象。二诸葛是个善良但胆小怕事的老农，他要维护封建家长的权威和包办婚姻制度。由于迷信，他反对小二黑和小芹结合。三仙姑则

① 华山．赵树理在华北《新华日报》，载于回忆赵树理［M］．北京：山西人民出版社，1985：589．
② 山西省史志研究院．赵树理传［M］．北京：当代中国出版社，2006：64—65．

是一个有着好逸恶劳等恶习的妇女，她用装神弄鬼掩护轻浮放浪的行为，为贪财而出卖女儿。这两个人物的塑造，深刻揭示了农村小生产者精神上的落后面，从一方面表明实行民主改革和移风易俗在根据地的重要意义。小二黑和小芹在民主政府的支持下终于取得了这场斗争的胜利。《小二黑结婚》反映的主题的深刻性和生活新鲜感都是空前的。在这部小说创作之时，晋冀鲁豫边区政府已经出台了《婚姻暂行条例》和《妨碍婚姻治罪法》，肯定了婚姻自由在制度上的合法性，但农村封建思想和封建势力仍然顽强地存在着，作家站在政治和历史的高度，描述了社会的大势所趋，显示出巨大的思想力量。作品描写了“新的世界，新的人物”，赞颂了新的婚恋观，体现了新政权下成长的年轻人受到的革命的影响，歌颂了农村社会在民主政府领导下取得的长足进步，歌颂了新一代农民的成长，歌颂了婚姻自主、民主自由的风尚。小说得到了农村中要求民主改革的广大群众，特别是青年的热烈欢迎。在太行新华书店第一次出版发行，印了4000册。

毛泽东的《讲话》1943年夏天传到太行山区，赵树理异常兴奋。他在1942年前一直摸索的创作民族化、大众化的作品的主张曾经一度没有被文艺界多数同志所接受和重视。在《讲话》发表之前，他写的一些通俗化、大众化的文学作品，投寄给当时的《华北文化》等刊物，都被退回来了。学习了《讲话》之后，赵树理感到毛主席批准了他的主张，支持他搞民族化、大众化、通俗化，他的创作热情被大大激发了。他在“文化大革命”期间谈到他当年学习毛泽东《讲话》的心情时说：“毛主席的《讲话》传到太行山之后，我像翻身农民一样高兴，我那时虽还没有见到过毛主席，可是我觉得毛主席那样了解我，说出了我心里要说的话。十几年来，我和爱好文艺的熟人们争论的，但是始终没有得到人们同意的问题，在《讲话》中成了提倡的、合法的东西了。我心里有一种说不出的高兴。因为这是关系到中国几亿读者的大问题。要满足这样广大读者的要求，不是一两个、十几个、几百个作家能包下来的事。这是必须动员全体文艺界起来干的伟大的革命事业。毛主席在《讲话》中给文艺工作者指出了革命文艺的发展方向，给了我很大鼓舞。”有赵树理研究者认为，赵树理的文艺创作实践丰富了毛泽东的文艺思想，毛泽东的文艺思想鼓舞了赵树理的大众化文艺创作，此话是有一定道理的。

杨献珍在回忆赵树理时说："我想到对敌斗争中缺乏生动的反映群众的东西，我想用群众生活教育群众，从教育群众着手进行工作，与彭总讲了讲要搞教育群众的东西，就把赵树理、王春调到北方局党校。""那时赵树理就写了《小二黑结婚》。写完后，浦安修同志看过，浦看后认为不错就交给彭总看，彭总看后，写了几个字：'像这种从群众调查研究中写出来的通俗故事还不多见。'即交新华书店出版。就是彭总题字后，还压了几个月，迫不得已才出版了，但'它却很受群众欢迎'。""赵树理作品的影响是当时某些人未意料到的。"

《小二黑结婚》在短短时间内一再重印，仍供不应求，各地剧团竞相将它搬上舞台。武乡光明剧团、襄垣农村剧团、沁源绿茵剧团等纷纷把《小二黑结婚》改编为各种戏曲演出，小二黑、小芹也成为家喻户晓的人物，许多地方掀起了向小二黑学习的热潮。美国记者贝尔登 1947 年到达解放区进行采访时，发现赵树理已经变成"可能是共产党地区除了毛泽东、朱德之外最出名的人"[①]。一篇小说能够激起如此强烈的反响，能够起到如此好的社会效果，在现代文学史上还没有先例。《小二黑结婚》的成功，标志着中国文坛上一种崭新的文风的出现。赵树理凭借扎实的生活底子、严谨的创作态度、独特的叙述方式和扎根群众热爱人民的情怀，创作出许多无愧于时代和人民的精品力作，为山西抗战文学树立了一面旗帜，是根据地内部文学走向通俗化、大众化道路上的一枚硕果。

（三）农民作家：为农民写，写农民

赵树理的家庭和成长的环境带给了他一辈子使用不完的三件宝：一是懂得农民的痛苦，二是熟悉农村各方面的知识、习惯和人情等，三是通晓农民的艺术。[②]他在 1947 年接受美国记者采访时说："从我为农民写作

---

① [美]杰克．贝尔登．中国震撼世界[M]．北京：北京出版社，1980：109．

② 王春．赵树理是怎样成为作家的[N]．人民日报，1949 年 1 月 16 日．

以来，我写小说，写剧本，过去，我使用的语言和现在不一样，我的东西只有少数知识分子看，后来我想到，农民能看到的书尽是些极端反动的书，这些书向农民宣扬崇拜偶像，敬鬼神，宣扬迷信，使农民听凭巫婆的摆弄，我想，我应该向农民灌输新知识，同时又使他们有所娱乐，于是，我就开始用农民的语言写作。我用词是有一定标准的，我写一行字就念给父母听，他们是农民，没有读过什么书，什么要是听不懂，我就修改。我还常去书店走走，了解买了我的书的都是些什么样的人，这样我就能够知道我是否有很多的读者，因为成千上万的农民都不识字，所以我就写能为他们演出的剧本，这样，从前只有少数知识分子看我的作品，现在连穷人都普遍能看到了。”①

《李有才板话》是赵树理的另一部代表作。抗战时期的农村，我们派下去贯彻党的政策的干部工作不深入，不善于联系群众，不调查研究，不会进行阶级分析，对狡猾的地主汉奸的本质认识不透，对他们的破坏活动察觉不到，以致上当受骗，给革命工作造成了损失，导致农民群众仍然受地主阶级的剥削压迫。赵树理根据这个现实写成了这篇作品。

在《人民日报》1949年6月26日刊登的赵树理所写的《也算经验》中，赵树理对自己的写作经验进行了分享，他说：“在群众中工作和在群众中生活，是两个取得材料的简易办法。”他作品当中的人物大部分都有自己生活的影子，“《李有才板话》中老字辈和小字辈的人物就是我的邻里，而且有好多是朋友”，而“在工作中找到的主题，容易产生指导现实的意义”“我在做群众工作的过程中，遇到了非解决不可而又不是轻易能解决了的问题时，往往就变成所要写的主题。我看到有些很热心的青年同事，不了解农村中的实际情况，为表面上的工作成绩所迷惑，于是便写了《李有才板话》”。②

在文学创作中，赵树理不避嫌，敢于揭露矛盾，敢于按生活的本来

① 赵树理．赵树理全集（第3卷）［M］．北京：大众文艺出版社，2006：168．
② 赵树理．赵树理全集（第3卷）［M］．北京：大众文艺出版社，2006：349—351．

面貌来写，成功塑造了干部队伍中的坏人和蜕化变质分子、官僚主义者、好人主义者的形象。维护作品的真实性，揭露生活的丑恶现象，塑造干部中的反面形象，需要胆略。赵树理的文学创作改变了新文学中多描写农村的落后、城市的萧条，缺乏英雄人物和有血有肉的形象的现状，他身体力行地践行《讲话》精神，不仅塑造了小二黑这样的模范形象，也塑造了旧社会遗留下来的金旺、兴旺等混进革命队伍的坏人和流氓、地主的帮凶的形象。他常说："说书唱戏是劝人哩！这话是对的。我们写小说和说书唱戏一样，都是劝人的。"他具体解释道："把自己认为好的人写得叫人同情，把自己认为坏的人写得叫人反对，就是劝人。"而要劝人，就是要通过人物的思想、行动、言论起作用，通过人物的遭遇、命运、下场等去感染人，让人去思考、研究，去赞成或者反对，效仿或回避，不能仅仅理解为单纯的"劝"——说教，而是综合了教育、感染、鼓舞、审美等作用在里边的。通过人物形象"劝人"，并非易事，它必须建立在作家的远见卓识基础上，如果作家对社会状况、对干部状况、对人民的呼声一无所知，一无所闻，或知之闻之甚少，或只知其一不知其二，或者仅仅耳闻，在实际工作中并未走得碰过头，他也就不会有强烈的创作冲动。即使冲动过，也不会持久，写出来的作品，塑造出来的人物，一定是苍白无力的，是不会感人的。

赵树理创作时不仅仅局限于一个生活原型，而是在生活中"了解性格相同的一串人"，"然后概括成一个人"。不论用什么方法塑造形象，都体现着他从生活出发、从实际出发的创作思想。生活中有什么，他的作品中写什么，生活中没有的东西，他是不编造的，他塑造人物，也是对他在日常农村工作中熟悉的人物经过分解、集中，而后典型化的。因此他说："小说里写的主要人物，没有一个是真名实姓的，小说里写的事情，也没有一件是真帮实底的，可是类似那样的人、那样的事，又是随处可以找到的。"这体现了艺术典型"以一当十"的作用。赵树理能够塑造出众多的人物形象，首先取决于他高度的政治责任感、深邃的思想修养、独到的艺术见解和丰富的生活积累。[①]

著名文学批评家周扬在《论赵树理的创作》一文中从赵树理作品中人物形象的创造和语言的创造两个方面总结提炼了赵树理小说写作的思想艺术特质。他认为赵树理《小二黑结婚》《李有才板话》《李家庄的变迁》三篇代表作给出的人物创造“总是将他的人物安置在一定斗争的环境中，放在斗争中的一定地位上，这样来展开人物的性格和发展。每个人物的心理变化都决定于他在斗争中所处地位的变化，以及他与其他人们相互之间的关系的变化。他没有在静止的状态上消极地来描写他的人物”。“他总是通过人物自己的行动和语言来显示他们的性格，表现他们的思想情绪。”“他还每个人物以本来面目，他写的人物没有衣服是工农兵，面貌却是小资产阶级。”“他写农民就像农民，动作是农民的动作，语言是农民的语言。一切都是自然的，简单明了的，没有一点矫揉造作，装腔作势的地方。而且，只消几个动作，几句语言，就将农民真实的情绪、面貌勾画出来了。”最重要的是，作者在处理人物上，“没有站在斗争之外，而是站在斗争之中。站在斗争的一方面，农民的方面，他是他们中间的一个。他没有以旁观者的态度，或高高在上的态度来观察与描写农民。”“这是他创作上的群众观点，有了这个观点，人民大众的立场和现实主义的方法才能真正结合起来。”在语言方面，他的作品中“那么熟练地丰富地运用了群众的语言，显示了他的口语化的卓越的能力，不但在人物对话上，而且在一般叙述的描写上，都是口语化的”。“他在表现方法上，特别是语言形式上吸取了中国旧小说的许多长处。但是他所创造出来的绝不是旧形式，而是真正的新形式、民族新形式。他的语言是群众的活的语言。他在文学创作上，不是墨守成规者，而是革新家、创造家。”“他的人物对话是生动的、漂亮的，话一到他的人物的嘴上就活了，有了生命，发出光辉。”他认为赵树理的成功并不是偶然的，“他不满于新文艺和群众脱离的状态，他竭力使自己写得为大众所懂得，他在创作上有自己

① 曲润海．山药蛋派作家作品论［M］．北京：大众文艺出版社，1997：58.

的路线和主张。同时他对群众的生活是熟悉的”，盛赞“赵树理同志的创作是毛泽东文艺思想在创作上实践的一个胜利”。①

赵树理是解放区描写农村生活的重要作家之一。从新民主主义革命到社会主义革命这两个历史阶段，农村的斗争十分尖锐复杂，但表现形式又是不同的。新民主主义革命时期的农村斗争，主要表现为尖锐激烈的阶级斗争。赵树理的小说就像一面镜子，反映出封建地主阶级对农民群众的剥削压榨和农民的觉醒、反抗、斗争。这些斗争赵树理往往把他们放在广阔的政治背景和社会历史背景下反映，从而显示出这种斗争的尖锐复杂。由于赵树理生于农村，长于农村，一生大部分时间都深入到农村，对农村、农业，特别是农民的了解既深且透。赵树理在人们的记忆中，并不像传统印象中的作家，更像一个农民。他不仅懂得农民的思想感情、生活习惯，而且他自己的生活和一举一动，也像个农民一样，“他有时穿一身老百姓衣服，腰里束着一根腰带，脚上扎了一副腿带，嘴里衔着一根烟袋，手里拿着一块打火石”②。所以在他的笔下，农村的现实和农民的命运，就写得非常真实而又达到前所未有的深度。③人们热情地称赞他是写农村生活的“铁笔”“圣手”，从某种意义上，从赵树理开始，中国的农民才真正结束了“被描写”的时代和命运，真正开始能够自己描写自己——因为从本质上说，赵树理自己就是一个农民。④

二、马烽

马烽，原名马书铭，1922 年 5 月 23 日出生于山西省孝义县居义村。1938 年春加入抗日游击队，担任部队宣传队宣传员，同年冬入党，1940 年冬到延安鲁艺附设的部队干部训练班和部队艺术学校学习，开始尝试文学创作。他虽然只有高小文化，但非常喜欢写作，1942 年 9 月在延安

① 周扬．论赵树理的创作，载于杜学文、杨占平，山西抗战文学（上卷）[M]．太原：山西人民出版社，2015：123—134．

② 陈艾．关于赵树理，赵树理研究资料［M］．太原：北岳文艺出版社，1985 年．

③ 山西省史志研究院．赵树理传［M］．北京：当代中国出版社，2006：354—355．

④ 山西省史志研究院．赵树理传［M］．北京：当代中国出版社，2006：356．

《解放日报》发表第一篇作品《第一次侦察》，由此开始文学生涯。1942年学习结束后，马烽回到了晋西北抗日根据地，被分配到晋绥文联文艺工作队，去工厂深入生活，到晋西总工会做工会宣传工作，1944年初到晋绥边区文联，创作出《张初元的故事》，获得晋绥边区“七七七”文艺奖金散文类乙等奖。同年秋，调到晋绥大众报社，先后任编辑、记者、主编。1945年6月到1946年8月，马烽与西戎合作写出长篇小说《吕梁英雄传》。这篇小说是解放区创作的第一部长篇小说，是新文艺史上第一部章回体的长篇小说，是现实主义题材与传统艺术形式相结合的成功尝试，为新文学的发展开辟了新天地。作品出版后反响热烈，多次重印，并被翻译成多国文字出版，改革开放后还多次被改编为影视作品。

新中国成立后马烽曾在北京工作7年，担任文协（后改为作协）理事和《说说唱唱》月刊编委。1956年申请回到山西，任省文联副主席，后兼任作协山西分会主席，在汾阳县担任县委书记处书记近两年，多次在山西各县短期下乡。马烽是山药蛋派代表作家之一，在半个多世纪的文学生涯中，他坚持毛泽东《讲话》所指引的方向，选择民族化、大众化的道路，站在时代潮流的前面，以作家的责任感和历史使命感，把握生活脉搏，反映社会现实。新中国成立后他又创作了长篇传记小说《刘胡兰》，电影文学剧本《扑不灭的火焰》《我们村里的年轻人》《咱们的退伍兵》等作品，具有浓厚的生活气息和时代精神，为广大人民群众所喜爱。

（一）马烽早期作品《张初元的故事》

《张初元的故事》是真实故事改编的，描述了宁武县放羊娃张初元从小在财主家揽工，后来又被窑主欺骗，新政权建立后他揭发了窑主剥削人民的罪行，后被推举为工会主任、民兵分队长，带领大家反维持、领导减租、组织变工队，从一个受剥削受欺压的穷小子变成了劳武结合的模范。

全文语言生动、自然，有地方色彩又不过分雕琢。张初元一出场就非常吸引人：

张初元，从小就是受苦受罪熬煎大的。八岁上，当了织毛口袋工人，俗话说："雇到的徒弟买到的马，由人家喂来由人家打。"挨打受气是家常饭。那时候，学一门手艺，好不难啊！五年才能满师。张初元家里穷，衣裳鞋袜贴赔不起，只学了两年就拉倒了。后来给财主们当了揽工放羊娃。整年整月，在那荒山野林里，伴着不会说话的牲畜过活，牲畜吃得肥肥胖胖，人却饿成黄蜡蜡的。掌柜的不把他当人看，一说话三瞪眼，开口就骂，伸手就打。那阵子，小孩孩，哭了的比尿了的还要多。就这样整整忍受了十三年。年岁大了，又揽工受苦租地过活，然而，还不是个受欺压？在旧社会，财主们永远是把穷人踩在脚底下啊！[①]

冯牧对这段的评价是："这是何等生动，何等富有地方色彩，而又何等自然而平易的语言！可以肯定，除了对于当地生活有着深深的情感和熟悉以外，我们是不可能凭空想象出这样的语言来的。"[②]

他写的语言丰富生动，在描写张初元揭发维持真相时，他写道：

你说的比唱的好听咧！日本人又不是三岁的小娃娃，那样好哄？承应下维持，就要送情报给养。有钱人能出起，穷人出不起啊！维持么？那才是油捻捻套耗子，上了敌人的圈套就不要想出来了。

描写张初元领导佃户减租：

今天把先生们请来，是要把租子问题讨论一下。打日本大家都参加，不过还是穷人人多出的力量大，譬如当民兵的就都是穷人的子弟。咱这里是游击区，敌人扰乱得不能安生务庄稼，抢走牛羊没粪上，粮食就多收不下。穷人受上一年，交了租子剩下的喝稀饭也喝不饱，吃不饱肚子不能抗日。要让敌人来了，财主们财产多受害更大。要抗日大家都要能活才行。俗话说，瘦死的骆驼比马大，财主总比穷人强。我们的意思是把租子减一减，再说政府也有减租交租法令，看先生们怎个说法？

描写民兵狠狠打击了来犯敌伪军：

① 马烽．张初元的故事，载于杜学文、杨占平，山西抗战文学（下卷）[M]．太原：北岳文艺出版社，2015：674—690，下同．

② 冯牧．敌后文艺运动的新收获——读晋绥边区"七七七"文艺奖金获奖作品［N］．解放日报，1945年5月6日，第4版．

这时可好一个小毛驴，走到那里站住了，那个伪军死拉活拉，毛驴不敢跳那个土圪台，后边一个日本人在小毛驴屁股上狠狠打了一枪把子，毛驴两条前蹄往下一跳，正好踩在地雷上，“轰隆”一声，冒起一片黑烟，二十来个民夫哗一下跑散了，牲口在沟里乱奔，日本人和伪军趴到地上乱骂。山顶上的民兵差点高兴得拍起手来。老半天，敌人才绕着山根底蹑手蹑脚地推走。这次炸死一个日本人和一头毛驴，炸伤一个伪军，把抢去的五六口袋莔子白也扔下了。

描写张初元讲究工作方式，得到大家拥戴：

敌人退走以后，一清查，他们和旧堡村的农民一搭里打死一个敌人，还夺下一驮麦子。两村的民兵都说是自己打死的。脸红脖子粗地吵架，怎也争论不清。两家的子弹是齐打的，敌人身上也没个记号，谁也搞不清是谁家打死的。可是旧堡村的民兵已经把打下的麦子背回去磨成面吃了。这下，张初元村的民兵气得按不住了。好多人都说：“这联防联的是个甚！以后不联了，各打各的吧！”张初元对大家说：“不要赌气了，说成是谁家打死的也一样，反正又打死一个瘟神。都是为了打日本，谁家占点便宜，谁家吃点亏也没要紧。要是不联防，一个村民兵力量单薄，让敌人一个一个消灭吧！”经过老张这样慢慢劝说，慢慢开导，大家的气才平下去。

描写张初元获得全区劳模：

这是全晋绥边区的劳英大会，全边区各行各业的英雄都来了。把各个英雄的成绩摆出来让大家评判一下吧！

张初元：他坚决对敌斗争，反对维持，他组织民兵，组织变工，把劳力武力结合起来，发展了游击区的生产。他大公无私，热心为群众办事。有着许许多多数不尽的成绩！

第一个上台的是个小个子，胸上带着一朵挺大的红花，那就是全边区特等英雄劳武结合的模范。那是谁？那就是宁武县的张初元啊！他向众人说：“咱过去是个揽工放羊的穷小子，如今在新政权下翻了身，买房买地光景越过越好了，这都是因为有了共产党，没有共产党就没有咱张初元。说起劳动咱可不算甚，今年满共种了十八垧地，每垧打五斗多（比别人多打一斗），掏炭赚了五十斤莜麦面、六大斤油。家里有三个小孩，连婆姨五口人，吃穿都不愁。我们村离敌人近，三天两天闹情况。前年村里没组织民兵，敌人抢去五十石粮，去年闹起民兵只抢去两石。这次咱和各位劳动英雄交换了生产经验，谈论了今后发展生产的事情。回去一定要更好地创闹。”台下手拍得像过年放鞭炮一样。在这响声里，晋绥边区共产党的领导人林枫同志，亲自把劳动英雄奖章，给他挂到胸前，又奖了他一支枪、一条牛。照相的人连忙照了一张相。

看！多么光荣哪！他这受了三十来年欺压的穷汉，如今挺起腰来了，他有了自己的土地，有了自己一份的炭窑。他成为全边区劳力武力结合的状元，成为全边区劳动人民敬爱的人了！

如果说《张初元的故事》还是马烽早期创作的初试锋芒，“思想艺术形态的不成熟还显而易见”，那么“长篇小说《吕梁英雄传》的重要文学史价值，却是无论如何不能够被轻易忽视的”[①]。

（二）马烽代表作——《吕梁英雄传》

《吕梁英雄传》是现代文学史上最早表现中国人民伟大的抗日战争全部生活的一部长篇小说，马烽在该书后记上说明了这部小说的编写背景，“这本书开始写于 1945 年春天，那时晋绥边区刚开过第四届群英大会。《晋绥大众报》上要介绍民兵英雄们对敌斗争的事迹。因为报纸篇幅有限，几百个民兵英雄们的英勇战功，无法一一介绍。后来编委会决定，由我俩（马烽和西戎，笔者注）挑选一些比较典型的材料，编成连载故事。当时并没有计划要写成一本书，也没有通盘的提纲，只是想把这许多生动的战斗故事，用几个人物连起来，而且是写一段登一段，不是一气呵成，因而在人物性格的刻画上，在全书的结构上，在故事的发展上，都没下功夫去思索研究，以致产生了很多漏洞和缺陷”。当时《晋绥大众报》连载共 95 回，1946 年马烽、西戎整理了前 37 回，由吕梁文化教育出版社出

---

① 载自王春林对马烽作品的评论．杜学文、杨占平，山西抗战文学（下卷）［M］．太原：北岳文艺出版社，2015：669．

版了单行本，不久，延安《解放日报》摘录转载，受到广大解放区读者的好评。1949 年初，马烽、西戎又把《吕梁英雄传》做了通盘修改，全书编成 80 回，编入中国人民文艺丛书，1949 年 10 月由北京新华书店出版。

1940 年春，晋绥人民政权建立，由于晋绥根据地重要的战略地位，1940 年以后，日军又投入重兵进行疯狂“扫荡”，逐步“蚕食”缩小我根据地，同时蒋阎暗中勾结日军，发动了第二次反共高潮。面对这样严峻的形势，党中央及时给晋绥边区指出“把敌人挤出去”的战略方针。晋绥根据地人民在共产党和抗日民主政府领导下，组织了民兵，用步枪、火枪、地雷、手榴弹和敌人战斗，军民创造了明的、暗的、软的、硬的各种战法，粉碎了敌人的“扫荡”，挤得敌人统治区日益缩小，由面变成线，由线变成孤立的据点，从而创造了巩固的抗日民主根据地，这就是《吕梁英雄传》的时代背景。作者以极大的政治热情，艺术地再现了人民群众抗日斗争这一伟大的历史图景。

小说通过康家寨民兵的战斗故事，表现了晋绥根据地波澜壮阔的人民武装斗争，显示出了人民战争的伟大力量，不仅写出了“把敌人挤出去”的战斗全过程，还成功塑造了一系列民兵英雄的形象。通过反“扫荡”战斗，表现了群众觉醒的过程，表现了群众在战斗中成长的过程，用生动的笔触叙述了康家寨人民群众怎样开始克服了落后的“命运论”，逐步坚定战胜敌人的信心，认识到“组织起来就有力量”，具有鲜明的民族风格。结构上大故事套小故事表现了不同的矛盾和斗争，环环相扣，层层推进。章回体写法继承发展了说唱文学的长处，符合群众阅读习惯。人物描写从矛盾中写人，从语言和行动上显示出人物性格特点。语言大众化，用的是普普通通的山西农民口语，平易朴实，纯洁生动，大量使用了丰富的民间谚语和成语，乡土气息浓厚，标志着山西抗战文学进入到一个成熟的阶段。

以下节录一段《吕梁英雄传》中的内容，描写的是康家寨乡亲春节遭遇日军突袭，男女老少誓死保护民兵，同仇敌忾的战斗群像，读来令人唏嘘。

第二十三回 日本鬼杀人如割草 张老汉诱敌跳绝崖（部分）

敌人把全村男女老幼，一起赶打到康家祠堂旁边大场里。场当中，七横八竖地堆着一堆桌椅板凳、乱柴乱草，烧着熊熊的大火，火苗有两三丈高，照得半个天都红了。场周围站着几十个敌人，枪上都上着刺刀。全村人被围在火堆面前。

猪头小队长手里握着明晃晃的洋刀，与独眼窝翻译官走到人群前面，呜哩哇啦地说道："谁的是民兵？嗯？说，不说通通地斯拉！"众人你看我我看你，全场静得鸦雀无声，只有呼呼的西北风狼嚎般地吼着，火烧得更旺了，发出"噼里啪啦"的响声。火光映着张忠老汉愤怒的面孔。日本人连问了几声，也没一个人吭气，气得猪头小队长喉咙里好像猪叫似的，"嘿嘶嘿嘶"直响。叫了半天，把手中的洋刀打闪似的在人头上晃了半天，人们依然沉默着。猪头小队长大喊一声，扑过去从人堆中拉出个年轻媳妇来。那媳妇穿着一身单衣裳，全身冻得站都站不稳当了，火光里照见她惨白的脸。嘴唇变成了黑紫色。原来是孟二楞的女人。猪头小队长问道："你的说，说了的不杀！"那媳妇急急巴巴地说："我不不……不知道！"猪头小队长叫了一声，马上扑过两个日本兵来，举起枪托，照那媳妇肚上腿上，没头没脑地打。打一阵问一句，问一句打一阵。那媳妇忍着痛说，"不知道！……"一阵昏过去，一阵又醒过来，疼得满地打滚。忽然翻了个身，喉咙里"哦"的一声，便不动了。在场的人看了，都是眼泪滚滚，心中十分难过。

猪头小队长又拉出个年轻小伙来问，人们一看是李元元。猪头小队长问："你的是民兵？""不是。""谁的是？嗯？""不知道。""砰"地一洋刀，李元元愤怒地向前扑了两扑，终于倒在血泊里了！

李元元妈冲出人群，扑到儿子身上，大声号哭着，妇女们难受地捂住眼，眼泪从手指缝里往外流。翻译官走到人堆前，人堆挤得更紧了，女人们尖声叫，娃娃哭得奶头也塞不住嘴。翻译官一把拉出个十三四岁的小女孩来，装得和气地说："小朋友不要怕，谁是民兵，你好好地说。"从口袋里掏出几块糖，塞在小女孩手里。康明理几个民兵一见，顿时把心收紧了。眼睛瞅着，握着两手心冷汗，只怕孩子不懂事说出来实情。可是那女孩说了声："我不知道！"把糖丢到火堆里了。翻译官气得两条眉一竖，提起那个小女孩子，一下就扔到火里，一时头发着了，衣服着了，小孩被活活烧死。看着这情景，人们难受得心如刀割，仇恨的火，好似眼前的大火似的在人们心中燃烧。辛老太婆突然从人堆里挤出来，披头散发，像疯了一样，连哭带骂："断子绝孙的日本鬼子呀！你们抓走了我的儿子，又杀了我女儿，老娘也不活啦！"旁边的人扯也扯不住，她弯腰捡起一块石头，照准翻译官的面门打去。"嗖"地一声，翻译官把头一偏，石头打在他后边的一个日本兵的脸上，黑血直冒，口里"啊呀呀"乱叫。马上冲进六七十个敌人来，刺刀在火光里闪着，照准辛老太婆左一刀右一刀地刺，不一时，辛老太婆浑身被刺成血人一般，躺倒死了。

猪头小队长眼睁得像铜铃，洋刀在冻硬的地上敲着，喊道："通通地坏了心的！通通地斯拉！"人群挤得更紧了，变成了一颗疙瘩。场子边上的敌人散开了，架起两顶歪把子机关枪，开机关枪的人趴倒了，机枪"哗啦哗啦"地响，人群中的儿童，吓得大声地哭号。

二先生吓得上下两排牙齿不住敲打，心中想："说了吧，死上几个民兵就能救下全村人！"李德泰吓得好像害了打摆子症，抖得脚也站不稳了，有好几次想跑去说，但看看康明理几个民兵的神气，念头又打消了。四五个民兵被人群围在当中，挤得上气不接下气，康明理对别的民兵们低声说："舍上命干吧？反正是个死。"周围的人也低声地说："干！"正要发作，忽然张忠老汉从人堆中挤出来，站在敌人面前，面无惧色道："谁是民兵，我都知道。民兵都在村外住着，我引你们捉去。"小队长听着高兴地笑了，双手拍着张忠老汉的肩膀说："你的顶好，前面开路的，捉住民兵，大大地有赏。"张忠老汉赶忙又说："民兵多哩，皇军把兵马都带上吧，少了捉不住！"日本人答应了，张忠老汉便头前引路往左边山上爬，后边跟着一串敌人。

四周一片漆黑，西北风狂吼着，把沙土往脸上横打，路是十分难走，一会儿高，一会儿低，猪头小队长紧拉着张忠老汉的腰带，生怕他飞了。爬了有半里多路，张忠老汉紧走了几步，突然站住说："到了，我喊出来你们就捉。”后边的敌人都卧倒了，张老汉高喊道：“老武同志！石柱子！我姓张的总算对得起全村人了……”话还没说完，冷不防反身抱住猪头小队长，死命往前一跃，轰隆隆滚了下去。

敌人急得都站了起来，拿手电四处照，这才看清前面是几十丈深的绝崖。翻译官急得乱跳乱吼，指挥日本兵下去找小队长的尸首。但转了半天，连路也寻不见，只好带上队返回村里，跑到场子上时，连个人影也没有了，分头到各家找寻，依然没有找见一个人。原来村里人一见张老汉引上敌人爬了山，便都藏躲起来，敌人找不见老百姓，又气又恨，满村子乱窜，牛驴东西就拉就抢，见房子柴草就点就烧，一霎时，村子变成了一片凶恶的烟火世界。①

《吕梁英雄传》在报纸上面世后，受到广大干部、群众的欢迎。“许多识字人把阅读《吕梁英雄传》当作重要的事情，不识字的就围坐在一起请识字的人朗读。故事中的英雄雷石柱、孟二楞、武工队员武得民等，成为晋绥边区家喻户晓、老幼皆知的人物。”②

《吕梁英雄传》表现的虽然只是康家寨这个小村庄的战斗，可是由于作者对这场反“扫荡”斗争有深刻了解，对人民有深厚的感情，使作品表现出来的一切有相当的概括性。不仅写出了晋绥根据地这场“把敌人挤出去”的战斗的全过程，还成功地塑造了一系列民兵英雄的形象，表现了群众觉醒的过程和在战斗中成长的过程。《吕梁英雄传》的主要艺术特色在于鲜明的民族风格。首先，作者根据群众欣赏习惯，增强了故事性，围绕康家寨人民群众对敌斗争这个大故事，其间又安排了许许多多的小故事。全书故事情节安排首尾一气，环环相扣，层层逼近，引人入胜。采用了章回体的形式，继承和发展了中国古典小说和说唱文学的长处。其次，作品的民族特色还表现在人物描写上。全书很少对人物性格作冗长的描

---

① 马烽．吕梁英雄传（节选），载于杜学文、杨占平，世界反法西斯战争中的山西抗战文学［M］．太原：山西人民出版社，2010：659—661．

② 杨品．人民作家马烽，载于周振义、张平主编，马烽纪念文集［M］．太原：山西人民出版社，2005：210．

写，往往从矛盾中写人，从人物的语言行动上显示出人物性格特点。《吕梁英雄传》的语言是大众化的，无论是叙述语言还是人物语言，用的都是普普通通的山西农民口语，平易朴实。这些纯洁、生动、丰富的民间谚语和成语，又为作品增添了浓郁的乡土气息。

茅盾看了《吕梁英雄传》后给予了很高的评价："这里并没有大的战争场面，没有正规军，这里所有的，只是数十人的袭击，只有那使用极简陋的武器的民兵。然而，因为作者正确地把握了人民的立场，所以他笔下的这些并没有脱离生产的民兵以及小规模的袭击，不但不使我们没有寥落寒碜之感，反而觉得轰轰烈烈、惊心动魄，仿佛看见广大的土地到处燃起复仇的火焰，使得深入的敌人寸步难行。作者是把各个地区的某些特殊的故事和人物加以'综合'，写的都是'晋绥边区眼面前的事'，都是老百姓的事情。所以边区的每一位读者都觉得书中的人物都很面熟，书中的故事都像是他亲身的经历。因此也就使得每一位读者不但感到真实和亲切，并且能在这'镜子'里再认识自己、检讨自己、肯定自己，并把自己提高一步。"

马烽在改革开放后与青年作家讲自己当时的创作意图时说："看作品看人，还是多想想历史。全国在抗日，我们在延安，鬼子在杀人，亲人在流血，什么事比亡国的事还大？我和西戎写吕梁英雄，出自抗日的需要，也是党的需要，根本没有想到什么成名成家，更没有思考什么文艺倾向，报纸搞连载，群众在等待。咱是文艺战士，又年轻，手里的笔就是枪，组织上一天管你三顿饭，你不写抗日写什么？所以说，脱离开历史条件谈创作思想，容易偏激片面。"① "经常有人问我：你几十年从事文学创作最深的感受是什么？或者有什么经验、诀窍？我总是这样回答：实实在在深入生活，到生活中获取素材。我在创作前，如果没有去农村跟农民生活上一段时间，就感到不踏实，写出的作品总是不满意。"②

① 赵瑜．赤诚马烽，载于周振义、张平主编，马烽纪念文集［M］．太原：山西人民出版社，2005：225．

② 农民像赶庙会一样看他的作品改编的电影［N］．新华每日电讯，2004年2月5日．

十月革命以后，列宁提出“艺术属于人民”的马克思主义文学观，他说，“艺术是属于人民的，它必须深深地扎根于广大劳动群众中间，它必须从群众的感情、思想和愿望方面把他们团结起来并使他们得到提高，它必须唤醒群众中的艺术家并使之发展”[①]。延安文艺座谈会上，毛泽东从马克思主义文艺理论的高度，结合中国革命文艺运动的实际，解决了文艺“为群众的问题”和“如何为群众的问题”，确立了文艺“为人民大众，首先是为工农兵”的方向，以及与此相应的一系列重大理论原则，揭开了中国现代文学史上崭新的一页。解放区文艺工作者经过文艺整风，纷纷下乡进厂上前线，直接与工农兵相结合，汲取了丰富生动的创作源泉，表现了新的时代、新的生活、新的人物。以赵树理为带头人，马烽、西戎、孙谦、胡正、束为“五战友”为代表的山西山药蛋派，正是在这股文艺潮流中孕育形成的。山西山药蛋派作家的作品诠释了艺术属于人民的马克思主义文学观，不仅模范践行了毛泽东《讲话》精神，而且体现了“以写农村生活见长的现实主义流派，通俗传远、雅俗共赏的艺术流派，山西味很浓的乡土文学流派”的写作风格[②]。在中国文学史上，山药蛋派是一个从始至终、全心全意为农民服务的文学流派，这在新文学史上是绝无仅有的。他们的作家从赵树理开始，一直延续到新中国成立后的第二代作家，从 20 世纪 40 年代延续至 60 年代前期，经过“文化大革命”的沉重打击，然后到新时期的复兴，经历风雨沧桑，历半个多世纪，时间之长、作家之众、影响之大，在中国文学史上可圈可点。从文学描写到客体对象以至创作塑造的审美形象，再到阅读者都是以农民为对象，他们的作品既反映了农民生存的现状，又表达了农民的思想感情、理想期盼，其根本点，就是为人的幸福、自由、尊严而创作。山药蛋派的辉煌已经成为过去，

① 中国社会科学院文学研究所文艺理论研究室．列宁论文学与艺术［M］．北京：人民文学出版社，1983：435．

② 李旦初．在讲话的旗帜下——五战友与山药蛋派，载于申双鱼等，且说山药蛋派［M］．太原：山西人民出版社，1993：16—19．

但它作为文学史的文化宝藏，却永留世间。[①]

第二节 大众化的群众戏剧运动——文艺剧社

一、学习《讲话》精神后山西抗日根据地戏剧的突出特点

（一）创演的集体化

抗战时期，山西抗日根据地戏剧的创作和演出呈现出明显的集体化特征，通过剧作家协作、知识分子与工农兵群众合作等方式，编写了大量题材鲜活、贴近民众的剧本。“集体创作的好处，就是会写的和不会写的，都可参加，又易于互相学习。在戏剧中，集体创作的含义就更广泛了，例如一个剧作的成功，常常不单是一个人的功劳，导演、演员、美术家、音乐家和一些舞台工作者，都参加了集体创造，都有功劳。所谓‘三个臭皮匠，合成一个诸葛亮’，就是万古不变的真理。”[②]在演出方面也呈现出集体化特点，表现在多元化身份演员表演、剧团之间的交流与联合演出等方式。在延安文艺座谈会后戏剧的集体化创作和表演达到了一个高峰。《讲话》发表以后，剧作家以文艺为工农兵服务、为大众服务的方针为指引，深入农村，深入群众，使得集体创作和集体演出成为最为普遍的戏剧编写方式，形成了专业剧团与业务剧团、农村剧团，专业文艺工作者与普通工农兵协作的创作高潮，很好地解决了根据地戏剧创作与演出中出现的“剧本荒”问题。

1. 创作的集体化

戏剧集体创作的形式多种多样，主要采用的有以下几种：第一种是专业剧团几名剧作家集体讨论，最终由一人执笔完成。如晋绥战斗剧社

① 山西省史志研究院．“山药蛋派”的创始人，赵树理传［M］．北京：当代中国出版社，2006：364—366．

② “七七七”文艺奖金公布以后［N］．抗战日报，1944 年 9 月 20 日．

1944年获得“七七七”文艺奖金的眉户剧《大家好》就是由华纯、韩国、郭瑞、刘五等集体创作而成的。

第二种是由群众提供素材，由知识分子整理，或者由知识分子提出主题创意，群众来提供素材、编写语言，再由知识分子整理。以《大家好》为例，创作过程中除了戏剧家们的编写，也吸收了群众不少意见。以该剧第三场为例：过年时部队请张老四和主任吃饭，借以交流意见，而张老四又请部队的老王和主任吃饭，以感谢队伍多年来的帮助。这一情节的最初台词为：

主任：我这主任可当好了，两头请我吃饭，我该去哪头？

老四婆姨：谁不叫你分成两个截？

观众观看后将台词改为：

主任：我这主任可闹好啦，两家请我吃饭，吃了你家呀，误了他家，吃了他家呀，误了你家，这才叫埋人营生，两头顾不上。

老四婆姨：谁不叫你长成两个嘴哩！[①]

可以看出，由群众参与修改过的台词带有了浓浓的生活气息，同时也增强了戏剧效果。

第三种方式则正好相反，由戏剧家提出题目，再由群众提供素材并编写台词。王炎在《参加老乡演戏》中详细记录了帮农村妇女排演妇女纺织戏剧的详细场景。在一次慰问抗属的演出准备时，“妇女们要想集体创作一个‘妇纺’，但需要一个会写字的人帮助她们，我被分配去了以后，创作就开始了，他们一面纺纱织线，一面开始讨论着‘咋弄呀’。开始总不能把材料合拢起来，也没个头绪，情绪跟着就低下去了”。剧作家提示老乡在他们所说的材料里，摄取几点可以作为中心的材料，向这方面补充。就这样你一句，我一句，凑起来了。纺织英雄也就是是纺织组长，就由本人扮演，而好逸恶劳的懒婆姨找了一个较有经验的人扮演，各人各说各的话，但一定要有趣味，可以当作“戏话”，边演边讨论修改。

① 寒梁．十六天——战斗剧社秧歌剧演出报告的摘录［N］．抗战日报，1944年4月22日，第4版．

“第一遍讨论时，我们便开始记起来了，有的人说得不恰当，过于趣味而没有‘教育’，大家负责纠正，偶尔碰到要唱的地方，便又集体编词与选调。她们编词特别有才能，只要确定了调子，就能按戏中的具体人物身份唱下来，下局碰到困难大家齐唱一遍，就能顺口唱下来。”辞藻非常具体形象，如懒婆姨唱的一段：

想当年，买卖汉（嫁给买卖人）
洋布市布都穿遍
到如今寻的打土坷搭汉（受苦人）
本地布也不得见
——实可怜！

剧本编好了，到了排演的时候，“女人们更不会觉得困难，话是家常话，动作也不难，至于该不该做的她们共同有着纠正，只是时间太短，个别词句还不太衔接”。排练时间很短，演出时，“还没有排练熟，可是已经该着出演了，没来得及化妆沿门邀请抗属，群众就把学校门口挤满了，干部们忙着招待抗属，一面催着出场妇女化妆，用不着麻烦，她们都穿上比往时较新的衣服与懒婆姨的破衣服就可以动作起来了”。虽说编剧和排演时间都很紧张，但因为有了群众的参与，加入了生活化的语言和动作，“演出效果很好，群众都觉得新的比正月闹得红火、实在。尤其受到妇女们欢迎”。看到懒婆姨都说“活像某某家婆姨”。参与编排的剧作家也认为：“这次参加群众演戏，不但实践了向群众学习的真理，也证明了群众是有丰富艺术天才的，我们要搜集剧作材料的话，不妨这样组织一下，一方面帮助了工作，另一方面也学到了搜集到了更具体、更宝贵、更现成的材料与形式。”①

第四种方式则是由工农兵群众展开集体讨论，商量剧情，再由集体编排和修改，登台演出。这种方式在山西抗战戏剧中是最常见的方式，众多的农村业余剧团和基层民间戏剧组织选择采用这种创作方式，以此来

① 王炎．参加老乡演戏［N］．抗战日报，1944年11月5日，第4版．

弥补专业剧作家缺乏和随时需要的战时宣传场合。地处太岳区的沁源县曾经在抗日战争期间进行了长达两年半的沁源围困战，沁源县绿茵剧团在1943年元旦来临前，根据县围困指挥部的指示，为鼓舞群众开展反维持斗争，集体创作了第一个沁源新秧歌剧《山沟生活》。该剧最初由剧团的三位艺人构思，他们先列出故事梗概、人物和情节，然后给每位演员分配角色。请演员们根据所饰演的人物自编台词，而后大家补充修改，最后把改好的台词记下来。[①] 因为这些演员对山沟生活有切身体验，所以能带着强烈的爱憎感情去编演，每个人都参与了这种先有“剧”后有“本”的戏剧创作。该剧在揭露日军残暴的同时，歌颂了沁源人民的抗争精神，对反维持斗争起到了很好的引导作用。

有学者认为，这些集体创作的戏剧作品，并非主题先行的应景之作，也不会因仓促上马就粗制滥造，其中蕴含了从知识分子到军民大众的真实情感，从人物到情节无不闪耀着鲜活而生动的光芒。集体创作不能单纯理解为艰苦环境下的无奈选择，它反映了剧作家和民众以戏剧为武器展开斗争宣传的自觉。[②] 据不完全统计，抗战期间山西抗日根据地集体创作的戏剧剧目多达近80个。这当中，有很多剧作家的集体创作作品在根据地大型评奖活动中获得好评。

2. 演出的集体化

除了创作的集体化，根据地的戏剧也体现出集体化排演的特征。演出的集体化首先表现为“导演团”这一方式，它是山西根据地戏剧界进行集体导演的主要形式，“它是集行政、技术指导、生活各方面于一体的一个组织机构”。[③] 工作方式采用启发式的导演方法，导演负责集中提炼表演中取得的成绩和出现的问题，演员则根据自己的生活经验和真情实感进行自主表演，而在排戏过程中不仅导演可以提出意见或建议，其他演员甚

---

① 战地绿茵，载于中共山西省委党史研究室编，围困沁源［M］．太原：山西人民出版社，1988：201．

② 段俊．山西抗战戏剧研究［M］．北京：中国社会科学出版社，2015：98．

③ 陈波儿．集体导演的经验［N］．解放日报，1944年12月17、18日，第4版．

至台下看戏的观众都可以提出修改意见。这种方式可以最大限度地避免导演的主观臆断，也能更好地吸收众人意见，为戏剧注入生活的真实感。

其次，演剧的集体化体现在演员身份的多元，一个演员不仅在戏中身兼数职，扮演多个角色，而且演员本身在实际生活中也具有多元身份，他们既要劳动，又要作战，还要演戏。集体演剧时，剧团人员的身份也是不确定的，有些演员在不同的戏剧排演中可能分别是导演、编剧、舞美，甚至是勤杂人员。

再次，演剧的集体化还体现在剧团间的交流与合作，主要是专业剧团之间、专业剧团和农村剧团、业余剧团之间的交流和互助。在 1945 年 12 月群英大会休会期间，七月剧社在讨论如何帮助开展群众演剧运动时，看到了忻州的普阁寨民兵演剧队演的《围困普阁寨》，于是他们与演剧队进行了交流座谈。普阁寨民兵演剧队秉承着“在战斗时做一个好战斗员，生产时要做一个好劳力，演剧时要成为一个好演员”的原则，在创作中，根据实际斗争的经验，逐次修改剧本，排练时结合自身经验，以提意见的方式不断改进动作和表情，最终取得了让观众称赞的逼真演剧效果。七月剧社在听取了这些成功经验后表示：“今后演剧队的工作，要和打仗、刨闹（注：生产）结合起来，并和本地秧歌社火相结合。”七月剧社也向民兵演剧队介绍了“简单的化妆方法和化妆品的简易使用法”。[①]

在战争环境下，必须依托集体创作才能适应大环境的变化。戏剧的集体创作和演出，丰富了戏剧作品，解决了抗战时期山西抗日根据地的“剧本荒”问题。徐懋庸提出了战争环境下根据地进行集体创作的必要性，“我们在敌后，书籍缺乏，本身经验又少，主观的能力低，客观的条件又差，如果只靠三个人去钻，是钻不出什么来的，最好是集体研究，集体创作”[②]。活跃在广大农村的业余剧团，在缺乏专业剧作家的条件下，集体创作的方式更容易取得好的成效。李伯钊也认为，“发动各剧团集体创作剧本，

---

① 七月剧社和普阁寨民兵演剧队联欢交流经验［N］. 抗战日报，1945 年 1 月 5 日，第 2 版 .

② 徐懋庸 . 我对华北敌后文艺工作的意见——在文协晋东南分会第二届会员大会上的讲演［J］. 华北文艺，1941（5）.

自力更生，解决剧本荒的问题，在各大剧团组织创作研究组，学习写作，这一决定对于敌后戏剧创作质的提高和量的增大方面起了相当的作用。"[①]

集体创作和演出还激发了抗战期间大众强烈的集体意识和团结精神。日本帝国主义发动的侵略战争让包括知识分子在内的民众流离失所，个体力量的薄弱使大众把集体作为寄托希望的所在，以此来消除个体的无力感。战时集体创作的优势在于它与个人独创性并不矛盾，而是可以对个体创作形成有益的补充。周扬指出，"在战时文艺家的一切活动中，集体创演的活动应当占一个地位"。"要迅速反映当前不断发生的许多事变，尤有赖于集体的力量"[②]。

集体创演也促进了剧作家和大众的结合。根据地实行的"重视和优待文化人"政策，让剧作家们创作的自由获得了充分的保障，特别是延安文艺座谈会后，剧作家在集体生活和工作中融合于大众中，走上了文艺为大众服务的道路，并不断进行思想改造，一些不切实际的个人化意志被消除，集体的精神价值和思想情感得以更多反映，挖掘出了更多反映现实题材的优秀作品。这一形式也成为根据地大众戏剧的主流。1942 年以后，在经历了频繁的戏剧集体创演后，从部队到地方，从专业到业余，写作剧本的水平普遍得到了提高。晋察冀抗敌剧社文艺组"过去能写剧本的只限于三两个人，而现在却大多数同志都能写了"。[③] 山西根据地集体编演的特色在于，戏剧要在多次的演出中接受群众的批评，边写边演，边演边改，直至最后定稿，这其中凝聚了专业文艺工作者和工农兵群众的集体智慧。

（二）戏剧为现实斗争服务

中宣部副部长周扬在 1947 年晋察冀中央局宣传部召开的文艺座谈会上提出："边区文艺工作者，抗战后就在对敌斗争的艰苦环境中做了许多的工作，做出不少贡献。特别是在毛主席主持的'文艺座谈会'召开以后，

---

① 李伯钊．敌后文艺运动概况［J］．中国文化，1941 年第 3 卷第 2 期．

② 周扬．抗战时期的文学［J］．自由中国，1938（1）．

③ 黄天．晋察冀军区文艺工作［N］．解放日报，1942 年 8 月 24 日，第 4 版．

由于文艺工作者的人生观和艺术观发生了变化，在实践中他们贯彻文艺与工农兵结合的方针，产生了不少优秀作品。写真人真事，是‘文艺座谈会’召开以后文艺创作上出现的一个新现象，是文艺工作者走向工农兵、工农兵走向文艺的良好捷径。群众的创作相当大一部分是写真人真事的，《穷人乐》以及许多作品都是如此。写真人真事，就像有模特儿，比较容易表现。而且写本地的人物和事件，大家都熟悉，会倍感亲切，因而也易于收到教育的效果。”①

周扬提到的《穷人乐》，是晋察冀边区阜平高街村剧团创作和演出的，“真实地反映了边区群众翻身的过程，不但内容异常生动丰富，歌颂了群众的英雄主义，而且形式也是群众自己选择的综合性形式，表演活泼熟练，深刻而真实地表现了劳动人民的思想感情。他们用真人演真事，以创作过程和演出过程相结合的方法，表现了本村群众的斗争生活，歌颂了自己爱戴的劳动英雄陈福全，这种编剧方式实为我们发展群众文艺活动的新方向和新方法。”②

《穷人乐》在创作和演出中，充分体现了现实主义特点。高街村村民将本村群众亲身经历过的惊心动魄的斗争搬上了舞台，又鼓励自己的英雄陈福全自己演自己，从生活中，选择了适合表现生活的各种艺术形式，最终成了话剧、舞蹈、唱歌、快板等综合形式的剧目。他们把创作过程和演出结合起来，最初只起草了一个简单的提纲，没有台词，没有动作，只有事件的人物和提要，但因为是真人真事，每个演员可以发挥自己的创造才能，因而在每一次排演和演出过程中，都有新的添加和补充，最终把一个简单的提纲，变成具有丰富内容的剧目。运用创作和演出结合的方法，不但可以解决剧本荒的问题，还可以发挥演员的创造才能。另外，在编演过程中，也体现了两种文艺思想的斗争过程，因为“外来的同志没有受过

① 周扬．谈文艺问题——中共晋察冀中央局文艺座谈会上的讲话［N］．晋察冀日报（增刊），1947年5月10日．

② 中共中央晋察冀分局关于阜平高街村剧团创作的《穷人乐》的决定［N］．晋察冀日报，1944年12月23日．

跟他们一样的残酷剥削，所以就不容易理解”。第一次排演时外来的同志觉得“太长、太麻烦”，就把喇嘛逼租一场删去了，但演出以后，佃农反映，戏演得都是真事，不该删去。在艺术形式的选择上，开始排戏的同志想搞个歌剧，要农村剧团的同志按照剧本排，结果“演员也不会说话了，农民的动作也没有了，甚至跟着撇起京腔来了”。起初排戏的同志对群众的创作能力认识不足，甚至是盲目的。“过去我们农村剧团排演的常常是跟当地群众生活相距很远的事，有的甚至要演外国剧，比如平山某剧团就叫‘斯大林’抹着红脸上场。当时，农村剧团处处照搬专业剧团那套比较复杂的办法。因此，总是闹剧本荒。而且在搬演外来剧本时，因为跟自己的生活相差太远，就不能不装腔作势。现在是纠正这些偏向的时候了，而且也有了纠正的办法了，这就是排演《穷人乐》所采取的办法。《穷人乐》的创作和演出过程，不但给我们开辟了一条发展群众文艺运动的异常宽广的道路，也提供了专业剧团下乡入伍的道路。过去，我们专业剧社的同志总是分散下乡帮助乡村连队文艺队开展工作，也一直没找到好门路。《穷人乐》的创作经验告诉我们，只要走群众路线，且善于倾听群众意见，发动群众共同创作，群众不但不因你是文艺工作者而厌恶你，反而因为你能给他们帮助而表示欢迎。下乡者本人，也可从群众的文艺活动中，逐渐体会群众怎样创造自己的艺术，体会他们的思想感情，学习他们的语言和姿态，这样也就可以在普及文艺的基础上来提高自己的文艺工作水平。”①

沙可夫在总结晋察冀文艺运动时认为，晋察冀在文艺工作中取得的最大成绩就是“在积极参加对敌政治攻势中”能“深入到实际中，到群众中，和政治结合得愈密切，那么就愈能发挥其斗争利器的作用，所获成绩也就愈大，文艺与文艺工作者本身也就愈能得到改造而不断进步”。1942 年以后晋察冀边区文艺界一方面继续为克服脱离群众、脱离实际的“演大戏”倾向而斗争，一方面开始号召并组织文艺工作者积极参加对敌政治攻势，使文艺走上对敌斗争的最前线。要始终面向游击区、接敌区的广大群众，

① 沿着《穷人乐》的方向发展群众文艺运动［N］. 晋察冀日报，1944 年 12 月 23 日 .

为瓦解与争取敌伪军，提高群众抗战情绪及其对胜利的信心而努力。“这几年来，我们在这方面获得的成绩是很大的。我们的文艺工作者在对敌政治攻势中创作了很多顺应当时当地环境的、短小精悍的、通俗的艺术作品，创造了许多新的艺术活动的方式（如在院子里、田庄上、大街旁、破屋内演出等），所以这些艺术作品多半能被群众所接受，因而获得了极大的宣传效果。”①

毛泽东《讲话》传到晋绥边区后，这里的文艺工作者主动探讨创作水平停滞的表象下深藏的思想问题，“主要是笔杆与锄头相结合的问题还未解决，实际上还是对改造自己，与工农兵相结合缺乏决心，所以是思想问题。必须打破在屋子里才能创作，不以对群众生活感情体验的程度为标准，而以自己‘构思的完美’为标准来测量自己作品等错误观念，走出窑门，眼睛向下，学习苏联做宣传工作的方法，从群众中找典型，从写小东西入手，不要抱着个人成名想法，而要抱着为工农兵服务的态度，和党的政策与当前任务相结合，则可以创造更多的形式，表现更多的内容，把目前的水平提高一步，以便增强我们的战斗力量”②。

与群众融为一体后，晋绥根据地各地也陆续出现了很多紧密结合现实的优秀作品。响应抗战时期根据地提出的“把敌人挤出去”的战术，“普阁寨军民挤掉了普阁寨这个敌据点之后，有几个民兵立刻创作了一个叫《围困普阁寨》的剧本在庆祝大会上演出，如实反映了他们自己的战斗生活，激励并提高了他们的战斗意志”。这个戏是先由一个工农干部写出剧本，把围困战中最动人、最有教育意义的事编成四幕戏，演过一次后，再征求民兵和群众的意见，就这样边演边改，修改了四五次，“处处从实际事实出发，倾听群众意见，总要使老百姓觉得满意”。这出戏的编写过程体现了结合现实的突出特点，体现在两点：一是“发挥演员的集体创作的优势，不靠剧本、剧中人的对话，不固定，台词词句都在各人肚子里，根据戏里

---

① 沙可夫．晋察冀新文艺运动发展的道路［N］．解放日报，1944 年 7 月 24 日，第 4 版．
② 我们讨论了生产运动中的文艺活动问题［N］．抗战日报，1944 年 4 月 8 日，第 4 版．

的人物思想感情自己编”。比如据点里的日本人说：“达八咕没有的，烧酒没有的，花姑娘也没有的，普阁寨什么什么都困难困难的。”一句话道出了敌人被困的窘境。二是戏的形式活泼，“有两人对话，有一人独白，有布景，也有小过场，根据群众需要来处理，发挥演员的创造才能，使戏剧和群众密切结合起来。”①

“离石一区罗家坡村的剧团，就按照行政村中每一时期的工作任务，与工作中的经验，创作了很多的剧本，其中最出色的有以‘订农户生产计划’‘改造二流子’‘救济从晋西阎锡山统治下逃来的难民’‘妇女纺织’‘劳武结合’为主题的五个节目，前后在本村和外村演出达 50 多次，到处都受到欢迎。”“剧运，已是根据地人民生活中不可缺少的东西，它是我们在具体执行任务时布置工作、推动工作、检讨工作、指导工作的一种很好的方法。”②

在农村戏剧运动开展得如火如荼的时候，专业剧团的应有作用没有发挥出来，也引起了根据地职业剧作家们的注意，“职业剧团和职业剧团工作者与广大群众有着不短的距离，赶不上群众的需要，还落在这个时代的后面”。主要表现在专业剧团没有发挥对业余剧团及农村剧人在专业方面的指导作用，“没有专业剧团的帮助，业余剧团还存在着自流的无组织状态的缺点，某些地方因为没有新戏，而让宣传封建迷信甚至色情反动的旧剧团大行其道”。在三分区有 6 个旧戏班子，一年 360 日，没有一日得闲，每日每个班子可赚到 1.5 万元到 2 万元，原因不是群众不爱看戏，而是由于没有职业剧团下乡，要看新的看不到，只好看旧的。“在秧歌剧方面同样存在这问题，在晋绥虽然秧歌剧以最受欢迎的剧目和广大人民结缘，但最大的问题也是专业剧团对业余剧团指导得不够。”一方面很多“职业戏剧工作者叫嚷着缺乏生活”，另一方面“广大群众又是多么渴望着有新的东西给予他们”。在这文艺“新的黄金时代”到来的开端，

① 风林．“围困普阁寨”的编排和演出［N］．抗战日报，1945 年 2 月 11 日，第 4 版．

② 华纯、韩果、石丁．晋绥剧运之前瞻［N］．抗战日报，1944 年 12 月 8 日，第 4 版．

必须“广泛而又深入地去接触并了解我们根据地工农兵的生活及其艺术，而发扬光大之”。要做到这一点，“首先一步，必须是广泛而又深入地接触并了解我们的业余剧团”，应该“立即动员业余剧团职业戏剧工作者到我们的机关部队、学校工厂去，这些业余剧团对于工农兵的生活及其艺术，不但比我们接触得多，了解得深，而且是从工农兵里生长出来的，这是一架桥梁，通过它，我们就可以和工农兵紧紧地结成一体，否则这个黄金时代，将会惩罚我们，把我们丢在绝路上”[①]。

七月剧社的文艺工作者提出了结合现实的方法，对于秧歌剧下乡与乡下秧歌结合提出几条具体意见：“1. 由文联负责召开戏剧座谈会，讨论‘七七七’征文获奖作品的创作，研究其优缺点，予以正确的评价。各剧团交换对于晋绥剧运的意见及工作经验。征集短小精悍、具有可以广泛流行的秧歌剧（尤其是工农兵创作的），大量出版。2. 秧歌下乡与乡下秧歌结合，确定 1945 年春节为秧歌下乡与乡下秧歌结合的运动月，然后将这一运动变为各剧团经常的工作。在进行这一运动中，各剧团按照所在地区具体条件，或全部下乡巡回公演示范，或分为几个队与乡下秧歌班子联系，互相帮助，联合演出，或分为若干小组，具体领导若干秧歌班子。组织村干部、部队工厂中文娱工作负责人、劳动英雄、民教馆负责人、小学教员，帮助他们组织推动并坚持工作，经常供给他们以演出材料，最后总结经验。”[②]

看了晋绥边区“七七七”文艺奖金获奖作品后，希骞同志热情赞扬这些作品是“肯定新现实的作品”，“是与政治任务密切结合着的，与根据地成长密切结合着的，为广大群众所爱好，而有着艺术上的发展前途的作品”。他在总结这些作品的特点时说，第一，“基本上是写了农民”。第二，“有着浓厚的战斗特别是战斗气氛”。第三，“是团结、气氛与教育”。第四，“是积极地发展与生长的气氛”。这些作品，是“新的社会中的新

---

① 华纯、韩果、石丁 . 晋绥剧运之前瞻［N］. 抗战日报，1944 年 12 月 8 日，第 4 版 .
② 华纯、韩果、石丁 . 晋绥剧运之前瞻［N］. 抗战日报，1944 年 12 月 8 日，第 4 版 .

的果实”，与敌占区的“谈风月”和大后方的“发牢骚”作品绝不可同日而语。“如果没有毛泽东同志在文艺座谈会上的讲话那样深刻而又浅显明朗的指示，解决了文艺战线存在的许多糊涂思想，则新民主主义社会文艺的发展，将不会有今天。”“如果没有根据地本身政治和经济大踏步发展，文艺上的发展也不会有今天的收获。”①

晋绥文联负责人亚马多年后回忆起“七七七”文艺奖金获奖的作品时，饱含深情地说：“这些作品是从人民的血汗中产生出来的，是战斗的记录，是描绘人民时代光辉灿烂前景的。更可贵的是，我们再也没有被敌人打败。我们是革命力量的一部分，我们靠革命建立了这个根据地，也培养造就了一大批革命的文化、文艺工作者。”②

（三）改造民间戏剧形式

山西是戏剧之乡，戏曲剧种达 50 多种，约占全国 360 个剧种的六分之一。从戏曲类型看，主要有梆子戏、秧歌、曲子戏、道情、落子戏等多种地方传统戏曲。山西丰富多彩的戏曲剧种有很多共性，但又有各自不同的个性，地域性较强，剧种风格与当地群众的生活习惯、风土人情紧密相连，不少经典剧目成为广大群众离不了的历史教科书和生活教科书。在山西广大农村，不管是有没有文化的人，都从戏曲剧目中获得了知识，受到了熏陶。在抗日战争期间，为了宣传抗日，活跃边区军民生活，各根据地相继成立一批新型的专业戏曲演出团体，其名称不再叫戏班，而称为剧团、剧社、剧院。这一时期，晋冀鲁豫边区的襄垣县农村剧团，武乡县光明剧团、战斗剧团，太行四专署胜利剧团，屯留麟山剧团、绛河剧团，沁源县绿茵剧团，黎城县黎明剧团，太行二分区剧社，洪洞县民声剧团，襄陵县民主剧团，晋察冀边区的灵丘县吼声剧团，晋绥边区的七月剧社、长城剧社、三分区湫水剧社、二分区二中剧社、一分区民众剧社、七分

① 希骞．肯定新现实的作品——看了“七七七”文艺奖金获奖作品后的一些粗浅意见［N］. 抗战日报，1944 年 11 月 3 日．

② 亚马．关于晋绥边区文化、文艺运动的若干问题．载于王一民等编，山西革命根据地文艺运动回忆录［M］. 太原：山西人民出版社，1981：17.

区人民剧社、八分区大众剧社等一批戏曲团体相继成立。同时，八路军也陆续成立总部实验剧团、一二零师战斗平剧社、一二九师三八六旅野火剧社等京剧演出团体。[①] 山西各抗日根据地的戏剧理论工作者和剧作家们不仅对话剧等戏剧新形式的创作演出方面进行探索，还深入探讨了改造及发展地方戏剧的思想方法。理论界明确指出，对传统戏剧进行改造，一方面要剔除其中的封建、愚昧、迷信思想和便于替敌人做反宣传的糟粕，防止旧观念在戏剧中复辟，另一方面也要加强对地方曲艺形式的研究，以认真的学习态度汲取其精华，特别是传统戏剧中具有“民族性”特征的部分。他们清醒地认识到，因为传统戏剧形式的群众基础广泛，“旧剧的内容，虽多含有封建的毒素，可是如果予以新的内容以后，也未尝不是抗战宣传的一个新的武器”[②]。

以晋绥根据地为例，1943 年 4 月，晋西区党委宣传部部长张稼夫倡议组织的晋西民间戏曲研究会（成立于 1939 年）恢复工作，再次确定该会的宗旨是“以科学的、革命的、批判的观点，运用与改造本地区民间戏剧形式，充实以新的内容，打造为广大群众所爱好的地方形式新歌剧”，明确了今后的任务是“在以戏剧为武器宣传和动员群众的同时，对民族新歌剧的发展做有益的探索”[③]。

戏剧工作者的改变不是一蹴而就的。剧作家林杉 1937 年 6 月从上海来到山西，1949 年离开，主要从事文化戏剧工作，大部分时间在晋西的大众剧社。原来从事话剧的他在回顾自己如何走向民族化和大众化时说，“在晋西北山区，地瘠人贫，文化落后，农民群众接受不了光说不唱的话剧艺术，每逢剧社进村，农民第一句问话就是‘有唱没唱的’。要是答复‘有唱的’，他们便表示喜悦。这里最受欢迎的是山西梆子，1942 年夏，我听到了《在延安文艺座谈会上的讲话》的口头传达，经过学习，

---

① 郭士星．山西戏曲概说［M］．太原：三晋出版社，2016：76、119．

② 凌云．晋察冀边区文化工作的过去与现在．载于刘增杰等，抗日战争时期延安及各抗日民主根据地文学运动资料（中）［M］．太原：山西人民出版社，1983：41．

③ 穆欣．新文化的滋长，山西省文学艺术联合会编，山西文艺史料（第 2 辑）［M］．太原：山西人民出版社，1959：24、25．

更加坚定了我向地方戏曲学习的决心，同时决定争取条件能够排练和演出山西梆子传统剧目。目的在于从排练和演出传统剧目的实践中，能够更好地掌握这一形式，以便编写和演出现代剧目”。目标虽提出来了，但实现起来却不是那么顺利的，他发现，“开始时他对山西梆子这种哪呀哈的唱腔和武场的鼓板声、大锣声，尤其是那两块震耳的‘木头’声，感到别扭、刺耳”。后来在与地方艺人和演员一起学习的过程中，他不仅学会了山西地方戏曲，了解了民族戏曲本身固有的特殊规律，还渐渐喜欢上了山西梆子，“山西梆子那两块木头的刺耳声在不自觉中消失了，对于它的唱腔也开始感到亲切了，感到有一种特殊的韵味，感到它具有高亢、婉转、优美动听的特点”。他边学边用，采用山西地方戏形式编导了一些现代曲目。如采用秧歌形式，以反“扫荡”为内容的《以毒攻毒》；采用眉户形式，通过交公粮事件反映父与子两代人思想斗争的《掺砂》；采用山西梆子形式，以反对封建买卖婚姻为内容的《买卖》和以民兵挤敌人为内容的《重见天日》，都受到农民群众的喜爱，自身也在民族化、大众化的实践中提高了创作能力。

除改造戏剧旧形式之外，根据地文艺工作者也改变了人们对演剧的落后观念。例如在晋绥的一些县乡剧团，因为角色需要，需要一些女演员参加，但老百姓不理解。“选了几个对象去动员。家里人不答应，都说‘烧红打黑，唱秧歌坏人子女’，经过再三解释，说明成立剧团是为本村演戏，参加演剧还有许多好处，能学习识字，纺车不出工钱，不会耽误家里营生，每天把家里事做完了才去……特别是由于办剧团的，都是本村的正经人，一部分女子参加了。”他们还定下了纪律，“第一，到后台即严格分开男女，不许杂乱；第二，要和生产及上冬学相结合，不能因为演戏妨碍生产和上冬学，每次要先把家中煤担下、水担下，把牲口草切好，男的女的都要把家中事做完才能演；第三，要在剧团中改造男女二流子，违反纪律要批评。家长们知道，剧团纪律很严，不但不会让人学坏，还能教育提高自己的子女，也就放心了”[①]。经过对旧剧团旧形式的改造，根据地民众对戏剧更加热爱并能积极参与其中。从小孩子到六七十岁的老汉，都积极地参加到剧团和秧歌队中，如兴县胡家沟村的刘志生老汉，领他的两个女儿一起参加了秧歌队。这些新型秧歌队和旧型秧歌队有显著的不同点，那就是新型秧歌队抛弃了那些淫荡调情、封建迷信的东西，而代之以劳动人民的战斗、生产等现实生活场景，用来推进本村工作，教育落后的二流子等。这是新民主主义政治的产物，这是中国戏剧运动的新纪元。[②]

新中国成立后，剧作家亚马在《关于晋绥边区文化、文艺运动的若干问题》中肯定了晋绥根据地戏剧运动的成绩，对旧戏剧和旧形式采取了“有选择地用”和“经过消毒地用”，“新编了历史剧”，“现实题材在表现形式上，首先尽量配合斗争形式与任务”，进行了“舞台形式的改造”，唱腔上做了整理与提高，为内容服务提供了依据。“晋绥边区的党组织和广大人民，给文化、文艺工作者创造了比较稳定的环境和条件，在党的领导下，有勇气独立自主地建立一支站在无产阶级和人民大众立场上的文化、文艺队伍。”在肯定成绩的同时，他也中肯地指出了当时戏剧运动中存在的不足：“不能团结更多的人，不能发掘更多的剧种（道情），虽有山西梆子、眉户、道情、佛乐等搜集的资料性工作成就，但也只是在剧目上。”[③]

二、延安文艺座谈会后山西抗日根据地的优秀戏剧作品

延安文艺座谈会以后，山西抗日根据地的戏剧创作和表演逐渐呈现繁荣景象。以晋绥边区的七月剧社为例，“自 1939 年 7 月成立以来，7 年共演出 1500 次以上，观众约在 300 万人左右，北至偏关长城线上，南迄隰县，足迹走遍边区大部分地区，并曾到延安、绥德等地演出过。他

① 民间剧团中的女演员及其他［N］. 抗战日报，1945 年 2 月 4 日，第 4 版 .

② 穆欣 . 新文化的滋长，山西省文学艺术联合会编，山西文艺史料（第 2 辑）［M］. 太原：山西人民出版社，1959：23—25.

③ 亚马 . 关于晋绥边区文化、文艺运动的若干问题，载于山西革命根据地文艺运动回忆录［M］. 太原：山西人民出版社 .

们的一队专演山西梆子，二队专演各种民间风格的新型歌剧。演出剧本大都是新编的，有一部分是自己编的富有教育意义的新剧和历史剧，7年来共演出剧本达110种，自己编的有34种。《王德锁减租》《闹对了》《新屯堡（张初元）》《重见天日》《三打祝家庄》《逼上梁山》等都是极受欢迎、让人百看不厌的好戏。《王德锁减租》已演出100多次，观众达20多万；《闹对了》演出57次，观众11万多；《千古恨》18个月里共演出140次，观众共计57万余人。"①

（一）《王德锁减租》——立体化展现根据地减租减息的戏剧作品

1944年，西戎、孙谦、常功、卢梦集体创作了以减租减息斗争为题材的眉户剧《王德锁减租》（又名《减租生产大家好》）。晋绥七月剧社组织导演伍陵，演员王扈、张其、郝力民、丁双吉、辰征、黎莎、舒克等人，及时排练了这一具有鲜明时效特征和现实意义的剧作，并在晋西北各县进行了多场演出。

《王德锁减租》以减租减息运动为重点，并对根据地基层政治民主生活运动、变工互助生产运动、改造二流子运动进行了生动形象的反映。人物和事件非常典型，具有极强的现实代表性，获得了1944年度首届"七七七"文艺奖金甲等奖，到1946年，累计演出达百余场，观众人数超过20万，受到了各阶层的普遍好评。

主人公王德锁具备根据地普通农民的特点，与大多数受剥削受压迫的群众一样，他深知"要不是租子重，咱一年打十来石粮食，还能闹到一家三口少吃没穿？"。他对根据地的新政权表示欢迎和认可，"要不是八路军来了，咱晋西北成立了新政权，怕咱们早就饿得趴下了"。但同时，又对长期盘踞在农村的旧势力感到深深的无奈和畏惧，听到减租建议，心里害怕"减了租人家要来夺地"，觉得"地本是人家的还得由人"，对于剥削和被剥削这一延续千年的局面感觉到是天经地义的，听不进老

① 穆欣．新文化的滋长，载于山西省文学艺术联合会编，山西文艺史料（第2辑）［M］．太原：山西人民出版社，1959：23—25．

婆和农会干部对他宣讲的减租政策。反倒是轻信地主说的“旧军今冬上要来，日军也要来”的谎话，对地租的事情满口应承地主，“往年是怎，今年还是怎嘛”。[①]

而张保元、丁丑这些在减租运动中已经翻身的农民，比王德锁有着更强的进步性和斗争性。他们对“减租这件事，政府有法令，减了租决不许地主夺地”有信心，再者他们也深刻地体会到“刘家坡为什么被夺地？”的原因就是“众人不一心没有组织起”。他们在与地主进行减租的斗争中讲究策略，没有简单地以暴制暴，而是依托农会这样的基层组织对广大农民进行了动员解释，以集体的形式和反动势力作针锋相对的斗争，牢牢把握地主减租减息、农民交租交息的立场，在为群众夺回应有权利的同时，也对开明绅士甚至无良地主的合法权益进行了保护。正是在进步群众的努力下，犹豫动摇的群众才得以觉醒。王德锁由畏惧到主动、由退缩到积极的变化，不仅反映了民主精神和民主力量对普通农民的感召，而且在基层现实矛盾的描述中，以激烈而又不乏人性光辉的戏剧冲突详细剖析了党的政策。

除了像王德锁这样心存疑虑的动摇者和像张保元、丁丑这样的推动减租减息运动的积极者外，作品还描述了存在于农村的少数思想落后、好吃懒做的二流子。剧中赵栓儿的转变，就形象地诠释了根据地改造二流子运动的成功。赵栓儿把祖上留给他的地全部典卖给地主赵卜喜，又好吃懒做不愿劳作，靠着为地主赵卜喜做“狗腿子”生活，替地主打探消息，散布谣言，威胁村民，企图让群众放弃减租斗争。直到他看到群众集体表现出对他的厌恶，看着别的农民日子一天比一天好，他才幡然悔悟：“哎！我赵栓儿活成个甚样样的人了？人家叫我狗腿子，咱已经活了半辈子，难道后半辈子还当个狗腿子？”他决心“好好刨闹（山西方言：劳作的意思）了”。而群众对于赵栓儿也给予了宽容和帮助，不仅帮他夺回了被地主霸占的土地，还给他粮食，帮他恢复生产。

---

① 王德锁减租，原文载自山西革命根据地剧本选［M］. 太原：山西人民出版社，1981：56—122，下同 .

《王德锁减租》中还对根据地广泛开展的变工互助生产政策进行了宣传。这些宣传并非枯燥的说教，而是紧密结合群众最关心的利益问题，通过性格鲜活的人物描绘和激烈的戏剧冲突表现出来的。这些教育潜移默化地体现在剧中的语言形象和动作描写里，对现实斗争的开展起到了有益的指导作用。以第一场描述二流子赵栓儿出场为例：

赵栓儿：（快板）东家走，西家串，我是张家沟的大懒汉。每天起来四处转，晌午爬起睡夜半。溜沟子，耍赖皮，赌博骗人的本事样样齐。说到受苦那就不用提，我看那受苦的事儿比什也低，人家是搁下锄头就拿起锄，辛辛苦苦地务庄禾，我啊，受苦的事咱不干，有空还想碰几“和”（读“胡”）。说我懒，我真懒，老人留下十垧地卖的卖来典的典，五垧典给我赵大叔，又租回来种上谷，粪不上，草不锄，由它长成个一踏糊。说我穷，我真穷，衣服尽是大窟窿，吃了上顿没下顿，一天到晚肚子空。说我能来我真能，过斗捉秤我都行，买牛买马离不了我，没我他们就搞不成。这几年，世事变，像我这种人，人家都讨厌，吃穿成问题，米面没处借，左思右想没奈何，只得投奔我赵大叔。赵大叔，大财主，一年要吃二百来石租。自从成立了新政府，定了法令叫减租，庄户人，齐了心，各村四处闹哄哄，说是不减租子就不行。赵大叔，看得清，派我四处去活动，见了老实人，叫他讲良心，见了胆小鬼，吓唬他一顿，搗得减租闹不成，我的事情就成功。①

描述王德锁懦弱犹豫，不敢减租，是从他和他老婆的对话体现的：

王德锁：（接唱）

虽说是政府里已有法令

地本是人家的还得由人

咱减租人家夺地你说怎办！

因此上我不敢冒险乱行。

李氏：（白）哼，说来说去，你还是不敢闹减租，跟上你八辈子也过不成个好日子！你看看村里，除过栓儿，谁家也比咱强，人家保元家只两

① 山西省文化局戏剧工作研究室，中国戏剧家协会山西分会．山西革命根据地剧本选［M］．太原：山西人民出版社，1981 年（内部发行）：57．

三年就变了样子，以前一分地也没啦，如今人家要地有地，要牛有牛。咱们呢，连个鸡娃子都喂不起！我跟上你吃不上、穿不上就不用说啦，你看咱冬生，八九岁啦，穿过你几件衣裳？五岁上做的“装袄”（注：即棉袄），今年还得穿，人家过年过节，好歹也能吃上顿好面，你想想咱前二年过年吃什来，连顿好面也吃不上！哼，如今公家叫减租，这么好的事情，你偏不敢闹，也不知道你心里谋算的是个什？

王德锁：谋算的什！减租子是好事，我还不知道？

李氏：那你为什么不减？

王德锁：减？少交人家一颗也过不去！你不记得那一年年成不好，交不上租子，欠人家四五斗，说下给人家“瑙利”（注：利息）上利，第二年补，人家都不让，告到区上，区里把我逮去坐了二十天班房，讨保出来，卖了一口瓮，才交齐租子。

李氏：那是哪一年的事，如今是新政府，怎能和旧政府一样。

王德锁：哼，当财主的什时候也有权有势，你一个穷汉就能惹得起？生下个穷命，就不用想那些好活的事。

李氏：命？什么是个命？不减租就是穷命，减了租就不是穷命了。[①]

张保元给大家解释政策，揭穿地主阴谋：

张保元：别说了，听我也说上几句。（唱五更）

听罢言我喜心间

我还有些小意见

过去旧政府咱穷人受压迫

新政权帮咱把身翻

只要大家齐心干

这些事情都好办

不怕惹人咱们要勇敢

执行法令理当然

① 山西省文化局戏剧工作研究室，中国戏剧家协会山西分会．山西革命根据地剧本选［M］．太原：山西人民出版社，1981 年（内部发行）：60、61．

地主老财骗咱们

口口声声讲良心

害得咱们八辈子受罢穷！

从今后咱们都要把眼睁。（切板）

润宝：（白）对的，保元说的句句是实。咱穷人和地主讲良心，人家和咱讲鬼心。一天价吃饱了尽是思谋着想法子剥削咱们，如今咱们再不敢上他的当了。保元不是说嘛，咱们要翻身哩！

民兵乙：主席，我看要想把减租办好，咱们大家得定个规程。

张保元：好吧，你就先提。

民兵乙：咱们有什说什，不能有话闷在肚里不讲。你们说行不行？（众人说“行”！）第二层咱们说什是什，不能说的一样，做的不一样。（众人说“对”！）

润宝：咱也提上两点。

张保元：好，你说。

润宝：咱们要干就干到底，（众人：“同意”！）这是第三层，（看着栓儿说），第四层咱们可是要反对赖人起歹心破坏咱们！（众人说“这一点很要紧”。）

张保元：就是这四条，这是咱农会自己定下的法，自己定下的法自己就得遵守，大家能做到吧？（众人说：“做到！”）谁要不遵守可不行！（众人：“谁不遵守开除出农会！”“对对，谁不遵守咱们农会就开除他！”明天咱们全行政村开减租大会，咱们可是都要到。）

杨戈在对该剧的评论中说：“它很全面地反映了减租政策的整个执行过程及边区人民在民主生活中丰富的斗争事迹，它表现了民主政权的政策的群众性，群众怎样掌握了这个武器，怎样组织了自己的力量去进行斗争，在斗争中又如何改造了动摇者，巩固了自己的队伍，争取了对方的力量，而取得了斗争的胜利。而且在这一伟大的群众斗争中，如何执行了统一战线的政策，照顾了各阶层的利益。它没有一句抽象地提出‘共产党如何伟大’，但它却处处具体而生动地表现了共产党用怎样深入的领导力量，去改造社会和人类，所以它给人的感奋，不是抽象的几句话说得出的，而是一种要求行动的力量的鼓舞，因此它每个情节的出现，都能给观众以深刻的教育。”“故事本身非常简单明了，有头有尾，这一点合乎群众的传统欣赏习惯，尤其是许多场面使用各种对比，再加上旧剧手法的适当夸张，就显得非常简洁有力，使许多矛盾明显而尖锐地斗争着，使人一目了然，这样就造成了很好的演出效果，尤其是参加过减租斗争的，更是随着剧中的反应而反应。”[①]

冯牧在 1945 年看到《王德锁减租》的单行本后称赞，“《王德锁减租》这个剧本，谁都会看出它是为配合当地的减租运动而写成的，但是，不论谁看了它，都会承认这个戏不但有着重大的政治意义，也有着不下于前者的艺术标准的。这是一个艺术品。作者为我们绘了一幅在减租运动中广大农民群众和顽固地主作斗争的鲜明图画，它不借助于任何抽象的政治口号来说明主题的中心，而是通过人物的形象来表现出当前的现实，通过活生生的有性格的人物来说明减租运动的重要和解决的道路。”[②]

（二）《大家好》——反映拥军爱民的现实作品

《大家好》也是晋绥“七七七”文艺奖的甲等奖剧本作品，有着更多的话剧成分，表现的是根据地军队、民兵、老百姓的战斗、生产、生活现状，反映了拥军爱民的主题，贯穿全剧的是农民生活以及他们与军队关系的自然而细致的描写，充满了生活的真实气氛。

《大家好》与拥政爱民的政治任务紧密结合，“一没有俊女秀男的调情风趣，二没有英雄好汉的打架比武，三没有奇谋巧技的复杂情趣，四没有你争我夺的激动场面，人是部队、老乡、婆姨、娃娃常见的人，事是空室、清野、收秋、过年常见的事，设备是一块幕布，几副乐器，简简单单，并不耀目，为什么大家看得那么起劲呢？这里面有几个道理在：因为其中

① 杨戈．关于“王德锁减租”［N］．抗战日报，1944 年 10 月 15 日，第 4 版．

② 冯牧．敌后文艺运动的新收获——读晋绥边区“七七七”文艺奖金获奖作品［N］．解放日报，1945 年 5 月 6 日．

有大家要求看、喜欢看、能看清楚的东西，又把东西表现得很好的原因”。

老百姓说：“通通演的是咱们自己的事！”“一满是给人开脑筋的！”这两句评语是现实而且深刻的，这样“把老百姓真情实事，经过选择、集中，通过艺术反映来提高大家教育大家的文艺创作是受群众欢迎的”。

《大家好》一经演出就受到老百姓的热烈欢迎。1944 年 11 月 18 日《抗战日报》登载了第一次演出的场景：“战斗剧社编的秧歌剧《大家好》第一次演出是在一个狭小的山沟里，看的人有首长，有干部，有当兵的、做工的，更多的是一群一群庄户人家：青壮年男女和披皮袄的老汉，穿红袄的小孩，大家都眼睁得圆圆的动也不动，脸上笑眯眯的，看完了以后，全说不赖，还有些不愿走散，当时正是刚过春节、冻手冻脚的时候。”[①]

林枫在演出后总结时也说“方向是对了”。从主题上，“它没有依靠故事，而是以一个简单的三口人的中农家庭为线索，以几个不完全相连的日常事件为几个场面的中心，来集中表现主题。正由于它取材于常听常见的日常生活中的事件，而又找着了这些事件的内在联系。它不靠空想，而是靠观察、体验、熟习了它所要描绘的人物和事件，给以细致生动的描绘。同时，注意到整个情调的活泼有趣，气氛的紧凑协调，伏线的安排，所以它能做到事件虽零碎而印象完整，主题表现得很明显，形式短小而内容充实，写了爱民，写了拥军，写了参加变工好，却谐和、紧张、活泼，达到了生动感人的力量”。语言采用的是兴县方言，用了“明朗、活泼、结实、生动能传达深刻思想的农民语言。”[②]

卢梦在《对于“大家好”的批评》一文中也指出它的成功秘诀，“主要是它反映了根据地人民与军队间平常的生活。但在这平常的生活中，却贯穿了一个极其重要的政策，它通过了艺术的形式，把这个政策向群众做了有效的宣传。这个剧写的是我根据地军民关系的故事，宣传的是军队应当爱民、人民应当拥军的道理，拥政爱民与拥军运动是中国共产党

① 马贻艾．谈“大家好”［N］．抗战日报，1944 年 11 月 18 日，第 4 版．

② 马贻艾．谈“大家好”［N］．抗战日报，1944 年 11 月 18 日，第 4 版．

提出并在各抗日根据地执行的政策。这个政策执行的结果，就使得抗日根据地，真正地实现了军民一家人，这是抗战胜利的最大保证”。作品虽然“只写了一点点老百姓的生活，很自然、很平常的生活，毫不特殊，毫不例外，但却逼真、生动，我们可以说这个剧具备着丰富的政治内容，也具备着完美的艺术形式”。《大家好》中的故事和人物都是从群众中来的，在戏剧里，活的人物是好人物，因此现在我们来看《大家好》中的张老四，像我们的叔叔伯伯、房东、邻居吗？像得很，他很朴实，而且有生气，是大多数翻身后的中农的典型。他的老婆像我们的婶子大娘，甚至像我们的母亲吗？像得很，她懂些世故，并且也带着些旧社会遗留给她的习气，村主任也很像，她很开朗，而且和群众的关系和军队的关系都很正常，“那里边所写的事情，如果你留心一下就会发现，在你的身边周围，同村同学中到处皆是，平平常常。”“里边的故事与人物，我们到处能看得见，但是在现实生活中我们却很难找到。”“在自然形态的文学艺术上，在人民的生活上加了工，使其更有组织性，更集中，更典型，更理想。”“全剧的情调是愉快而活泼的，这种情调很受群众欢迎，因此它的教育作用容易收到预期的效果。其次，它从头到尾都很紧张热烈，这样便能够使观众的情绪经常保持饱和与满足的状态，这一点是任何一个短小的剧，都应该具备的。”“《大家好》的作者们，从群众中吸收了丰富的拥政爱民与拥军运动的材料，很好地研究了它，组织集中了一下，使其更为典型化，然后写程序，演给群众看，把拥军政策贯彻了下去，这种写作的方法是十分正确的。”“过去我们写剧本，主要是依靠脑筋办事，想上一会儿，便想出来了，但是这样写出来的，群众不一定喜欢。这条路不通，需要我们找一条新的路子。毛主席把这条路子指出来了，他告诉我们要为工农兵，并且说了如何为法，《大家好》的作者们跟着毛主席所指的路子做了，因此他们得到了成功。”①

总之，在学习了毛泽东《讲话》以后，晋察冀、晋绥、太行、太岳

① 卢梦．关于“大家好”的批评［N］．抗战日报，1944 年 12 月 7 日，第 4 版．

根据地戏剧工作者们不断开展文艺整风运动，重点解决了戏剧作品中存在的内容空洞、形式脱离群众鉴赏需要和创作态度偏离党的宣传工作中心等问题，直至抗战胜利，山西抗战戏剧人不断检视自身，经常进行自我警示与鞭策，始终坚持大众化的戏剧方针，不断总结大众戏剧的成败得失，并为抗战戏剧运动树立了榜样。广大戏剧工作者在深入战场、农村和工厂的过程中，亲身体察了广大人民的期望与诉求，创作思路和表现手法都有了很大进步，迎来了全面自觉抒发现实情感的新高潮。经过生活、工作历练的戏剧人，也使戏剧贴近民众，大众化、通俗化成为绝对主流，坚持深入民众、为工农兵大众服务的戏剧运动原则，并将其影响一直延续到解放战争和新中国成立之后。

第三节　战斗的画笔和刻刀——美术

一、鲁艺木刻团在山西根据地

敌后的美术工作是随着大批青年艺术家到达根据地后逐步开展起来的。为了使鲁迅先生所培植起来的新兴木刻站在文化战线的前列，发挥左翼木刻的革命传统为抗战服务，1938 年冬天，党中央在延安成立了鲁艺木刻团，由延安鲁艺木刻研究班罗工柳、彦涵、华山、胡一川等人组成鲁艺木刻工作团，在中共北方局宣传队李大章的带领下，渡过黄河，穿越封锁线，到达了太行山根据地开展木刻宣传活动。“想把工作团变为一支木刻轻骑队，驰骋到各个角落、各个阶层里去宣传，使木刻成为抗战的武器。”[①] 木刻团先后从 1938 年冬到 1939 年春辗转几个月在晋西举办了 7 次展览和 4 个座谈会，但因为作品欧化风格明显，内容多是人体、风景、静物等抽象作品，内容与技巧、表现方式和题材等方面都与现实生活和人民大众所喜闻乐见的艺术方式有明显的差距，所以往往受到冷遇。“在长治县《战

① 胡一川．回忆鲁艺木刻团在敌后，太行革命根据地史料丛书之八——文化事业［M］．太原：山西人民出版社，1989．

斗日报》上出过一期专刊，使太行山区敌后广大人民第一次看到了全国的新兴木刻。因为欣赏要求不同，就有各种不同的反映，革命干部看了说‘很好’，但也有一部分农民群众看不懂，对于受外国影响较重的作品感到不亲切。大多数群众感到内容与敌后丰富的斗争生活距离很远，能激动人心和结合敌后斗争的，思想性较高而又易看懂的作品太少了。群众喜欢看有头有尾的木刻连环画和套色木刻，鲜明、具体地提出了中国新兴木刻必须适应大众化和民族化的要求。”①

在根据地开展美术事业困难很多，主要有绘画工具的缺乏、原料来源的艰难和美术创作人员的缺少，甚至连一把普通的刻刀也十分奇缺。但根据地大多地处山区，随处可见的梨木、枣木木板，都是木刻创作常用的材料。在艰苦的环境下，刻刀、木刻所用的纸，甚至油墨都可以自制。木刻美术作品可以重复印刷，便于携带，移动性强，适合战地随时转移。木板解决了当时印刷机器缺乏的问题，当时的报刊报头、邮票、粮票甚至钞票也都依靠木刻制作，因此，木刻在抗战时期发挥了举足轻重的作用。木刻形式多样，不仅有黑白、套色木刻，还可以将木板更换成铜板或石膏板，展现不同美感。

1939 年晋察冀文艺干部大会在武乡召开，会上朱德总司令指出，我们的笔杆赶不上我们的枪杆，必须尽快赶上枪杆，与敌人战斗到底。木刻工作团的成员决定：摈弃以前的西洋素描画基础，与民间木刻匠合作，运用民间年画手法进行创作，以宣传抗战为内容，尝试新年画创作。随后创作了一批代表性的木刻版画作品，罗工柳的《积极养鸡，增加生产》、胡一川的《军民合作》、彦涵的《春耕大吉》以及杨筠的《纺织图》等都是代表作。还配合党报刻报头、插图、木刻漫画等，随之木刻在根据地风靡一时。

鲁艺木刻团在敌后转战了三年时间，1941 年，成员多分散到报社、

---

① 胡一川．回忆鲁艺木刻工作团在敌后，载于太行革命根据地史总编委会，太行革命根据地史料丛书之八［M］．太原：山西人民出版社，1990：625—629．

木刻工厂等单位工作，也有一部分回到延安。他们辗转活动于三大抗日根据地，用木刻这个武器进行抗日宣传工作，创办了木刻工厂，创作了大量的木刻作品，播下了美术的火种，为中国新兴木刻走向民族化、大众化做了勇敢的尝试。美术理论家胡蛮对鲁艺木刻团在山西抗日根据地的工作给予了很高的评价："他们一方面为人民为兵士供给精神上的食粮，另一方面还研究政治和美术，并对青年进行着美术的教育工作，这正是鲁迅同志生前所讲到的'山野里的鹰隼'，他们迅速地飞翔着，向着伟大的艺术的道路上迈进。"[①]

二、根据地美术人才的培养和美术理论的探索

为了培养更多美术人才，党中央决定在山西根据地成立晋东南鲁艺，1940 年初晋东南鲁艺在武乡县的下北漳村成立，由长征中"三过草地"的著名女艺术家、活动家李伯钊创立并负责。李伯钊"把苏区和红军艰苦卓绝的优良传统和作风带到新的战争环境来"，"善于把党的意图贯彻到学校的实际生活里"，"善于启迪同志们的创作思路，"[②]为根据地培养和造就了一批优秀美术人才。

在绘画的形式上，也不断向着大众化方向迈进。曾因木刻版画受到鲁迅先生和美术界人士一致好评的陈铁耕到达根据地后，先是在《新华日报》（华北版）刻木刻，创作了敌后第一幅连环画《黄阿福》，描述了富裕农民因受到鬼子蹂躏而破产，其寡妻孤儿不堪恶霸虐待而死，后来恶霸做了汉奸，被抗日群众处死的故事。一共 48 幅画，充分运用国画的优点，又具有强烈的现实意义，在美展上展出后受到各方人士赞美，被公认为是抗战后第一幅在敌后出现的成功的中国连环画。紧接着陈铁耕又创作了连环画《穷孩子》，描写一个雇工的孩子替财东放牛，后来不堪雇主压迫之苦而投入了抗日军队当勤务兵，在队伍中穷孩子过着人的新生活，

---

① 胡蛮．抗战以来的美术运动［J］．原载中国文化（第 3 卷第 2 期）．

② 冈夫．峥嵘岁月怀"鲁艺"，载于太行革命根据地史总编委会，太行革命根据地史料丛书之八［M］．太原：山西人民出版社，1990：618—622．

上课学习、下操写字成为他日常生活中有趣的娱乐，在抗日战争中得到了锻炼，受到了教育的穷孩子最后成为一名鼓动家。这 28 幅画比《黄阿福》更为成熟老练。这两幅连环画运用了“现实主义的创作手法，中国画的民族风格，构图精练，主题突出，画面明朗有力，刻画了北方农民敦厚、朴实、秉直的性格，开创了中国画抗战题材的新成就”[①]。此外西洋画的画家蔡九昌用百团大战的题材创作了 8 幅彩色连环画《大战娘子关》，以《月夜行军》《拂晓攻击》《夜间破袭》《白昼战斗》《黄昏遇敌》《倾盆大雨》《风沙袭来》《烈日当空》，描述了艰苦的战斗场面，刻画出抗敌将士的勇敢牺牲精神。

针对根据地美术人才奇缺的现状，到达根据地的艺术家还经常在报纸上进行美术理论的推广，以培养更多的美术工作者。方用在 1941 年 11 月 15 日《晋察冀日报》第 4 版《对敌开展美术宣传战》中号召：“把美术作为对敌宣传的武器，这是今天世界各国在对敌宣传中所经常而且差不多是必须要用的。”“有效的美术宣传，对于我们今天瓦解敌军、争取伪军，是会发生非常重大的作用的。”虽然根据地条件有限，但“物质的困难是可以克服的，因为敌人只有印刷方面的优势，而在绘画和政治上，我们是有十分的优势和绝大的把握去战胜他的”[②]。针对重大活动会场布置，方用提出提高群众审美的观点，“朱总司令 55 岁寿辰的纪念大会上，红色有光纸糊满了会场周围的栏杆，又糊满了主席台两边的短墙。”“与会场的空气极不调和，因为有光纸的红色并不是朱红、深红，而是淡淡的桃红色。从这颜色里面，我们很难想象到被祝寿的是一位 55 岁的老布尔什维克，中国工农红军的创造者和今天中国人民武装的老爸爸。”“新的劳动人民，应该努力创造自己所应有的审美观念，必须有意识地使新的审美观念合乎朴实、刚强有力的准备，而尽力避免浮华、虚荣、妖媚的旧套，必须使新的生活和艺术合乎这个准则。”“今天边区已经建立了

① 李伯钊．敌后文艺运动概况［J］．原载 1941 年中国文化，第 3 卷第二三期合刊．

② 方用．对敌展开美术宣传战［N］．晋察冀日报，1941 年 11 月 15 日，第 4 版．

新的政治和经济，因此今天边区人民的审美观念也会必然地、无条件地、百分之一百地都成了新的，这就错了。因为经济条件在意识形态上的作用和意识形态在社会关系上的反作用，如果给以马克思主义的分析，那就必须不断注意这个事实。”实际通常是停滞在社会关系之后的。因此，“从理论上进一步地来建立起中国人民大众的新的审美观念在今天是万分必要、刻不容缓的工作。”“要提倡刚强有力、活泼快乐、赞美劳动、赞美抗战、赞美革命的新的艺术。”[①]

太平洋战争爆发之后，中共中央在对太平洋战争宣言中指出我们应向日本军队和日本人民，向朝鲜、安南各民族，向中国沦陷区的人民，进行反对日本法西斯的更加广大的宣传鼓动。方用在报纸上号召用对敌宣传画来瓦解敌人，要将“小型的、精致的宣传画作为主要形式”进行对敌宣传。他提出了对敌宣传画制作的几点原则，指导根据地美术工作者正确使用宣传画进行对敌宣传。第一，强调了严肃性，“对敌伪的宣传，手法上不采用漫画形式，因为无论对于敌人和自己的变形和夸张，都容易失掉作品的严肃性，这样有时候会收到相反的效果”。第二，“我们应该把作品画得精致一些，绝对避免粗制滥造随随便便的作风”。第三，为了便于宣传和隐蔽，“画幅应该要小，最好能够做到把手掌按上去时，全幅图画可以完全遮盖起来”。第四，为了保证小而精致，而印刷条件有限的情况下，“可以多用木刻，因为这种艺术本身就具备了这种特性，同时，由于过去的日本国内左翼美术活动的影响，今天在一般的士兵中，对木刻带有很多尊敬和神秘的感觉，从一些敌伪工作的同志口中知道，他们确是喜欢木刻的”。最后，他还强调，“作为现实主义的美术工作者在制作给日本士兵看的宣传画时，应该要多多了解和研究日本的一般情形，比如他们的服装、风俗，等等。只有加强我们对于这方面的调查研究工作，才会使我们的作品具有真实性，才会感动被日本帝国主义欺骗和麻醉下

① 方用．建立新的审美观念［N］．晋察冀日报，1941年1月16日，第4版

的日本兄弟，才会使我们的作品收到预期的效果”。[①]

画家钟惦棐也对创作连环画进行了指导，他从题材和故事两方面谈了两点意见。“表现成为连环画图画的故事，实际上也就是连环画的题材，能够成为艺术的题材必须具备它的具体性、形象性和典型性，这是艺术上一般的道理。”“连环画故事的大团圆并不一定就能表现故事的完整和有力。”他举了一个例子说明，“三专区抗战出版社印的《狼牙山五勇士故事》的作者在处理这个故事的时候，就采用了比较新的手法，作者（曹正风）在第三幅画了战士们砸碎了自己的枪（远处已有人在跳岩），第四幅却是一个日本兵望着岩下落泪（近处亦有一个日本兵在哭泣），这样故事就更增强了它积极的一方面。”[②]

王邦彦在回忆他在晋察冀学习美术时说：“晋察冀边区的美术工作者，起初都只是土生土长的年轻小学生，中学生已如凤毛麟角，受过美术专业训练的更是绝无仅有。他们有的只是一腔革命热情和对美术事业的强烈爱好。”他“就因为读过几年书，能写几个字，爱好美术，还喜欢唱歌，只在连队教过歌，就被认为是个‘艺术人才’，从此开始了革命队伍中的美术生活”。1939 年，以沙可夫任部长的华北联大文艺部和“西北战地服务团”、120 师战斗剧社来到晋察冀边区，王邦彦幸运地被选入联大文艺部学习美术专业知识。当时美术系教师共有 5 位，沃渣（主任）、辛莽、焰羽、钟惦棐、秦兆阳。学员共有 20 多名。在这里，王邦彦不仅系统学习了素描、写生，还实地观察老师们的绘画过程，感觉“也是学习中富有效益的一课”[③]。

晋绥的美术工作者大部分是在延安鲁艺学习过的，1940 年底，在兴县召开的文代会上成立了晋西北美术工作者协会，1941 年初成立了晋西北木刻工厂。在木刻厂工作的有李少言、黄再刊、黄薇等人，他们编

① 方用．谈对敌宣传画的制作［N］．晋察冀日报，1942 年 1 月 24 日，第 4 版．

② 惦非．对创作连环画述说几点意见［N］．晋察冀日报，1942 年 4 月 10 日，第 4 版．

③ 王邦彦．晋察冀美术活动片段，节选自文艺战士话当年［M］．太原：山西人民出版社，1986：91—96．

辑出版了《晋西北大众画报》双月刊，用石印印画，用铅印印文字。另外用水印套色木刻的方法，集体创作了一套领袖像和数幅年画，还集体创作了一套对敌宣传的套色木刻宣传画。出版了李少言创作的《八路军一二〇师转战华北》木刻组画，还给两个报纸和吕梁文化出版社刻小型连环画、刊头、插图、书籍封面等。这一时期，军分区还不定期出版油印四开画报，如《战线画报》《战旗画报》《战火画报》等。1942 年 5 月，晋西北美协为了了解晋西北两年来美术工作的成绩，征集了一些反映晋西北军民斗争的漫画、木刻、宣传画、连环画等美术作品，战斗剧社出了三期《战斗画报》。整风以后，边区几乎每年都要召开表彰战斗英雄、劳动模范大会，最大的一次是 1944 年底到 1945 年 1 月初的晋绥边区群英大会，美术工作者负责大会会场布置、办展览、画壁画、画领袖像以及刻劳动模范、战斗英雄的像。1942 年 9 月，鲁迅艺术学院晋西北分院成立，汪占非、苏云、侯凯等从晋东南来晋西北，成立了鲁艺分院美术队。1943 年 2 月，牛文、郭生等从 120 师战斗剧社调到鲁艺分院美术队。半年后，鲁艺分院部分同志到边区其他单位工作，大部分同志组成晋西北文化服务团，做美术工作的同志组成服务团美术组，以宣传画、拉洋片形式开展群众宣传活动。整风后，改为晋绥文联美术组。在 1944 年晋绥边区举办的“七七七”文艺评奖中，陈岳峰的年画《春牛图》获得美术奖甲等奖，李少言的《日军守备队的生活》（又称《地雷战》）木刻组画获得乙等奖。①

晋绥文联成立大会召开时，“会场的设计和布置是由石夫、赵力克负责的，尤其是正面的一幅画像，是大型的，竖立在一处四合院的正廊门檐前，配合各条有明显意义的长、方、圆等标语，人们以庭院作会场，气氛是很好的”②。

---

① 李少言．战斗的画笔和刻刀，山西革命根据地文艺活动回忆录［M］．太原：北岳文艺出版社，1988．

② 亚马．关于晋绥边区文化、文艺活动的若干问题，山西革命根据地文艺运动回忆录［M］．太原：山西人民出版社，1981：5．

三、根据地美术创作的突出特点

延安文艺座谈会后，根据地美术工作者在艺术与群众、艺术与生活、艺术与传统等问题上有了新的认识和创作实践。他们深入群众，深入生活，与抗战军民同甘共苦，探索研究老百姓的审美趣味，汲取山西黄土文化中民间美术表现形式的精髓，创作出一批反映现实生活，形式贴近群众视角的木刻作品。这些作品真正做到了真实正确地反映现实生活、吸收民间文化精髓，实现了革命性与艺术性的完美结合，为新中国美术发展打下坚实的基础。今天看来，这些作品仍独具魅力。它不只是为政治服务的艺术，更是对艺术本身的改造和发展，是中华民族同仇敌忾抵御日军和根据地军民生活、生产、战斗的历史见证。

（一）真实、正确地反映现实生活

木刻艺术在中国虽然有悠久的历史，但我国新兴的版画则“取法于欧洲”，正如鲁迅先生所讲，“与我国古代木刻并无关系，它的新决不是葬中枯骨，换了新装，它乃是作者和社会大众内心一致要求，它所表现的是艺术学徒的热诚，因此也常常是现代社会的魂魄”①。新兴版画新在形式上，取自欧洲的版画形式，在表现的题材内容和传达的思想感情上，用现实社会生活中的情景来表现同情劳苦大众、反抗压迫的革命精神。

山西作为敌后根据地的重要组成部分，是抗日战争的前方战场，战争环境恶劣，木刻工作者深入前线，亲身经历了战争的残酷，创作出的作品必然与相对稳定的延安的作品有一定差异。在党的领导下，根据地美术工作者从小鲁艺走向“大鲁艺”，积极深入生活，深入群众，直接从生活中取材，直接投身到战斗中，投身于人民群众中，体现了深入民间、贴近平民视角的创作风格和现实主义的创作特点。

这一时期的木刻作品反映的大多是战斗场景和根据地军民生活生产的场景。比如彦涵创作的《当敌人来搜山》反映的是军民同仇敌忾抗击日

① 李树声．中国新兴版画在现代美术史上的突出贡献［J］．文艺研究，1997（6）．

本侵略者，画面描绘出为了使八路军战士能趴在战壕上用机枪阻击敌人，一群乡亲们用肩膀和双手撑起他的场面。画面中的乡亲们头上扎着白头巾（山西人扎头巾打的结在后面，陕西人则扎在前面），身穿大襟短袄，是典型的山西农民形象。刻画的人物生动准确，体现出黄土高原劳动人民善良淳朴的气质。而1943年晋冀豫边区鲁艺教员马达创作的木刻版画《推磨》则描绘了根据地的新生活。作品表现的是一位少妇跟着转动的磨盘，一手推磨，一手拨动磨盘上的粮食，随着毛驴的牵动，微侧着身子，跨着轻快敏捷的步伐前进，一幅具有北方乡村浓郁生活气息的作品跃然纸上。虽然只是一个背影，但完美表现出北方农村妇女勤劳的动态和健美的身姿，真实生动，惟妙惟肖，使人感到淳朴而秀美。背景是土墙和窗子，也是北方农村特有的平房小院。马达造型能力很强，毛驴形态生动，比例准确，刻工精细。这幅作品平和朴实优美，展现了根据地的新生活。

木刻版画在吸收了民间木版年画的特点后焕发了新生。木刻版画一般采用单线加上民间用的水色涂染，如同过去的木版年画，很受群众欢迎。“李劫夫指导下刻制的年画，题为《节俭持家，抗战到底》，画面中间是一位纺棉花的老大娘正在拉线的姿势。周围配有几组人物活动，有青年参军，有男女生产，有扛红缨枪站岗的儿童，还有战士消灭鬼子，以及群众节日跳秧歌舞庆祝等，有机地组成了一个整体画面。然后平涂颜色，印出来很像一幅灶画，赢得了群众的喜爱。不少老乡纷纷来剧社要画，一时热闹得如过节一般。”①

艺术作品作为武器产生宣传的效果，不仅要有高超的创作水平和精湛的技艺，更需要震撼心灵的内容构思。战争场面场景大，人物形态多，需要木刻工作者真正感受战争的残酷和艰辛，才能淋漓尽致地展现出来，达到鼓舞人心的作用。身处抗日最前线的文艺工作者常常面临生死考验，与彦涵在一起的木刻工厂的同志在太行山前线冲破重围时，鲁艺木刻工场

① 王邦彦．晋察冀美术活动片段，节选自文艺战士话当年［M］．太原：山西人民出版社，1986：91—96．

的木刻家赵再青和一个印画的乔云，在被敌人合围时，跳崖牺牲了。战友牺牲激起的对敌人的痛恨在他们的作品中表达了出来。为了打击日军的奴化宣传，沃渣率领一批美术工作者在紧张的战争中创作、印制了大量反映根据地战斗生活的木刻作品。闫肃、屠伟克、油飞虹、唐炎等创作了《参加八路军保卫家乡》《妻子送郎上战场，母亲送子打东洋》《广泛开展游击战争》《把烂铁送到兵工厂》等一大批木刻作品。他们的作品不再是模仿西方作品的画册，而是在融入根据地群众的生产和生活后细心观察，倾入感情，对现实生活的真实再现，让群众感同身受，引起共鸣，体现了“中国气派”。

（二）吸收民间文化精髓

在毛泽东《讲话》发表以后，木刻工作者与群众打成一片，对黄土文化有了新的认识，真正理解了老百姓的审美心理，从民间年画、门神和灶神中发现了美，并自然而然地吸收民间艺术的养分，创造出了全新的艺术形式。他们将欧化木刻与传统民间年画的艺术形式进行了更全面、更深层次的融合，保留了欧化木刻的表现方式、刀法和写实造型基础，吸收了民间年画的色彩、以线造型、画面清晰明朗等特征，既剔除了老百姓不接受的明暗对比的“阴阳脸”造型，又用色彩对比、形体凹凸变化为依据处理了黑白关系，最终用简洁明快的方法创作出了具有民族化特征的作品，真正做到了用科学的技法、大众化的题材和民族化的形式创作的结合，被根据地的老百姓所接受并喜爱。

木刻工作者宣传抗战最有效的方式就是运用老百姓最熟悉的形式来表达。在民间年画中世代相传形成一些象征的程式，老百姓在欣赏过程中也形成了一定的辨认模式。在晋察冀根据地，木刻工作者在行军、打游击时看到老百姓家的门上贴着门神、壁画，于是就用门神的形式制作出《保卫家乡，保卫边区》等作品，并用年画中天宫的形式创作立功喜报，配合抗战光荣年画，填上真实姓名，与当地政府一同送去军属家拜年，很受当地老百姓欢迎。在 1940 年春节的晋察冀边区，“每个村庄里，每家门上贴着的门神已不是秦叔宝、尉迟恭，而是标有‘加紧站岗放哨，捉拿汉奸敌特’字样，手持红缨枪和亮闪闪的大刀的自卫队员英姿……过去天津运来的什么《麒麟送子》《老鼠娶亲》一类的年画已代之为《妻子送郎上战场，母亲教儿打东洋》《抬伤病，送茶饭》《开展民族运动，选举好村长》一类的抗日年画。”①

沃渣创作的木刻宣传画《八路军铁骑兵》荣获晋察冀边区文联首次鲁迅文艺奖金奖。这幅木刻宣传画与之前的新年画相比又进了一步。它不仅是对传统民间年画的直接运用，更是将欧化木刻和民间年画更深层次地结合在一起。用色上关注气氛的渲染，天空、山石、草地、树木都不仅是年画的颜色，还加入了环境色，其中山石、树木也借鉴了中国传统山水画中的勾勒、皴擦、渲染，使画面效果更具表现力。画面中八路军骑兵以剪影的形式表现，将人与马大胆概况为一个整体。画面重点突出，整幅作品以明朗色调为主。这种继承中国传统艺术精髓，再汲取外国艺术表现形式融会贯通创造出新的具有时代精神的木刻艺术，是一种崭新的艺术尝试，令人眼前一亮。 吴嘉玲评价，“沃渣的木刻，作品有鼓动性与刺激性，更可发现纯热的特异的个性。它在我们的血脉里交流着，栽根于我们的心里。”“这位中国的木刻大师，将那无产者与劳苦大众的形象，都用他锋利的雕刀忠实地表达出来。”②

（三）革命性和艺术性的完美结合

生活是艺术创作的源泉，一旦脱离生活，作品就会缺少灵魂。艺术作品的欣赏者是群众，作品应该是喜闻乐见的，而不只是少数人喜爱和欣赏的。根据地木刻工作者心系人民，把自己当作人民的艺术家，从抗日战争的现实需要出发，发挥了宣传抗战、凝聚战斗力的作用。他们把刻刀和画笔作为激励人民打击敌人的有力武器，承担了武装士兵和文化战士的双重角色。

---

① 李公朴．华北敌后——晋察冀［M］．北京：生活·读书·新知三联书店，1979：156．

② 吴嘉玲．晋察冀美术读后［N］．晋察冀日报，1942 年 6 月 20 日，第 4 版．

1942年是日军向晋察冀根据地推行“蚕食”政策更加疯狂、更加残暴的一年，日军先后有七八万兵力对晋察冀根据地进行了空前的大“扫荡”，边区美术工作者都直接或间接地参加了对敌斗争。在物资条件匮乏、工作环境恶劣的情况下，美术工作者们克服了重重困难，迅速地创作出许多作品，集中力量创作了很多对敌进行政治攻势的美术作品。针对日本士兵、朝鲜士兵展开的反对侵略战争的宣传，还专门编辑了日文的“解放画报”。同年7月7日抗战爆发五周年日，《晋察冀画报》创刊，编辑人员为沙飞、罗光达等人。晋察冀军区司令聂荣臻非常关心刊物的出版事宜和工作人员的生活状况，“在创刊号印刷时正赶上自然灾害，一些同志由于营养不良得了浮肿病，聂总知道后专门派人拨给画报1000多斤小米”。[①]创刊号出版时又为创刊号题词：“五年抗战，晋察冀的人民究竟做了些什么？一切活生生的事实都显露在这小小的画报里，它告诉了全国同胞，他们在敌后是如何保卫着自己的祖国，同时也告诉了全世界的正义人士，他们在东方在如何的艰难困苦中抵抗着日本强盗。”[②]该刊的编辑方针是面向边区、面向全国、面向全世界，反映边区军民的英勇斗争的光辉事迹，十六开杂志，图文并茂，每期有数十幅或几组反映边区内部和各抗战根据地及大后方各种斗争与建设的新闻照片、美术作品（漫画、木刻、雕塑等）。文字说明是中英文，有利于对外宣传。画报传到重庆，重庆进步杂志《国讯》称赞：“那样美的五彩封面，久已不见的重磅道林纸、木造纸……清晰而华丽的图片，比之战前上海出版的最好的画报也不逊色。而且活跃在纸上的人民姿态、丰富的敌后斗争内容，则更非那些兴趣放在‘大腿’‘曲线’上的消遣品可比。”“在那画面上呈现出烈士的血，军民的汗……是2500万获得自由解放的人民的民主生活。”日军在1943年秋季大“扫荡”时，曾将晋察冀画报社作为军事目标，企图摧毁它，足以见得侵略

① 罗光达．聂荣臻同志对晋察冀摄影与画报出版的关怀，文艺战士话当年［M］．太原：山西人民出版社（内部读物），1986．

② 罗光达．聂荣臻同志对晋察冀摄影与画报出版的关怀，文艺战士话当年［M］．太原：山西人民出版社（内部读物），1986．

者是多么害怕和痛恨它。[①]

王邦彦在回忆起当年在太行山上的崇山峻岭间用刻刀与画笔和敌人战斗的情形时说："那时候条件是困难的，行动又极其频繁。别说颜色、画笔，就连普通的粗纸也很难得到。我们除了配合演出任务最简单的绘景和装置以外，更多的是采用写标语、画壁画的形式来向群众做宣传，鼓动群众。工具更是简单，本着两个方便的原则：一是携带方便；二是用材方便。""他们就地取材，造出了一种能装三种颜色的标语筒。带着这种标语筒，走到哪里，写到哪里，画到哪里。"标语"在形式上，尽量美术化，做到鲜明、醒目、美观"。"山区大部分是石屋石墙，平原则大都是土屋土墙，不管墙壁的条件如何，我们尽量使所写的标语或壁画产生强烈醒目的效果，这样能在群众中起到更大的作用。"除了标语，他们也在山村里绘制大壁画，"年轻人给我们搬凳子，扶梯子，老大娘便端来开水，或送干粮给我们吃"。《参军光荣》《军民一家人》《打鬼子保家乡》等壁画，人人看得津津有味，体现了群众对美术的爱好和热情。他们还在对敌斗争最艰苦的时期组成小分队随武工队深入敌后，到敌人占领的平原区开展政治攻势。强忍心头怒火，在炮楼林立、遍布封锁沟的敌占区刷下抗日标语："当汉奸死路一条！""八路军是老百姓的军队！""完成工作后，悄悄地转移。敌人在天亮后看到标语气得暴跳如雷，急急下令把标语壁画涂抹干净。"[②]

四、根据地美术作品产生的深远影响

在抗日根据地开展的美术实践，堪称世界美术发展史上的壮举。根据地美术工作者通过刻刀和画笔向民众传播爱国思想，粉碎了敌人的文化"围剿"和奴化阴谋，给艰难困苦中的抗日军民以鼓舞，成为边区武装斗争与文化建设的一支生力军，用艺术实践证明自己是一批坚定的民族

---

① 亦文、齐荣晋．山西革命根据地文艺运动史稿［M］．太原：山西人民出版社，1989：162—167．

② 王邦彦．晋察冀美术活动片段，节选自文艺战士话当年［M］．太原：山西人民出版社，1986：91—96．

解放战士，在抗日斗争的伟大洪流中践行了人民艺术家的责任与担当。

在对敌斗争宣传中，“绘画是不可替代的宣传武器，木刻画所起的作用是最为直观的。”“没有人能够否定木刻画在抗战当中，是一种最具体最有力量的宣传艺术。它比文字更加直接、简明，比漫画更加成熟，而又深刻地浅显地传达给一般大众，而深深地打入他们的心灵。”[①] 延安文艺座谈会召开后，根据地美术工作者改革西方美术范式，从民间汲取养分，直观表达抗日根据地新变化，表达人民群众诉求，为抗战相持阶段的宣传和抗战最后胜利做出了很大贡献。美术也从抗战初期简单的木刻发展到抗战后期多个画种。在 1942 年晋察冀文联暨鲁迅奖金委员会入选美术作品中，就包含了连环画、招贴画、布画、木刻、建筑设计等多种形式。[②]

爱泼斯坦评价：“历史上没有一种艺术比中国新兴木刻更接近于人民的斗争意志和方向，它的伟大之处在于它一开始就是作为一种武器而存在。”[③] 美国记者史坦因走访了陕甘宁后，在他所著的《红色中国的挑战》一书中专门编辑了一章“从木刻艺术看红色中国”，刊登了《夺回粮草》《拥护咱老百姓自己的军队》《八路军徒手和日军作战》《向敌人瞄准》《八路军的学习》《生产战场上的八路军》《汉奸的末路》等反映抗战军民如火如荼的战斗生活场面，向全世界宣传了根据地的木刻艺术。并断言：“马克思主义已经变成中国的了，共产主义的实践，在应用到中国社会去时的彻底中国化，使我感到这是一个无可否认的事实，而不是一条宣传战线。”[④]

“每个民族都有其民族精神，每个时代都有其时代精神，当这两种精神叠合并融会于特定的国家形态与社会生活之中，便会自然转换为大众高度认同和尊崇的国家观念与时代标识。”[⑤] 特有的民族精神与特殊的时代精神，派生出山西抗日根据地艺术家的艺术精神。在民族危亡之际

① 南雁．抗敌木刻集序言［J］．抗敌画报社，1939 年 9 月．

② 文联暨鲁迅奖金委员会入选作品［N］．晋察冀日报，1942 年 4 月 15 日，第 3 版．

③ 爱泼斯坦．作为武器的艺术——中国木刻［N］．大公报（副刊），1949 年 4 月 25 日．

④ ［美］根塞·史坦因．红色中国的挑战［M］．晨社，1946 年 7 月．

⑤ 艾斐．用中国精神为文艺筑脊铸魂［N］．光明日报，2015 年 11 月 16 日（13）．

投身抗日，根据地美术工作者们“不都是兴之所至，也不是早有成就，为了追求个人能深入艺术庙堂。我们是为了生存，为了斗争，我们要把文艺献给广大民众、广大战士，鼓舞起全民族奋勇杀敌的革命精神”[①]。

① 晋察冀文艺研究会．文艺战士话当年［M］．太原：山西人民出版社（内部资料），1986．

第六章　山西抗日根据地文化理论的精神内涵

第一节　伟大的抗战精神——山西抗日根据地文化精神的高度凝练

一、伟大的抗战精神

（一）中国革命精神与伟大的抗战精神

恩格斯曾经说过，“一个知道自己的目的，也知道怎样达到这个目的的政党，一个真正想达到这个目的并且具有达到这个目的所不可缺的顽强精神的政党——这样的政党将是不可战胜的”[①]。中国共产党正是这样的政党。在党的百年奋斗史中，党和人民在伟大斗争中孕育出了革命文化，与中华优秀传统文化、社会主义先进文化共同构成了我们民族特有的精神标识。在对革命文化的研究中，非常重要的一个角度是从“精神”的向度上，着力发掘和揭示革命文化中包含的精神品格及其价值，即对中国革命精神进行研究。中国革命精神研究中心李康平认为，革命精神是革命文化的重要组成部分，也是最核心、最精髓的部分，只有对革命精神进行研究，才能揭示出革命文化的内在价值。在中国共产党领导各族人民为民族解放奋斗的不平凡历程中，形成了极为丰富的精神资源。中国共产党的革命精神，主要产生于新民主主义革命时期，是我们党在领导全国各族人民开展的为实现民族独立和人民解放的伟大斗争中形成的，是“中国共产党人创造

① 马克思恩格斯全集（第 39 卷）[M]. 北京：人民出版社，1974：39.

的先进文化在精神状态上的体现，是中国共产党人在运用先进革命理论，探索正确革命道路，进行伟大的武装斗争在精神状态上的凝练，也是中国共产党人和广大人民群众能动革命实践在精神形态上的集中体现”①。

作为一种先进的精神文化形态，革命精神是中国共产党人的政治信仰、政治理论、政治纲领、政治制度、政治实践在中国革命实践中的精神凝聚与内在统一，是中国共产党人和人民军队的世界政治观、革命观、价值观、群众观等在精神形态的内在联系和本质反映。革命精神与中国共产党政治文化内在契合，在中国革命武装斗争实践中孕育生成，历史地传承了中华民族精神的优良特质，在新民主主义革命史中升华发展。同时因主动适应新民主主义革命性质、革命纲领、革命任务、革命文化和革命斗争实践内在需要，成为中国革命的精神支柱。而随着新民主主义革命实践的发展与适应革命斗争的需要，革命精神不断培育、生成、发展、完善，从井冈山精神演进成苏区精神、长征精神、延安精神、抗战精神、西柏坡精神等，反映出革命精神的动态演进和传承性。

在日本帝国主义发动侵略战争，中华民族陷入亡国灭种的危难关头，中华儿女英勇抗击日本侵略者的战斗中孕育而生的抗战精神，是中国革命精神在抗日战争时期的发展和升华。它为战胜日本法西斯提供了强大的动力源泉和精神支撑，是抗日战争取得胜利的决定性因素之一，是特定历史时期中国革命精神的集中体现。“这个战争促进中国人民的觉悟和团结的程度，是近百年以来中国人民的一切伟大斗争没有一次比得上的。”②

2014 年 9 月 3 日，在纪念中国人民抗日战争暨世界反法西斯战争胜利 69 周年座谈会上，习近平总书记第一次全面、系统地揭示了抗战精神的内涵，即“天下兴亡、匹夫有责的爱国情怀，视死如归、宁死不屈的英雄气节，不畏强暴、血战到底的英雄气概，百折不挠、坚忍不拔的必胜

① 李康平．马克思主义中国化的重大精神成果——论中国革命精神［J］．思想理论教育导刊，2014（10）：13—16．

② 毛泽东选集（第 3 卷）[M]．北京：人民出版社，1991．

信念”[①]。在纪念抗日战争胜利 75 周年座谈会上的讲话中，习近平总书记进一步强调：“一个有希望的民族不能没有英雄，一个有前途的国家不能没有先锋，包括抗战英雄在内的一切民族英雄，都是中华民族的脊梁，他们的事迹和精神都是激励我们前行的强大力量。伟大抗战精神，是中国人民弥足珍贵的精神财富，将永远激励中国人民克服一切艰难险阻、为实现中华民族伟大复兴而奋斗。”[②]

（二）抗战精神体现的四个维度

有学者认为，习近平总书记提出的伟大的抗战精神，既是中华优秀传统文化在革命精神中贯穿始终的表现，也是民族精神在特定时期的凸显，四个方面的内涵从四个层面突出反映，是一个统一的整体。

抗战精神从国家层面上讲“责”，体现的是一种国家责任，天下兴亡、匹夫有责的传统激励着一代又一代的中国人。面对武器装备精良、国力强盛、不可一世的日本帝国主义，1935 年，中国共产党发表《为抗日救国告全体同胞书》，呼吁建立抗日民族统一战线。文中提到：“近年来，我国家，我民族，已处在千钧一发的生死关头，抗日则生，不抗日则死，抗日救国，已成为每个同胞的神圣天职！”[③]经过艰苦卓绝的抗战，最后终于取得了胜利。抗日战争时期，不分党派，不论阶级，可以说“匹夫有责”已成为时代最强音。抗日战争是全民族的抗战，地不分南北，人不分老幼。无论是东北的林海雪原、白山黑水，还是华北大地、西南边陲，中华民族已经全面动员起来。在世界反法西斯战争中，中国人民抗日战争开始的时间最早，持续时间最长，付出牺牲最大。面对侵略者，不屈不挠浴血奋战，谱写了全民族抗战的壮丽凯歌。

抗战精神从民族层面上讲“义”，体现的是一种民族品格，在民族大义面前宁可为国捐躯，也不苟且偷生，在抗日战争时期表现得尤为突出。

---

① 习近平．在纪念中国人民抗日战争暨世界反法西斯战争胜利 69 周年座谈会上的讲话［N］．人民日报，2014 年 9 月 4 日．

② 习近平．在纪念中国人民抗日战争暨世界反法西斯战争胜利 75 周年大会上的讲话.

③ 中华民国史（第 8 卷下册）［M］．北京：中华书局，2011：422．

这种宁为玉碎不为瓦全的精神，已经深深烙在中华儿女骨子里，成就了民族品格，涌现出了杨靖宇、赵尚志、左权、彭雪枫、佟麟阁、赵登禹、张自忠、戴安澜，以及狼牙山五壮士、抗联八位女战士、老帽山六壮士、马石山十勇士、刘老庄八十二烈士、国民党军八百壮士、宝山姚子青营等为代表的一大批抗日将领和众多英雄集体，表现了民族气节和民族大义。

抗战精神在个人层面上讲“勇”，体现的是一种勇敢坚强。崇尚英雄是民族自尊和自信的表现，这种勇敢坚强是面对强大的敌人不畏惧、不退缩，流干最后一滴血的勇敢与坚强。毛泽东《论持久战》坚定了军民坚持抗战到底的信心和决心。

抗战精神从信念层面上讲“韧”，体现的是一种执着韧劲。作为世界反法西斯战争的东方主战场，历经 14 年之久的不屈不挠的殊死抗战，在这场正义与邪恶的较量中，中国人民付出了惨重而沉痛的代价，最终取得了抗击侵略的伟大胜利。

从认识论层面上讲，抗战精神是由一定的经济基础决定的上层建筑，是中华民族抗击日本法西斯侵略战争实践的思想认识的抽象与概括。总的来说，坚持国家和民族利益至上的爱国主义，团结御侮、共赴国难，是抗战精神的核心内涵，也是取得抗日战争胜利的决定性因素。发扬自强抗争、敢于同敌人血战到底的信念，是抗战精神最为显著的特点。依靠自力更生、百折不挠的民族勇气，开辟弱国打败强国的中华民族复兴的新道路，是抗战精神独有的特色。①

二、伟大的抗战精神在山西抗日根据地的体现

没有真实具体的革命实践，就不可能形成内涵丰富和形象生动的革命精神。革命实践是革命精神发展的动力，革命精神的产生、发展离不开革命实践提供的特定历史背景和时空条件，革命精神又推动着革命实践的

① 王立民．抗战精神与唯物史观——学习习近平总书记关于抗战精神的重要思想［J］．哲学研究，2015（12）：3—11．

发展。[①]1937年抗日战争全面爆发后，中国共产党领导的八路军，以马克思主义为指导，以实现共产主义为最高理想，铁肩担道义，在拯救国家、拯救民族的危难关头，出征山西，领导和推动山西人民进行了艰苦卓绝的抗日战争。先后在山西建立了晋察冀、晋冀鲁豫、晋绥革命根据地，带领根据地军民奋勇抵抗日本帝国主义侵略。在艰苦卓绝的革命实践中，在全国率先形成抗日统一战线。建立了模范的敌后抗日根据地，成为捍卫陕甘宁边区的战略屏障，成为打退国民党第一次反共高潮的中心，成为全国抗战的战略支点。山西根据地军民付出巨大的牺牲，孕育了伟大的太行精神和吕梁精神。抗战中形成的太行精神和吕梁精神，是中华民族面临生死存亡之际展示的舍生忘死、坚韧不屈、爱好和平、坚持正义的民族英雄气概，是以八路军为代表的中国军民密切配合，顽强抗战，在山西这块沃土上血洒疆场，创造的华北抗战以来抵抗最坚决、最持久辉煌战绩的精神支柱。那种"一寸山河一寸血"的无畏胆识，"亿万同胞亿万兵"的豪迈情怀，奠定了抗战胜利的精神基础。[②]

（一）太行精神

1. 太行精神凝聚着中国共产党领导敌后抗日军民在极其艰苦的条件下展现的百折不挠、艰苦奋斗的伟大民族精神

在没有任何外援的情况下，数以千万计的太行根据地军民独立支撑八年全面抗战，涌现出众多的英雄群体和模范人物。从1937年10月到1944年10月，根据地主力部队对日伪作战共19777次，毙伤日伪军120241人，太行区的民兵自卫队在抗战期间共作战33176次，毙伤俘伪军11409人。解放战争时期144267人加入子弟兵行列，有近8000名干部陆续调往全国各地。这艰辛而光荣的历史进程中，太行军民在血与火的洗礼中共同孕育了伟大的太行精神。山西武乡这座小县城为抗日战争的

① 王炳林，房正．关于深化中国共产党革命精神研究的几个问题［J］．中国高校社会科学，2016（3）：3—15．

② 胡苏平．山西八大文化品牌［M］．太原：山西人民出版社，2012：480—481．

胜利做出了突出的贡献。八年中，武乡县全民上阵，仅14万人口的小县，就有9万多人参加了各种抗日救亡组织，有1.46余万人参加了八路军，有2万多人为国捐躯。八年中，武乡除了供给八路军在武乡驻扎的生活用粮，还捐献军鞋、米袋等物资无数，仅军粮一项就高达20万石，折合9000万公斤。武乡的小米养育了八路军，仅从武乡调出的区级以上干部就达5400名，正式载入英名录的烈士达3200多名，为中华民族的解放事业做出了巨大的牺牲和贡献，是全国抗战模范县，被誉为“八路军的故乡、子弟兵的摇篮”。[①]

2. 太行精神凝聚着中华儿女在国家和民族处于危亡的关键时刻，为民族解放展现的不怕牺牲、不畏艰险的革命英雄主义精神

1942年到1944年，山西沁源县军民针对日军妄图将沁源建成“剿共”实验区的疯狂计划，开展了长达两年半的沁源围困战，体现了根据地人民民族利益至上、誓死不当亡国奴的民族自尊品格，成为抗战史上围困战的经典。在中共沁源县委领导下，“从沁源县的四个敌人据点里，有一万多群众被转移出来了，并且搬出了1500石粮食。”“群众转移了，我们进行了彻底的空舍清野，破坏一切水井和石磨，把柴火烧光，使得敌人找不到日常生活中最重要的东西：水和火，也使他们找不到推米磨面的石磨。”“城关各家的锅碗、水桶、罐子以及一切日常用的物件统统搬了出来。”“沁源敌人被困在一座空城里，没有人，没有粮食，没有水井，没有燃料。”“中国共产党领导之下组织起来的沁源人民，真正没有一个贱骨头，没有一个做汉奸的孬种，这的确是他们全体的光荣。勇敢忠贞的沁源人民，和八路军新四军的一切其他根据地的英勇忠贞的军民一样，把我们伟大的中华民族的气节，高扬到霄汉，而且将要流芳于千古。”[②]

1944年1月17日，延安《解放日报》发表了社论《向沁源军民致敬》，

---

① 王照骞．八路军将领在武乡［M］．太原：山西人民出版社，2010．

② 周立波．沁源人民，载于杜学文、杨占平主编，山西抗战文学（上卷）［M］．太原：北岳文艺出版社，2010：144．

延安中央广播电台向全国全文广播，沁源军民的英勇事迹传遍大江南北。全文如下：

抗战以来6年半的长时间中，敌后军民以自己的血肉头颅，写出了可歌可泣的英勇史诗。在这无数的史诗中间，晋东南太岳区沁源县八万民众的对敌斗争，也放出万丈光芒的异彩。

沁源在1942年11月以前，经历了敌寇无数次的“扫荡”，每次“扫荡”，敌寇都吃了很大的亏。在对敌斗争中，沁源获得了模范县的光荣称号。敌人在屡经失败之后，老（恼）羞成怒，把沁源划为“剿共实验区”，于1942年11月占领了沁源县城和许多据点，驻扎兵力经常为3个大队，采用种种方法，软硬都来，企图使沁源伪化。可是，经过了1942年两个月和1943年整整一年，全沁源8万人，没有一个当汉奸的，没有一个村组织起“维持会”来。不但一般人不当汉奸，就是沁源的大烟鬼流氓地痞也没有一个人当汉奸；不但壮年人老年人无一人当汉奸，而且七八岁十几岁的小孩，常被敌人成群捉到城里去，他们也誓死不当汉奸，或者哭骂不休，或者偷了敌人的东西逃出城来，或者绝食，弄得敌人毫无办法。沁源人民，常以“沁源人没有当汉奸的”一语自豪。的确，他们是值得自豪的。他们是值得大大自豪的！

沁源人民，不仅是消极地不当汉奸而已，而且积极地围困敌人。从敌人占领沁源城的第一天起，直到现在的一年零两个月中，敌人天天受到我沁源军民的打击，综合起来说，有下列数据：

1. 从1942年11月以来，洪洞—安泽—沁源—交口—沁县大路上，15000人有组织地转移到离开大路的山庄中。这一大转移组织得非常之好，农民会对地主做了劝说工作并首先帮助他们搬家，对于大烟鬼地痞流氓也做了劝说和监视。由于农民全体组织起来和发动起来了，敌人所获得的仅是一个真正的“无人区”，民众转移到山庄中后，政府发给土地耕种，贷给款项进行小的手工业生产，并组织群众互助来解决生活问题。不仅这样，由于民众有了组织，有了武器，他们以敌人之道还治敌人，展开了劫敌运动和到城内抢粮运动，不仅去抢回自己被敌人抢去的资财，而且去抢得敌人的资财。这种不分昼夜不分男女老幼，全体参加的劫敌运动，彻底挫败了敌人的掠夺阴谋，而且还使敌人损失不少物资。政府的帮助、群众的互助和劫敌运动的开展，解决了15000人的生活问题。

2. 在军事上，从1942年11月开始，敌以六十九师团的3个大队，驻于洪洞到沁源一线，进行所谓的“驻剿”，到1943年初，被我围困得没有办法，撤出去了，7月以来，换来了三十六师团的3个大队，驻于沁源到沁县一线，进行了所谓的“驻剿”，到7月，又被我围困得没有办法，再行撤走，9月后，敌人调来了第六混成旅团（现已改为师团）3个大队，3个月来，仍然毫无办法。除了较大的战斗不计外，1943年沁源群众每日平均毙敌5人，全年几达2000人之多。从沁源到沁县的大路，经过圣佛岭，沁源敌人每隔一天必须经过这里到沁县去领给养。民兵每隔一天也必在此地与敌人打一仗，每打一仗敌人平均伤亡3人。因此，沁源敌人每次到沁县去领给养，出发时就说：“今天不知哪三个人会死了的。”

3. 在围困敌人的战斗中，沁源产生了无数民兵英雄，其中如任燕，自围困敌人以来，他在一年中亲手击毙敌兵37名，他自己受敌刺伤52处。据太岳的领导者薄一波同志来电告本报说：此人现在仍在养伤。最近薄一波同志曾亲自慰问过他，他说，我的伤不久就可痊愈，我还要去杀敌人。至于民兵英雄中杀敌5名至10名者，就很多很多了。

4. 一年半极端紧张的斗争中，沁源人民的战斗意志更加坚强了，军民的团结更加坚固了，共产党在人民中的威信更加提高了。沁源人民，曾经经过1940年12月敌寇3万人的大“扫荡”，在这一次“扫荡”中，敌人实行“三光政策”，屠杀民众3600人，烧房子125,000间，杀死和牵走牛羊猪鸡等牲畜无数，但沁源人民毫不屈服。沁源人民又曾经经历过1941年秋季的敌寇大“扫荡”，在这次“扫荡”中，敌人采取“怀柔政策”，杀人甚少，想来欺骗沁源人民伪化，沁源人民也不为引诱。敌人在1943年春季，又进行了大“扫荡”。以后沁源被敌占去，“扫荡”“蚕食”更加频繁，但沁源人民依然坚持斗争，依然在那敌后最艰苦的环境中，继续围困敌人和保持没有一个人当汉奸的光荣记录。

在军民团结方面，决死队某团团长蔡爱卿同志，亲率所部，带领和协同民兵游击队，一起生活，一起作战，不辞劳苦，起了模范作用。因此，民众对军队热烈拥护，到处欢迎。军队依靠着民众，在给养、运输、向导、补充等问题上都得到了解决。

沁源人民与共产党的关系，是比任何时候更密切了。这里在共产党领导之下，很早就实现了减租减息与民主政治，经过了多次反“扫荡”战斗和围困敌人的战斗，8 万人口的沁源，成了敌寇坚甲利兵所攻不下的堡垒，成了太岳的金城汤池，人民以切身的经验，确信共产党领导的正确，所以沁源群众都说:“共产党说的话就是为老百姓，沁源人民永远跟共产党走！”

模范的沁源，坚强不屈的沁源，是太岳抗日民主根据地的一面旗帜，是敌后抗战中的模范典型之一，我们要向沁源致敬，祝沁源军民更加团结起来，在共产党的领导之下，你们将无敌不摧。①

3. 太行精神凝聚着中国共产党在任何情况下都为人民利益英勇奋斗、无私奉献的崇高精神

以山西武乡县为例，八年全面抗战中，八路军首脑机关在武乡共驻扎 536 天，8 个旅、31 个团在武乡战斗生活，留下了一代开国元勋、将领的光辉足迹。刘少奇、朱德、任弼时、彭德怀、杨尚昆、邓小平、刘伯承、徐向前、聂荣臻、薄一波、罗瑞卿等老一辈革命家在此运筹帷幄。5 位元帅、5 位大将、19 位上将、300 位少将在此工作、战斗、生活过，共发生大小战斗 6368 次，歼敌 28830 人。

八路军副总参谋长左权在 1942 年 5 月的太行反“扫荡”突围中，在辽县十字岭亲临一线指挥作战，在战斗中不幸中炮弹，光荣牺牲，是八路军在抗日战争中牺牲的最高将领。左权是八路军名将，1925 年参加中国共产党，黄埔一期毕业后到莫斯科中山大学和伏龙芝军事学院学习。1930 年回国后先后任红军新十二军军长、第十五军军长、红一军团参谋长等职。红军长征到达陕北后，任红一军团代理军团长，抗战全面爆发后任八路军

① 向沁源军民致敬 [N]. 解放日报，1944 年 1 月 17 日，第 1 版 .

副总参谋长、八路军前方总指挥部参谋长等职。1937 年 9 月 18 日他在写给叔父的信中说：“我牺牲了我的一切幸福，为我的事业奋斗。请你相信这一道路是光明的，伟大的。”“我军已准备以最大的艰苦斗争来与日军周旋，在持久的战争中必须能够吃苦，没有坚持的持久艰苦斗争的精神，抗日胜利是无保障的。”[①] 左权将军迂回设伏以少胜多，打赢府城大道阻击战；百团大战中用“紧咬牛筋不松口”的战术打赢关家垴歼灭战；在黎城县创建八路军最大的兵工厂——黄崖洞兵工厂，并以敌我伤亡 6 ∶ 1 的辉煌战果与四倍来犯之敌激战八昼夜，毙伤敌 2000 余人，取得了黄崖洞保卫战的胜利，被中央军委评价为“1941 年以来反‘扫荡’的一次最成功的战斗”。左权将军在紧张的战斗之余写下了 40 多篇军事论文，其中有《八路军的战斗教练工作》《新战士的军事教育》《论我军的后勤建设》《各种情况下的后勤工作》，他的军事理论知识之丰富在八路军指挥员中堪称翘楚。八路军将他撰写的《苏联新的步兵战斗条令》当作步兵战术教育的教材。他抗战时期著的《合回战术》详尽论述了苏联大军团作战的经验，以备将来在大反攻中作战使用。这些论著，为八路军正规化建设和军事力量的不断强大起到了重要的指导作用，他牺牲后还有 10 万多字的军事论著未发表。在 1942 年 5 月的反“扫荡”战斗中，他为了掩护中共中央北方局、八路军总部和人民群众安全突围，义无反顾坚决要求断后，担任了最危险的任务，在掩护机关和大批群众突围后，不幸被炮弹击中，以身殉国。他的牺牲是我党我军的巨大损失，朱德总司令赋诗悼念：“名将以身殉国家，愿拼热血卫吾华。太行浩气传千古，留的清漳吐血花。”[②] 刘伯承、邓小平在悼文中说，最好的纪念，不是在死者周围踯躅，而是踏着烈士的血迹前进，向死者和我们共同坚持的真理前进。周恩来在重庆新华日报上发表了《左权同志精神不死》的悼文，追溯了左权同志一生的战斗历程，称颂左权同志在敌后战场的百战功劳，并庄严声明：“我

---

① 中共山西省委党史研究院 . 山西革命烈士家书［M］. 太原：山西教育出版社，2019：87.

② 朱德 . 悼左权同志，载于杜学文、杨占平主编，山西抗战文学（上卷）[M]. 太原：北岳文艺出版社，2010：3.

们八路军、新四军至死不会离开敌后抗日根据地的，我们是决心要将沦陷区的河山从百战中夺回来，无论如何，我们要战胜敌人！我们要准备流尽最后一滴血来争取它，左权同志便是我们的榜样。”辽县老百姓自发将辽县更名为左权县，以纪念为国捐躯在太行山的左权将军。1942年9月18日，晋冀鲁豫边区政府决定将烈士牺牲所在地辽县改名为左权县。

在左权将军事迹的影响下，辽县老百姓中也涌现出了很多可歌可泣的英雄。“后柴城村的财政委员吕振芳，即使敌人用开水将他全身烫烂，他仍守口如瓶，始终不肯供出公粮存放地方，最后被敌人砸死。上南村的民兵王慕戍，被敌人用针刺指甲，挖去双眼，最后敌人将其头击碎，仍不屈服，始终不报告出公物埋存地方及民众隐藏在哪里。大村口的农会代表李福全、民事主任李倍嬗、财政主任赵光礼，因伤被俘，在敌人严刑拷打之下，始终未说出半句有利敌人的话。”彭德怀在《我们怎样坚持了六年的华北抗战》中总结出，“上述事实可以证明，华北抗日根据地人民具有高度爱国热忱，还不仅是只有这种爱国热情，而且已经武装起来，组织民兵自卫队，造成千千万万类似太行山的刘二堂神枪手。刘二堂的枪是百发百中。当敌人‘扫荡’时，每次都被刘二堂打死敌人的人马与指挥官。因此敌人恨之入骨，去年大‘扫荡’时，敌以千数专门围山搜捉。刘二堂之弟假称刘二堂，当场被敌残杀。当时辽县各地民兵尚不知真相，即自动为刘二堂报仇，亦有自称刘二堂者，一时到处都是名叫刘二堂的民兵，闹得敌人很奇怪。为什么杀了一个刘二堂，反而会产生这么多的刘二堂……这就是由于开展了广泛的抗日民族教育，提高了民族的自尊心，发挥了至高无上的爱国热情”。他鼓励抗日军民，“越接近胜利，困难也越会增多，但胜利的定局已属于我们中国人民。胜利在望，我华北军民应更加振奋起来，不惜任何牺牲，排除一切困难，坚定意志，提高信心，团结一致，争取中华民族解放战争的最后胜利，争取全世界反法西斯战争的胜利”。[①]

（二）吕梁精神

① 彭德怀．我们怎样坚持了华北六年的抗战［N］．解放日报，1943年7月3日．

以吕梁为核心地带的晋绥边区革命根据地，山岭起伏，峰峦叠嶂，沟壑纵横，土梁盘结，是开展游击战争的广阔战场。在抗日战争中，依靠吕梁山这一天然屏障，以其辽阔的土地，拱卫着延安和大西北，控制了平绥、同蒲两条大动脉，威胁着盘踞在包头、大同、归绥（今呼和浩特）和太原之敌，成为保卫延安、保卫党中央的坚固屏障和后勤保障基地，是延安通往各解放区的重要交通枢纽和党中央战略转移的重要依托地，形成了“艰苦奋斗、顾全大局、自强不息、勇于创新”的吕梁精神。

“艰苦奋斗”是“吕梁精神”的基石。在艰苦的环境下，晋绥边区抗日军民在贺龙、关向应和续范亭等领导下，一方面与日本侵略者殊死搏斗，一方面着手财政经济的恢复和发展，确定了以“开源节流，自力更生”为主的财政方针，发动群众筹粮、筹款，有力支援了抗日战争。仅在 1940 年开展的以筹粮、筹款、青年参军、妇女做军鞋为主的“四大动员”中，就发动群众捐献黄金、白银，折合 181 万银元，粮食 14 万石，扩军 1.5 万名，做军鞋 12 万双，支援驻扎在晋西北的八路军和抗日武装渡过了难关。在保卫边区、发展生产过程中，涌现出大批的农民劳动英雄、妇女劳动英雄、民兵英雄、工厂英雄、运输英雄。八年全面抗战中，仅有 9 万人口的兴县，养育了近 4 万晋绥党政军革命队伍，全县参军人数达 1 万多人，牺牲 3000 多人。

“顾全大局”是“吕梁精神”的核心。在抗日战争时期，吕梁人民为中国革命的胜利，甘于奉献、无私无畏、勇于牺牲、超越自我，“养兵十万，牺牲一万”，涌现出了贺昌、刘少白等无数仁人志士。他们将个人的生命和财产置之度外，为民族的独立与解放，奉献出自己宝贵的生命。晋绥分局副书记张稼夫回忆，1941 年晋西北地区遇到了极大的困难，军政首长和老百姓只能以黑豆充饥，不仅如此，还要上山挖野菜，刨树根充饥。办公用具缺乏，他们就用高粱秆做笔杆，自制蘸笔，用染料做墨水，掏烟囱灰当墨汁书写标语，一个信封要反复用好几次。但对延安党中央的支持却持续不断。1939 年晋西事变后，晋西区党委负责人林枫派人把缴获的阎锡山、赵承绶军队的一部分物资和白银送往延安。在方山缴获了阎锡山的牧场，把几十头荷兰牛和美利奴羊赶到延安，送到延安光华农场饲养。不论是在晋西北民主根据地极端困难的时候，还是在大生产运动蓬勃兴起之际，林枫总是以更多的物资支援陕甘宁边区，支持党中央机关，并教育边区人民自力更生，克服困难。[①] 晋西北首富牛友兰先生在中国共产党抗日民族统一战线的感召下，毁家纾难，1937 年 120 师挺进晋西北时他就将自家店铺的布匹、棉花、毛巾、肥皂等拿出来支援了八路军。为帮助共产党兴建银行，一次就捐献 2.3 万银元。为给抗日战争集蓄资金，1941 年以自己的资产和全部心血为抗日民主政府创办了一座纺织厂。1942年牛友兰带领晋西北士绅参观团赴延安学习参观时，延安《解放日报》登载了他的简历，毛泽东、朱德、林伯渠等中央领导热情赞扬了晋西北士绅的爱国行动。

“自强不息”是“吕梁精神”的精髓，反映了“英勇顽强、锲而不舍、团结拼搏、奋发有为”的人生追求和生生不息的精神动力。吕梁儿女汲取了数千年形成的中华主流文化——黄河文化融汇百川而成其大的不断进取的文化乳汁，形成了生生不息、不断进取的精神特质。同时，又依靠吕梁山的自然环境，形成了坚毅果敢、艰苦创业的优良品格。当中华民族面临外族入侵、民族危亡的时候，吕梁人民义无反顾、前仆后继、矢志不渝，靠的就是这种自强不息的精神。作家马烽、西戎在《吕梁英雄传》里描写的民兵群体就是吕梁人民抗日的英雄群像。美国记者爱泼斯坦和福尔曼 1944 年在汾阳前线路遇一个慰问八路军的老婆婆时，只见她抱着一只大母鸡，走在慰劳的队伍里。老婆婆告诉他们：“7 年多了，我们没有投降，天天与八路军一起同敌人打。虽然我们受尽了敌人的欺侮，但心是不会变的，一直到死，我们也要做一个中国人。”[②] 美国记者不禁感慨万千：“在中国十几年，从来没有看见过军民合作、群众慰劳部队像这样热烈生动的场面。百闻不如一见，在这里看到的，证明了延安告诉我们的一切是

① 张稼夫．庚申忆逝［M］．太原：山西人民出版社，1984．
② 郁文．盟邦友人在汾阳前线［N］．抗战日报，1944 年 10 月 25 日，第 4 版．

千真万确的。”①

“勇于创新”是“吕梁精神”的灵魂。抗日战争时期，吕梁兴县蔡家崖是晋绥边区首府和中共中央后方委员会机关所在地。吕梁诞生了山西第一支工农武装、第一个县级红色政权。1937年，共产党人刘少白创办的兴县农民银行是抗战时期我党创办的第一家银行，也是山西境内革命根据地创办的最早的银行。晋绥边区利用牺盟会、战地总会在晋西北地区与阎锡山做了微妙的斗争，粉碎了阎锡山发起的“十二月事变”，结束了阎锡山在晋西北的封建统治，建立了抗日民主新政权。为了粉碎敌人封锁，又卓有远见地最早提出发动军民开展“大生产运动”，解决租佃关系，从封建剥削制度的枷锁下将农民解放了出来。1943年，贯彻毛泽东“把敌人挤出去”的指示，较早建立了40多个武装工作队，创造了很多行之有效的办法，将敌占区每一寸土地都变成杀敌的战场。

2017年6月21日，习近平总书记在山西考察调研时指出：“革命战争年代，吕梁儿女用鲜血和生命铸就了伟大的吕梁精神。我们要把这种精神用在当今时代，继续为老百姓过上幸福生活、为中华民族伟大复兴而奋斗。我们党的每一段革命历史，都是一部理想信念的生动教材。全党同志一定要不忘初心、继续前进，永远铭记为民族独立、人民解放抛头颅洒热血的革命先辈，永远保持中国共产党人的奋斗精神，永远保持对人民的赤子之心，努力为人民创造更美好、更幸福的生活。”②

太行精神和吕梁精神如同两座高耸的丰碑，在山西敌后抗日根据地特殊的地理环境、特定的历史条件和抗日战争中孕育形成，并在以后的革命建设中继续发扬光大，是山西革命精神的集中体现，也是中国共产党人的优秀品格和整个中华民族的宝贵精神财富的体现。“当初敌骑铁蹄纵横的华北，今天到处驰驱着抗日的健儿。在晋察冀，在晋冀豫，在晋西北，在太行山里，在黄河两岸，在华北的土地上，抗日健儿和抗日人民的鲜血

---

① 郁文．盟邦友人在汾阳前线［N］．抗战日报，1944年10月25日，第4版．

② 习近平在考察山西时的讲话［N］．山西日报，2017年6月21日，第1版．

冲洗掉百年来的无上耻辱，几千年污秽的渣滓。”“在华北祖国的土地上，将埋葬掉法西斯蒂及一切反动势力挣扎的沦亡命运。在华北祖国的土地上将建立起独立自由幸福的新中国。烽火中的华北是中华民族解放的一支熊熊的火把，是弱小民族解放的一座明亮的灯塔，他昭示全世界的正义进步的人士，昭告给全世界被压迫的民族和被奴役的人民：中华民族将吹送解放胜利的号角，在华北，新生的中国，在战斗的血流里，已绽出灿烂之花。”[①]

八年全面抗战，山西人民做出了巨大贡献和牺牲。到 1945 年 8 月抗日战争胜利时，山西三大抗日根据地共歼灭日伪军 66 万人，占党领导的敌后军民歼灭日伪军总数 191 万人的 39%。其中仅在山西境内八路军主力部队和各地地方武装及民兵配合进行的 70 次著名战役、战斗中，歼灭日军近 7 万人，占侵入华北日军总数 22 万人的 31.8%。八路军 115 师和晋察冀军区入晋时 1.1 万余人，发展到 32 万人；120 师入晋时 8000 余人，发展到 8.5 万余人；129 师入晋时 9000 余人，发展到 30 万人。三大根据地的民兵总数也发展到 113 万人，党员人数由 1937 年 5 月的 360 余人发展到 1945 年 8 月的 15 万人，是抗战前的 416 倍，成为领导山西军民完成新民主主义革命任务的中流砥柱和坚强核心。全面抗战八年，全省抗日军民和普通群众由抗战及战争造成的直接伤亡和间接伤亡总数达 2764364 人，占抗战爆发前山西总人口的 24.09%。[②] 面对敌人的烧杀抢掠，山西军民前仆后继，顽强地进行持久抗战，进行了史无前例、艰苦卓绝的伟大斗争，大批抗日勇士血洒疆场，献出了宝贵的生命。据不完全统计，部队牺牲的指战员中晋察冀根据地有 8 万余人，晋冀鲁豫有 10 万余人，晋绥有 4 万余人。这巨大的牺牲，我们永远不能忘记。彭德怀说：“自 1939 年起，黄河即被封锁，我军与大后方隔绝，孤悬敌后，粮弹两缺，靠着自己生产和民众协助，解决了粮食、被服，依靠指战员的英勇攻袭敌之据点堡垒以及反扫荡之胜利，夺取了敌人无数弹药武器，补充了自己。正因为如此，

① 李公朴．华北敌后——晋察冀 [M]. 上海：三联书店，1979：173.

② 中共山西省委党史办公室．中国共产党山西历史（第 1 卷）[M]. 北京：中共党史出版社，2012：593—594.

才能屹立敌后，坚持六年，这绝非偶然侥幸所获得，而是从六年来军民合作、共同努力、不惜牺牲、不怕艰苦、英勇奋斗中获得来的。”[①]1944 年元旦，中共中央给敌后军民发贺电，热情褒扬敌后抗日军民在艰苦卓绝的六年半抗战中做出的重大贡献，“抗战六年半的长时期，你们始终站在祖国的最前线。100 万的敌伪军，一年几十次的‘扫荡’，烧光杀光抢光的残酷毁灭，特务分子暗杀放毒告密的恐怖，粮饷弹药的缺乏，许多地方还加上天灾，但是你们毫不动摇地站在最前线。”“许多地区，不但胜利地进行了对敌斗争，并且在极困难的条件下还进行了人民和部队的生产运动、救灾运动、防奸运动与干部的整风学习运动。你们这种艰苦卓绝奋不顾身的英雄主义，是古今中外所少见的；你们吸引了侵华敌人的大多数，牵制了向正面进攻的敌人，掩护了抗战的后方，保证了最后的胜利，你们的大功劳，中国人民永远不会忘记，各国人民也已明白。你们不愧为中国共产党的党员和共产党所领导的爱国军队的战士，不愧为中华民族的长城。”[②]

历史是最好的教科书，也是最好的清醒剂。在抗日战争暨世界反法西斯战争胜利 78 年之际回顾历史，深深感受到抗战精神这种国家情怀、民族气节、英雄气概、必胜信念，正是在艰苦卓绝的抗日战争中逐步形成的思想精华，是对伟大的抗日战争在精神层面和意识形态层面的高度概括和深刻总结，是通过运用唯物史观的立场和方法对千千万万个生动事例的反复思考提炼出来的。用历史唯物主义来解读抗战精神，才能够真正地把握抗战精神的精髓，用历史唯物主义的眼光来看待抗战精神，才会将弥足珍贵的抗战精神作为伟大的精神财富，作为巨大的精神动力来审视、认识、理解和把握。

第二节　山西抗日根据地文化精神是文艺工作者的精神追求

① 彭德怀．我们怎样坚持了华北六年的抗战［M］．解放日报，1943 年 7 月 3 日．

② 中共中央向敌后军民致贺电［M］．解放日报，1944 年 1 月 1 日．

抗战精神是中华民族反抗外敌侵略取得彻底胜利的精神动力，是中国共产党领导地位的时代写照，也是中国共产党发挥中流砥柱作用在文化建设上的生动体现。在艰苦卓绝的抗日战争中，全体中华儿女为国家生存而战，为民族复兴而战，为人类正义而战，社会动员之广泛，民族觉醒之深刻，战斗意志之顽强，都达到了空前的高度。在民族危亡的历史关头，中国共产党以卓越的政治领导力和正确的战略策略，指引了中国抗战的前进方向，坚定不移推动全民族坚持抗战、团结、进步，反对妥协、分裂、倒退。中国共产党人深刻认识到，要战胜敌人，不仅需要政治斗争、经济斗争、军事斗争，还需要文化斗争，首先要依靠手里拿枪的军队，还要有文化的军队。山西抗日根据地的文化工作者在党的领导下，为自己的爱国热情和抗击日军的坚定信念所激励，以文学、新闻、戏剧、音乐、美术等艺术形式为武器，发挥了文化艺术在挽救民族危亡、发动民众坚决抵御外敌中的特殊作用，给艰难困苦中反击日军的根据地军民以巨大鼓舞，成为边区武装斗争与文化建设的生力军，诠释了伟大的抗战精神，形成了抗日根据地文化工作者独有的艺术精神，展现了新民主主义文化自信。

身处根据地的文化艺术工作者不畏艰难，不怕牺牲，直面残酷的斗争环境和艰苦的生活条件，用他们的笔做枪炮，用他们的歌做战鼓，用他们的戏剧、美术、文学作品激起人民的斗志，用他们对教育和对民风民俗的改变汇成民族危难时奋起反抗的洪流，彰显出群体性的根据地艺术精神，接近人民群众，了解人民喜好，贴近人民创作，创作出大量脍炙人口的戏剧、音乐、美术、文学作品，并在与三晋大地的水乳交融中，与人民大众的结合中，历练了自身，创造了革命根据地新民主主义文化空前繁荣的景象。

一、根据地文化工作者体现的抗战艺术精神

（一）匹夫有责的爱国精神

中华民族自古就有厚德载物、自强不息的精神。爱国精神，是统领人们所有人生实践的精神总纲。边区文艺工作者在民族危亡之际投身抗日文化建设，体现着中华民族爱国主义精神和“天下兴亡、匹夫有责”的人生哲学。日军军事、思想、经济、文化的总力战背景以及阴险的思想战和思想奴化运动，激起了每一个根据地文化人通过自己的努力向民众传播爱国思想，粉碎日军文化“围剿”和奴化图谋的信心，他们铁肩担道义，扛起艺术家对时代的责任与使命，用战斗的武器来抵御敌人的疯狂文化“围剿”。

在晋西北的晋绥根据地，文化工作者面临着频繁的战争和艰苦的环境，1940 年在晋西党委驻地山西兴县筹办报纸，从地方、政府、军队调来的工作人员来自五湖四海，还有归国投身抗日的华侨。编辑记者文化程度参差不齐，大多数是中学生，还有小学生，多数人虽然在延安马列学院、抗大、陕公、鲁艺等学校学习过，但办过报纸的人很少，条件非常艰苦，还随时面临着牺牲。但这批有朝气的青年边干边学，互助互勉，自觉在战火中锻炼，不断总结经验，闯出了根据地办报的新路子。曾经担任《抗战日报》编辑的邵挺军回忆，办报初期正值晋西北军民粉碎阎锡山“晋西事变”之后，日本侵略者回师华北，对晋西北革命根据地进行反复“扫荡”，频繁的战争、物资和技术的缺乏，使报纸的筹备和出版非常艰难。报社同志冒着生命危险，到敌占区购买敌人禁运的印刷器材和其他物资。一名记者在购买印刷器材时被敌人用刺刀刺死。报社用本地产的麻油和自己烧制的松烟制成油墨，自己动手办了造麻纸的纸厂，最高日产量达到 2.5 万张。红蓝墨水是用染布的土颜料制成的。数九寒天没有煤炭和木柴，墨水结了冰，编辑们就把冻了的墨水瓶拿到厨房锅盖上融化，或者到房东的锅台上去编报。[①] 频繁的战争使新闻工作者坚持报纸的出版任务更加艰巨，“战斗中我们有时在老乡的锅盖上编写，有时在冬天的冷炕上睡觉；

① 邵挺军．《晋绥日报》得失谈［J］．山西档案，1992（1）：40．

我们吃着被敌人烧焦的谷米——这些从炮火中救出来的血洗的粮食；在敌人的残酷经济统治下，人们常因多买一盒火柴就被切掉一个手指头，多买一尺布就会被杀头，我们去敌占区每买一种器材都要支付血的代价"[①]。但文化工作者们没有退缩，《吕梁文化》发刊词这样写道："我们需要文化，我们需要它如同需要子弹和小米一样，子弹是消灭敌人用的，小米养活着抗日的战士和人民，文化呢，它给人民以精神的武器，它向敌人投掷出致命的投枪。我们的文化战线需要更加强起来。但它只是战斗的一角，全部的战斗，还需要在群众对敌斗争中更广泛地展开！"[②]

在太岳根据地抗日最困难的时期，沁源的地方文艺工作者在旷日持久的围困战中，发挥了文艺鼓舞人民，发动民众，丰富人民精神生活的巨大作用，体现了文艺工作者的强烈使命和责任担当。在两年半的围困日军斗争中，绿茵剧团编演了许多反映党政军民在围困日军斗争中可歌可泣的英雄事迹。如《出城》《山沟生活》《抢粮》，系统而全面地再现了沁源军民战胜各种困难，坚持顽强斗争，不断袭扰敌人的事迹，体现了毛泽东的人民战争思想，生动地再现了沁源党政军民齐动员，与日军展开殊死搏斗的大无畏精神。他们还配合地雷战、生产自救等运动编出快板剧等鼓舞群众斗志。他们自编的长快板《围困两年半》里形象地表达了沁源人民在当地党组织领导下，空室清野，粉碎敌人的铁磙战的壮举："鬼子采用铁磙战，分进合击大搜山，政府发令咱照办，空室清野走在前，家里东西和物件，埋的埋来迁的迁。为防鬼子来袭击，早就转移到山边，深山洞，恶石岩，草丛树林是家园，日军这次来扫荡，空村空镇无人烟。""沁源多山山不断，这山那山紧相连，山大沟深树遮眼，藏龙卧虎几千年。山里人，有磨炼，抗日组织早健全，你有你的破瓷碗，我有我的金刚钻。任你铁磙挨住碾，咱就与你转圈圈。东西南北挨着转，你来我走推碾盘，

① 穆欣．晋绥解放区鸟瞰［M］．1946．

② 我们的任务——《吕梁文化》发刊词［N］．抗战日报，1943 年 3 月 6 日．

莫说你才兵两万，就来十万也枉然……”[①]1943年春节，他们编排了沁源群众顽强斗争的秧歌，到各村给难民和部队表演，一首歌这样唱道：“沁源人民硬骨头，誓死不当亡国奴，不维持，不受骗，要做抗日的英雄汉。”难民们看完演出，一扫愁眉苦脸的面容，高兴地说：“在日本鬼子的刀尖下，在冰天雪地的山沟里，能看到你们演剧、唱歌，俺们跟鬼子斗争的劲更足了，决不上王八日本的当，就是饿死、冻死也不回去维持敌人。”[②]绿茵剧团之所以受到太岳区党政军民的欢迎，就在于剧团能够严格按照党的方针政策，紧密围绕各个时期的斗争形势，创作并演出富有时代气息、具有地方色彩的剧目，将斗争实践通过舞台艺术的再现，给人以启迪、教育和享受。他们的作品不仅“调儿编得好，把式唱得好，都是老百姓的话”，而且“故事好，情由好，都是老百姓的事情，看了入情入理，听得入耳中听”，还“教我们怎样杀敌人，怎样闹生产，怎样办教育”。在1946年边区文化工作者座谈会上，朱穆之同志说：“太岳的沁源绿茵剧团，他们在群众转移进山沟、敌人围困的艰苦环境下，以被单当幕布，以脸盆当锣鼓，坚持演出。群众原已极为困苦，但因他们的戏写出了群众英勇斗争的生活，鼓舞了群众，大家非常欢迎。”[③]

（二）勇于牺牲的战斗精神

抗日战争的生死存亡紧急关头，对敌斗争成为人民生活的重心，也成为文艺创作描写的主要内容。作为民族革命战争的强大武器，文艺作品从多个角度，以各种形式真实地反映了轰轰烈烈的战斗生活，歌颂了人民军队、人民群众的对敌斗争，无情揭露了敌人的罪行。身处根据地的文化战士，无论是在粉碎日军“扫荡”的搏杀中，在深入敌占区进行

① 张成仁，赵庆和．战火文艺作品辑（六）［M］．北京：方志出版社，2005：89—90．根据史文彩编《山沟生活》，杜四儿口述，张怀奇整理．

② 张忆安．活跃在太岳区的一支文艺轻骑——忆沁源绿茵剧团，载自王一民等编，山西革命根据地文艺运动回忆录［M］．太原：北岳文艺出版社，1988：273—279．

③ 张忆安．活跃在太岳区的一支文艺轻骑——忆沁源绿茵剧团，载自王一民等编，山西革命根据地文艺运动回忆录［M］．太原：北岳文艺出版社，1988：273—279．

政治攻势的斗争中，还是面对根据地各种自然灾害和艰难困苦时，都表现出了视死如归、勇于牺牲的战斗精神。

1939 年 6 月，晋察冀边区召开戏剧座谈会，着重研讨了戏剧的战斗化问题，认为“随着边区抗战形势的发展，面对更加残酷的战斗，边区的戏剧运动需要更加提高它的战斗性，更要有强烈的战斗作风，以适应新的环境需要。具体来说就是戏剧的内容、形式、演出的技术等各方面都要高度适合于战斗的要求”，要“利用当时当地现实的背景迅速反映与报告当时当地群众斗争、武装斗争的新的事件、新的胜利，抓住具体的模范的例子”，“提炼战斗的精华部分，以教育广大人民，动员广大人民；它要和每种斗争、每一个斗争，更紧密地联结起来”。[①]

战斗性不仅表现在根据地的作品内容上，而且表现在根据地文艺工作者的工作和战斗是密不可分的。他们在尖锐激烈的斗争环境中锻炼自己，丰富了创作内容，出色完成了文化宣传和动员工作。在山西抗日根据地，活跃着一支从 1937 年起足迹踏遍华北的“战斗剧社”。“战斗”，用之于战斗剧社，是名副其实的。战斗剧社的演员被他们自称为“男鬼”“女鬼”“大鬼”“小鬼”，无论演出还是行军打仗，他们都是全副武装，“枪、刺刀、子弹袋、手榴弹……一样也不少。每到一处，同一切战斗部队一样，放哨、侦察，挖散兵壕，在墙上打枪眼……而演出工作与一般的宣传工作，并不放弃。”“1939 年春，120 师主力与三纵队在任丘汇合，15 里外是敌人，而且与我们的前哨接上火了。但战斗剧社依然不慌不忙，按部就班地进行晚会上的演出。”“在武强的东唐王庄，离火线只有 5 里地，上演了‘顺民’，敌人的飞机来了，丢了三个炸弹，打了半天机关枪，被损害的是舞台临近一丛灌木丛的树皮和树枝。”1942 年，敌人第二期“治安强化”开始，战斗剧社根据贺龙将军对部队戏剧工作者提出的“用闪击的姿态，到敌占区去”的号召，11 个演员深入敌占区演出，向敌人进行“战役的进攻”。“战斗剧社，称之为剧社还不够。因为在组织上，行动上，它是纯粹军事化、

① 开展适应的戏剧运动——为边区戏剧座谈会而作［N］. 抗敌报，1939 年 6 月 13 日，第 1 版 .

战斗化。而在一般工作效能上，又等于一个部队干部学校。”“而在 120 师贺、关、甘、周诸首长的亲切关怀、正确的领导下，它的工作方向始终是面向士兵，面向群众，有一种启蒙、朴素、战斗的作风。”[①]

晋察冀边区抗敌剧社老战士胡朋在回忆对敌宣传攻势期间他在剧社演出的时候说，演出前，群众就凑过来问长问短。他们问八路军这次来了还走不走，抗战还得几年胜利。叙述起在敌伪统治下的痛苦屈辱的生活，说着说着就流下眼泪。“演员们抓紧机会向群众口头宣传当前抗战的形势和抗战必胜的道理。”演出都是结合任务的宣传剧，尽管艺术上比较粗糙，但在当时却起了巨大的作用。[②] 回忆起晋察冀武装宣传队开展对敌占区的政治攻势时，胡朋说：“每当太阳下山，我们便化好妆，带着宣传品，提着汽灯、标语桶和一切应用的东西，迎着寒风，蹚过刺骨的冰河，再穿过密如蛛网的封锁沟、墙，绕过敌人的碉堡，走向预定进行工作的村庄。先由武装部队把敌人的碉堡严密地监视起来，随后，村里‘两面政权’负责人出来接待我们，进行文艺宣传的同志们找好避风的院子，把群众召集起来看我们演出。做敌伪工作的同志对着碉堡喊话，‘日军必败，中国必胜’的标语贴到了碉堡对面的墙壁上。抗日传单撒到了伪大乡公所的院子里。有时候，伪军们换上便衣走下碉堡，由村里‘联络员’带领着，夹杂在人群中规规矩矩地看我们演出。”“经过我们十多天的活动，敌伪阵营一片混乱。伪军们纷纷找我们‘拉关系’‘留后路’，表示要‘身在曹营心在汉’，有的带着妻儿老小携械投诚。鬼子兵白天晚上蹲在碉堡里唉声叹气，‘武运’不能长久了。有的把我们散发的‘安全通行证’放在胸前‘护心袋’里，有的向老乡比画着想要一个八路军的‘慰问袋’。敌占区的广大人民，在暗无天日的生活中看到了光明——他们看到了人民的子弟兵，还有女八路，看到了‘在华日人反战同盟’和‘朝鲜义勇队’的国际朋友们，看到了敌伪的惊慌，人民的力量。他们奔走相告，喜形于色：

① 陈年．敌后戏剧战线上的一支劲旅——介绍战斗剧社［N］．解放日报，1942 年 9 月 6 日．

② 胡朋．敌后宣传亲历记［J］．载山西革命根据地，1987（2）：46—49．

‘八路军过来了，日本鬼子快完蛋了！’在1942年开始的第二期政治攻势，他们更是深入到‘敌后的敌后’，在敌人眼皮子底下活动。”他们跟随部队，从一个村庄演出到另一个村庄，“有时戏演到中间，枪响了，敌人出动了，演员们拿起枪，掖上手榴弹，同部队一起战斗。打退了敌人，再回村来接着演那没演完的戏。有时敌人的‘宣抚班’‘新民会’刚在这个村子讲八路被消灭了，剩下的都跑过黄河西边……”“他们前脚刚迈出村子，被迫来听‘宣抚’的群众还没散去，我们的同志后脚就赶到了，当场戳穿了敌人的欺骗。涂抹了那墨迹未干的‘大东亚圣战，中日共存共荣’标语，换上‘坚持抗战到底，驱逐日军出中国’的标语。把乡亲们心上的乌云驱散，脸上的愁容抹掉，他们欢欣鼓舞地奔走相告：‘我们的子弟兵来了，日本鬼子快不行了！’”①

在残酷的战争中，根据地的很多新闻工作者血染沙场，将自己的年轻生命永远留在山西这块红色沃土上。华北抗日根据地新闻事业的奠基人何云呕心沥血创办的《新华日报》（华北版）是中共中央北方局的机关报，也是党在敌后区域创办的第一张铅印的大型日报。何云高度重视新闻宣传的力量，鼓励办报人员说：“我们在前方办报，也是和日军拼刺刀，我们要自力更生，白手起家，排除一切困难，在明年元旦前把报办起来！”②何云向没有办报经验的青年知识分子传授新闻工作理论知识，经过一个月的培训，培养了一批编辑、排版、校对、印刷等工作人员。报纸于1939年元旦如期出版后，朱德总司令写信鼓励他们，还奖励了100银元作为办报经费。1939年10月，根据北方局和八路军总部指示，何云率报社进驻武乡，克服种种困难，解决报纸印刷出版问题。没有铜模，就手工刻字，报纸大标题几乎全是用木刻，后来设计了版“半铅模”，解决了铅字更新的问题。没有版纸就用自制麻纸代替，没有油墨，就用松枝自制。1940年8月，八路军发动了著名的百团大战，何云随军进行战地采访，在火线

① 刘佳．忆方璧，文艺战士话当年［M］．太原：山西人民出版社（内部读物），1986：304—319．
② 山西省委宣传部，山西党史研究院．三晋英模［M］．太原：山西教育出版社，2019：52．

上编辑、审稿、刻印、发行，以最快速度把战斗消息传播出去，为宣传百团大战胜利发挥了巨大作用。利用号外形式，连续宣传战斗先进人物，刊发军政首长对于百团大战的评论。经常是用骡子驮着铅字一边走一边写稿，然后找一个安静的小山沟在野外排版，报纸出版从未间断。《新华日报》（华北版）被抗日根据地军民称为“华北人民的聪耳，华北人民的慧眼，华北人民的喉舌”和“华北抗战的向导”。他们及时报道了百团大战中我抗日军民消灭侵华日军的成果，揭露了日军“封锁”“蚕食”“治安强化运动”的罪状。侵华日军将《新华日报》（华北版）当成仅次于八路军首脑机关而力图摧毁的目标。1942 年 5 月，在侵华日军发动的数万兵力以八路军总部为重点目标的“五月大扫荡”中，何云组织人员埋好机器，带领报社人员随八路军总部和北方局转移。5 月 28 日在辽县（今左权县）十字岭突围战斗中，何云等 46 名同志壮烈牺牲，年仅 37 岁。

在晋绥，1942 年积劳成疾英年早逝的《抗战日报》总编辑赵石宾是山西榆次人，父亲是当地知名学者，家境优渥。1932 年到山西大学读书时，就参加了太原抗日运动，1936 年重返山西后先后编辑《牺牲救国》《政治周刊》《黄河战旗》等抗日杂志。晋西事变后到晋西北，创办《抗战日报》（后改名《晋绥日报》）并担任总编辑。石宾的老战友常芝青和卢梦回忆，“当他于 1940 年 1 月来到晋西北之后，便以他十年来在文化战线上奋斗的丰富经验，加强了晋西北文化战线上的战斗力量，使晋西北文化运动，展开了一个新局面。”“在筹备出版《抗战日报》的半年多时间里，为当时的‘五日时事’写过不少的论文，还写过许多宣传单及小册子。《抗战日报》出版后，他把全部精力贡献给了它。从创刊号到他卧病之前出版的报纸，每一期都从头到尾不漏一字地看过，一字一句都不轻易放过，每期新报印出后，不论在什么时候，他总要抢先得再看一遍。”“他是一个感触敏锐，思想深刻，理论水准很高的宣传工作者，他认识与判断问题特别敏锐与深刻，他能很快地了解问题的实质并决定自己的态度，而写文章的快，是很少有人能和他比。”“他是一个修养很高的文艺工作者，他的诗有着很丰富的思想内容，他也是最有韧性，最有坚持力量的文化工作者。他真正懂得文化工作的重要，他真正懂得了鲁迅先生的所谓‘韧’的战斗，因此，从1932年起直到停止了最后一口呼吸止，他一直紧紧握着一支锐利的笔，向民族的敌人，向反共顽固分子，向落后的意识战斗。在十多年的工作中，曾经遭遇了许多次的挫折和迫害，然而，并没有什么力量可以使他放下笔，甚至他连这样的想头都没有过。这韧的战斗精神，这坚持到底的力量，是一个革命的文化工作者的高贵品质。”[①] 赵石宾牺牲后，晋西北行政公署明令褒扬赵石宾同志：“赵石宾同志参加革命与新文化运动十有余年，以其坚强勇敢之气魄，沉毅苦干之精神，精辟之思想与丰富之学识，为国家民族而战斗，艰苦不渝，功绩共见，自莅晋西北以来，创办《抗战日报》，努力文化事业建树尤多。”[②]

极端残酷的战争环境，物质生活急剧恶化，灾难并没有从精神上击垮抗日根据地的军民。他们充满战斗性的作品中也有革命的浪漫主义情怀，晋察冀军区司令聂荣臻统兵打仗间隙，在行军途中的诗作《月色在征途中暗淡》这样写道：“马蹄下迸裂着火星，越过溪水，被踏碎的月影闪着银光，电光送着马蹄，消失在稀微的灯光中。”方冰的《歌声》里描述了“扫荡”后静谧的山村，“敌人刚才退走，村子里一片瓦砾，天空不见飞鸟，路上没有活人。从那高高的山上，走下一片雪白的羊群，长鞭子在空中响着，唱歌的是那牧羊人，在这黄昏的天幕下，在这劫后的山村里，我突然感觉到——晋察冀的精神！”[③]

（三）文以载道的创作精神

习近平同志指出：“人民的需要是文艺存在的根本价值所在。能不能搞出优秀作品，最根本的决定于能否为人民抒写、为人民抒情、为人民抒怀。一切轰动当时、传之后世的文艺作品，反映的都是时代要求和人民心声。”[④]

---

① 芝青、卢梦．悼石宾［N］．抗战日报，1942年4月4日．

② 晋西北行政公署明令褒扬赵石宾同志［N］．抗战日报，1942年4月14日．

③ 魏巍编．晋察冀诗抄［M］．北京：中国青年出版社，1984：137—138．

④ 习近平．在文艺工作座谈会上的讲话［N］．人民日报，2014年10月16日．

山西抗日根据地文化工作者在华北危急、中华民族危急的紧要关头，以抗日救亡为共同目标从四面八方聚集起来，围绕着根据地武装斗争、民主建设、发展民生等主题，开展文化教育和艺术传播活动，"文章合为时而著，歌诗合为事而作"，用文化艺术实践证明了自己是一批坚定的民族解放战士，是无愧于时代、无愧于人民的党的宣传员。如《边区文化》中所讲，"文学艺术复归大众了，优良的作者、演员在为着大众忙碌着，作家在这里是大众的，他们像一个士兵一样地消费着大众的供给，而他们也像士兵下操打仗一样替大众写稿子、跑路、装订、印刷。他们绝不计算稿费，他们是同大众一样，大家工作，大家生活"。[①]晋绥文联主席亚马曾在《抗战日报》上撰文谈文艺与群众结合的问题，他说："如何才能满足群众在新的生活下的要求呢，必须从群众出发，以群众为归宿，踏踏实实地做几件事情。""研究群众中出现的文化艺术生活状况，如经常扶持读报组和搜集一切自发的小调、秧歌活动，追寻其发展的条件和扩大的可能性。""整理流行于群众中的民间艺术形式，如梆子、眉户、秧歌、道情、高跷、社火等，认真学习并研究其发展规律，掌握并达到能为我们使用的地步。"[②]

边区报纸创刊时间最早的《抗敌报》（后更名为《晋察冀日报》）1937 年 12 月就创刊了，较晚的《抗战日报》（后改为《晋绥日报》）1940 年创办。根据地的报纸有一个共同的特点，即是真正为人民说话，真正是人民的喉舌。《晋察冀日报》设立《老百姓》这一专栏，用老百姓的话说明持久抗战的重要性，干维持会的下场，揭露汉奸的欺骗手段。《晋察冀日报》按照 1942 年中央"全党办报"的方针，打造端正通俗和切合实际的文风，增加了对敌斗争、根据地建设方面的社论，改版后一年就比改版前一年多发了社论 107 篇，在一版、二版及显著位置上增加了边区新闻的比重，在工作业务上进一步落实群众路线，反映抗战生活。

① 我们的文化［J］. 边区文化（创刊号）.1939 年 4 月 .

② 亚马 . 谈文艺与群众的结合问题［N］. 抗战日报，1946 年 5 月 6 日，第 4 版 .

他们开辟的《英雄人物介绍》的栏目发表了大量英雄模范事迹和经验报道，成为民间流传和效仿的对象。晋绥的《抗战日报》办报的口号是“全党办报”“全军办报”和“大家办、大家看”。从铅印报到黑板报，都有广大的通讯网，《抗战日报》有1000多名通讯员供给稿件。全边区的通讯战线已是拥有2000多个通讯员的大军，这使得报纸能充分成为广大群众的代言人，成为边区人民一日不可缺少的精神食粮与真挚的朋友。①

在音乐传播方面，根据地音乐工作者紧紧围绕抗日主题和人民群众喜闻乐见的音乐形式来反映根据地的群众生活、战斗场景。音乐的曲调、旋律、节奏以及审美等方面都表现出很强的地域性，深受当地人民欢迎。以左权民歌改编成的抗日歌曲不下几百首，歌集数十种。在音乐审美方面突出山西人民热情、宽厚的性格特点，在歌词方面，采取各区域方言、衬词等地方元素。农民是最广大的音乐受众群体，抗日音乐所传递的思想能够被绝大部分文化程度低下的根据地农民接受，最重要的原因就是其大众性。

在根据地，音乐传播的大众性不仅体现在优秀作品的创作上，而且体现在音乐作品的普及和传唱方面。据老战士回忆，吕梁剧团的同志们将推动农村歌运作为他们演剧之外另一个重要工作任务，配合戏剧工作进行。在山西抗日根据地，民运工作比较普遍，大约每个县都有几十个脱离生产的民运干部，他们就是很好的救亡歌曲传播者，只要教会他们其中若干个，尤其是旧调填新词的，那么到哪里都不会寂寞。②

（四）艺无止境的创新精神

文学艺术的本真，在于通过各种创作来体现魅力，而创新也是艺术的灵魂。根据地文学艺术工作者扎根三晋大地，虽身居纷飞战火或穷乡僻壤中，但从来没有忘记从文从艺之道。他们不但从理论上提高自身修养，

---

① 穆欣．新文化的滋长，载于山西省文学艺术联合会编，山西文艺史料（第2辑）［M］．太原：山西人民出版社，1959：21．

② 殷参．吕梁山的孩子们——介绍吕梁抗战剧团［J］．文化先锋月刊，1940（4）．

还在实践中精益求精，让创作主题更加鲜明，更加符合现实斗争要求，在追求艺无止境的道路上不断磨砺。

版画原本来自欧洲，抗战后在根据地发展起来。从单纯的复制模仿形成欧化木刻到积累创作的探索，不断深入生活，深入群众，汲取黄土文化中民间美术形式，直到发展成具有民族化、大众化的木刻艺术，受到根据地人民的欣赏和推崇。鲁迅先生在谈到倡导版画原因时曾说："中国制版之术，至今未精，与其变相，不如且缓，一也；当革命者，木刻版画之用途最广，虽极匆忙，顷刻能办，二也。"随着版画在根据地的逐步流传和木刻家们的创新，出现了非常多精品力作。1940 年，李少言用一年时间创作了《120 师在华北》组画，共有 24 幅，是他亲身经历了战斗后创作完成的，表现形式借鉴了西欧和苏联版画形式，从取材到构思，从构图到黑白空间的处理，形式多样，用刀施线简洁率真，表现出强烈的革命热情和极高的艺术造诣，是抗战期间大型木刻组画的巨制。美术工作者还就地取材，发挥创作特长，利用晋察冀平山的小山沟里的一种红胶泥，制作了鲁迅、列宁、高尔基的浮雕像，参加部队美术展览时还获了奖。还利用红胶泥做模子，"先制作好红胶泥的阳模，等它阴干收缩十足之后，再用红胶泥做阴模，压出线条的阴模也干透后，再把熔化的锡溶液浇铸进去。冷却成型后才可开模。""大热天，我们在灶火前的火炭堆上熔锡，用的就是盛饭的小勺子。""初试时因为模子未干透，引起打炮和多次小爆炸，模子经常被炸破了。可是我们仍坚持着搞试验，结果我们竟搞出了满意的作品，在小胸章背后也搞上别针，以便悬挂佩戴。"[①] 制作的列宁和鲁迅胸章惟妙惟肖，同志们都视为珍宝似的抢先佩戴着。

在音乐方面，抗战初期音乐创作和演出艺术性不强，只是强调音乐的政治性和群众参与程度，绝大多数作品是为某一时期、某一地域或者某一个活动中的宣传任务而进行的快速而突击的创作，创作者在短期内快速

---

① 谷塞．西北战地团的美术工作，载自晋察冀文艺研究会，文艺战士话当年［M］．太原：山西人民出版社（内部资料），1986：25—26．

完成当时的政治任务，疏于对作品本身艺术性的反复推敲和打磨，缺乏艺术性和群众性兼备的好作品。随着音乐工作者深入根据地的群众生活，走向工农大众感受艺术的灵感，逐渐出现了集艺术性与群众性于一体的优秀作品。《黄河大合唱》就是其中具有代表性的作品。《黄河大合唱》是作曲家光未然赴吕梁山根据地活动的途中，两渡黄河，亲眼看见了黄河船夫们与浊浪滔天的黄河大浪搏斗，倾听了黄河船夫号子后创作的组诗。音乐家冼星海将它谱曲成为能够代表中华民族伟大气魄的大合唱。1939年在延安首次公演即获空前成功。周恩来亲笔题词："为抗战发出怒吼，为大众谱出呼声！"《黄河大合唱》在精心排练后，于1940年7月在桂林音乐界纪念"七七"三周年音乐大会上隆重演出，此后又多次加演，受到各方面欢迎。湖北老河口抗敌演剧七队将桂林作为起始站，开始了各地巡回演出，甚至传到香港地区、泰国、新加坡、马来西亚。《黄河大合唱》之所以能在山西、陕西、全国乃至周边国家和地区引起强烈反响，成为脍炙人口的名作，引发观众共鸣，就在于它既体现了中国气概，又创新了表现手法。大合唱采用了山西民歌的素材，但又打破大合唱形式，使用混声合唱、男中音独唱、配乐诗朗诵及轮唱等多种形式，表现根据地人民在日军侵略下的悲惨和对日军暴行的控诉，打破了传统的以声乐为主的表现形式，而集声乐、器乐与朗诵于一体的综合表现形式，用诗朗诵形式将各个乐章贯穿起来。这样的形式在中国乃至世界范围都是独创性的，表现出极高的艺术价值，同时结合地方民歌产生的曲调和气势磅礴的合唱形式又使其广为传唱，成为根据地音乐作品的巅峰之作。

第三节　山西抗日根据地文化精神的形成得益于

根据地文化建设

一、党对抗日根据地文化建设的领导为根据地文化精神的形成指明正确道路

中国共产党从成立之初，就高度重视文艺的教育和宣传作用，努力使新文学纳入中国革命的轨道。中国左翼作家联盟1930年在上海成立，标志着中国共产党从思想上和组织上对文学实行全面和直接的领导。1937年全面抗战开始后，文学艺术创作有了共同的主题：表现中华民族奋勇抵御日军，激励全民族抗战。在山西开辟抗日根据地后，党对文艺工作的指导始终是规范和引导根据地文艺事业发展的基本依据。党能够根据抗日战争中面对的实际情况，制定出正确的文化工作政策和纲领，并引导和教育人民。根据地领导人不仅熟谙党的文艺政策，严格按照党的文艺方针开展工作，还十分重视对文艺工作者的培养与关爱，让党的意志通过文艺工作影响根据地军民，使党的文艺工作始终配合军事斗争和民主政权建设，成为抗战胜利的武器。

（一）中央和地方各级党组织将文化建设提上重要日程

抗日战争全面爆发，特别是进入相持阶段后，面对日伪对根据地人民进行的欺骗、“宣抚”等政策，党的各级组织把文化工作提上了重要日程。1940年2月，党中央在《关于目前时局与党的任务的决定》中提出了10大任务，指出：“要广泛发展抗日的文化运动，提高抗日人民、抗日军队与抗日干部的文化水平与理论水平。没有抗日文化战线上的斗争与总的抗日斗争相配合，抗日也是不能胜利的。”[①] 接着陆续发布《关于开展抗日民主地区的国民教育的指示》《关于发展文化运动的指示》《中央宣传部关于各抗日根据地报刊杂志的指示》等一系列文件，指导根据地文化艺术工作。1940年1月和1942年5月毛泽东发表的《新民主主义论》和《在

---

① 中共中央文件选集（第11册）[M]．北京：中共中央党校出版社，1986：279．

延安文艺座谈会上的讲话》则进一步指明了新民主主义文化工作的性质、任务、方向和政策。1940 年，中央在《关于开展抗日民主地区的国民教育的指示》中指出：“开展抗日民主地区的国民教育，是当前深入动员群众参加与坚持抗战，培养革命知识分子与干部的重要环节。各地党的领导机关及其宣传教育部，必须认真地把这一工作当做它们的中心任务之一，坚决反对党内历来对于这一工作的轻视与忽视的态度，及认为战地不能注意与发展国民教育的观点。特别是党的宣传教育工作者，应该认真地打破过去宣传教育工作的狭窄的框子面，走进这个广大的活动领域中去。”[①]1940 年，中央《关于各抗日根据地文化人与文化团体的指示》提出了对文化人鼓励的举措，包括“保证文化人创作自由，尊重文化人生活习惯，组织出版刊物、剧曲公演、公开讲演、展览会等，来发表他们的作品。组织文化人的团体，鼓励文化人担任教员。继续设法招致与收集大批文化人到我们根据地来”[②]，使根据地不但能够让文化人安心工作，求得自己进步，而且施展他们的才华。1941 年，八路军总政治部和中央军委在《关于部队文艺工作的指示》中规定，部队文艺工作的方针，首先在于文艺工作者“能够从进步的新文艺中深刻认识抗战各方面的现实活动”。

山西各抗日根据地党组织加强了对文化教育工作的指导，确定了工作方针，建立了领导机构，制定了具体政策，有力地推进了根据地文化教育工作的开展。1941 年 4 月，北方局对晋冀鲁豫边区建设的 15 项主张中，就提出“加强文化教育运动，提高民众文化政治水平”[③]的要求。1941 年 5 月，晋西区正式颁布了晋西北教育宗旨及实施方针，指出文化教育政策的主要特点是：第一，民族的——从各方面提高民族的自信心、自尊心，培养民族意识与民族气节；第二，民主的——首先引导学生与人民走向

① 中央关于开展抗日民主地区的国民教育的指示，中共中央文件选集（12 册）［M］. 北京：中共中央党校出版社，1986：328—332.

② 关于各抗日根据地文化人与文化团体的指示，中共中央文件选集（12 册）［M］. 北京：中共中央党校出版社，1986：496.

③ 抗日战争时期晋冀鲁豫边区财政经济史资料汇编（第 1 辑）［M］. 北京：中国财政经济出版社，1990：169.

民主的道路，和晋西北历史传统的不民主遗毒作斗争；第三，大众的——主要是提高人民的文化水平；第四，科学的——提倡科学知识，发展卫生教育，进行反对封建落后与反对迷信复古的思想教育；第五，文化教育战线上的统一战线与尊重知识分子。[①]1942 年 10 月，晋绥分局在《对于巩固与建设晋西北的施政纲领》第 9 条中也规定："推行国民教育，改善小学教员生活，加强干部教育，实行在职人员的两小时学习制，尊重知识分子，保护与优待流亡学生与失学青年。"这些施政方针的制定和贯彻执行，有力地推动了各根据地文化教育事业的发展。

（二）根据地军政主要领导关心文化建设工作，对文化艺术工作给予了极大的支持

八路军总司令朱德很重视华北抗战时的宣传工作，重视用文化艺术的形式宣传抗日纲领、抗日主张和要求。1937 年 9 月 5 日，在率八路军总部出征前，朱德就宣布了《三大纪律八项注意》，抗日战争爆发后，《抗日军人三大纪律八项注意歌》被谱上曲在全军传唱，体现了八路军与人民群众的密切联系，丰富了抗日文化的内容，活跃了八路军文化生活。朱德也非常关心根据地党报建设，《新华日报》（华北版）1939 年 1 月创刊时，晋冀豫根据地经济非常困难，朱德总司令亲自批示拨款 100 银元用于报纸建设经费，给办报人员极大的鼓励。后来，朱德总司令称赞《新华日报》（华北版）："一张《新华日报》顶一颗炮弹，而且《新华日报》天天在作战，向敌人发射千万颗炮弹。"

八路军副总司令彭德怀在多个场合对根据地的文化建设做出指示。他在晋东南文化界 1941 年"五四"纪念会上的讲演中讲到根据地文化运动的方针和任务，"应该是提倡民主的、大众的文化。这种文化就是反专制反独裁，反对脱离大众、压迫大众的文化，就是提倡民主制度、民主作风的文化；应该是提倡科学的、拥护真理的文化，根据地文化必须是反对

① 晋绥边区财政经济史料选编．总论编［M］．太原：山西人民出版社，1986：395—396．

迷信、愚昧，反对欺骗大众的文化，提倡拥护科学真理的文化；应该是提倡民主独立与解放信心的文化，必须反对任何提倡投降妥协、逆来顺受、洋奴习气的文化；应该是提倡马列主义，批评地接受外来文化和中国固有文化。应该巩固与扩大以抗日为中心的文化界统一战线，反对一党一派，一种主义垄断文化的企图，要广泛吸收各种抗日文化人到根据地里面来"。号召"要把太行山建立为华北新文化运动的根据地，领导及推动全华北的抗日民主的新文化。这个文化就是新民主主义文化"[①]。

晋察冀边区司令聂荣臻在1939年为《边区文化》题词："边区文化是晋察冀军民大众的精神食粮，将更是战胜日军的有力的一支文化正规军。"他在晋察冀边区文艺座谈会上提出"希望文艺大众化"，要求文艺工作者"作品多多与边区军民的战斗生活紧密结合在一起"，要求作家"多接近战士，多多了解他们的战斗生活与他们的心理""深入到群众中间，反映他们的抗日热情，在政治经济动员方面，更要作家们积极参加活动，从文艺方面启发其民主运动的发展，帮助战争动员"。[②]1942年，在边区建立三年后召开的晋察冀第二届艺术节上，聂荣臻盛赞边区艺术工作者做出的成绩，"今天边区的艺术工作者，对子弟兵的帮助，艺术的指导使得今天边区子弟兵的文化艺术水平都提高了"，并深刻指出，"需要战斗力，就一定需要文化，今后更要求在艺术的活动中更好地组织起来，把艺术作为政治工作的武器"。对于一些从事部队文艺工作的同志提出的想换工作岗位的想法，他说："这种想法是不对的。我们并不把演员看成为戏子，我们是把他看成艺术者。"希望艺术工作者"站稳自己的工作岗位百折不回，把艺术视为自己的专门工作"[③]。他自豪地说："就我们的文化武器来说，不管我们在军事上装备是如何低劣，比不上强大的敌人和其他的军队，但在文化武器这方面，我们是很注意的，我们的装备却不是那

① 彭副总司令在晋东南文艺界"五四"纪念会上的讲演[N].新华日报(华北版)，1941年5月11日.

② 聂荣臻在晋察冀边区文艺座谈会上的讲话[J].边区文化.1939年4月创刊号.

③ 聂司令员在第二届艺术节大会上的演讲[N].晋察冀日报，1941年7月16日，第4版.

样的落后。”①

晋绥边区文艺工作负责人在回忆抗日战争时期晋绥边区文化工作时说，关向应同志文学修养高，精通党的文艺政策，十分关心文艺队伍的建设。1939 年，他指示战斗剧社的同志，在创作上应该坚持和现实斗争相结合的原则。1940 年，晋绥文联在临县庙坪召开了戏剧工作座谈会议，展开了新旧形式的讨论，他在会议上对新民主主义文化在敌后的建设问题，对开辟这个地区的文艺工作，给了很重要的评价。从理论和实践的结合上解决了大家的争论问题。“战斗剧社每次演出，他总是坐在台前观看。演完戏以后，他和演员共同讨论演出结果。他以丰富的阅历和较高的政治水平，除对剧本提出一般性指导意见外，对每个人的某一句台词，某一个动作，都细心缜密地说出自己的感想。态度很谦虚，使人一点都感觉不到他是在提意见。”②

二、文化艺术团体的建立为根据地文化精神践行提供了组织保证

山西抗日根据地建立后，相继成立了各种文化团体，指导文化艺术工作。晋察冀边区早在 1938 年春，就成立了边区文化工作者救亡协会，简称边区文协，1939 年改名为晋察冀边区文化界抗日救国会。之后又相继于 1939 年 3 月成立边区美协（全名为中华全国美术界抗敌协会晋察冀边区分会），1939 年 7 月成立边区剧协（全名为中华全国戏剧界抗敌协会晋察冀边区分会），1940 年 2 月成立边区音协（全名为中华全国音乐界抗敌协会晋察冀边区分会），1940 年 7 月成立边区文协（全名为中华全国文艺界抗敌协会晋察冀边区分会），1941 年 6 月成立边区文联（全名为晋察冀边区文化界抗日救国联合会），还成立了海燕社、战地社、铁流社、晋察冀诗会、燕赵诗社、鲁迅研究会、民间音乐研究会、妇女文学研究会等文艺社团，抗敌剧社（1937—1949）、西北战地服务团（1939—1944）、

① 聂荣臻．关于部队文艺工作诸问题——在晋察冀军区文艺工作会议上的讲话［N］．晋察冀日报，1942 年 8 月 13 日．

② 樊润德．晋绥根据地人物［M］．中共兴县委员会党史资料征集研究办公室资料，1986．

联大文工团（1939—1942）、铁血剧社——群众剧社（1938—1949）、七月剧社（1939—1945）等剧社。[①] 中华全国戏剧界抗敌协会晋察冀边区分会成立宣言中说："它是在全国统一组织的领导下面，根据全国及边区现实情形，而决定一切工作的。它是团结着边区各戏剧工作团体与戏剧工作者总的组织。把晋察冀边区戏剧运动的情形，报道给总会及各分会，取得工作上的联系；同时它以集体的力量，讨论戏剧各方面的疑问，解决各戏剧工作及团体的困难；将来有计划有组织地开展晋察冀边区的戏剧运动。""它将把边区现实情形，更加普遍地深入地通过戏剧的形式反映出来，以艺术的力量，更有力地配合着军事政治，扯破敌人政治上的阴谋，粉碎敌人军事上的进攻，巩固扩大晋察冀边区。"[②]

晋冀鲁豫边区的晋东南文化教育界救国总会（简称文教总会）于1939年5月在沁县成立。同年11月，中华全国文艺界抗敌协会晋东南分会（简称文协分会）宣告成立。中华全国文艺界抗敌协会晋东南分会在成立宣言中确立了和敌人作文化斗争的纲领，确立了下面的工作方针："1. 促成文化统一战线，使本区文化人、知识分子团结起来，群策群力，以特殊武器为抗战做贡献；2. 推动组织各文化团体，各级文化组织，以组织力量进行推动工作；3. 对敌伪进行有计划有领导的宣传战；4. 开展深入的大众文化运动，提高大众文化政治水平，推进识字运动，提倡义务教育，辅助政府实施文化教育政策；5. 提倡理论研究；6. 沟通敌后方与我后方之文化工作。"[③] 号召文艺工作者"为了使新文艺更丰富起来，为了使新文艺这一颗种子撒播到广大的人民中间去，使大众来扶植它爱好它，我们必须努力去发扬民间文艺，接受遗产，创造有中国气派的、为民间所喜闻乐见的、富有民族性的民族形式的新文艺"[④]。1940年9月，文教总会改

---

① 晋察冀的文艺协会、文艺社团简介，资料来自张学新、刘宗武编，晋察冀文学史料［M］. 天津：天津社会科学院出版社，1988.

② 中华全国戏剧界抗敌协会晋察冀边区分会成立宣言［N］. 抗敌报，1939年7月15日.

③ 抗战三年来的晋东南文化运动——晋东南文化界第二次代表大会上的报告提纲，载于山西省文学艺术工作者联合会，山西文艺史料（第1辑）［M］. 太原：山西人民出版社，1959：19.

④ 中华全国文艺界抗敌协会晋东南分会成立宣言［N］. 新华日报（华北版），1939年12月7日.

为晋东南文化艺术界联合会（简称文联）。1941 年 9 月改成晋冀鲁豫边区文化艺术界联合会，1942 年 9 月再改成太行文联。此外，在大后方或陕甘宁边区已有的文化团体，在这里都有其分支机构，到 1941 年间已有文艺作家协会、戏剧协会、音乐协会、美术协会、木刻研究会、诗歌研究会、社会科学研究会、自然科学研究会、新文字研究会、日本问题研究会、军事研究会、理化研究会、青年记者协会晋东南分会等组织。

晋绥边区文化人的联合组织开始是晋西文联，成立于 1940 年 5 月，曾经组织了文化的动员组织工作以及文化人的“归队运动”。晋西剧协分会、文协分会、记协分会、美协、音协、教协等文化团体相继成立，“过去是零散的、个别的活动的文化工作者，开始走向有组织的、统一的道路上来，集中了自己的力量，结成了自己的阵营，奠定了晋西抗日文化战线的初步基础”①。晋绥边区文化工作者多是“土生土长”起来的，他们中间名人很少，许多人原是高小或初中的学生，因此大家的作风很踏实。延安文艺座谈会发表之后，文联并入抗联，全体文艺工作者都深入区村参加实际工作。②

三、根据地各级党组织对文艺工作者的关心与培养为根据地文化精神的涵养提供了良好环境

在坚持敌后抗战中，抗日根据地各级党的组织深刻认识到，新民主主义文化运动发展的地区，革命运动就有飞跃的发展，就能粉碎敌伪汉奸亲日派各方面的进攻，就能清除反共顽固派封建反动专制思想的毒素，就能进一步提高人民的民族自尊心和自信心，提高坚持抗战到底的坚强信念。因此，对文艺工作者的重视与培养也成为根据地各级政府的重要工作。抗日战争进入相持阶段以后，敌人在根据地推行奴化毒化思想，且愈演愈烈，亲日派、顽固派阴谋破坏团结、破坏抗战，根据地需要大批知识分子参加到对敌文化斗争中。与此同时，国统区大规模关闭进步

① 常芝青．一年来晋西北的新文化运动［N］．抗战日报，1941 年 1 月 4 日．
② 穆欣．新文化的滋养，山西革命根据地文艺史料［M］．太原：山西人民出版社，1959．

书店，禁止出版物出版，逮捕、监禁文化人和青年知识分子，因而很多知识分子从全国各地投奔根据地。根据地对知识分子和文化人非常重视，在思想上“提倡自由辩论，自由研究、自由著述”，在组织上“建立与扩大文化事业出版机关，欢迎各地从事文化出版事业的团体和个人，前来根据地内，共同努力，共同研究，克服物质条件的限制，克服一切困难，大量印刷与刊行适合于抗战需要的各种文化书籍、通俗读本、小册子，以补救抗战几年来文化脱节的缺陷”，“组织定期的流动展览，如展览美术、木刻、摄影、本区及外来的各种书报杂志、文化工具之发明、创作原稿、先进国家各种作品等。举办定期戏剧公演、音乐演奏、文艺联欢、诗歌朗诵、观摩会、专题问题座谈会、联谊茶会等”，提供文化艺术交流平台。此外，还规定了“建立评判委员会，聘请名流学者担任文化艺术创作评委，设立学术奖金，广泛收集民间艺术作品，成立文化俱乐部，倡导生动活泼的学术研究等多种鼓励文化人创作的办法”。①

边区政府在物质条件极端困难的情况下，对文化建设给予很大的支持。晋察冀边区在战火纷飞的1940—1942年连续举办三届艺术节，将十月革命纪念日和晋察冀军区成立的11月7日作为“艺术节日”，通过举办联合公演、群众歌咏、壁报展览、艺术作品展览、讨论会、座谈会、联欢会和化妆宣传以及表彰创作模范剧团，鼓励文化工作者积极投入创作，拿起艺术的武器与侵略者斗争。1941年，晋冀豫边区政府临时参议会通过了10万元文化建设经费，交给晋东南文化界合理分配，用于支持根据地文化建设。在工作纲领中明确指出要“进一步在生活上、工作上帮助文化工作者，尽可能为之解决困难，保护其切身利益。联络文化人、青年知识分子相互间的感情”②。敌后文艺运动在自由民主的环境中得到了充分的发展，敌后丰富的现实生活也激起了广大文化艺术工作者的创作热情。

晋绥边区的晋西北行政公署1941年颁发“文化者待遇办法”，主要

① 默君．纪念“五四”与文联目前工作方针［N］．新华日报（华北版），1941年5月3日．

② 晋东南文化界救国联合会工作纲领草案，载于中国作家协会山西分会，山西革命根据地文艺资料（上）［M］．太原：北岳文艺出版社，1987：256．

内容有："1. 尊重一切文化工作者的工作地位、思想、信仰、研究及创作自由，并尊重其生活与工作习惯。2. 凡脱离生产，专门从事各种文化工作，住房、用具等各种供给尽量从优，不必参加生产劳动。3. 因操劳过度身体孱弱时，得享受保健待遇。4. 增加文化机关团体之书报费，并帮助其出版刊物及书籍。5. 各部门工作人员如有从事著作或研究而需要申请帮助者，得经文联酌情给予优待。6. 对各种研究译著及创作有优异成绩者，临时颁发奖金、奖状、奖品等。对因公牺牲及残疾之文化人，由政府予以褒扬及抚恤。该条例并特别标明欢迎大后方敌占区文化人参加根据地文化工作。"[①] 党组织在根据地经济条件十分艰苦的条件下，对文艺工作者的生活给予了无微不至的关怀。七月剧社老战士回忆：一次剧社在晋绥分局驻地为部队演出，贺龙等领导同志冒着十冬腊月的寒风，坐在旷野看戏。演出后贺老总走上台来看望大家，看见有的演员只穿着一件衬衣演出，回去后就把自己的毛衣、外套给演员送来，使大家深受感动。[②]

四、文化艺术工作者自觉学习提高是根据地文化精神发扬光大的不竭动力

在现实斗争的环境中，文化战线的同志们也在不断成熟。从晋察冀边区三民主义现实主义的大讨论，到根据地演大戏与民族化的不断尝试，再到晋冀豫边区进行的文学的民族化、大众化论争，根据地文艺工作者通过学习党的文艺政策不断地参与与现实斗争结合，探索着正确的文艺道路。他们通过组织文化人召开座谈会，审视文化工作的问题并及时纠正，开展作品和创作形式的争鸣，深入群众中调查，了解群众对作品的反馈，自我学习和自我教育等多种方式不断提高文艺理论水平和业务能力。特别是在延安文艺座谈会精神传到根据地后，文化工作者进行了认真的反思，进一步密切联系群众，思想上解决了为谁服务和如何服务，做好了为群

---

① 晋绥文艺运动大事记，载于中国作家协会山西分会，山西革命根据地文艺资料（下）[M]．太原：北岳文艺出版社，1987：1040．

② 梁枫、永贵．战火铸利剑，粉墨写春秋——记中央晋绥分局七月剧社的斗争生活片段，载于山西革命根据地文艺运动回忆录［M］．太原：北岳文艺出版社，1986．

众服务的准备，行动上更加坚定了服务工农兵的方向，从延安文艺座谈会后根据地优秀作品的大批涌现就可见一斑。

（一）理论探讨，及时发现工作偏差

通过学习，文化工作者对自己与群众的关系、文教工作与中心工作的关系有了新的体会，体会到自己的工作不单单是文化工作，还与根据地的中心工作紧密相连。“文教工作不仅配合，同样也是服务于其他中心工作的，文教工作必须与中心工作密切结合才能开展起来，如果脱离中心工作，单独去进行文教工作，那并非重视文教工作，实际是孤立了文教工作的力量，也脱离群众的需要，必然流于形式主义，不能前进一步。”①

根据地通过召开文化工作者座谈会进行理论研讨，发现文化建设和艺术活动中存在的问题，厘清对一些模糊观念的看法。徐懋庸曾在1943年太行区文化人座谈会后撰文，严厉批评当时文艺界存在的不正确的思想倾向，如：“在文艺与政治的关系问题上，有很多人，是反对文艺为政治服务的，他们否认艺术作品的宣传作用，他们反对文艺作品及时地反映政治现象。”“在文艺为工农兵服务的问题上，很多人，是根本没有这个观念的，他们的文艺工作，只求‘同好者’的欣赏，或者只图与同行争优胜。博少数人的赞美。”“几年来，许多剧团一味地喜欢演‘大戏’给干部看，对于老百姓、部队和工厂的‘几年没有戏看了’的呼声，则置若罔闻。”“在与为工农兵服务有关的提高与普及问题上，许多人不管普及，轻视通俗化，或者至多只是承认‘也要普及，也要提高，一面普及，一面提高；有些人去做提高工作，有些人去做普及工作’。而在这样的把普及和提高截然分开以后，自己却不愿担负普及工作，而去好高骛远地从事提高。写老百姓所不懂的诗，唱四部八部之歌。”“有的人是去做普及工作了，却完全钻到旧形式里面去，譬如戏剧运动中的发掘旧艺人，演旧戏，结果

① 庆祝全区文教会议的成就，山西根据地文艺运动史料（晋东南部分）[M]. 太原：山西人民出版社，1959.

有的变成了‘玩票’，有的是为了演旧戏而演旧戏，没有改造，没有提高。”[①]他还批评了一些文艺工作者动辄以小说家、诗人、戏剧家自居，却没有什么像样的作品，指出从思想意识和立场观点方法上自我改造，学习鲁迅反对文艺家超时代观点和反对文艺家特殊化的观点。批评虽然很尖锐，但指出的问题却是一针见血，戳到了文化人的痛处。啸秋也在这次会议上指出了戏剧工作虽然在整风后出现了不少与大众气息相关、反映现实斗争的作品，但“在戏剧界本身还存在着严重的宗派主义，不喜欢读别人的作品，不喜欢用别人的作品”，“不照顾全面，不互相帮助的现象，多少是存在的，争‘台柱’，捧‘明星’，自命不凡，自视特殊。在群众面前，提出自己与别人不同，而是一个‘艺人’，不但工作上脱离群众，在行动上、装束上、生活上也使群众‘望而远之’”，提出“加强整风，加强戏剧界团结，坚决克服宗派主义、自由主义的残余，发扬自我批评，提倡互相帮助，督促、提高组织性、纪律性”[②]。除了各根据地文联举办的讨论会、座谈会之外，不同的文化团体和组织也经常开展小规模的座谈与讨论会，或者剧社与剧社、报纸与刊物、部队和地方文艺团体之间的研讨与座谈。这些讨论涉及范围广泛，比如戏剧组织的政治教育、剧本问题、改造旧形式、团结旧艺人，等等。这些讨论或座谈，能够在文化艺术活动中逐渐形成共识。

（二）调查研究，了解群众对作品的反馈

根据地文化工作者从开始与群众有疏离感，到主动去接触群众，了解群众，群众密切联系，最终与在战火的洗礼和日常生活中与群众结下了深厚情谊。他们在创作时不断进行实地调查，了解群众对作品、对文艺工作者自身的真实看法。事实证明，“群众对于戏剧的内容、剧中人物的创造及表演技术的意见，多是一针见血，实际而精辟”。比如，看了描述战斗英雄的戏，老百姓反映，“劳动英雄的脸有点黄了，庄户人家整日刨闹，风吹日晒，虽然吃得不好，但他们的脸不是红的也是黑的。”“揽

① 徐懋庸．太行文艺界歪风一斑［J］．华北文化，1943 年 7 月 10 日革新，第 4 期．
② 啸秋．当前戏剧界的几个问题［J］．华北文化，1943 年 7 月 10 日革新，第 4 期．

工的穿的黑市布衣服不对，就是翻身了，穿的也是自己织下的囫囵不破的标准布。”“变工队吃烟不用洋火，用的是火镰。”这些朴实的意见，虽然看起来没有高深的理论，但是“这些意见却值得每个艺术工作者重视。他们看待事物很细致，他们是从实际需要和根据事实发表意见的，讲得很具体。剧作者、导演和演员，体现角色本身所赋予的思想与感情时，如也能这样实事求是地细致而周到，不但可以纠正艺术上的不认真现象与粗糙作风，也才会真正了解群众是文化艺术的源泉的真理。所以，一个戏剧团体，要经常检查自己的节目，看看是不是在‘演咱穷人心里想的事情’。也应经常接受群众对自己的考验，把群众看作是集体的批评家和导演，只有这样才能真正学到很实际的东西，以达到戏剧工作者和边区群众的新的思想相结合，才会写出群众迫切需要的更动人的作品，也才会创造出更丰富的艺术”[①]。专业剧团在向群众学习，特别是向农村剧团学习他们的民间气派的同时，也在政治上帮助他们掌握政策，学习时事，帮助当地农村剧团改造旧剧本、旧艺人，在技术上帮助他们学习表演、化妆等。

（三）业精于勤，崇尚学习的浓厚氛围

根据地的文化艺术工作者来自全国各地，有的在进入根据地前已经是赫赫有名的作家、艺术家、新闻记者，有的是在校大学生、中学生，有的只有小学文化甚至没有读过书。但这群以救亡目的走到一起的文艺工作者，有火热的激情和爱国抗日的决心和意志，年轻人又占大多数，深知业精于勤的从文从艺之道，也深知在民族危亡时刻自己多掌握一些技艺就能多为抗战出一些力的道理。为了提高自身修养，他们抓住战斗间隙，如饥似渴地学习，互相借鉴。根据地缺少书籍，“一本从大后方带来的名著，被传来传去，读成‘椭圆形’”[②]。到华北联大文艺学院学习，接受专业训练，是艺术工作者的梦想，一旦成行，许多人激动得夜不能寐。事实上，联大的专业化教学，较为系统地讲授作曲、指挥、素描、编剧、

① 亚马．关于戏剧运动的三题［N］．抗战日报，1944 年 10 月 8 日．

② 晋察冀文艺研究会．文艺战士话当年［M］．北京：文化艺术出版社，1989：13．

化妆、导演、表演等专业知识，还有许多名家授课，让学员受益匪浅。在学习艺术理论的基础上，各单位还开展了技术练兵。“火线剧社的文艺工作者每天清晨和傍晚在村边、树林练嗓音、念台词、练动作、练梆子唱腔，他们把演好自己的角色，作为对抗日所做的一份贡献。”①

除了学习专业理论和艺术技巧，他们还努力向人民群众学习。作家马烽只有高小文化，他认为学习群众语言，是一个文艺工作者，特别是大众化工作者起码应做的事情。学习群众语言的问题，就是要用群众自己的语言，写群众自己的事情，给群众看。他说：“学习群众语言，并不是一件十分困难的事，我们生活在农村环境中，随时随地都有接近群众的机会，只要深入群众，和群众打成一片，处处留心，时时留意，就会有收获。”因为群众“有丰富的生活，反映到语言里也就不是枯燥的说教。群众语言中的形容和比喻，是祖祖辈辈的集体创造，是千锤百炼的结晶，不是一个人能够编造出来的，可以说是群众语言文学，是我们取之不尽用之不竭的宝库。开这座宝库的钥匙就是放下架子，深入群众，从思想感情上和群众打成一片，虚心向群众学习”②。也正是由于走到哪里就在哪里搜集群众语言，不断从群众语言文化中汲取营养，马烽与西戎写的长篇章回小说《吕梁英雄传》才能在根据地受到广大军民的普遍欢迎。周文在《吕梁英雄传》结集出版时的序言里写道，“作者组织材料的能力，熟悉群众生活、语汇的本领，以及对大众化通俗化的努力，是值得我们学习的”③。

晋西北的吕梁剧团中儿童团员较多，他们把剧团作为自己的学校，将工作、学习、生活三位一体配合起来，到哪里工作，就等于到哪里学习，每一个观众，不管是农民、商人，还是知识分子都是他们学习的对象。他们创作剧本、演出、教育民众的同时，也虚心地向民众学习。坚持上文化课、政治课，了解目前抗战形势。他们不仅会化妆、演戏，而且懂得新

① 晋察冀文艺研究会．文艺战士话当年（二）[M]．北京：文化艺术出版社，1989：193．

② 马烽．漫谈学习群众语言，载于中国作家协会山西分会，山西革命根据地文艺资料（下）[M]. 太原：北岳文艺出版社，1987．

③ 周文．《吕梁英雄传》序 [N]．抗战日报，1946 年 6 月 28 日．

的抗战戏剧理论，会排演救亡剧，是真正的开展救亡工作的戏剧运动者。剧团负责人凌散说：“我们团里有四分之三是孩子，今天的剧团成员不是从前的‘科班’出身，仅以训练演剧为目的，更重要的，是要培养一个戏剧运动者，不，应该说是拿着戏剧做武器的民族解放的战士！所以，我们不仅要讲社会科学、自然科学、数学等文化课，加强锻炼，还要上提高政治水准的政治课，这些都是放在日程上的。”①

无论走到哪里，我们都不能忘记党领导抗日根据地文化活动的艰辛历程。根据地文化艺术工作者在艺术精神的指引下，与大众结合，为工农兵服务，在抗日战争中创作了大量的优秀作品，也诠释了新民主主义文化的前进方向。根据地文化精神提供的宝贵精神财富对今天我们弘扬革命文化、提高文化自信有着重要的现实意义。

① 殷参．吕梁剧团的孩子们——介绍吕梁抗战剧团［J］．文化前锋月刊（第 4 期），1940 年 1 月．

第七章　山西抗日根据地文化理论的重要意义

第一节　山西抗日根据地文化理论的价值特色

“一个时代有一个时代的文艺，一个时代有一个时代的精神，任何一个时代的经典文艺作品，都是那个时代社会生活和精神的写照，都具有那个时代的烙印和特征。任何一个时代的文艺，只有同国家和民族紧紧维系、休戚与共，才能发出振聋发聩的声音。”[①] 山西抗日根据地文化艺术活动，在中国共产党领导下，紧密地配合军事、政治、经济任务，在对敌斗争中逐渐成长、壮大与巩固，成为配合武装动员与组织敌后抗日军民的有力武器。在文学、新闻、戏剧、音乐、美术教育等方面取得的丰厚成果，丰富和发展了新民主主义文化，使得整个抗战期间中国共产党在同山西地区的国民党势力和日伪势力对抗时，能够在文化软实力的较量中始终占据优势地位，进而牢牢地掌握着社会文化的主导权。山西抗日根据地文化思想的形成、完善、发展、实践、传播过程，始终体现着党性、人民性和战斗性的价值特色。

一、鲜明的党性是山西抗日根据地文化传播的指导思想

关于坚持文艺的党性，毛泽东旗帜鲜明地指出：“在阶级社会，一切文化或艺术都是属于一定的阶级，属于一定的政治路线。”文艺不能脱离阶级和政治，“为艺术的艺术，超阶级的艺术，和政治并行或相互独立

① 习近平．在中国文学艺术界联合会第十次全国代表大会、中国作家协会第九次全国代表大会开幕式上的讲话，习近平谈治国理政（第 2 卷）［M］．北京：外文出版社，2017．

的艺术，实际是不存在的”。他要求“文艺工作者要服从党在一定革命时期内所规定的革命任务”，并进一步引申出“文艺服从政治”的观点，并强调这“不是少数政治家的政治”，而是“阶级的政治、群众的政治。革命的思想斗争和艺术斗争，必须服从于政治的斗争”。[①] 因此，革命文艺要自觉服从不同时期党的政治路线和政治任务，文艺工作作为党的革命工作的一部分，文艺统一战线就必然置于党的领导之下。

山西革命根据地文化是“继承了20世纪30年代革命文艺活动，特别是以瑞金为中心的中央苏区文艺的实践经验，适应抗日民族统一战线新时期的要求而有所发展的革命文化运动”，是“既接受了中共中央领导的陕甘宁边区以延安为中心的革命文化运动的影响，又有中共晋察冀、晋冀豫、晋绥边区党委领导的推动，经过广大文化工作者和人民群众的努力，逐步发展壮大起来的革命文化运动”[②]。山西抗日根据地文化的产生、发展、成熟、壮大都是在党的领导下，坚持党对文化教育工作的路线方针政策，牢牢把握文艺为抗战服务、文艺为政治服务的基本原则，体现了中国共产党人在决定中华民族命运的关键时刻的历史担当和山西抗日根据地文化工作者坚强的党性。

（一）文化艺术工作始终在党领导下开展

新闻工作是党的喉舌，最能代表党的意志。山西各抗日根据地党报始终坚持党性，围绕党的中心工作开展。《晋察冀日报》在危难中崛起，1937年晋察冀军区成立不久就开始出版，新闻战士们经受了极端艰苦的战斗考验，冒着生命危险，千方百计出报，从未停刊。在政治方向上能与党保持完全一致，公开鲜明地宣传党的主张，批判反人民的谬论，实事求是地报道根据地生产生活和战斗情况，不说假话空话。坚持党报的党性原则，他们在百团大战时进行了空前的战地宣传，并以新华分社名义向延安

---

① 毛泽东．毛泽东文艺论集［M］．北京：中央文献出版社，2002：69．

② 亚马．写在前面的几句话，载于亦文、齐荣晋，山西革命根据地文艺运动史稿［M］．太原：山西人民出版社，1989：1—2．

新华总社播发战斗电稿，极大地鼓舞了抗日军民的士气，在全国最早出版了《毛泽东选集》。1944 年元旦，中共中央北方局委副书记刘澜涛对《晋察冀日报》提出要求，党报要为工农兵服务，为全边区各界抗日同胞服务，同时还要注意培养工农通讯员。同年 1 月 30 日，分局宣传部在关于当年宣传工作方针与任务的指示中，将“实行全党办报的方针”列为主要内容，要求在全党进行教育，使全党都关心党报，每个党员必须做到阅读党报，县级以上干部应把给党报写通讯、作文章当作义务。同年 2 月 8 日，分局专门做出《关于党报工作的指示》，要求各级党委应下达指示精神于全党全军。1944 年 4 月 22 日，《晋察冀日报》以三个多版的篇幅重点宣传全党办报的方针，刊载了分局和分局宣传部的上述指示，并发表了社论《贯彻全党办报的方针》。其基本指导思想是：党报成为集体的宣传者与组织者，走群众路线，从群众中来到群众中去，既写群众学群众，又让群众写群众办。集中的表现是对 1944 年 2 月和 12 月两次群英会的宣传报道，开辟了《英雄人物介绍》栏，共计发表专业记者和通讯员的 20 篇通讯报道，集中反映了根据地许多英模的斗争事迹和生产经验。

毛泽东曾两次对晋绥根据地的党报做出指示。1942 年 10 月 28 日，毛泽东在给晋绥分局代书记林枫的一封电报中指出，整个通讯社及报社的新闻政策及社论方针，分局必须经常注意，加以掌握，使我们的宣传完全符合于党的政策。《晋绥日报》严格遵循毛泽东这一指示，在晋绥分局的直接领导下，始终注意把党的路线方针政策作为报社全部工作，特别是编辑工作的唯一依据，力求一切宣传必须完全符合于党的政策。报社的全体工作人员，特别是编辑记者，十分重视学习党的重要文件、重大政策、工作方针、工作指示，并据此编制编辑方针报道计划，精心组织撰写社论。按照晋绥分局的要求，把报纸办成是体现党和政府一切政策的有力工具，是反映人民生活和要求的镜子，是对敌斗争的锋利武器。在实际办报过程中，《晋绥日报》十分注意处理好以下三种关系：一是宣传具体路线、具体政策和宣传总路线总政策的关系。毛泽东在晋绥干部会议上的讲话中曾再三提醒：“我党规定了中国革命的总路线和总政策，又规定了各项具体的工作路线和各项具体的政策，但是许多同志往往记住了我党的具体个别的工作路线和政策，忘记了我党的总路线和总政策，而如果真正忘记了我党的总路线和总政策，我们就将是一个盲目的不完全的不清醒的革命者，在我们执行具体工作路线、具体政策的时候就会迷失方向，就会左右摇摆，就会贻误我们的工作。”《晋绥日报》在工作实践中，以大量的篇幅宣传了各项具体工作路线和政策，并在这些宣传中体现了党的总路线和总政策的精神，报纸在抗日战争时期把抗战到底、团结到底、建设晋西北作为自己的任务。《晋绥日报》的全部工作，一开始就置于党的绝对领导之下，这种领导既包括政治上思想上的领导，也包括组织上业务上的领导。贺龙作为晋绥分局和晋绥军区的主要领导人，经常关注着报纸工作，看到报上一条好新闻或处理欠妥的报道，就立即给报社打电话指出，时常提供新闻线索，教给采访方法。在报纸创刊一周年和六周年时，他还曾撰写纪念专文和接受记者采访，对报纸工作提出热切的希望。晋绥分局和行署的其他领导同志也对报纸工作有过很多重要指示，这些情况充分说明，党中央和晋绥分局对《晋绥日报》的领导是切实而具体的，在报纸工作发展的每一个阶段都指明了前进方向和道路。报社的各级通讯组织与各级党政群机关对口建立，直接在各级党组织的领导下开展工作。报纸的交通发行网络本身就是各级党政机关的一个工作部门，集中的交通发行人员要直接向所在机关负责。这些必要的组织措施和纪律规定，有效地保证了党对整个报纸工作的具体领导和监督，使报纸工作的各个方面，特别是新闻宣传方面，沿着党所指引的正确道路健康发展。

晋冀鲁豫边区的华北新华日报社为了满足出版政治理论读物的要求，在1940年12月成立了专门从事编辑发行图书的机构——华北新华书店，包括一个造纸厂、一个印报厂和两个印书厂，总部设在辽县，是兼出版、印刷、发行等多种业务的综合性书店，同报社合署办公。除了发行《新华日报》（华北版）外，主要编辑任务是为根据地编印政治理论读物。在1943年10月同华北书店合并前，华北新华书店已出版了《新民主主义论》《在延安文艺座谈会上的讲话》《陕甘宁边区的共产党》《整顿三风文件二十二种》《反对主观主义》《整风参考文选》《论知识分子》《抗日民主根据地的土地》《改革与法令》《评“中国之命运”》等重要书籍。书店在编辑出版政治理论书籍的同时，还出版了一些翻译书籍，如《共产党宣言》和《马恩列斯思想方法论》（上下册）、《毁灭》（法捷耶夫著，鲁迅译）等。与华北新华书店同时在太行根据地内建立的另一个书店是由生活、新知、读书三家书店联合建立的华北书店，是在周恩来、邹韬奋的支持下在山西辽县成立的，主要是用油印出版革命文艺图书，先后刻印出版了高尔基的《鹰之歌》《海燕》及其他文艺作品，很受欢迎，300 份很快销售一空。1941 年、1942 年两年中，又陆续刻印 20 多种图书，其中包含多本鲁迅的小说。在这期间，还编印了大后方动态，介绍重庆情况。除出版文艺书籍外，华北书店还出版了一些政治读物和教学参考书籍供中小学使用。受到根据地群众广泛欢迎的《小二黑结婚》《孟祥英翻身》《李有才板话》等都是在完稿后很快在华北新华书店出版，及时发放到军民手中。到了 1945 年，新华书店全年出版书籍就有 124 种，59.6 万册，其中党的领导人的著作及翻印的马克思列宁主义原著为 12.8 万册，通俗读物 36 种、29.3 万册，太岳区一年中出版及发行各种图书杂志共 32 万多册，平均全区每 10 个人就有一本新书。在党的文化政策的正确领导和新闻出版工作者的艰苦努力下，大量的出版物源源不断地涌向农村，逐步夺取长期支配农民思想的封建文化阵地。

在教育方面，各根据地国民教育特别是学校普及工作成果显著，仅太岳区在 1945 年日本投降时，就有高小 80 所，学生 5000 人，初小 3000 所，学生 12 万人。1945 年，太行区陵川等 25 个县 54 个高小 4346 个学生家庭出身中，贫农以下人家子弟占到学生总数的 76%，说明了中国共产党对于下一代的教育和培养，不管环境如何恶劣，都会坚持进行。学校是向广大农民敞开大门的。

（二）文化传播围绕党的中心工作开展

山西抗日根据地的文化传播围绕党的中心工作展开，各地根据自身的工作重点开展了卓有成效的、结合现实的文化宣传和传播。在抗日战争初期，着重对持久抗战思想、反对顽固派投降派、建设抗日民主政权等中心工作进行宣传组织。相持阶段则着重于揭开日军“宣抚”“维持”和揭露日伪对根据地人民进行的欺骗而展开，组织了反文化“围剿”与反奴化图谋的斗争。在相持阶段后期则注重对日伪的政治攻势、反“扫荡”、生产变工互助等内容。同时，对于根据地发生的自然灾害发起了生产自救运动宣传，开展了对根据地人民进行的反对封建会道门的教育与宣传。

1942 年黎城爆发了反动会道门“离卦道”叛乱后，晋冀豫边区进行了深刻反思，认为在太行根据地中心和党开辟根据地较早的黎城县发生暴乱的直接原因是我们的宣传工作做得不到位，封建文化阵地非常牢固，给根据地工作的开展带来严重阻碍。赵树理在晋冀豫区和 129 师政治部联合召开的 500 人文化座谈会上表明了他矢志不渝夺取农村文化阵地的决心，之后，他到离卦道活动的黎城体验生活，广泛调查，走访曾被蛊惑的农民，随后编写了直接反映离卦道叛乱的戏剧《万象楼》。这出戏有力地揭示了离卦道暴乱的反动实质，主题有广泛的教育意义，在晋东南各地上演后反响很大，是夺取封建文化阵地的一场大战役，是文艺创作配合现实任务的典范之作。新中国成立后《万象楼》作为反迷信题材的剧本还在《工人日报》重新发表，反响热烈。

在对敌伪开展的政治攻势中，文化艺术工作者也发挥了极大的作用。晋察冀艺术工作者深入敌后开展对日伪的政治攻势，宣传党的抗日主张，欢迎日伪军反正。1942 年就发动了三次大的政治攻势，“据不完全统计，在三次政治攻势中，抗敌剧社、西战团、联大文工团、火线剧社、铁血剧社、七月剧社等 7 个剧团，曾先后在游击区敌占区演出 315 次，展览 180 次，写大标语 234 件，街头宣传 215 次，吸引观众 12.5 万余人。”“我们的文艺工作者深入游击区、敌占区，走遍了几十个县，几百个村，在极度紧张的流动环境中，不断地演出，此尚为第一次。”“在这种尖锐激烈的斗争环境中，我们的艺术工作者锻炼了自己，丰富了艺术的创作，每个同志归来时，都获得了大量的材料。”[①]

（三）坚持马克思主义对文艺工作的指导

坚持马克思主义指导、为政治服务是我党文艺工作的优良传统和宝贵经验。聂荣臻在晋察冀边区第二届艺术大会的演讲中强调：“在八路军的军队里，有一贯的传统，就是把艺术当作政治工作的武器，拿它来提高军队文化生活，提高士兵战斗情绪。当年红军在文化落后的地区，甚至在长征时，在无人烟的地区，都有文艺活动的开展，在雪山上也响着雄壮的歌声。它作为政治工作的武器在部队中是有着重要的意义的。所以在今天边区的许多艺术工作者，对子弟兵的帮助、艺术的指导使得今天边区子弟兵的文化艺术水平都提高了。”“这并非是军队的装饰品而是活的力量，这一点是异于旧的军队的。需要战斗力，就一定需要文化，所以今后应更好地组织起艺术活动来，更好地开辟这一工作，把艺术作为政治工作的武器，并很好地利用这一武器提高军队的战斗力。”[②]

根据地重要的文化艺术刊物刊发的文艺理论作品中，也体现出鲜明的马克思主义文化方向。晋察冀边区出版的大型文化艺术综合刊物《五十年代》，其内容和分量与延安的《中国文化》大致相同，发表了很多理论性强、体现无产阶级意识形态特点的理论文章。如第一期发表的《列宁与文学遗产问题》，其中对列宁著作中描述文化、文艺的内容进行摘录，还有克拉拉·蔡特金等对列宁的回忆，是根据地记述列宁与文化问题著作中最完整、最有分量的一篇，对于边区当时正在进行的文艺的民族形式问题、接受遗产问题有着很强的理论指导作用。还发表了何干之写的《鲁迅的方向》，为中国研究鲁迅的力作，包括医学维新、文艺至上、与中国国故派战、与欧化国故派战，从进化论到阶级论，论述精当，材料处理非常确当，透视了鲁迅精神，并解析了当时的社会现象。[③]

---

① 晋察冀政治攻势中艺术工作者深入敌占区［N］．解放日报，1943 年 6 月 29 日．
② 晋察冀政治攻势中艺术工作者深入敌占区［N］．解放日报，1943 年 6 月 29 日．
③ 《五十年代》介绍［N］．晋察冀日报，1941 年 7 月 5 日．

晋冀豫边区的《华北文化》中关于马克思主义文艺理论思想的作品也出过很多，特别是延安文艺座谈会之后，《华北文化》出了革新篇，刊发了文化工作者对文化的方向、文化下乡等方面的讨论。在文艺批评方面，山西抗日根据地注重艺术作品的政治性，认为评论戏剧，首先要分析其政治内容，立场错了，政治原则错了，不论动机如何，都是替敌人说了话，如果有封建迷信的内容即使群众喜欢也要改。对于评论小说，也要看其有无政治上的问题。晋绥边区在对女作家莫耶所作《丽萍的烦恼》一文进行作品讨论时就很突出地说明了这一点。该作品发表在 1942 年晋西文协的《西北文艺》上，作品发表后召开了两次座谈会。第一次是地方文艺界和一些干部、青年、学生们参加的，因为这类题材以前没有人写过，大家觉得新鲜。到了 1942 年 9 月，部队专门召开座谈会批判了《丽萍的烦恼》，原因是没有站在党的立场上写文章，非垢写了《偏差——关于“丽萍的烦恼”》，叶石写了《关于“丽萍的烦恼”》，沈毅写了《与莫耶同志谈创作思想问题》，先后发表在 1942 年 6 月到 7 月间的《抗战日报》上。这些文章的重要观点就是文学创作要讲政治立场，“莫耶同志忘记了革命队伍的政治本质，先进政党的领导作用，因而把恋爱问题和政治思想完全孤立地分离开看”[①]。以上这些实践，都体现了根据地对文艺作品中党性问题的极端重视。

二、人民性是山西抗日根据地文化传播的价值追求

文艺为什么人的问题，是一个根本问题，原则的问题，也是马克思主义者始终高度关注的问题。文艺的人民性概念来源于 19 世纪俄国革命民主主义批评家别林斯基、车尔尼雪夫斯基和杜勃罗留波夫。他们在文艺理论和文学批评中大量运用了文艺的人民性概念。杜勃罗留波夫在分析俄国文学史上优秀作家的基础上，揭示了人民性的内涵，他认为，不能只是盯着“小集团的卑微利益，满足少数人的自私要求”。而要“真正

① 叶石．关于“丽萍的烦恼”［N］．抗战日报，1942 年 6 月 30 日．

成为人民的诗人”，就必须“渗透着人民的精神，体验他们的生活，跟他们站在同一水平，丢弃阶级的一切偏见，丢弃脱离实际的学识，等等，去感受人民所拥有的一切质朴的感情”，要从大公无私的观点，从人的观点，从人民的观点来解释一切，以深厚真挚的同情心去“表现人民的生活，人民的愿望”。[①]

列宁批判地继承并发扬光大了俄国民主主义的人民性思想，提出了无产阶级文学的党性原则和人民性原则，将文艺事业当作一部巨大的社会主义民主主义机器的“齿轮和螺丝钉”，明确了“艺术是属于人民的。它必须在广大劳动群众的底层有其最深厚的根基，它必须为这些群众所了解和爱好。它必须结合这些群众的感情、思想和意志，并提高他们。它必须在群众中间唤起艺术家，并使他们得到发展”[②]。“这将是自由的写作，因为把一批又一批新生力量吸引到写作队伍中来，不是私利贪欲，也不是名誉地位，而是社会主义思想和对劳动人民的同情。这将是自由的写作，因为它不是为饱食终日的贵妇人服务，不是为百无聊赖、胖的发愁的‘一万个上层分子’服务，而是为着千千万万劳动人民，为这些国家的精华、国家的力量、国家的未来服务。这将是自由的写作，它要用社会主义无产阶级的经验和生气勃勃的工作去丰富人类革命思想的最新成就，它要使过去的经验（从原始的空想的社会主义发展而成的科学社会主义）和现在的经验（工人同志们当前的斗争）之间经常发生相互作用。”[③]

毛泽东继承和发展了马克思主义文艺观中的人民性观点，提出建设无产阶级领导的人民大众的反封建的文化，并为“工农劳苦民众服务”的目标，成为中国新文化建设及实现革命话语权的纲领和指南。在《新民主主义论》中毛泽东指出：“革命文化，对于人民大众，是革命的有力武器。革命文化，在革命前，是革命的思想准备；在革命中，是革命总战线中的一条必要和重要的战线。而革命的文化工作者，就是这个文化战线上的

---

① 杜勃罗留波夫选集（第 2 卷）[M]. 上海：上海文艺出版社，1959：137、187.
② 蔡特金 . 回忆列宁，列宁论文学与艺术 [M]. 北京：人民文学出版社，1960：912.
③ 列宁 . 党的组织和党的出版物，列宁全集（第 1 卷）[M]. 北京：人民出版社，1995：666.

各级指挥员。”提出革命的文化运动对于革命的实践运动的重要性。“而这种文化运动和实践运动，都是群众的。因此，一切进步的文化工作者，在抗日战争中，应有自己的文化军队，这个军队就是人民大众。革命的文化人而不接近民众，就是‘无兵司令’，他的火力就打不倒敌人。为达此目的，文字必须在一定条件下加以改革，言语必须接近民众，须知民众就是革命文化的无限丰富的源泉。”[①] 毛泽东在延安文艺座谈会上指出：“为什么人的问题，是一个根本的问题，原则的问题。”[②]“无产阶级对于时代的文学艺术作品，也必须首先检查它们对待人民的态度如何，在历史上有无进步意义，而分别采取不同的态度。”[③] 他更加强调了文学艺术与人民的关系，他说，文艺源于生活，生活是文学艺术取之不尽、用之不竭的唯一源泉，离开了人民的现实生活，文学艺术就成了无源之水，无本之木。因此，文艺工作者必须深入社会生活和工农兵群众，从中汲取创作素材和创作灵感。文艺是为最广大的劳动人民服务的，而不是为少数人服务或自我欣赏。1944 年 10 月，毛泽东在陕甘宁边区文教工作者会议上进一步指出：“我们的文化是人民的文化，文化工作者必须有为人民服务的高度热忱，必须联系群众，而不要脱离群众。要联系群众，就要按照群众的需要和自愿，一切为群众的工作，都要从群众需要出发，而不是从任何良好的个人愿望出发。”[④]

“人民”的概念始终有着特定的阶级内容，不同时代对于人民的概念界定是不同的。毛泽东 1942 年在《在延安文艺座谈会上的讲话》中指出：“什么是人民大众呢？最广大的人民，占全国百分之九十以上的人民，是工人、农民、兵士和城市小资产阶级。所以我们的文艺，第一是为工人的，这是领导革命的阶级。第二是为农民的，他们是革命中最广大最坚决的

① 毛泽东．新民主主义论，毛泽东选集（第 2 卷）[M]．北京：人民出版社，1991．

② 毛泽东．在延安文艺座谈会上的讲话，毛泽东选集（第 3 卷）[M]．北京：人民出版社，1991：857．

③ 毛泽东．在延安文艺座谈会上的讲话，毛泽东选集（第 3 卷）[M]．北京：人民出版社，1991：869．

④ 毛泽东文艺论集 [M]．北京：中央文献出版社，2002：110—111．

同盟军。第三是为武装起来了的工人农民即八路军、新四军及其他人民武装队伍的，这是革命战争的主力。第四是为城市小资产阶级劳动群众和知识分子的，他们也是革命的同盟者，他们是能够长期地和我们合作的。这四种人，就是中华民族的最大部分，就是最广大的人民群众。”坚定的人民立场、坚定的工农兵立场是文艺人民性的最鲜明体现。毛泽东还指出，“艺术家是一切爱国者的统一战线，但艺术上每一派都有自己的阶级立场，我们是站在无产阶级劳苦大众方面的。”[①] 不但要站稳阶级立场，文艺工作者还要有组织人民、教育人民、引领人民的责任感和担当意识，在普及文化工作中提高人民群众的思想意识和文化水平。根据地文化艺术工作者在开展根据地文化艺术活动中，牢固树立根据地人民是文艺作品“剧中人”，根据地人民的意见是文艺作品的“试金石”，把创作向根据地人民学习作为“法宝”，把文艺为人民服务作为“座右铭”，实践了文艺的“人民性”的正确路径。

（一）根据地人民是文艺作品的“剧中人”

人民是文艺创作的源头活水，能否创作出优秀的文艺作品，关键在于是否把创作扎根人民，从人民的生活中汲取力量。抗日根据地文化工作者认为：“要达到党政军民同心同德、同仇敌忾抵御日军的文化工作才是有力量的。因此，要避免文化工作和政治生活的脱离现象，文化工作者需要长时期的无条件地、全身心地深入到工农兵当中去，到他们的斗争中去。”“无论是文字写作，还是口头宣传，都应该围绕根据地群众活动的任何一个环节，进行自己的工作。文化艺术的内容，便能生动、活泼而丰富，工作亦将提高。”除了对现有的文化工作者进行政治锻炼，从组织上、生活上、工作上和工农兵结合之外，还要通过现有的文化工作者，“从广大群众中发现与培养大批有实际斗争经验的工农干部与群众，帮助他们提高文化艺术的创作能力，培养一批土生土长的文化艺术干部，

① 毛泽东文艺论集［M］．北京：中央文献出版社，2002：16．

吸收到文化战线上来”[①]。

韩塞在谈到创作形式时强调要面向广大群众，“根据我们的内容，能用什么形式的就用什么形式。但在手法上要做到生动通俗，让群众能懂而且喜欢看，这是很要紧的。”“因此演员要利用一切机会来研究敌伪政策，研究群众的生活……并研究如何表现他们，这也是提高演技的方法。”“常常是这样，观众们对戏里最关心的是与他们自己有关的人，例如，妇女们最关心台上的妇女，老头儿们最关心台上的老头儿……而我们的观众，妇女与老人占一个相当的数目，他们且是一支自然隐伏的宣传力量，我们不能忽视的。”[②]

艺术的创作要把群众放进去，才能赢得群众欢迎。版画艺术最早起源于欧洲，由版画工作者们从大后方延安带到抗日根据地。1938 年冬天，党中央在延安成立了鲁艺木刻团，组织了鲁艺木刻工作团，到太行山区的晋察冀根据地开展木刻宣传活动，“想把工作团变为一支木刻轻骑队，驰骋到各个角落、各个阶层里去宣传，使木刻成为抗战的武器”。但版画开始并不受老百姓欢迎，辗转几个月到晋西，无论举办展览会还是开座谈会后，都受到冷遇。原因是版画作品内容多是人体、风景、景物等抽象作品，群众反映“看不懂”。木刻团成员决定摈弃以前的西洋素描画基础，运用民间年画手法进行创作，以宣传抗战为内容，尝试新年画创作。如罗工柳的《积极养鸡，增加生产》、胡一川的《军民合作》、彦涵的《春耕大吉》、杨筠的《纺织图》等，直接从生活中取材，直接投身到战斗中，投身于人民群众中，体现了深入民间、贴近平民视角的创作风格和现实主义的创作特点，其中反映战斗场景和根据地军民生活生产场景的木刻版画最受群众欢迎。

这期间，山西抗日根据地的军政首长也对文艺要结合工农兵问题做过重要论述。晋察冀军区负责人聂荣臻在 1942 年晋察冀军区文艺工作会

① 亚马．文化工作与群众运动 [N]. 抗战日报，1943 年 1 月 9 日．

② 韩塞．戏剧站在政治优势的前线上 [N]. 晋察冀日报，1942 年 12 月 15 日．

议上的讲话中提出部队文艺工作者与士兵的结合问题，他说："如果你要在军队中真正从事文艺工作，那么，就必须参加与了解真实的战争生活，到烽火弥漫的战场上去丰富自己的生活材料。如果关起门来写东西，是不能很好地反映战争现实的真实的。我们今天希望有创作能力的同志到连队上去生活一个时期，真正体验一下战斗生活，在必要时也扛起枪杆，跟战士们一起战斗，那一定和今天的生活大不相同，而且会让你写出很真实的东西来。""我们今天处在伟大的民族革命战争的烽火中，但写出来的东西却不像真实的战斗，这说明我们的生活，与战场是隔离的。直到今天，尽管还没有出现真正反映战争的伟大作品，战时的中国文坛，显得异常贫乏。但我们鼓励同志们说，伟大的作品将来一定要产生，而且一定会产生在前线，产生在堡垒附近。今天的问题是文艺工作者真正与战争结合，走进伟大斗争中的问题。部队的文艺工作者虽然没有隔离斗争生活，但还不够丰富，不够深入。"①

根据地文艺工作者通过作品歌颂人民，礼赞英雄，大大激励了军民反抗日军侵略的信心和意志。在 1941 年和 1942 年期间，日军对山西和华北地区实行了五次"治安强化运动"，仅千人到万人的"扫荡"就达到 132 次，使用兵力总计 83 万人以上。在太岳根据地最困难的时期，沁源党组织发动群众对日军进行了长达两年半的围困战，当地的绿茵剧社在沁源围困战期间编演了许多反映当地军民在围困日军斗争中可歌可泣的英雄事迹，热情歌颂了沁源人民在艰苦的围困战中不屈不挠的战斗精神。在乡亲们被围困的山沟里，以天为幕、以地为舞台演出，虽然条件简陋，但极大地鼓舞了军民士气。戏剧《出城》《山沟生活》《抢粮》集中反映了围困战的经历。《出城》反映在日军狂轰滥炸占领沁源的前夕，党和政府如何对全民做艰苦细致的思想工作，如何有组织、有计划地发动群众坚壁清野，如何组织全民大转移，给日军侵占后造成"无人区"的故事。《山

① 聂荣臻．关于部队文艺工作诸问题——在晋察冀军区文艺工作会上的讲话 [N]．晋察冀日报，1942 年 8 月 13 日．

沟生活》则反映了人民群众对日军采取的野蛮烧杀不畏惧，在敌人“怀柔”诡计面前不动摇，在冰天雪地的山沟里，在缺吃少穿、病饿交困的艰苦状态下，誓死不回家，不“维持”，不当亡国奴的气节。《抢粮》反映的是沁源军民在党和政府的领导下，在部队和民兵的配合和掩护下，有计划、有组织地到城里的据点抢夺埋在地下的粮食和敌人的资财的斗争事迹。看完这些演出，难民们一扫愁眉苦脸的面容，高兴地说：“在日本鬼子的刀尖下，在冰天雪地的山沟里，能看到你们演剧、唱歌，俺们跟鬼子斗争的劲更足了，就是饿死、冻死也不回去维持敌人。”[①] 两年半后，沁源围困战取得胜利，文艺战线功不可没。

（二）人民的意见是文艺作品是否受欢迎的“试金石”

抗日根据地建立初期，根据地老百姓不能阅读书报的占大多数，只靠书报杂志这类东西进行宣传工作，无法深入广大群众。因此，必须改变宣传方式。戏剧在农村的民间传播历史久远，茶余饭后听戏是老百姓最喜欢的娱乐活动，组织老百姓看戏剧在根据地也是最容易影响教育人民的宣传方法。但根据地文艺工作者特别是戏剧创作者和演员大多来自城市，刚开始他们与群众有疏离感，表演的一些街头剧、话剧老百姓不喜欢看。通过接触群众，了解群众，与群众密切联系，他们在丰富创作内容时不断进行实地调查，了解群众对作品、对文艺工作者的真实看法。比如，看了描述战斗英雄的戏，老百姓反映，“劳动英雄的脸有点黄了，庄户人家整日刨闹，风吹日晒，虽然吃得不好，但他们的脸不是红的也是黑的。”“揽工的穿的黑市布衣服不对，就是翻身了，他们穿的也是自己织下的囫囵不破的标准布。”“变工队吃烟不用洋火，用的是火镰。”“这些朴实的意见，虽然看起来没有高深的理论，但是从这些意见中，不但可以纠正艺术上的不认真现象与粗糙作风，也才会真正了解群众是文化艺术的源泉的真理。”[②]

---

① 王一民．山西革命根据地文艺运动回忆录[M]．太原：北岳文艺出版社，1988：273—279．

② 亚马．关于戏剧运动的三题[N]．抗战日报，1944年11月5日，第4版．

（三）向根据地人民学习是创作优秀作品的“法宝”

抗日根据地的文艺工作者在创作中，牢牢把握人民性这一马克思主义文艺观，在创作当中向传统文化、向老百姓学习，创作了一大批为广大人民群众服务、反映根据地变革、受到占全国绝大多数人口的农民喜爱的，并体现他们思想、感情和语言的大众化文学和艺术佳作，在理论上和实践上解决了文艺大众化方向的问题，体现了根据地文艺工作者实践毛泽东文艺思想的具体方向。

在晋察冀根据地1941年5月1日出版的《华北文艺》中，发表了野蓟《群众是我们的导师》一文，文中强调要向群众学习，“我们的艺术品，虽曾有了一些新的发现和创造，但一般说来，还很贫乏，还没有冲破那狭小的圈子，还没有闯出一个新天地来。这里面原因自然很多，但作家没有深入群众生活，没有将自己融化到群众的创造中去，却是原因中最重要的一个。”“群众的现实生活是生动的，细致的，富有创造性的。谁能深入群众，体会他们的心理、要求，和他们一同呼吸，谁就会反映出生动的现实来。否则我们的作品就会陷在死板的表面现象的叙述，主观的政治要求的叫喊，就会空洞、浮薄，没有生气，缺乏创造性，要不然就成为雕章琢句的东西。”“深入群众，不是简单地与群众住在一起就可了事。”“如何扔开书桌、钢笔、墨水、稿子、想象的束缚，去接近群众，了解群众，是今天文艺作者第一义的工作。”“只有接近群众，用我们清晰的政治头脑，敏锐的观察能力，细心地去研究群众的一举一动、一言一笑，把我们‘心灵’融会在群众的生命中，才会将群众的创造变成我们的创造。”

1940年以后，日军投入重兵疯狂“扫荡”晋绥根据地，逐步“蚕食”缩小我根据地。同时蒋阎暗中勾结日军，发动了第二次反共高潮。面对这样严峻的形势，党中央及时给晋绥边区指出“把敌人挤出去”的战略方针。晋绥根据地人民在共产党和抗日民主政府领导下，组织了民兵，用步枪、火枪、地雷、手榴弹和敌人战斗。军民创造了明的、暗的、软的、硬的各种战法，粉碎了敌人的“扫荡”，挤得敌人统治区日益缩小，由面变成线，由线变成孤立的据点，从而创造了巩固的抗日民主根据地。山西作家马烽、西戎根据当地英模事迹创作了章回体小说《吕梁英雄传》，艺术地再现了人民群众抗日斗争这一伟大的历史图景，不仅写出了“把敌人挤出去”的战斗全过程，还成功塑造了一系列民兵英雄的形象。小说在结构上用大故事套小故事表现了不同的矛盾和斗争，环环相扣，层层推进。章回体发展继承了说唱文学的长处，符合群众阅读习惯，人物描写从矛盾中写人，用的是普普通通的山西农民口语，丰富的民间谚语和成语，乡土气息浓厚。看了马烽、西戎的《吕梁英雄传》，晋绥根据地的老百姓说：“写的就是咱们晋绥边区眼面前的事情”。三分区的读者说：“这是写咱们三分区的。”六分区的读者说：“这是写咱们六分区的。”事实上，作者并不是写的哪一个分区的，而是把各个地区的某些突出的故事和人物加以综合，因此才会产生让边区的每一个读者都显得很亲切的效果。“边区的读者们大都亲身体验过书中所写的那些斗争生活，虽然情况各有不同，但斗争的体验是相同的，书中的英雄，就多是读者自己，或者是为读者所熟悉的亲友。读者和本书的关系，就是一种血缘的关系。读者从此书中更加认识了自己，更把斗争的经验和思想系统化，更肯定了自己并把自己提高一步。它能这么被热爱，道理就很明白了。”更难能可贵的是，作者所写的英雄“都不是从天上掉下来的，都是土生土长的老百姓，他们不是旧社会所知道的那种所谓‘超人’，站在人民头上的‘英雄’，而是自觉认识到自己是群众当中的一员，在共同求解放的战斗意志下凝结起来的集体力量”。①

毛泽东在解释大众化时说：“什么叫大众化呢？就是我们的文艺工作者的思想感情和工农兵大众的思想感情打成一片。”“要打成一片，就应当认真学习群众的语言。”② 革命根据地的文艺工作者无疑在创作中很好地践行了这一精神。

（四）为人民服务是实现文艺人民性的“座右铭”

人民是文艺工作者的母亲，一切进步的文艺工作者的艺术生命，就

① 周文．《吕梁英雄传》序[N]．抗战日报，1946 年 6 月 28 日．

② 毛泽东选集（第 3 卷）[M]．北京：人民出版社，1991：851．

在于他同人民之间的血肉联系。“文艺要热爱人民，有没有感情，对谁有感情，决定着文艺创作的命运。如果不爱人民，那就谈不上为人民创作。”[①]毛泽东批评有些文艺界的同志“想的是为工农，做的事不为工农；想的是为工农做事，在工农中间的朋友却很少；想的是为工农，对工农干部却不了解”。指出“文艺家要向工农兵取材，要和工农兵做朋友，像亲兄弟姐妹一样，如果对这方面轻视，不看重，那是一个偏向”。山西作家赵树理“是一个知识分子化了的典型农民，因为他不仅懂得农民的思想感情、生活习惯，而且他自己的生活和一举一动，也活像一个农民一样，因此，当他每到一个村庄的时候，农民都和他接近起来与攀谈起来了，所以他最容易了解农民的真实情况，而且也最容易写出农民的真实故事来”。[②]赵树理写出了脍炙人口的《小二黑结婚》《李有才板话》等描写农村生活的小说，小说中的主角小二黑和小芹也成为家喻户晓的人物。美国记者贝尔登 1947 年到达解放区进行采访时，发现赵树理已经成为“可能是共产党地区除了毛泽东、朱德之外最出名的人”[③]。一篇小说能够激起如此强烈的反响，能够起到如此好的社会效果，在现代文学史上还是首次。他不仅创作出许多无愧于时代和人民的精品力作，对根据地农村戏剧工作也帮助很多。他亲自参加各个农村剧团的编排和导演，甚至每一个细微的动作，他都要指导和纠正。1944 年，他跟随襄垣剧团用了一夏天时间跋山涉水到各个村镇去演出，等到回到家的时候，已经穿烂了两双新鞋子。据他的同事好朋友陈艾回忆，“老赵不仅关心着农民的痛苦，和农民生活在一起，给农民解释政府的政策法令，解决日常的琐碎事情，而且他本身也亲自参加实际的农民斗争。他曾在晋东南参加减租减息运动，也参加过武乡的变工互助组织，和老乡们一块讨论问题，一直到深更半夜”[④]。赵树理不仅是一位文艺作家，而且是根据地文化工作者中扎根农民、忠

① 习近平．坚持以人民为中心的创作导向，习近平谈治国理政（第 2 卷）[M]. 北京：外文出版社，2017：318.

② 陈艾．关于赵树理 [J]. 文艺杂志 ,1947 年 1 月 2 卷 5 期．

③ ［美］杰克 · 贝尔登．中国震撼世界[M]. 北京：北京出版社，1980：109.

④ 陈艾．关于赵树理 [J]. 文艺杂志，1947 年 1 月二卷五期．

实为人民服务的优秀代表。

毛泽东 1948 年在兴县蔡家崖对《晋绥日报》全体编辑人员谈话时指出："马克思主义列宁主义的基本原则，就是要使群众认识自己的利益，并且团结起来，为自己的利益而奋斗。报纸的作用和力量，就在它能使党的纲领路线、方针政策、工作任务和工作方法，最迅速最广泛地同群众见面。" "为了教育群众，首先要向群众学习。""经常向下边反映上来的材料学习，慢慢地使自己的实际知识丰富起来，使自己成为有经验的人。这样，你们的工作才能够做好，你们才能担负起教育群众的任务。""我党二十几年来，天天做群众工作，近十几年来，天天讲群众路线。我们历来主张革命要依靠人民群众，大家动手，反对只依靠少数人发号施令。"强调要"善于把党的政策变为群众的行动，善于使我们的每一个运动，每一个斗争，不但领导干部懂得，而且广大的群众都能懂得，都能掌握"[①]。这段话是对文艺人民性的最好诠释。

三、战斗性是山西抗日根据地文化传播的鲜明底色

山西抗日根据地的文化传播不同于陕甘宁边区。由于时时处于战争或准备战争的状态，山西抗日根据地的文艺始终是适应战争环境的文艺，通常从属于战争需要，服务于具体任务，直接发挥现实作用。因此在文化传播中更加凸显了鲜明的战斗性。

（一）文化工作者也是战士

晋察冀根据地的创建者聂荣臻指出："根据地的斗争是以军事斗争为中心的全面斗争，因此，根据地的建设也必须包括军事、政治、经济、文化等各个方面。"[②] 晋察冀的文艺创作更多表现为艺术家集体写作；晋绥根据地则更多表现为武装斗争与文艺宣传相结合，演出与军事活动紧密结合；晋冀鲁豫根据地提出敌后文化"第一个形态是农村的，第二个形态

① 毛泽东．对晋绥日报编辑人员的谈话，毛泽东选集（第 4 卷）[M]. 北京：人民出版社，1991：1318–1320.

② 聂荣臻．聂荣臻回忆录（中）[M]. 北京：解放军出版社，1984：578—579.

是战争动员的”[①]。这样，“在位于前线的华北根据地，文艺就形成了一种适合战争环境的‘华北立场’，表现在时时关注战争的紧迫压力，优先考虑文艺助力战争的能力，倾向于对艺术进行适合战争需求的改造”[②]。

晋察冀边区《抗敌报》（后来改为《晋察冀日报》）最早的副刊《海燕》在发刊词中写道：“抗日的阵营中，任何一个岗位在总的任务上都是一样的，在文艺领域里，我们要把笔尖化作一柄长剑，对准敌人的胸膛！”“文艺在战斗中，它不仅应该是一面反映活生生的现实的镜子，一支军号，一通战鼓，而且要作为胜利而呼啸的勇敢活泼的、在暴风雨的海洋上面强健地翱翔着的海燕”[③]。《晋察冀日报》1942 年的副刊发表的《鼓》中也将“实事求是，在我们作品里生动而真实地反映边区民主建设事业的突飞猛进，反对敌人‘扫荡’‘蚕食’‘清剿’的英勇斗争，努力做到使边区读者爱读而有所得，使敌人看了头痛、心惊、肉跳，而成为插在他心窝里的一把利刃”，从而发挥对敌思想斗争的利器作用作为宗旨。《吕梁文化》发刊词这样写道：“我们需要文化，我们需要它如同需要子弹和小米一样。子弹是消灭敌人用的，小米养活着抗日的战士和人民。文化呢，它给人民以精神的武器，它向敌人投掷出致命的投枪。我们的文化战线需要更加强起来。但它只是战斗的一角，全部的战斗，还需要在群众对敌斗争中更广泛地展开！”[④]

抗日根据地的文化工作者因为战争频繁，工作条件非常艰苦，经常是边写作、边演剧、边战斗，还有很多文化战士付出了生命。晋绥边区的穆欣回忆，“战争已夺去我们很多优秀的新闻工作者的生命，据我知道名字的就有 16 位。其中如 1942 年积劳成疾病逝的前‘抗战日报’总编辑赵石宾同志，1940 年被残杀于汾阳敌占区的‘抗战日报’记者高锡（嘏）同志，1942 年大青山反‘扫荡’中光荣牺牲的八路军总政记者团沈文林（戈

① 抗战三年来晋东南文化运动，刘增杰、赵明、王文军等，抗日战争时期延安及各抗日根据地文学运动史料（中）[M]. 北京：知识产权出版社，2010：826.

② 李丹 . 解放区文艺的华北根性 [J]. 今日批评家，2019（5）：47—49.

③ 《海燕》发刊词 [N]. 抗敌报，1938 年 10 月 24 日，第 4 版 .

④ 我们的任务——《吕梁文化》发刊词 [N]. 抗战日报，1943 年 3 月 6 日 .

里）同志，1944 年方山开府战斗火线上和士兵一块战死的‘战斗报’记者丁基（李百林）同志，同年离石官装塬战斗身临火线壮烈牺牲的‘战斗报’记者崔朝昆同志，以及 1940 年晋西事变中被阎锡山杀害的中国青年新闻记者协会会员陈祖辰（金戈）、王君玮同志，和积劳病逝的‘晋西大众报’编辑李俞胜（1941 年）、‘战斗报’编辑田旺（刘立晞，女，1943 年）诸同志都是忠于人民的优秀新闻工作者，他们在残酷的战斗中，把最后一滴血贡献给伟大的人民事业。但是他们的抗日斗争的意志鼓舞着我们，这一切牺牲和困难都不能挫败我们战胜敌人获得中华民族解放的意愿。我们怀着复仇的心情更坚定地工作，烈士的鲜血灌溉了边区的新闻园地，我们将在敌人的炮火摧毁了的废墟上，建立起新的雄伟壮丽的报业”[①]。

（二）现实主义的表现手法体现战斗性

山西抗日根据地的文化战士用气势高昂、精练有力的街头诗，唱出了中华民族的尊严和新生，表现了人民不屈的意志和必胜的信念，像匕首和投枪发挥了战斗作用；用贴近和反映战争现实的戏剧历史地再现了根据地人民在血与火的斗争中觉醒的真实过程，服务于拯救民族危亡的伟大斗争；用激昂的音乐和歌曲汇聚起全民抗战、反击日军的强大精神力量，表现出强烈的战斗性，对动员群众，打击敌人起到了重要作用。表现在创作手法上是以现实主义为主，体现出鲜明的战斗性。无论“一手拿枪，一手拿笔”与日军周旋，在艰苦的战地条件连续出刊十几年的《晋察冀日报》，还是“为抗战发出怒吼，为大众谱出呼声”的《黄河大合唱》；无论是冬学运动润物无声的民众教育，还是田野乡间激情澎湃的戏剧；无论是力群刻刀下朴实的太行支前妇女，还是马烽、西戎笔下的吕梁英雄群谱，山西抗日根据地文化始终秉持的战斗性都是最鲜明的特征，宣传的都是全民抗击日军、奋勇杀敌的信心与勇气，传达的都是勇敢直面战争、奋力保卫国家的亮剑精神。

① 穆欣．晋绥解放区鸟瞰 [M].1946.

政治攻势是针对敌人的封锁蚕食政策进行的深入"敌后之敌后"，宣传群众、发动群众，争取伪军、瓦解敌军的一种别开生面的尖锐斗争，是文艺战士和武装工作队密切配合，由熟悉敌占区情况的干部带领深入敌占区各县开展工作，在世界战争史上也是罕见的。敌人的暴行，人民的英雄主义，激发着敌占区文艺战士的创作热情，即使演出活动再忙再累，他们也要情不自禁地拿起笔来将身边的现实作为最好的创作素材。当听到一位善良的农村大嫂在抗日干部遭到敌人追捕的危急关头挺身而出，把干部认作自己的丈夫，巧妙与敌人周旋，设法瞒过了敌人，保护抗日干部安全脱险的事迹后，冲锋剧社李树楷写出了深受敌占区群众欢迎的独幕话剧《张大嫂巧计救干部》，在敌占区演出 120 余场，每场都收到很好的效果。因为舞台上展现的是自己身边经常发生的事，观众感到格外亲切。[①]

在晋察冀边区的第二次政治攻势中，战地记者随文艺战士深入晋东北的定襄地区，用现实主义手法描述了当时惊心动魄的敌后政治攻势场景，"24 位年轻的艺术工作者，用宣传品、汽灯、幕布、化妆品、纸本和笔武装着。30 个小时的连续行军，通过上下 40 里的大山和一块封锁面，黎明前到了定襄地区。""在战士们与敌人进行了一场遭遇战后，老乡们互相传开消息：'日本鬼子被八路军打走了，八路军里还有女的，还有十五六岁的小孩子。'这消息像春天的风一样，很快传遍了每个山沟，老乡都回来了，都回到这院子里看女八路军。开始了，是一个同志唱大鼓，唱的是一个伪军的家属和这个伪军自己正经历着怎样的痛苦。一个老头儿当时就掉了眼泪，因为他的儿子就在河边车站的伪警备队里当兵。""老乡们都像小燕子等待捕食归来的母亲一样探着头听，在他们怀恨的种子上，又浇上了一些甘露，明天会开出一朵美丽的花朵来。"节目演完后，一位老太太拉着我们的手说："听你们这么一讲，我开通多了……"三个人带了两颗手榴弹，提着写标语的桶子，到离铁路只有半里地的大庙里

① 和谷岩．战地黄花敌后开——记三分区冲锋剧社的政治攻势，晋察冀文学史料[M]．天津：天津社会科学院出版社，1989：237—239．

去写标语。这大庙是公家的地方，所以不至于伤害群众的利益。颓了的墙上，满贴着给风雨打坏了的伪宣传品，从这些可以看出敌人是经常在这里开会的。把我们的标语写在敌人的标语中间，把敌人的标语换为我们的。这颓废的庙墙变成战场一样。我们也像在战场上见了敌人一样红了眼。在敌人曾经用毒气毒死 49 个人的村子演出时，舞台就布置在敌人放毒的房子的东邻，演出的时候，我们有人在隔壁的房子里写下下面几句话："谁毒死你的父母妻子？谁毒死你的姊妹兄弟？记住这笔血债，我们要向敌人讨还血债，五更天虽然黑暗，不久就要天明了。"①

晋绥的新闻工作者发扬求真务实的作风，对老百姓身边的战斗英雄和民兵模范加大宣传力度，鼓舞根据地军民夺取反击日军的最后胜利。据不完全统计，仅仅在 1944 年 11 月，《抗战日报》就对大小战斗、民兵英雄进行了 22 次报道，几乎每天都有。《此处有地雷——反扫荡小故事》《和鬼子抢碉堡——离东民兵故事之二》《和民兵们一起战斗》《温象栓率民兵击退敌寇》《百战百胜的韩凤珠》《巩新维的地雷战》《真是神兵——记圪洞战斗》《胡家沟的袭击战》《李油眼的地雷战》《神枪手崔三娃》《反扫荡中的爆炸事故》，读来仿佛置身于烽火连天的战场。

正如毛泽东同志所讲："我们党所进行的一切宣传工作，都应当是生动的，鲜明的，尖锐的，毫不吞吞吐吐。这是我们革命无产阶级应有的战斗风格。"②

第二节　山西抗日根据地文化理论的现实意义

习近平总书记指出："在人类发展的每一个重大历史关头，文艺都能发时代之先声、开社会之先风、启智慧之先河，成为时代变迁和社会变革的先导。离开火热的社会实践，在恢宏的时代主旋律之外茕茕孑立，

① 宣传争夺战在敌后之敌后——晋察冀抗敌剧社通讯 [N]. 解放日报，1942 年 8 月 9 日．

② 毛泽东．对晋绥日报编辑人员的谈话，毛泽东选集（第 4 卷)[M]. 北京：人民出版社，1991：1318—1320．

喃喃自语，只能被时代淘汰。”①

1937 年 7 月至 1945 年 8 月的八年全面抗战中，中国共产党及其领导的武装力量，依托在山西建立的抗日根据地进行的军事、文化、社会等方面的斗争实践取得了丰厚的成果，中国共产党经过八年的文化建设，通过文艺队伍在新闻、美术、戏剧、影像、音乐、教育、文学、体育、民俗、伦理等若干方面广泛地向社会大众进行了生动的传播，使得人民群众自觉地在思想意识、道德规范、社会制度、生活习惯、精神文化、行为方式等方面同封建、保守的社会文化相脱离，接受中国共产党的主张，并积极投身到反抗侵略和封建压迫的斗争中去，使山西抗日根据地的社会风貌和人文气息出现了脱胎换骨的变化，进而使得山西抗日根据地以一种全新的姿态昂首伫立在了中华民族命运转变的历史潮头，产生了巨大影响，对抗日战争胜利起到了至关重要的作用。中国共产党在山西抗日根据地的工作，为新中国建立后的全面执政提供了丰富而鲜活的社会经验及人才队伍。山西抗日根据地时期文化传播事业的成功经验和创新举措，对当今弘扬民族精神，坚定文化自信，建设文化强国，依然不乏启示意义和借鉴作用。

一、山西抗日根据地文化理论是马克思主义中国化的重要内容，有利于进一步弘扬民族精神

红色革命精神是共产党人革命价值观的集中体现，是红色文化形成、发展的内生动力，是红色文化的核心和灵魂，对红色文化的形成、发展、传承和弘扬始终起着主导性、决定性的作用。②伟大的抗战精神是中国人民在抗日战争的壮阔进程中孕育出来的，“向世界展示了天下兴亡、匹夫有责的爱国情怀，视死如归、宁死不屈的民族气节，不畏强暴、血战到底的英雄气概，百折不挠、坚忍不拔的必胜信念”。③山西抗日根据地作为

① 习近平在中国文学艺术界联合会第十次全国代表大会、中国作家协会第九次全国代表大会开幕式上的讲话，习近平谈治国理政（第 2 卷）[M]. 北京：外文出版社，2017：349—352.

② 骆郁廷、陈娜．论红色文化的微传播 [J]. 江淮论坛，2017（3）：142.

③ 习近平．在抗日战争暨世界反法西斯战争胜利 75 周年大会上的讲话 [EB/OL]. 求是网，2020 年 9 月 3 日 .www.qstheory.yaowen/2020-09-03/c-1126450023.htm.

抗日战争的主战场，在八年浴血奋战中孕育的“太行精神”和“吕梁精神”，是抗战精神的山西历史坐标，在日军野蛮进犯时汇聚起人民众志成城的磅礴力量。抗战精神在根据地文化艺术工作者身上体现出的匹夫有责的爱国精神、勇于牺牲的战斗精神、文以载道的创作精神和艺无止境的创新精神，既是马克思主义与中国革命实践相结合在山西这块特殊的土地上创造并保存的历史存在，又在革命根据地文化艺术工作者的现实斗争中发展创新，形成新的新民主主义革命文化基因。山西抗日根据地文化传播的历史勾勒了抗日战争时期山西革命根据地革命文化的红色格局和发展脉络，承载着惊心动魄的红色历史，是固化了的历史，具有不可替代性。

山西抗日根据地的文化传播史是马克思主义中国化的重要内容。抗日战争时期，党的文化建设理论随着马克思主义理论与中国具体实践相结合，特别是与敌后抗日根据地的文化建设相结合逐步发展壮大。正如毛泽东在《唯心史观的破产》一文中所说：“自从中国人学会了马克思列宁主义以后，中国人在精神上就由被动转入主动。从这时起，近代世界历史上那种看不起中国人，看不起中国文化的时代应当完结了。”[①]毛泽东在《为人民服务》一文中指出：“我们的共产党和共产党所领导的八路军、新四军，是革命的队伍，我们这个队伍完全是为着解放人民的，是彻底的为人民利益工作的。”“只要我们为人民的利益而坚持好的，为人民的利益而改正错的，我们这个队伍就一定会兴旺起来。”[②]如果不是始终以人民的利益为出发点，红色革命文化就不能始终沿着马克思主义中国化、时代化和大众化的方向发展，而成为民族的、科学的、大众的新民主主义文化。

民族精神的核心是爱国主义精神。山西抗日根据地文化传播中体现出的忠于党、忠于革命、忠于人民的文化实质和抗战报国、献身革命的大无畏精神，进一步丰富发展了伟大民族精神，成为激励和鼓舞人民实现民族复兴，创造人民幸福，建设美好家园的强大精神支柱。这种伟大的革命

① 毛泽东选集（第四卷）[M]. 北京：人民出版社，1991：1516.

② 毛泽东 . 为人民服务，毛泽东选集（第 3 卷）[M]. 北京：人民出版社，1991：1004—1005.

精神在当今仍然以其特有的文化品格和精神力量，展示其重大的时代价值。“它所蕴含的国家观、社会观、民族观和个体道德观，与社会主义核心价值观在指导思想上同宗同根，在本质内涵上同质同源，在价值思想上相乘相融。”[①] 开发运用其中蕴含的思想价值和实践价值，就能够为坚持巩固中国特色社会主义主流意识形态的地位，发挥其引领当代思潮的精神旗帜作用；为构筑中华民族共有精神家园，打牢其思想基础和先进精神文化支撑的价值观基础；为当代中国共产党人的党魂、人民军队的军魂、中华民族的民魂的铸就和升华提供高度的文化自觉和自信。

二、山西抗日根据地文化理论的传播有利于进一步树立正确的价值观

“从文艺来讲，思想和价值观念是灵魂，一切表现形式都是表达一定思想和价值观念的载体。离开了一定思想和价值观念，再丰富多样的表现形式也是苍白无力的。文艺的性质决定了它必须以反映时代精神为神圣使命。”“祖国是人民最坚实的依靠，英雄是民族最闪亮的坐标。歌唱祖国、礼赞英雄从来都是文艺创作的永恒主题，也是最动人的篇章。对中华民族的英雄，要心怀崇敬，浓墨重彩记录英雄、塑造英雄，让英雄在文艺作品中得到传扬，引导人民树立正确的历史观、民族观、国家观、文化观，绝不做亵渎祖先、亵渎经典、亵渎英雄的事情。”[②]

在领导人民进行革命的实践过程中，毛泽东反复强调马克思主义的理论指导和共产主义的理想武装，“应该扩大共产主义思想的宣传，加紧马克思主义的学习，没有这种宣传和学习，不但不能引导中国革命到将来的社会主义阶段上去，而且也不能再指导现时的民主革命达到胜利”。[③] 山西抗日根据地文化传播史以大量史实为依据，从文学、艺术、教育、

① 李康平．马克思主义中国化的重大精神成果——论中国革命精神[J]．思想理论教育导刊，2014(10)：13—16．

② 习近平在中国文学艺术界联合会第十次全国代表大会、中国作家协会第九次全国代表大会开幕式上的讲话，习近平谈治国理政（第2卷）[M]．北京：外文出版社，2017：349—352．

③ 毛泽东选集（第2卷）[M]．北京：人民出版社，1991：706．

民俗等方面全方位展现了抗日战争中山西革命文化形成、发展的历史，大量的作品是讴歌人民、赞颂英雄的，是对党员干部和全体公民进行理想信念教育的生动教材。

习近平同志曾指出："革命传统资源是我们党的宝贵精神财富，每一个红色旅游景点都是一个常学常新的生动课堂，蕴含着丰富的政治智慧和道德滋养。要把这些革命传统资源作为开展爱国主义和党性教育的生动教材，引导广大党员干部学习党的历史，深刻理解历史和人民选择中国共产党的历史必然性，进一步增强走中国特色社会主义道路，为党和人民事业不懈奋斗的自觉性和坚定性 ，永葆共产党人政治本色。"[①]"大量事实证明，思想文化阵地，马克思主义、无产阶级的思想不去占领，各种非马克思主义、非无产阶级的思想甚至是反马克思主义的思想就会占领。"[②]受到历史虚无主义的影响，社会上一度出现抹黑革命历史，丑化歪曲英雄和为民族汉奸败类翻案的现象，抗日战争中的晋察冀根据地的狼牙山五壮士等抗日英雄被丑化，解放战争中的晋绥女英雄刘胡兰被戏说，中华人民共和国成立后以雷锋、焦裕禄等为代表的共产主义道德模范，在一些影视作品和网络文化中被严重污名化，把英雄模范在人们心目中长期形成的高尚形象刻意还原为形同常人的世俗形象，中国共产党及其革命领袖、英雄人物成为嘲弄的对象。这些看似哗众取宠的信息，实质是通过抹黑英雄，扭曲历史来虚无历史，削弱民族认同，其根本目的就是要否定中国共产党领导人民革命和建设的伟大历史，否定革命和建设中产生的红色精神和红色文化，搞乱和蛊惑人心。这种思想的危害还在于它会使青少年理想信念出现缺失，马克思主义、共产主义理想信念遭到巨大冲击，正确的人生观、价值观、世界观被颠覆。而重新梳理山西革命根据地红色文化传播的历史，从大量的史实中挖掘山西抗日根据地文化建设中的红色文化精神，寻找总结抗日根据地不同形式的文化符号，并呼吁政府和社会通过红色文化资源

① 徐京跃．习近平到韶山)[N]. 人民日报海外版．2011 年 3 月 24 日．

② 江泽民文选（第 3 卷)[M]. 北京：人民出版社，2005：97.

的开发与挖掘、整理与研究，增强对革命历史文献、回忆录、家书等的深度挖掘，加大细致整理和收藏保护的力度，可以为广大民众的理想信念教育提供生动的素材。通过革命纪念馆的开放、建设、保护性修复吸引更多民众接受教育和熏陶，通过对红色文化资源保护和合理开发利用，深度挖掘红色资源潜力，深度挖掘红色文化的时代内涵，弘扬伟大的抗战精神，发挥红色文化的当代价值，具有强大的形象感染力、精神吸引力和行动感召力。在青少年的理想信念教育中充分运用红色文化，讲好红色故事，发扬红色文化的德育功能，培养青年一代正确的人生观、世界观、价值观，也能够增强教育的示范性、形象性、故事性和体验性，避免思想政治教育的空洞性和说教化。[①]红色文化的表现形式具有浓厚的中国特色，在人民群众中广泛流传，是能够广泛传播的中国故事、中国声音。传播红色文化在政治宣传和提升文化价值方面都具有重要作用。红色文化具有政治宣传的精神价值，既是重温党的早期奋斗史，探索中国革命成功的法宝，也是展现执政党政治素养的媒介。加强红色文化的传播，有利于中国共产党深入贯彻全心全意为人民服务的宗旨，提高执政能力和领导水平，有助于引导人民，特别是青年一代树立正确的政治信仰和政治价值观。

三、山西抗日根据地文化理论的传播有利于文艺工作者进一步树立以人民为中心的创作观

列宁说："艺术是属于人民的。它必须在广大劳动群众的底层有其最深厚的根基，它必须为这些群众所了解和爱好。它必须结合这些群众的感情、思想和意志，并提高他们。它必须在群众中间唤起艺术家，并使他们得到发展。"[②]毛泽东同志在延安文艺座谈会上指出："为什么人的问题，是一个根本的问题，原则的问题。"[③]邓小平同志说："我们的文艺属

① 金民卿．红色文化传承与理想信念教育，载于白锡能、任贵祥主编，红色文化与中国发展道路论文集)[M]．北京：中国社会科学出版社，2015．
② 蔡特金．回忆列宁，列宁论文学与艺术)[M]．北京：人民文学出版社，1960：912．
③ 毛泽东．在延安文艺座谈会上的讲话，毛泽东选集（第 3 卷））[M]．北京：人民出版社，1991：857．

于人民”，“人民是文艺工作者的母亲”。[①] 江泽民同志要求广大文艺工作者“在人民的历史创造中进行艺术的创造，在人民的进步中造就艺术的进步”[②]。胡锦涛同志强调：“只有把人民放在心中最高位置，永远同人民在一起，坚持以人民为中心的创作导向，艺术之树才能常青。”[③] 习近平同志指出：“人民既是历史的创造者，也是历史的见证者，既是历史的‘剧中人’，也是历史的‘剧作者’。文艺要反映好人民心声，就要坚持为人民服务、为社会主义服务这个根本方向。这是党对文艺战线提出的一项基本要求，也是决定我国文艺事业前途命运的关键。只有牢固树立马克思主义文艺观，真正地做到了以人民为中心，文艺才能发挥最大正能量。以人民为中心，就是要把满足人民精神文化需求作为文艺和文艺工作的出发点和落脚点，把人民作为文艺表现的主体，把人民作为文艺审美的鉴赏家和批判者，把为人民服务作为文艺工作者的天职。”[④]

习近平总书记指出：“人民是艺术创作的源头活水，一旦离开人民，文艺就会变成无根的浮萍、无病的呻吟、无魂的躯壳。”“人民生活中本来就存在着文学艺术原料的矿藏，人民生活是一切文学艺术取之不尽、用之不竭的创作源泉。”“人民的需要是文艺存在的根本价值所在。能不能搞出优秀作品，最根本的决定于是否能为人民抒写、为人民抒情、为人民抒怀。一切轰动当时、传之后世的文艺作品，反映的都是时代要求和人民心声。”“人民不是抽象的符号，而是一个一个具体的人，有血有肉，有情感，有爱恨，有梦想，也有内心的冲突和挣扎。不能以自己的个人感受代替人民的感受，而是要虚心向人民学习、向生活学习，从人民的伟大实践和丰富多彩的生活中汲取营养，不断进行生活和艺术的积累，不断

---

① 邓小平．在中国文学艺术工作者第四次代表大会上的祝词，邓小平文选（第 2 卷））[M]. 北京：人民出版社，1994：209、211.

② 江泽民．发展和繁荣社会主义文艺，十四大以来重要文献选编（下册）[M]. 北京：中央文献出版社，2011：224.

③ 胡锦涛．在中国文联第九次全国代表大会、中国作协第八次全国代表大会上的讲话，十七大以来重要文献选编（下册）[M]. 北京：中央文献出版社，2013：618.

④ 习近平．在 2014 年文艺工作座谈会上的讲话，习近平谈治国理政（第 2 卷）[M]. 北京：外文出版社，2017：314—315.

进行美的发现和美的创造。”“文艺工作者要想有成就，就必须自觉与人民同呼吸、共命运、心连心，欢乐着人民的欢乐，忧患着人民的忧患，做人民的孺子牛。这是唯一正确的道路，也是作家艺术家最大的幸福。”“艺术可以放飞想象的翅膀，但一定要脚踩坚实的大地。文艺创作的方法有一百条、一千条，但最根本、最关键、最牢靠的办法是扎根人民、扎根生活。”[①]

有学者认为，人民性是红色文化的核心，是红色文化的出发点和立足点。在红色文化的创建过程中，人民始终是真正的主体，劳动人民群众通过劳动实践和社会革命实践创造了红色文化。他们既是红色文化的创建者，又是红色文化的传播者。[②] 正如毛泽东所指出的，尽管劳动人民所创造的文艺在形式上可能会比较“粗糙”，但这是一切文艺创作所需要的最生动和最基本的东西，是一切优秀文化创作的唯一源泉。山西抗日革命根据地红色文化立足于饱含了人民群众主体创造性的伟大革命实践，是人民群众将革命实践与主体创造性相结合的历史产物。从山西抗日根据地文化传播历史中可以看出，始终面向人民群众，依靠人民群众，并服务于人民群众，是根据地文艺工作者创作的基本出发点和立足点。在文化传播过程中凸显了鲜明的人民性，他们为民而喜，为民而忧，为民而作，为人民而写，为人民而演，为人民而画，为人民而歌。以赵树理为代表，熟悉农民生活、情感，最生动典型地体现了写人民大众、为人民大众的山药蛋派作家群体，是他们的优秀代表。这是一群真正热爱人民，尤其热爱普通民众的作家，他们感时忧世，心怀天下，对人民的冷暖寒苦牵挂于心，对国家未来的命运殷殷于怀，对生活中的丑恶现象旗帜鲜明。在他们的笔下，普通劳动者成为主要描写对象，从最普通民众的生活中反映时代波澜壮阔的历史变迁，描写了农村翻天覆地的变化，吸收了民间语言中最鲜活、生动的元素，

① 习近平．在2014年文艺工作座谈会上的讲话，习近平谈治国理政（第2卷）[M]．北京：外文出版社，2017：316—319．

② 苗瑞丹．文化发展成果视域下红色文化共享的思考，载于白锡能、任贵祥主编，红色文化与中国发展道路论文集（第4辑）[M]．北京：中国社会科学出版社，2015：285—293．

使新的语言风格被更广泛的大众所接受。[①] 山药蛋派发端于抗日战争时期，延续至新中国成立后的前 30 年及改革开放以后的大部分时间，在小说、散文、报告文学、戏剧和新中国成立后的电影领域做出了重要的贡献，形成了山西风格和山西气派，为中国新文学以及中国新文化建设做出了关键性的贡献。

四、山西抗日根据地文化理论的传播有利于进一步提高文化自信，建设文化强国

“文化是一个国家、一个民族的灵魂。历史和现实都表明，一个抛弃了或者背叛了自己历史文化的民族，不仅不可能发展起来，而且很可能上演一幕幕历史悲剧。文化自信，是更基础、更广泛、更深厚的自信，是更基本、更深沉、更持久的力量，坚定文化自信，是事关国运兴衰、事关文化安全、事关民族精神独立性的大问题，没有文化自信，不可能写出有骨气、有个性、有神采的作品。”[②]

抗战红色文化本质是一种大众文化，是中国共产党带领人民在支持抗战、参与抗战、投身抗战甚至献身于抗战的伟大历史进程中创造的一切物质文化、精神文化和制度文化的有机统一体。早在新民主主义革命时期，毛泽东就提出，新的文化不应该是少数人所得，应该是一般平民所共有的文化，应该以服务人民大众为新的发展方向，强调人民群众能够享有文化发展成果，追求实现文化公平。在红色革命文化的传播过程中，山西抗日根据地始终坚持发展成果在共建的基础上由人民共享，体现了我们党全心全意为人民服务的根本宗旨。

美国文化学家格特鲁德 · 杰埃格和菲利普 · 塞尔斯尼克强调：“尽管文化根植于个人的需要和现实当中，但它不是一种个人的东西，应该将其视为全人类共同具有的或者广泛见于人群的共同现象。文化的传播性、

---

① 杜学文 . 山药蛋派对中国新文学的意义，山药蛋派经典文库（序言）[M]. 太原：北岳文艺出版社，2015.

② 习近平在中国文学艺术界联合会第十次全国代表大会、中国作家协会第九次全国代表大会开幕式上的讲话，习近平谈治国理政（第 2 卷）[M]. 北京：外文出版社，2017：349—352.

扩散性和继承性，使文化具有为一个群体、一个社会，乃至全人类所共享的特性。” 红色文化作为社会主义主流文化的重要组成部分，具有文化传承价值。革命文化传播不仅具有精神上的重要意义，也具有实现经济效益的现实价值。近年来，各地红色文化产业发展迅猛，红色旅游经济迅速兴起，红色文化传播的经济效益在革命老区扶贫、开发、旅游等方面显现出巨大的现实价值。我国不仅加强了革命文化遗存的普查与保护性修复，还对重点红色景区进行了开发。据统计，2015 年全国共登记了近 5 万个革命遗址和 5000 多个同时期相关联的其他遗址，[①] 全国已形成 12 个重点红色旅游景区和 30 条红色旅游精品线路、100 个红色旅游经典景区。山西是红色文化资源大省，尤其以抗战文化最为丰富和集中，真实记录党的奋斗历程和光辉业绩的纪念馆、纪念地和革命遗址遍布三晋大地。全省先后命名了三批四类共 158 个省级爱国主义教育基地。14 个场馆先后跨入全国爱国主义教育示范基地和全国红色旅游经典景区名录。在国家确定的 30 条红色旅游精品线路中，山西有 2 条。山西红色旅游资源在全国具有举足轻重的作用，数量在全国名列前茅。[②] 山西革命遗址 2011 年普查结果为 3782 处。[③]

山西省近年来确立了文化强省战略。作为山西八大文化品牌之一的抗战文化，就是基于山西是红色文化沃土，是敌后抗日根据地的中心、团结抗战的重要战场，第二次世界大战时期东方战场的战略支点，围绕血火浇铸的抗战史诗，精心培育和打造出的文化品牌之一。2019 年山西省政府工作报告中提出，聚焦文旅融合发展，建设富有特色和魅力的文化旅游强省。加快把文化旅游产业培育成战略性支柱产业，全面提升文化软实力，全力推进黄河长城太行三大旅游板块建设。文化品牌的建设不仅需要基础设施建设，更需要做好基础理论研究。基础理论研究要对每个文化品牌进行深入系统的研究，推出系列专著和普及性读物。在宣传

① 李忠杰．全国革命遗址普查成果丛书[M]. 太原：山西人民出版社，2012.

② 胡苏平主编．红色三晋——山西省爱国主义教育基地巡礼[M]. 太原：山西人民出版社，2015.

③ 中共山西省委党史办公室编．丰碑——山西革命遗址概览[M]. 北京：中央文献出版社 ,2012.

普及文化品牌的同时，提炼其神韵和灵魂。打造民族文化品牌，深入挖掘山西抗日根据地文化历史，发展山西文化产业，推动山西经济转型升级，是历史赋予文化传播者义不容辞的神圣职责。我们查阅了大量珍贵史料，全方位、多角度地再现了山西革命根据地文化工作者在长城脚下、太行山上、黄河之滨的革命、战斗、生活历程，作为山西抗日文化人的集体精神记忆，让更多人了解“山西不仅书写了中国抗战史上最具创造性、开放性和坚韧性的光辉一页，而且沟通和延续近代中国革命的历史和未来，为中国革命胜利和中华民族的复兴，为世界反法西斯战争的胜利和国际力量的壮大奠定了坚实的基础”①。

“以史为鉴，可以知兴替。”回望历史，才能不忘初心，认清历史使命，唤醒民族精神，厚植文化根基。通过山西抗日根据地文化传播史，我们要让红色文化英雄形象立得更牢，红色事迹记得更清，红色精神传得更广，深化道路自信、理论自信、制度自信、文化自信，为建设中国特色社会主义文化强国贡献新的智慧和力量。

① 胡苏平主编．山西八大文化品牌[M]．太原：山西人民出版社，2012：448．

参考文献

一、选集、文集、资料集

[1] 毛泽东选集（1–4 卷）[M]. 北京：人民出版社，1991.

[2] 中共中央文献研究室．毛泽东文艺论集[M]. 北京：中央文献出版社，2002.

[3] 中共中央党史研究室张闻天选集传记组．张闻天文集[M]. 北京：中共党史出版社，2012.

[4] 中共中央文献研究室．朱德年谱[M]. 北京：人民出版社，1986.

[5] 周均伦．聂荣臻年谱[M]. 北京：人民出版社，1999.

[6] 胡乔木文集（第 1 卷）[M]. 北京：人民出版社．

[7] 中央书记处．抗战以来重要文件汇集（1937 年—1942 年）[M]. 光明书店，1946.

[8] 中央档案馆．中共中央文件选集[M]. 北京：中共中央党校出版社，1991.

[9] 太行革命根据地史总编委会．太行革命根据地史料丛书之八——文化事业[M]. 太原：山西人民出版社，1989.

[10] 八路军文化研讨会论文集（2013）[M]. 太原：山西人民出版社，2015.

[11] 杜学文，王占平．山西抗战文学[M]. 太原：北岳文艺出版社，2010.

[12] 姚文锦，余大中，张彦昭等．晋冀鲁豫边区出版史[M]. 太原：山西人民出版社，2009.

[13] 刘振华，梁瑜．吕梁新闻传播史[M]. 太原：山西经济出版社，2010.

[14] 齐荣晋．中国文化史上的壮丽篇章——抗日战争中的山西文化[M]. 太原：山西古籍出版社，1995.

[15] 山西史志研究院．中国共产党山西历史(1924—1949)[M]. 北京：中央文献出版社，1999.

[16] 政协五台文史资料委员会．五台文史资料（第1辑）[J]. 纪念抗日战争胜利40周年专辑，1985.

[17] 政协沁源县文史资料研究委员会．《沁源文史资料》第6辑[J].1999.

[18] 襄汾县文史资料研究委员会．襄汾文史资料．

[19] 齐武．晋冀鲁豫边区史[M]. 北京：当代中国出版社，1995.

[20] 《晋察冀抗日根据地》史料丛书编审委员会，中央档案馆．晋察冀抗日根据地（文献选编）[M]. 北京：中央党史资料出版社，1989.

[21] 政协祁县文史资料研究委员会．祁县文史资料[M].

[22] 中国戏曲志编辑委员会．中国戏曲志·山西卷[M]. 北京：文化艺术出版社，1990.

[23] 政协垣曲县文史资料研究委员会．垣曲文史资料[M].

[24] 张学新，刘宗武．晋察冀文学史料[M]. 天津：天津社会科学院出版社，1989.

[25] 皇甫建伟．抗战诗歌选[M]. 太原：山西人民出版社，2012.

[26] 魏巍．晋察冀诗抄[M]. 北京：中国青年出版社，1984.

[27] 《赵树理全集》编辑委员会．赵树理全集[M]. 北京：大众文艺出版社，2006.

[28] 中国作家协会山西分会．晋绥革命根据地文艺作品选[M]. 太原：山西人民出版社，1982.

[29] 山西史志研究院．赵树理传[M]. 北京：当代中国出版社，2006.

[30] 周振义，张平．马烽纪念文集[M]. 太原：山西人民出版社，

2005.

[31] 王照骞．八路军将领在武乡 [M]. 太原：山西人民出版社，2010.

[32] 晋察冀文艺研究会．文艺战士话当年 [M]. 太原：山西人民出版社（内部资料），1986.

[33] 中共山西省委党史研究室．中国共产党山西历史资料丛书——文献选编（抗日战争时期）[M]. 太原：山西人民出版社，1986.

[34] 亦文，齐荣晋．山西革命根据地文艺运动史稿 [M]. 太原：山西人民出版社，1989.

[35] 王一民，齐荣晋，笙鸣．山西革命根据地文艺运动回忆录 [M]. 太原：北岳文艺出版社，1988.

[36] 山西文化局戏剧工作研究室，中国戏剧家协会山西分会．山西革命根据地剧本选 [M]. 太原：山西人民出版社，1981.

[37] 中共中央文献研究室．十八大以来重要文献选编 [M]. 北京：中央文献出版社，2014.

[38] 王波．晋绥抗日烽火——战地通讯选编 [M]. 太原：山西人民出版社，2019.

[39] 晋冀鲁豫边区革命文化史料征集协作组．闪光的文化历程——晋冀鲁豫边区文艺史 [M]. 济南：山东文化音像出版社，1999.

二、专著

[1] 张卫波．抗日根据地文化研究 [M]. 北京：首都经济贸易大学出版社 .2015.

[2] 屈毓秀，石绍勋，尤敏等．山西抗战文学史 [M]. 太原：北岳文艺出版社，1988.

[3] 王东满．邓小平在太行 [M]. 太原：山西人民出版社，1995.

[4] 艾思奇．大众哲学 [M]. 北京：人民出版社，1978.

[5] 王醒．山西新闻史 [M]. 太原：山西人民出版社，2001.

[6] 段俊．山西抗战戏剧研究 [M]. 北京：中国社会科学出版社，2015.

[7] 傅如一，崔洪勋．山西文学史[M]. 太原：北岳文艺出版社，1993.

[8] 方舟．论大众化[M]. 求知出版社，1941.

[9] 刘宗和．日本政治发展与对外政策[M]. 北京：世界知识出版社，2010.

[10] 郑永华，赵志．近代以来的会道门[M]. 北京：社会科学文献出版社，2012.

[11] 费孝通．中国绅士[M]. 北京：中国社会科学出版社，2006.

[12] 程中原．张闻天传[M]. 北京：当代中国出版社，1993.

[13] 曲润海．山药蛋派作家作品论[M]. 北京：大众文艺出版社，1997.

[14] 胡乔木．胡乔木回忆毛泽东[M]. 北京：人民出版社，1994.

[15] 薛苾．力群的生活及文学世界[M]. 香港：百通出版社，2011.

[16] [美]贝尔登．中国震撼世界[M]. 北京：北京出版社，1980.

[17] 申双鱼，一丁，王宗治，王煜．且说山药蛋派[M]. 太原：山西人民出版社，1993.

三、学位论文

[1] 左杰婷．从《抗敌报》看抗战时期中国共产党的社会动员模式[D]. 太原理工大学，2016.

[2] 张雪健．晋察冀边区初期文化建设研究（1938—1939）[D]. 湘潭大学，2018.

[3] 曹源源．晋西北抗日根据地戏剧运动研究[D]. 山西师范大学，2012.

[4] 黄冶．晋察冀边区新民主主义文化建设研究（1940—1942）[D]. 湘潭大学，2019.

[5] 乔傲龙．《晋绥日报》与边区社会文化动员研究[D]. 山西大学，2019.

[6] 魏丹．抗战时期解放日报社论研究 [D]. 湖南师范大学，2011.

[7] 辛萌．山西革命根据地社会教育研究 [D]. 山西大学，2017.

[8] 昝启均．杨献珍与马克思主义中国化研究 [D]. 武汉大学，2013.

[9] 郭丽娜．山西抗日根据地木刻版画创作特征初探 [D]. 山东大学，2014.

[10] 于冰．晋察冀抗日根据地文艺社团及其音乐创作 [D]. 沈阳音乐学院，2010.

四、期刊论文

[1] 刘红．在延安文艺座谈会上的讲话与文化领导权的构建 [J]. 江西社会科学，2018（2）．

[2] 张卫波．抗日根据地“文化下乡”运动的动员、兴起与影响 [J]. 北京党史，2015（4）．

[3] 田原，冯宪光．论文艺问题上两条战线的斗争——对“在延安文艺座谈会上的讲话”辩证法思想的再学习 [J]. 四川大学学报，1984.

[4] 颜超．毛泽东在延安文艺座谈会上的讲话的人民性透视 [J]. 广西社会主义学院学报，2012（10）．

[5] 付道磊．张闻天与延安文艺思想的过渡——毛泽东《在延安文艺座谈会上的讲话》前延安文艺指导思想初探 [J].《齐鲁学刊》,1999（2）．

[6] 李天恩．文艺要面向人民群众——重读毛泽东《在延安文艺座谈会上的讲话》[J]. 兰州大学学报（社会科学版），1999（2）.

[7] 冯宪光．文学以人民为本——70 年后重读《在延安文艺座谈会上的讲话》[J]. 当代文坛，2012（3）.

[8] 周星．新时代认知文艺精神与艺术本质的追索——《在延安文艺座谈会上的讲话》的当代启示 [J]. 艺术教育，2012（7）.

[9] 胡为雄．毛泽东为人民服务的宗旨形成的实践基础及其思想精华 [J]. 毛泽东思想研究，2013（5）.

[10] 颜柯，宋智敏．毛泽东榜样教育：标准、方式与启迪——从《纪

念白求恩》到《向雷锋同志学习》[J]. 湘潭大学学报（哲社版），2016（3）.

[11] 刘伟 . 毛泽东发表《愚公移山》的历史意义和时代价值 [J]. 毛泽东研究，2020（4）.

[12] 张卫波 . 新中国文化政策的源头、形成与发展 [J]. 理论视野，2019（10）.

[13] 童庆炳 . 毛泽东的《讲话》是中国历史语境下的马克思主义——纪念《讲话》发表 70 周年 [J]. 艺术评论，2012（5）.

[14] 李树声 . 中国新兴版画在现代美术史上的突出贡献 [J]. 文艺研究，1997（6）.

[15] 朱成山 . 民族精神、抗战精神与中国精神之关系研究 [J]. 南京社会科学，2015（10）.

[16] 李宗远 . 抗战精神是中国人民弥足珍贵的精神财富 [J]. 前线，2018（7）.

[17] 王立民 . 抗战精神与唯物史观——学习习近平总书记关于抗战精神的重要思想 [J]. 哲学研究，2015（12）.

[18] 危兆盖 . 论抗战精神 [J]. 中州学刊，2005（9）.

[19] 王炳林，房正 . 关于深化中国共产党革命精神研究的几个问题 [J]. 中国高校社会科学，2016（3）.

[20] 许月 . 民主革命时期中国共产党革命精神整体性论析 [J]. 思想理论教育导刊，2019（8）.

[21] 李康平：马克思主义中国化的重大精神成果——论中国革命精神 [J]. 思想理论教育导刊，2014（10）.

[22] 颜玫琳 . 论中国共产党革命精神整体性的三重表现 [J]. 思想教育研究，2019（6）.

[23] 罗朝晖 . 从版画艺术实践看山西抗日根据地文化的演变 [J]. 晋阳学刊，2005（2）.

[24] 胡小满 . 晋察冀抗战艺术家之艺术精神研究 [J]. 河北师范大学学报（哲学社会科学版），2017（3）.

[25] 吴云峰 . 论陕甘宁边区和华北抗日根据地的美术创作 [J]. 西安文理学院学报（社会科学版），2015（1）.

[26] 许全兴 .《实践论》《矛盾论》对马克思主义哲学中国化的启示 [J]. 中国社会科学，2013（12）.

[27] 祝彦 .《实践论》《矛盾论》的历史地位及其现实价值 [J]. 人民论坛，2017（12）.

[28] 陶富源 .《实践论》《矛盾论》的深远指导意义 [J]. 江淮论坛，2018（3）.

[29] 刘毅强 .《实践论》《矛盾论》的新解及价值 [J]. 毛泽东思想研究，2016（1）.

[30] 刘华初 . 从《实践论》《矛盾论》看我国马克思主义话语体系建构 [J]. 马克思主义研究，2013（4）.

后　记

文化符号蕴含的革命历程及其意义，实际上是在建构一段革命文化的历史。研究某种理论发展史，所要研究的并不是这种理论本身的发展历史，而是研究这种理论的具体生产、扩散、接受等行为过程的历史。合理选择后的回眸一瞥，可能是另一片崭新的历史天地。当我们在70多年后回望抗日战争时，它可能是抗日战争中的一个个体的经历，也可能是人们对抗日战争洪流产生的反应过程；可能是抗日战争中各种文化符号左右人们的认知变化，也可能是抗日战争被艺术作品表达的生产过程。抗战文化传播，其产生的诸多效果和影响，恐怕不是“波澜壮阔”的描述所能穷尽的，而只是从文化传播的侧面说出了一部分历史故事。任何一种历史在任何情况下都必须建立在相关史料上，而遗存的史料表面上看是自然存在的，但实际上已经是经过了选择或排列。史料是个巨大的存在。抗日战争中的山西又是那样一种山河破碎、战火纷飞，许多重要的历史文献都不复存在。我们只能从发现的当中寻找很少的一部分，力图让那段负载着战争往事的文化记忆，重新组合后出现在我们眼前。

理论卷的写作对作者来说不仅是一次全新的尝试，更是意志的考验。从浩如烟海的史料中汲取出有用的内容，并统领全丛书，是一个不小的困难。由于2020年暴发新冠肺炎疫情，寻找更为充盈的资料和数据变得更加困难。丛书总编张汉静教授对整体写作思路、章节编排乃至稿件的文字不厌其烦地多次指导，并请南京大学李玉教授对书稿把关。山西大学中文系葛振国教授对全书结构给予建设性修改意见，使整体结构更富于逻辑性，并亲自对目录和几个重要章节进行了修改和完善。他们对学术研究的孜孜以求和对我们的无私帮助让我这个学术新兵高山仰止，感激涕零。

这本书顺利出版特别要感谢山西人民出版社编辑张慧兵老师的多次斧正指导，还要感谢太原理工大学文法学院张玮教授和山西传媒学院周恒教授无私提供珍贵史料和研究线索。学术研究永无止境，能有幸在建党百年之际参与这部有关党的根据地文化传播史的编写，对我来说不仅是莫大的荣幸，更是作为一名立志于红色文化传播与研究的教师的无上荣光。

白薇

2022 年 6 月

致　谢

三年来，团队成员同心共济、困知勉行，不畏苦累而深入田野，力学笃行而埋身史料，终于迎来了《山西抗日根据地文化传播研究》丛书的顺利完稿。作为阶段性成果，本丛书为山西抗日根据地文化史的研究拾遗补阙，丰厚了相关领域的研究。如今付梓之际，感慨良多，一路走来的点点滴滴仍历历在目，感佩之情油然而生。

丛书的写作，得到了山西传媒学院各级领导的鼎力支持。党委书记吴刚同志、院长李伟博士多次过问丛书的写作情况，他们不仅关心团队的组建，给予经费的支持，而且在写作的过程中提出了许多宝贵的意见和建议。副书记刘锐同志、副院长郭卫东教授、王红叶教授以及校办、党委宣传部、科研部、财务部、文创中心的各位领导倾心尽力，为本书的完成提供了良好的研究环境和写作条件。丛书能在短短三年多的时间内完成，实与他们的大力支持密不可分。

丛书的研讨，得到了很多专家学者的热忱协助。他们毫无保留地倾囊相授，不厌其烦地答疑解惑，不仅使团队成员获益匪浅，团队整体的知识结构也得到了不同程度的更新和提升。特别是南京大学李玉教授和山西大学郝平教授曾多次亲临中心，与团队成员数次展开多维度的研讨和交流，他们学术上的通达与精湛、待人接物中的热诚与耿介，至今仍感念在怀、没齿难忘。

丛书的出版，得到了山西省委宣传部领导的倾力相助。三年前丛书写作伊始，选题就被省委宣传部组织的专家充分肯定，并荣幸入选重点选题库。三年来，副部长骞进同志无时无刻不关心着丛书的进展，在其频频的过问与敦促中，书稿的写作得以稳步向前推进。连军处长从写作计划的铺陈到整体结构的搭建，从概念的提出到个中观点的再阐释，以及材料的挖掘与素材的运用，都无私地贡献了自己的聪明才智。郭红萍副处长则在丛书的写作进度与写作质量方面严格把关，在其督促和勉励下，我们才得以在如此短的时间内保质保量完成任务。丛书从立项至出版，离不开三位孜孜的照拂，每每想起，不胜感激。

丛书的完成，凝结着整个团队艰辛的付出和勤劳的汗水，是年轻血液敢于担当、勇于挑战、协同创新的具体实践成果。团队中，大部分成员都是首次接触著书这一工作，能够想象，在洋洋书稿背后，是他们披星戴月、埋头苦干的执着与勤勉。而团队浓厚的学术氛围、不同学科之间的相互碰撞，以及对于学术的苦心钻研，都永远地成为我们在探索真理与求知道路上的精神动力。

丛书的付梓，得到了山西人民出版社领导的不懈关注和用心扶持。社长姚军同志从选题开始就对丛书给予重视，连续三年不遗余力地反复申报。责编张慧兵同志多次亲临中心与作者沟通，在书稿交付后精心编排，使丛书增辉不少。他们展现出的专业精神令人钦佩，丛书的顺利付梓集结了他们的智慧和心血。

山西抗日根据地文化传播的研究，承载着厚实的历史信息与丰硕的文化内涵，更深层次的学术研究仍有待进一步开展，前面还有更长的求索之路需要我们砥砺前行。真诚希望各级领导和专家学者对团队下一步的研究给予更多的鼓励和扶助。在此，我谨代表团队全体，对曾支持、指导和关心过我们的所有人表示衷心的感谢。在研究撰写过程中，还参考引用了国内外大量档案资料和近年来许多专家学者的研究成果，在此也一并表示诚挚的谢意。

山西传媒学院文创中心
张汉静
二〇二一年十月十八日